本书系浙江工商大学东亚研究院暨日本研究中心后期资助项目成果

日本历史镜鉴录

浙商大日本研究丛书

王晓秋 著

中国社会科学出版社

图书在版编目（CIP）数据

日本历史镜鉴录 / 王晓秋著. —北京：中国社会科学出版社，2024.8
（浙商大日本研究丛书）
ISBN 978－7－5227－3329－6

Ⅰ.①日…　Ⅱ.①王…　Ⅲ.①日本—历史—文集　Ⅳ.①K313.07－53

中国国家版本馆 CIP 数据核字（2024）第 063967 号

出 版 人　赵剑英
责任编辑　陈雅慧
责任校对　季　静
责任印制　张雪娇

出　　版　中国社会科学出版社
社　　址　北京鼓楼西大街甲 158 号
邮　　编　100720
网　　址　http://www.csspw.cn
发 行 部　010－84083685
门 市 部　010－84029450
经　　销　新华书店及其他书店

印　　刷　北京君升印刷有限公司
装　　订　廊坊市广阳区广增装订厂
版　　次　2024 年 8 月第 1 版
印　　次　2024 年 8 月第 1 次印刷

开　　本　710×1000　1/16
印　　张　25
插　　页　2
字　　数　357 千字
定　　价　148.00 元

自序　历史是一面镜子

古人曰："以铜为镜，可以正衣冠；以古为镜，可以知兴替；以人为镜，可以明得失。"从历史这面镜子中，可以照出历代和列国的兴亡盛衰与前人的成败得失，前车之辙，可作后车之鉴。历史这面镜子，还可以照出前人以及国与国关系成功的经验和失败的教训，故谓前事不忘，后事之师也。今日世界遇到的许多事情，大多可以从历史中找到影子，而历史上发生的许多事情，也往往可以作为今天的镜鉴。梁启超曾说过：史学乃"国民之明镜"，可见，史学不仅是人类总结昨天的记录，还可以成为把握今天和创造明天的向导。

我 1959 年考入北京大学历史学系，曾身受翦伯赞、邓广铭、邵循正、周一良等史学大师的教诲。1964 年毕业留校任中国近代史教研室教师。我深感研究中国近代史不能仅仅就中国论中国，而必须把它放在世界全局和国际关系中考察研究。因此，从 1978 年改革开放以后，我选择了与中国关系最密切、最复杂、影响最大、经验教训最深刻的中日关系史为主攻方向。40 多年来，在中日两国关系特别是互相认识、互相交流、互相影响、互相比较等方面作了一系列研究和探讨，写出了《近代中日启示录》《近代中日文化交流史》《中日文化交流史话》《近代中日关系史研究》《近代中国与日本》《近代中日文化交流史人物研究》等著作及 100 多篇论文，差不多占了我全部史学论文的一半以上。我还曾应邀赴日本庆应大学、东京大学、中央大学、驹泽大学和京都国际日本文化中心担任访问学者或客座教授，并担任过中国中日关系史学会副会长、北京中日文化交流史研究会会长和中日历史共同研究委员会中方委员。2011 年,被日本关西大学授予“名誉博士”称号。

承蒙浙江工商大学东方语言文化学院及江静院长的器重,邀请我选编文集纳入“浙商大日本研究丛书”,深感荣幸。本着中日关系应该以史为鉴、面向未来的宗旨,把日本及中日关系的历史当作一面镜子,我从以往发表的中日关系史著作与论文中精选了 20 余篇,以《日本历史镜鉴录》为书名编为一集。全书分为四编,第一编以史为镜,论述中国人日本观与日本人中国观的演变和相互认识的历史,以及近代中日两国改革、现代化、吸收西方文化的比较。第二编以事为镜,着重论述中国近代史上的大事件,从鸦片战争、太平天国、甲午战争到辛亥革命、五四运动、抗日战争,中日两国之间的互动、影响,总结历史的经验教训。第三编以书为镜,论述近代中国人考察、研究日本的几部重要著作,如《日本日记》《日本国志》《游历日本图经》《日本变政考》等书的成书过程、内容特色及其在中日文化交流史上的地位和影响。第四编以人为镜,论述近代中日两国的一些著名历史人物,从梁启超、孙中山、鲁迅到宫崎滔天、梅屋庄吉、鹿地亘等人的互相交往与推动中日友好的动人事迹。

期望这本拙著,多少能起到以史为鉴、面向未来的作用,有助于读者加深对中日历史文化和中日关系的认识,促进中日两国人民的互相理解和友好合作。

王晓秋
2019 年 3 月 10 日
于北京大学蓝旗营公寓史海遨游斋

目　录

第一编　以史为镜：中日两国的互相认识与比较

第二编　以事为镜：从鸦片战争到抗日战争

第三编　以书为镜：从《日本日记》到《日本变政考》

第四编　以人为镜：从梁启超到鹿地亘

第　一　编

以史为镜：中日两国的互相认识与比较

古代中国人怎样看日本*

中日相互认识是中日关系历史研究中非常重要的课题。从某种意义上说，一部中日关系史也是一部中日相互认识的历史。因为只有通过相互交往、交流，才能产生相互了解和认识，而相互认识又决定了两国之间的互动，如亲疏、好恶、和战等。通过各种形式的互动，进一步加深了相互认识，发生了认识上的变化，从而又推动了中日关系的发展变化。

中日相互认识是动态的、发展的，随着时间、空间、环境的历史变迁而变化。它主要受到三个方面因素的影响：（1）中日两国国内政治、经济、军事、文化、思想、观念等变化的影响；（2）中日两国之间外交关系、文化交流、经济贸易、人员往来以及两国力量对比、政策互动等变化的影响；（3）国际关系、国际环境，特别是东亚地区战略格局和东亚各国多边关系等变化的影响。因此，中日相互认识不可能是静止的、固定的，而是在不断变化、逐步深化的。同时，还要看到中日相互认识反过来又给予两国历史和两国关系的发展变化以重大深刻的影响。对他者的认识往往是自我认识的一面镜子，中日相互认识曾在推动两国历史发展中起到重要的作用。

中日相互认识又是多元的。两国国内不同身份、地位、利益的阶

---

* 原载于步平、［日］北冈伸一主编《中日共同历史研究报告》（古代史卷），社会科学文献出版社 2014 年版。

层、集团和个人，可能有着不同的认识。如君主、贵族、官吏、诸侯、武士、文人、商人、庶民等往往都有着自己的认识，并用不同的方式、载体加以表述。

以史为鉴、面向未来，我们应该认真、深入、具体地加以研究，在两千年的中日关系史上，两国是怎样相互认识的？这种认识如何产生？如何表现？又如何影响两国关系和两国历史的发展？以及这种相互认识在不同时代如何变迁？有哪些因素促进或阻碍了相互认识？从中可以吸取什么历史经验教训？我们怎样才能更加全面、客观、科学地认识对方？怎样才能加深相互认识和相互了解，以构筑更加健康、稳定、友好、合作的中日关系？

以往关于中日相互认识的研究，比较集中在近现代和个案研究方面，因此本文试图较全面地论述古代中国人的日本认识。

一 古代中国人对日本认识的概况和特点

本文所述古代中国人对日本的认识，主要指从上古到清代中叶中国人对日本的认识，或称古代中国人的日本观。

（一）特点

古代中国人对日本的认识，简要概括起来，大致有 4 个特点。

（1）古代中国是世界上最早认识日本和记录日本历史的国家，而且两千余年来始终没有间断对日本的记载。最迟在前 1 世纪成书的《山海经》中第一次出现了关于“倭”的文献记载。① 公元 1 世纪成书的《汉书・地理志》是中国史籍对日本的第一次明确记载。而公

① 《山海经》的《海内北经》中写道：“盖国在钜燕南，倭北，倭属燕。”这是中国古代文献中第一次出现有关“倭”的文字记载，并指出其方位在中国大陆的东方。以后“倭”逐渐成为中国人对古代日本的特定称谓。据学者考证，“倭”与“委”意略同。本意是柔顺，又从人部，最初并无贬义。参见沈仁安《日本起源考》，昆仑出版社 2004 年版，第 26—28 页。

元3世纪成书的《三国志·魏书·倭人传》更是全世界最早对日本国情的具体认识。从汉代至清代中国古代正史（俗称二十四史）中就有16部正史专门列有记载日本的倭国传或日本传，而且在历代各种野史、私人著作、笔记、诗文中也有不少对日本的记载。

（2）古代中国人对日本的认识进展比较缓慢。古代中国人对日本的认识虽然在逐渐进步和深入，但由于缺乏实地考察和受到华夷思想等影响，往往满足于因袭旧说和道听途说。明代由于防倭抗倭的需要，对日认识有所进展和深化，而到清代前期由于中日闭关锁国的影响，对日认识又有所停滞和倒退。

（3）古代中国人对日本的认识，主流是友好与正面的。有的甚至还带有理想和神秘的色彩，如把日本描述成“神仙之岛”“君子之国”“珠宝之国”等，尤其表现在写给日本来华文人、僧人的诗文之中。只有在元代和明代，由于倭寇对中国沿海的骚扰破坏，出现了日本倭寇残忍、奸诈的负面形象。

（4）古代中国人对日本认识的表现是多元的。表达统治阶级意识并主导主流舆论的是历代官修正史中的日本传，但也不能忽视唐、宋、元、明、清历代大量中日文人、僧人之间的互赠诗文和明清两代民间关于日本的私家著述。一些赴日商人、文人和漂流船民的见闻录也反映了中国平民百姓对日本的认识。

（二）历史阶段

如果按历史发展轨迹，古代中国人对日本认识的变迁，大体上可分为5个阶段。

秦汉时期（前3世纪至3世纪）。此时期中国人对日本的认识尚处于朦胧阶段，模糊地知道东海之中有倭国，记载中往往带有许多神话传说的色彩。

魏晋南北朝时期（3世纪至6世纪）。这是古代中国人与日本初步发生交往与认识的阶段。中日之间主要是官方朝贡与册封的交往，留下了对日本上古历史，如关于邪马台国与“倭五王”等最早的记录。

隋唐时期（6 世纪至 9 世纪）。这是古代中日文化交流的高潮和对日认识有所进步的阶段。官修正史的称呼，发生从倭国到日本的转变。唐代诗人写了大量给日本友人的送别诗歌，体现了中日人民之间真挚的感情，塑造了日本使节、留学生、留学僧的良好形象。

五代宋元时期（10 世纪至 14 世纪）。这是古代中日民间贸易兴盛、文人僧人交往频繁的阶段。中国人开始从日本来华人员口中了解日本，中日文人、僧人通过唱和诗歌表达友谊。日本传入中国的方物，如日本刀、日本扇等，也增加了中国人对日本的好感。但是，元军征日和早期倭寇毒化了气氛。日本传在宋、元正史中的地位从四夷传到外国传又到外夷传。

明清时期（14 世纪至 19 世纪中叶）。这个阶段中国人对日本的认识有了一定的进步。明代由于倭寇犯边严重，一方面产生了日本倭寇残暴、野蛮的负面形象，另一方面也产生了中国人认识日本的要求。明清时代出现了一批对日研究的私人著述，加深了中国人对日本的认识。除了文人、僧人之间的诗文唱和外，还出现了商人、漂流民的日本游记和笔谈记录。

（三）途径和渠道

如果从中日相互认识的途径、渠道、方式看，中日间有来往使节、文人、学者、日本赴华留学生和留学僧以及中国赴日本贸易移民的商人、船民、文人以及漂流民等各种交流主体，认识渠道包括外交遣使、文化交流、商业贸易、宗教活动、战争对抗和漂流救助等。

（四）载体

如果从认识的载体，即文字记录的形式来看，有历代官修正史，私家著作，各种笔记、日记、游记，以及诗、词、曲、赋、戏剧、小说等文学作品，此外还有漂流记与笔谈记录等。

二 中国古代纪传体正史对日本的记载

中国古代历来有官修正史的传统，往往朝代更替以后，新王朝要专门为前朝修史。这些纪传体的正史，除了少数由私人编撰得到官方认定外，大多由官方授意，或由政府专门立馆设官大规模组织编纂。它主要体现了当时统治者的立场与史观，往往流露出强烈的封建正统观念和华夷意识。

（一）《史记》和《汉书》

中国古代第一部纪传体正史是公元前1世纪西汉司马迁所著的《史记》，虽然未直接提及倭或日本，但在该书《秦始皇本纪》和《淮南衡山列传》中记述了秦始皇遣方士徐福率男女及百工到东海“三神山”寻找长生不老之药，结果徐福一去不返，找到一片“平原广泽”，自立为王。司马迁并没有明确说徐福到了日本，后来却据此演绎出许多徐福东渡日本的传说。徐福已成为上古中日文化交流中通过中国移民向日本传播先进文明的象征性人物。同时这也反映了上古中国人的日本观中还带有不少神话传说和神秘仙岛的朦胧色彩。中国古代第二部正史是公元1世纪班固所著的《汉书》，该书《地理志》“燕地”条中记载：“乐浪海中有倭人，分为百余国，以岁时来献见云。”这是中国古代正史中第一次出现表示日本的“倭”字。由于汉武帝时在朝鲜北部设乐浪郡，汉代中国人已可通过这个窗口了解日本。《汉书》明确指出“倭人”是中国东方大海中的一个民族，当时处于部落、小国林立状况，而且与汉王朝有朝贡关系。这是古代中国人对日本最早的确切认识，值得注意的是，该书还提到包括倭人的东夷“天性柔顺”。

（二）《三国志》和《后汉书》

按成书时间，第一个为日本立传的正史是公元3世纪（约289

年）陈寿所著的《三国志》。在该书卷30《魏书・东夷传》中的倭人传（一般简称魏志倭人传，不够准确）中，用近两千字具体描述了日本的地理位置和社会形态、政治制度、经济物产、风俗人情以及中日交往朝贡情况，可称为古代中国人对日本认识的奠基之作，也是研究3世纪日本上古历史最权威的史料。据书中记载，景初二年（238年）日本邪马台国向中国魏帝遣使纳贡，魏明帝则下诏书册封女王卑弥呼为"亲魏倭王"，赐以金印紫绶和大量赏赐物品。书中描述了日本向中国朝贡称臣、"不盗窃、少争讼"、"尊卑各有差序"的礼仪之邦形象，以及日本人"黥面文身""食生菜""性嗜酒""出真珠、青玉"等异国形象。该书对以后中国人对日本的认识影响很大。按朝代顺序，第一个专立日本传的断代正史是5世纪（约445年）范晔所著的《后汉书》。该书卷115《东夷传》内有倭传。它成书比《三国志》晚150多年，内容大多参考《三国志・倭人传》，但是增加了东汉年间中日最早使节交往的重要史实，即"建武中元二年（57年），倭奴国奉贡朝贺"，汉光武帝"赐以印绶"。这段记载已被1784年日本九州福冈县志贺岛出土的"汉委奴国王"金印所证实。该书对日本民俗、日本人形象的描述基本沿袭《三国志》："男子皆黥面文身，以其文左右大小，别尊卑之差"，"人性嗜酒，多寿考"，"女子不淫、不妒"，"风俗不盗窃，少争讼"。

（三）《晋书》《宋书》《南齐书》《梁书》《南史》《北史》

《晋书》是唐初房玄龄编纂，卷97《四夷列传》中有《倭人传》，基本上是缩写《三国志・倭人传》。《宋书》是梁朝沈约所编，约488年成书，其书卷97《蛮夷列传》中有倭国传，主要记述了南北朝刘宋时代中日通交关系的历史，尤其是提供了日本"倭五王"的重要史料；还录有一篇倭王武遣使奉贡的汉文表文，宋顺帝则册封他为"安东大将军、倭王"。《南齐书》为梁朝萧子显所撰，卷58《东南夷传》中有倭国传，文字简短。《梁书》为唐代姚思廉所编，卷54《东夷传》内有《倭传》，基本沿袭前史。《南史》和《北史》

都是唐代李延寿编修。《南史》卷79《夷貊传》内有倭国传，《北史》卷94《四夷传》内有倭传。这两部书不但没有提供任何新资料，反而任意篡改前史，有不少错误。总之，以上魏晋南北朝的六部正史中，虽都有倭传或倭国传，但最有价值的是《宋书》，其提供了中日通交的新史料和倭王奉表的珍贵文献；同时反映了当时中国士大夫对日本的认识，主要集中在遣使、朝贡、册封、构筑华夷体系等方面。[①]

（四）《隋书》

《隋书》是636年由唐朝宰相魏徵主持编修的。其卷81《东夷传》内有倭国传。其特色为不再简单复述前史，而着重以断代史的记叙方法，来记载隋代中日两国通交往来的历史，并详细记录日本遣隋使史实，有很高的史料价值，并常为后代正史日本传所沿用。《隋书》表现了当时中国帝王与士大夫的华夷思想，当隋文帝听说倭使者言“倭王以天为兄，以日为弟，天未明时出听政……日出便停理务”，很不高兴，曰“此大无义理”，于是训令改之。而隋炀帝见到日本国书时曰：“日出处天子致书，日没处天子无恙”，“览之不悦，谓鸿胪卿曰：‘蛮夷书有无礼者，勿复以闻’”。但《隋书》对日本制度礼俗的记载也表现了当时中国人对日本认识的进步和肯定，如记录了圣德太子制定的十二等阶冠位名称，还记述了“至隋其王始制冠，以锦采为之以金银镂花为饰”，“其王朝会，必陈设仪仗，奏其国乐”，“人颇恬静，罕争讼，少盗贼”，“敬佛法”，“性质直、有雅风”，“妇人不淫妒”，等等，都是正面形象。

（五）《旧唐书》和《新唐书》

关于唐代的正史有《旧唐书》与《新唐书》两种。唐朝中国国力强盛，中外文化交流频繁。日本先后派遣十多次遣唐使和许多留学

① 参见汪向荣《中日关系史文献论考》，岳麓书社1985年版，汪向荣、夏应元编《中日关系史资料汇编》，中华书局1984年版等书。

生、留学僧来华，积极学习吸收中国制度与文化，出现中日文化交流的高潮。新旧唐书对此虽有记载，但十分简略，对日本遣唐使的次数与活动遗漏甚多，与唐代中日交流的盛况很不相称。出现这种情况的主要原因是，当时唐朝统治阶级对日本不够重视。关于新旧唐书对日本认识，值得注意的一个问题是对日本称呼的转变。在后晋刘昫等编的《旧唐书》卷199《东夷传》中，《倭国传》和《日本传》两传并存。在《倭国传》中称“倭国者，古倭奴国也”，并记载了唐太宗贞观年间的中日交往。而在《日本传》中则写道：“日本国者，倭国之别种也”，并列举了倭国为什么改名日本的三种解释：“以其国在日边故以日本为名。或曰：倭国自恶其名不雅，改为日本。或云：日本旧小国并倭国之地。”还记载了武则天长安三年（703年）以后的中日交往。北宋欧阳修、宋祁等撰《新唐书》卷220《东夷传》内只列《日本传》，称“日本，古倭奴也”。写到唐高宗咸亨元年（670年）日本“遣使贺平高丽”后也提到改名原因的三种说法：“后稍习夏音，恶倭名，更号日本。使者自言国近日所出，以为名。或云日本乃小国，为倭所并，故冒其号。”可见，在当时中国士大夫心里，日本改国名称呼是在咸亨元年至长安三年之间，大体符合事实。当时日本正值大化改新（645年）和白村江之战被唐击败（663年）之后，为改善形象和提高自主性，并据其“近日所出”的地理位置，更国号为日本。按照中国正史体例“名从主人”的原则，唐以后历朝正史都称“日本传”了。《旧唐书·倭国传》描写日本“地多女少男，颇有文字，俗敬佛法”。《日本传》写日本遣使，“其人入朝者，多自矜大，不以实对”。但又赞美遣唐使粟田真人“好读经史，解属文，容止温雅”。欧阳修等编《新唐书·日本传》补充了不少新材料，尤其首次记载了历代天皇的世系。

（六）《宋史》和《元史》

宋代与日本无国交，但有相当活跃的民间贸易和僧侣往来。《宋史》是由元朝宰相脱脱领衔主编的，共496卷，其中一个特点是把

“四夷传”改为“外国传”，这可能与元朝是蒙古族统治有关。在该书卷491《外国传》中列有日本传，反映了古代中国人对日本认识的新进展。其最大的进步是，利用日本来华人员的笔谈和提供的资料来描述日本，增加了许多前史上未有的对日新认识。如《宋史》日本传几乎用三分之二的篇幅记载了日本东大寺僧人奝然入宋之事。根据奝然笔谈了解日本“国中有五经书及佛经，《白居易集》70卷，并得自中国。土宜五谷而少麦，交易用铜钱”，“多丝蚕，多织绢，薄致可爱”，“东奥州（当指陆奥）产黄金，西别岛（可能指对马）出白银，以为贡献。国王以王为姓，传袭至今王六十四世，文武史皆世官”，并抄录然所进《王年代记》关于64世日本天皇的详细系谱和与中国交往大事，还介绍了日本的具体地理区划，“是谓五、七道、三岛，凡三千七百七十二郡（应为乡）”。宋太宗亲自召见奝然，“存之甚厚，题紫衣”。特别是闻其言日本“国王一姓传继，臣下皆世官”，为之感慨不已，对宰相说：“此岛夷耳，乃世祚遐久，其臣亦继袭不绝，此盖古之道也。”并感慨中国经常改朝换代，尤其唐末以来出现五代十国分裂割据局面，因而自己要“讲求治本，不敢遐逸”，以图能像日本天皇那样，实现子孙世袭“建无穷之业”。这是一位封建帝王从自己的立场和利益出发，对日本的认识。《宋史》中还记录了奝然遣弟子喜因给宋帝的贡礼和谢表，表示“在彼在斯，只仰皇德之盛；越山越海，敢忘帝念之深”。这些文字则满足了中国统治者“天朝上国”、恩沐四海的虚荣心。《宋史》日本传中还首次记载了一些中日民间商人贸易及漂流民救难等史实。

《元史》是明代宋濂等编修。元代发生了元军征日之役，《元史》卷208《外夷传》中有日本传，主要写元日外交关系。该书以大量篇幅记述了元世祖忽必烈发动两次征日战争的经过。这是在中国官修正史日本传中第一次见到两国交恶发生战争的详细记载。书中还写到元军征日失败，“十万之众，得还者三人耳”，此言常被后人引用，实际上是一种夸张说法，这里可能指的只是脱险逃回的征日元军莫青等三位将领而已。元代中日民间贸易和僧侣往来也很活跃，但《元史》基本上没有提到。

（七）《明史》

《明史》是清代由大学士张廷玉领衔纂修，历时50年，分量大，资料丰富。《明史》卷322《外国传》中有日本传，以明代中日关系为主线，主要叙述3件事，即日明朝贡贸易、倭寇之患和援朝抗倭（丰臣秀吉）战争。尤其是倭寇问题贯穿《明史》日本传始终，也成为古代中国人对日本认识发生重大转折的契机。中国正史、野史和文学作品中出现了日本倭寇狡黠野蛮、残暴的形象，老百姓甚至用“倭寇来了”吓唬孩子。《明史》日本传最后一段话是：“终明之世，通倭之禁甚严，闾巷小民，至指倭相詈骂甚以噤其小儿女云。”不过《明史》中还是对前后期的倭寇成分有所区分，指出早期倭寇主要是日本九州领主属下的武士、浪人、奸商、海贼，“倭形黠，时载方物、戎器，出没海滨，得间则张其戎器而肆侵掠；不得，则陈其方物而称朝贡。东南海滨患之”。而后期倭寇中却有不少勾倭、从倭的所谓“滨海奸民”，即中国沿海的海盗、走私商人和被胁从的贫民。《明史》记载汪直（原名王直，其母姓汪，又称汪直）等“海中巨盗，遂袭倭服饰旗号，并分艘掠内地，无不大利，故倭患日剧”。汪直勾结诸倭大举入寇，“滨海数千里，同时告警”。倭患造成明代防倭、御倭和禁海等政策转变。①

至于民国初年所编《清史稿》在卷164《邦交志》中有日本传，主要记述了晚清中日关系，已不属本文论述范围。

总之，历代官修正史的日本传，可以说是古代中国官方即历代统治者与士大夫对日本认识的集中体现和主要载体，而且往往代表了当时对日认识的主流意识。

三　古代中国文学作品中的日本形象

中国古代诗词曲赋、散文小说等文学作品中塑造的日本形象，也

① 参见郑梁生《明代中日关系史研究》，台北：文史哲出版社1985年版。

是中国人对日本认识的一种体现。中国古代文人与日本使节、留学生、僧人的交往和对日本自然风景、风俗习惯、输入器物的描写，是中国古代文学作品塑造日本形象、表达对日本认识的主要来源和内容。

（一）南北朝诗文

中国人描写日本的诗歌可以追溯到5世纪南朝僧人宝志写的《耶马台诗》。这是一首形式奇特的杂体诗，如果不标出顺序几乎无法读通。全诗5字一句，共24句，其中有“百世代天工”“初兴治法事”等诗句。由于难读难懂，据说唐代诗人曾用它来考日本入唐留学生吉备真备。与宝志几乎同时代的南朝诗人江淹的《遂古篇》也写到日本的风俗：“东南倭国皆文身兮；其外黑齿，次裸民兮；侏儒三尺，并为邻兮”[①]，可能是根据《三国志·倭人传》的记载描绘的日本人形象。

（二）唐代诗歌

唐代出现中日文化交流的高潮，日本遣唐使和入唐留学生、留学僧来华络绎不绝。唐代诗人写作了大量与日本友人交往、送别的诗歌，连唐朝皇帝也向日本遣唐使赠诗。如唐玄宗李隆基曾在开元十一年（723年）接见日本遣唐使藤原清河一行，见到藤原举止风度优雅，赞叹道：“闻彼国有贤君，今观使者趋揖有异”，并称许日本为“礼仪君子之国”，又命画工画下藤原的肖像收藏。藤原清河第二年回国时，唐玄宗又举行盛大宴会欢送，并赠诗送别：“日下（指日本）非殊俗，天中（指中国）嘉会朝……因惊彼君子，王化远昭昭”[②]，赞扬藤原为“君子”，使君主的德化远播海外。

唐代许多著名诗人都与日本入唐留学生后来留在唐朝做官的阿倍仲麻吕（中文名晁衡、朝衡）有过诗文交流和友谊。尤其是王维，曾作《送秘书晁监还日本国》一诗，前面有近千字的长序，叙述了

① 杨知秋编：《历代中日友谊诗选》，书目文献出版社1986年版，前言，第5—7页。

② （唐）李隆基：《送日本使》，杨知秋编《历代中日友谊诗选》，书目文献出版社1986年版，中国部分，第1页。

源远流长的中日友好关系及与阿倍仲麻吕的深厚友情，也反映了当时唐代文人对日本的认识。序中写道："海东国日本为大，服圣人之训，有君子之风，正朔本乎夏时，衣裳同乎汉制。"还说日本使节"贡方物于天子，同仪加等，位在王侯之先。掌次改观，不属蛮夷之邸。我无尔诈，尔无我虞。彼以好来，废关弛禁，上敷文教，虚至实归"。虽然仍流露中华思想，但已不把日本看作"蛮夷之邸"，而视为"君子之国"。他还赞扬阿倍仲麻吕"咏七子之诗，佩两国之印。恢我王度，谕彼藩臣"，[①] 塑造了一位中日友好使节的形象。正在苏州漫游的大诗人李白当听到谣传阿倍仲麻吕在归国途中遇难，十分悲痛，写下了著名的《哭晁卿衡》悼念诗："日本晁卿辞帝都，征帆一片绕蓬壶。明月不归沉碧海，白云愁色满苍梧"，[②] 对晁衡给予了高度评价。诗人包佶也给晁衡写了惜别诗："上才生下国，东海是西邻……野情偏得礼，木性本含真"，[③] 赞扬他的知礼、朴实、纯真。

还有不少入唐的日本僧人也得到唐朝诗人的敬重和赞美。如诗人刘禹锡《赠日本僧智藏》一诗，赞赏智藏的刚毅、虔诚和旷达："为问中华学道者，几人雄猛得宁馨。"[④] 诗人朱千乘赠日本空海和尚诗，称其为"文字冠儒宗"，"能梵书，工八体，缯俱舍，精三乘"。[⑤] 日本留学僧圆载在华 40 年，结交了许多中国诗人。唐代诗人陆龟蒙在诗中描述圆载回国时带回大量汉籍佛经，"九流三藏一时倾"，"从此遗编东去后，却应荒外有诸生"。[⑥] 晚唐诗人韦庄《送日本僧人敬龙归》的诗中写道："扶桑已在渺茫中，家在扶桑东更东……此去与师谁共到，一船明月一帆风。"[⑦] 上述唐代诗人送别日本友人的诗歌感

---

① （唐）王维：《送秘书晁监还日本国》，《全唐诗》卷 127，上海古籍出版社 1986 年版。

② （唐）李白：《哭晁卿衡》，《全唐诗》卷 184。

③ （唐）包佶：《送日本国聘贺使晁巨卿东归》，《全唐诗》卷 205。

④ （唐）刘禹锡：《赠日本僧智藏》，《全唐诗》卷 359。

⑤ （唐）朱千乘：《送日本国三藏空海上人》，《历代中日友谊诗选》，第 38 页。

⑥ （唐）陆龟蒙：《闻圆载上人挟儒书洎释典归日本国，更作一绝以赠送》，《全唐诗》卷 629。

⑦ （唐）韦庄：《送日本僧人敬龙归》，《全唐诗》卷 695。

情真挚，讴歌中日友谊，并塑造了日本友人的美好形象，寄予无穷思念。这主要由于当时日本人热忱学习中国文化、制度，“化夷为夏”，改变了中国人眼中的日本形象。同时日本来华使节、文人、僧人也以其个人魅力——品行、才华、风度博得唐朝诗人们的赞赏和友情，形成唐代文人对日本普遍友好、亲切的氛围。

（三）宋元诗文

宋代中日民间贸易发达，输入的日本刀、日本扇等物品也受到中国文人的喜爱和赞美。如欧阳修的名篇《日本刀歌》，从赞赏日本刀的精美写到对日本的新认识：“宝刀近出日本国，越贾得之沧海东”，“传闻其国居大岛，土壤沃饶风俗好”，“前朝贡献屡往来，士人往往工辞藻。徐福行时书未焚，逸书百篇今尚存”，① 曾引起不少中国人对日本的向往之情。

日本折扇也在宋代传入中国，成为中国文人题咏的题材。如宋代诗人苏辙写过《杨主簿日本扇》一诗，构思巧妙风趣：“扇从日本来，风非日本风。但执日本扇，风来自无穷。”② 中国以前只有团扇、蒲扇、羽扇，传入日本后，被改造成精巧便利的折扇，很快传回中国，成为中国士大夫和文人喜爱之物，并流行于民间。可见，精美的出口物品和工艺制造也会带来对出产国良好的认识。

元代曾两度发动征日之役，后期又出现倭寇之患，中日两国曾产生敌对情绪。在元代文学作品中最早使用了“蕞尔倭奴”的贬词，如白朴的词中就写道：“蕞尔倭奴，抗衡上国，挑祸中原。”③ 吴莱的

---

① （宋）欧阳修：《日本刀歌》，《欧阳修集》卷 54。该诗历来均以为是北宋欧阳修所作，并收入《欧阳修集》。但有人认为是北宋司马光所作，并收入《司马公集》卷 2。还有人认为是曾任北宋明州知府的钱公辅（字君倚）所写。他作为北宋对外贸易港口的地方官，可能从赴日商人处买到日本刀并作此诗。诗人梅尧臣曾有唱和钱君倚学士日本刀歌的诗。

② （宋）苏辙：《杨主簿日本扇》，《栾城集》卷 13。

③ （元）白朴：《烂花慢·题阙分》，《天籁集》卷下。参见张哲俊《中国古代文学中的日本形象研究》，北京大学出版社 2004 年版。

《论倭》一文中也称：“遂以倭奴海东蕞尔之区……奉使无礼，恃险弄兵。”① 但是，多数元代文学作品中仍保持了对日本人尤其是入元日本僧人的好感及对日本的正面认识。如丁复在《扶桑行送铦仲刚东归》一诗中称赞“扶桑人不恶……有国有人天性良……吾闻之扶桑之国人，宁杀不受辱”。② 杨维桢《送僧归日本》诗中则称誉日本，“其王尚礼乐，朝贡多珍奇”。不少入元日本僧得到了中国文人的尊重和赞赏。如张镃盛赞日本学僧铦仲刚“才高楼五凤”。③ 郑东则说他的才华“中朝冠盖尽相知”。④ 元代文人对日本的书画、刀扇也评价甚高，不少诗人曾为日本画或日本折扇题诗，如贡性之《倭扇》一诗赞美日本扇“外番巧艺夺天工，笔底丹青智莫穷。好似越裳供翡翠，也从中国被仁风”，⑤ 想象用日本的折扇可以把中国的仁义之风吹到日本。

（四）明代诗文和小说

明代中日关系时断时续，时好时恶，并有长期倭寇之患与明末的抗倭援朝战争，同时又有不少日本遣明使、入明僧来华。因此，明代中国文学作品中的日本形象，呈现多元、多面、多变的复杂面貌，也反映出明代不同时期不同地区不同阶层的中国人对日本认识的差异。

明太祖朱元璋的日本认识前后就有很大变化。明初洪武五年（1372 年），明太祖曾派僧人祖阐、克勤出使日本通好，并亲自赋诗饯行，再三叮嘱，“尔僧使远方，毋得多生事。入为佛弟子，出为我朝使”；“诣彼佛放光，倭民大欣喜”⑥。洪武九年（1376 年），朱元璋在龙河英武楼接见日本入明僧绝海中津，谈及徐福故事时，当场亲

---

① （元）吴莱：《论倭》，《渊颖集》卷 2。

② （元）丁复：《扶桑行送铦仲刚东归》，《元诗选二集》卷 16。

③ （宋）张镃：《老笔赠铦上人二首》，《南湖集》卷 4。

④ （元）郑东：《送日本僧之京》，《元诗选三集》卷 11。

⑤ （元）贡性之：《倭扇》，《南湖集》卷下。

⑥ （明）朱元璋：《和宗泐韵》，［日］伊藤松辑，王宝平、郭万平等编《邻交征书》初篇卷 2，上海辞书出版社 2007 年版，第 83 页。

自赋诗赐和："熊野峰高血食祠，松根琥珀也应肥。昔时徐福求仙药，直到如今竟不归。"① 绝海得之如获至宝，带回日本珍藏。可是后来由于倭寇不断骚扰，特别是发生了明朝官员勾结日本怀良亲王企图谋反的案件，明太祖对日本产生恶感，在《倭扇行》一诗中写道："国王无道民为贼，扰害生灵神鬼怨。观天坐井亦何知……肆意跳梁干天宪"②，下令与日本断绝来往，实行禁海与剿倭政策。

明成祖朱棣曾因日本室町幕府三代将军足利义满向明朝遣使上表纳贡并取缔倭寇有功，于永乐四年（1406 年）颁赐诏书、金印、冠服，称其为"日本国王"，并封其国山肥后阿苏山为"寿安镇国之山"，还亲自题诗予以表扬："日本有国钜海东，舟航密迩华夏通。衣冠礼乐昭华风，语言文字皆顺从"，并赐御制碑文，称"尔源道义能服朕命，咸殄灭之，屹为保障，餐心朝廷。海东之国，未有贤于日本者也……日本王之有源道义，又自古以来未之有也"③，完全是把日本纳入华夷体系，以天朝君主的口气表扬日本幕府将军足利义满。明世宗朱厚熜也曾写过送日本使策彦的诗。策彦周良是日本战国时代著名禅僧，曾奉将军足利义晴之命出使明朝，完成通商使命。明世宗曾亲自设御宴招待策彦，并即席赋诗相赠："东夷有礼信真缁，远越潮溟明国彝。人贡从今应待汝，归来勿忘朕敦仪。"还和诗赞扬他的才华："奇哉才业与渊深，佳作一章波澜心。"④ 策彦周良两次使明，并巡礼名山古刹，结交中国高僧，回国后受天皇赐宴，慰劳优赏。

倭寇之患成为明代最严重的社会问题之一。自元末至明末，日本的一些大名、武士、浪人勾结中国沿海的海盗、走私商人，武装骚扰中国东南沿海地区达三百年之久，尤以明代嘉靖以后最为严重。倭寇的烧杀淫掠，对中国沿海地区社会经济和人民生命财产造成严重破

① （明）朱元璋：《和绝海韵》，［日］伊藤松辑，王宝平、郭万平等编《邻交征书》初篇卷 2，上海辞书出版社 2007 年版，第 85 页。

② （明）朱元璋：《倭扇行》，《明太祖文集》卷 19。

③ （明）朱棣：《寿安镇国山碑》，《邻交征书》初篇卷 1。

④ （明）朱厚熜：《送日本使策彦》，《邻交征书》二篇卷 2。

坏，因此激起中国官民对倭寇的敌视、愤慨和厌恶情绪。

明代许多诗文、笔记、通俗小说中控诉、揭露了倭寇的残忍暴行和给中国人民带来的深重苦难。如畲翔的诗描写在倭寇洗劫下生灵涂炭、妻离子散的惨象："城池初构难，衣冠尽涂炭"，"形骸半摧折，豺虎复纵横"，"万死始归来，妻子一悲哀"，"倭兵猛于虎，士女驱群羊"。①

明代诗文和通俗小说中塑造了日本倭寇凶悍、狡诈、残暴的形象。如王世贞写道："倭寇勇而戆，不甚别生死。每战辄赤体，提三尺刀舞而前，无能捍者。"② 冯梦龙的《喻世明言》中有一篇通俗小说《杨八老越国奇逢》写道："原来倭寇逢着中国之人，也不尽数杀戮，掳得妇女，恣意奸淫……其男子但是老弱，便加杀害。若是强壮的，就把来剃了头发，抹上油漆，假充倭子，每遇厮杀，便推他去当头阵。"③

明代文学作品中虽有许多揭露控诉倭寇暴行的诗文，也有不少歌颂赞扬日本入明僧人和中日友谊的诗文，日本著名画僧雪舟入明两年，与许多中国文人画家交往。徐琏的诗《送别雪舟》赞扬他多才多艺："家住蓬莱弱水湾，丰姿潇洒出尘寰。久闻辞赋超方外，剩有丹青落世间。"④ 都察院副都御史徐枫冈也赞扬日本入明僧即休，"美哉休师之有道也"。描写他"继拜天子，不忘恩也；再谒士夫，知所尚也。宜其业之精而艺之博矣"。并赠其诗曰："即休老人赋性奇，不嗜名利惟书诗……两贡天朝得真传，成仙作佛复奚疑。"⑤ 明代的中国士大夫往往是以自己的文化道德标准和面貌来复制和塑造与其友好交往的日本人形象。

明代文学作品中也常常写到传入中国的日本产品、工艺，写得最

---

① （明）畲翔：《读姚新宁苦竹记有感赋此为赠》，《薜荔园诗集》卷1。

② （明）王世贞：《倭志》，《弇州四部稿》卷80。

③ （明）冯梦龙：《杨八老越国奇逢》，《喻世明言》卷18。

④ （明）徐琏：《送别雪舟》，《邻交征书》初篇卷2。

⑤ （明）徐枫冈：《送即休师归国》，《邻交征书》二篇卷2。

多的是日本折扇、日本刀和日本砚。日本折扇已成为日本朝贡市舶的重要出口品，在明代中国社会非常流行，几乎成为宫廷贵族、士大夫，直至民间文人、妇女的必备品。明代文人题咏日本扇的诗歌数量很多，如有的写皇帝将日本进贡的折扇分赐宗亲、朝臣。张羽《题倭扇》云："小国贡来东海外，尚方分给午门前。终身永保君王赐，总遇秋风莫弃捐。"① 也有人作诗揭露某些日本商人廉价收购杭州等地的仿制品，冒充原产倭扇高价卖出。有的日本商人甚至以倭扇换购中国的青铜器古玩，牟取暴利。如王绂的《倭扇谣》中写道："倭收杭扇堪称怪，转眼街道高价卖……倭言我扇不欲利，只欲人间古铜器……吁嗟古器日应少，倭贡年年扇来好。"②

日本朝贡贸易带来的日本刀、剑，主要由政府收购，少数也流传到民间。明代也有不少描写倭刀、倭剑的诗歌。如唐顺之的《日本刀歌》，在赞赏日本刀精美锋利的同时也联想到倭寇之患，希望用日本宝刀去御敌。"谁能将此奠龙沙，边氓万户祈安枕。"③ 日本贡品中的日本砚也受到明代文人的喜爱，砚上还题刻铭文。如宋濂的《日本砚铭》曰："夷而华四海一家，此非文明之化邪"④，把日本贡砚与传统华夷观念、王化思想相联系。杨士奇的《日本砚铭》赞赏日本砚品质优良："员而泽，静而贞，效土贡，来东溟。"⑤ 有的明代文人还从日本的贡品推测日本是盛产珠宝的富有之国。如董纪的诗中写道："对岸风帆日本船，龙女献珠来供佛。"⑥ 有的则从日本扇的画面推测日本十分富庶，"信知岛屿多殷富，故拟丹青入画图。海底珊瑚光耀出，松根琥珀等闲无"。⑦ 把日本想象成盛产珍珠宝玉的富裕国家，其实并不太符合日本的真实情况。

---

① （明）张羽：《题倭扇》，《清庵集》卷4。
② （明）王绂：《倭扇谣》，《王舍人诗集》卷2。
③ （明）唐顺之：《日本刀歌》，《荆川集》卷3。
④ （明）宋濂：《日本砚铭》，《文宪集》卷15。
⑤ （明）杨士奇：《日本砚铭》，《东里续集》卷15。
⑥ （明）董纪：《海屋为彝古鼎》，《西郊笑端集》卷1。
⑦ （明）汪广洋：《题日本画扇应制》，《凤池吟稿》卷7。

（五）清代诗文和戏剧

清代中叶以前因中日直接交往较少，除了赴长崎贸易的商人和侨居日本的明末遗民外很少有人到过日本，因此有关日本的文学作品往往带有想象、猎奇或夸张的成分。

影响较大的有沙起云的《日本杂咏》。其序言云："日本为海外诸国之胜，舟楫辐辏，其中山水奇绝，景观佳妙。"沙起云作为对日贸易商人去过长崎，咏诗16首主要描写长崎民俗民风，如："年年迎送大明神，设想争奇故事新。打跌惯称天下一，采茶歌唱学唐人。"① 尤侗的《外国竹枝词》中有两首写到日本，如"日出天皇号至尊，五畿七道附庸臣。空传历代吾妻镜，大阁终归木下人"。② 诗注上称："木下人为平秀吉，万历中篡夺倭国，自号大阁王。"

有些诗反映了清初文人的日本认识。如邱璋《送舅氏海士先生之日本长崎岛》称："倭奴古国邻东辽，五畿七道连城壕。土物富厚民风饶……输诚中国尊唐尧，称臣北面瞻魁杓。"③ 袁枚的《赠沈南苹画师》一诗写道："东夷之国日本强，晋唐书画多收藏。倭人字乞萧夫子，行贾诗歌白侍郎。将军重币聘高贤……画到中华以外天……七十二岛依然在，只隔人间海一重。"④

值得一提的还有《红楼梦》作者曹雪芹之祖父曹寅，康熙年间任江宁织造，并办理对日铜斤贸易。他于康熙四十二年（1703年）署名柳山居士写了一部杂剧《太平乐事》。其中有一出《日本灯词》，参考《日本图纂》等书的资料，描写日本男女的穿衣打扮、歌舞、语言，为康熙帝歌功颂德。剧中假借日本国王之口说："俺国都称筑紫，形类琵琶，读洙泗诗书，崇乾竺之法教，向自前明负国，颇肆猖

① （清）沙起云：《日本杂咏》，《昭代丛书》。

② （清）尤侗：《外国竹枝词》，王慎之、王子今辑《清代海外竹枝词》，北京大学出版社1994年版。

③ （清）邱璋：《送舅氏海士先生之日本长崎岛》，《邻交征书》三篇卷2。

④ （清）袁枚：《赠沈南苹画师》，《小苍山房集》卷13。

狂。今者中华圣人御极，海不扬波，通商薄赋，黎庶沾恩。俺们外国，无以答报，惟有礼佛拜天，顶祝无疆圣寿。”①《日本灯词》中的许多语言，曹寅是用日语的汉字读音，即所谓“寄语”写成的，这在中国文学史上是一个创举。

四 明清私人著作中的日本认识

明代以前中国人的日本认识基本上由官修正史“日本传”所垄断、主导，一般知识分子与平民很少有接触日本资料的条件，也没有深入认识和研究日本的要求。因此在明代以前很少有专门叙述或研究日本的私人著作，只是在一些笔记、游记、杂记中有某些零星记述。

到明代这种情况有所变化，尤其是明代中后期嘉靖、万历年间，由于倭患日益严重，明代士大夫和民间知识分子开始关注日本，特别是生活在江浙沿海地区的士大夫及抗倭第一线的地方军政官员迫切需要了解倭情，他们主动编写有关日本的著述。除了摘抄旧史记载外，他们还有往来于中日两国间的商人、使者及倭寇俘虏的信息渠道，甚至还有亲临日本实地考察收集的第一手资料，使明代中国人对日本的认识达到了新的高度。

（一）明代著述

（1）《日本考略》

明代嘉靖年间浙江定海文人薛俊的《日本考略》堪称中国古代第一部研究日本的专著。其书名直接冠以“日本”，内容分为沿革、疆域、山川、土产、制度、风俗、朝贡、寇边、寄语等17类（称十七略）。尽管文字比较简略，而且大多摘自历朝正史，还有不少错误，比如把前史中所记一千多年前的日本情况当作现实国情，但该书毕竟

① （清）柳山居士（曹寅）《太平乐事》日本灯词。参见冯佐哲《从〈日本灯词〉看清初的中日文化交流》，《清代政治与中外关系》，中国社会科学出版社1998年版，第135—152页。

是开了明代日本研究之先河。书中的“朝贡略”从汉代一直写到明代嘉靖二年（1523年）的争贡事件，“寇边略”记述了明初到嘉靖年间倭寇的多次寇边事件。尤其是“寄语略”，为明代日本研究著作中的首创，即用汉字记录日语词汇的发音，共收录15类350多个词。这些大概是向直接接触过日本人的中国商人、船主、水手等做调查后记录下来的，有人称它为中国最早的“日汉辞典”。由于《日本考略》是为防倭、抗倭而编，作者薛俊根据自己的见闻对倭寇有如下认识：“夷性多狡诈，狠贪，往往窥伺，得间则肆为寇掠。”“狼子野心，剽掠其本性也。”“倭尤反复无常，或服或叛，诡谲莫测。”①

（2）《日本风土记》与《日本考》

明代万历年间刊印的侯继高的《日本风土记》与李言恭、郝杰的《日本考》，经学者考证是一书两刻。② 侯继高是浙江总兵，乃抗倭前线指挥官。李言恭为总督京营临淮侯，郝杰则是协理京营兵部右侍郎，都是高级将领，该书亦为防倭所编。全书共5卷，包括倭国事略、沿革、疆域、风俗、物产、歌谣、语言、诗文等上百个类目，其中寄语分56类，收词1186个。值得注意的是，其介绍了作为日本假名表的“伊吕波歌”（书中写为“以路法”），还收录了日本和歌39首，开创了和歌汉译先河。此外，还附有日本地图。作者在《倭国事略》中对日本的认识是：“日本之民，有贫有富，有淑有慝。富而淑者或登贡舶而来，或登商舶而来。凡在寇舶，皆贫与恶者也。”他还认为，“欲望彼国之约束诸夷，断断乎不能也”。

（3）《筹海图编》

影响较大的是昆山人郑若曾编纂的《筹海图编》，这是一部以防倭、抗倭为目的编写的海防全书。郑若曾曾担任负责江浙海防的总督胡宗宪的幕僚，《筹海图编》是郑在胡的支持下，由自己所著《日本图纂》和《万里海防图论》增补改订而成。全书13卷，图文并茂。

① （明）薛俊：《日本考略》。

② 汪向荣：《关于日本考》，《日本考》，中华书局1983年版。

其中卷2集中研究了中日关系史，有《王官使倭事略》与《倭奴朝贡事略》，记述了中日使节来往的史实，还附有赴日本“针路”即中日航线图。在《倭国事略》部分研究了倭寇的出身地区和活动规律，并附有《倭国图》和《入寇图》等地图。作者对日本的地理状况做了大量调查研究，列举了许多以前中国人没有记录过的日本地名，该书内容丰富，价值较高。

（4）《日本一鉴》

代表了明代日本研究最高水平的是郑舜功的《日本一鉴》。作者郑舜功曾于1556年由总督杨宣派赴日本“探访夷情”，在日本滞留半年，对日本进行了实地考察并收集资料，“谙其风俗，询其地位，得闻其说，得览其书”，因此该书内容丰富，信息量大，可信度高，体现了古代中国人认识日本的新进展。如“寄语”栏收集日语词3401个，为明代研究日本诸书之最。该书还利用了日本的文书典籍，对日本的官制、人物、器用、风土等都有以往从未有过的详细介绍，如“职员”栏介绍日本职官名称300多个，“草木”栏记载日本植物品种达360多种。

以上四部书可视为明代中国人对日本研究私人著述中的代表作，其他涉及日本的私人著述还有茅元仪的《武备志》、宋应昌的《经略复国要编》、王士骐的《皇明驭倭录》、采九德的《倭变事略》、郑茂的《靖海纪略》、诸葛元声的《两朝平攘录》、黄俣卿的《倭患源考》、张焕的《平倭四疏》、焦竑的《国朝献征录》等十几种，不再一一介绍。

明代关于日本的私人著述有以下一些特点。首先，从记载形式上突破了“日本传”作为官修正史“四夷传”或“外国传”中的一节这种模式，而扩大到拥有数卷甚至十几卷的单行本形式的专著，如《日本一鉴》达16卷。编写形式也突破正史“日本传”不分类目的通篇直叙，而是按类分述，详分细目，如《日本风土记》分为114目。

其次，在记载内容上更加广泛深入。除了继承和补充前人研究的成果，分类加以详细介绍日本的地理、历史、自然、制度、物产、风土习俗之外，还开拓了许多新的领域，如研究中日间航路，用汉字注日语词汇读音的寄语，介绍日本的歌谣、棋艺，以及绘制日本地图、城市图、中日间航线图等，这些都大大扩展和加深了中国人对日本的了解和认识，甚至影响到明朝政府的对日政策和策略。尽管这些著述还存在许多缺陷和错误，但毕竟反映了明代中国人对日本的认识已经大大超越了前代的水平。

（二）清代前期著述

（1）《天下郡国利病书》

清代初年，中国文人学者对明末倭寇骚扰仍记忆犹新，谈到海防时常常警告提防日本的侵犯。如著名学者顾炎武在其名著《天下郡国利病书》卷 119《海外诸蕃》中指出："海夷虽多，其国大为吾患者，莫如日本。日本诸州均以百数，其近于西南者萨摩为最，屡次入寇，多此州及肥后、长门二州之人"，强调明末倭患严重，"东南沸腾，生民之涂炭极矣"。他还介绍了日本的政治制度，"国虽有王，专政者为将军"。同时他对日本社会风气与治安也予以肯定，"货至彼，则报岛上市官，判价无欺客，买彼货亦不二价……其风俗淳朴，道不拾遗"。①

（2）《海国闻见录》

陈伦炯对日本的认识则主要来自实地考察。他曾任台湾总兵，1710 年游历南洋与日本，著《海国闻见录》。该书的《东洋记》中对日本的政治、经济、文化有一定的介绍和赞扬。如说日本国王"受封汉朝，王服中国"，"习中华文字，读以倭音"，"予夺之权军国政事柄于上将军"，"禄厚足以养廉，故少犯法"。"倘尚净洁，街衢时为拭涤。""通文艺者为高士，优以礼，免于徭。""至于男女眉目肌理，不敢比胜中华，亦非诸番所能比拟，实东方精华之气所萃。"② 他的

① （清）顾炎武：《天下郡国利病书》卷 119《海外诸蕃》。

② （清）陈伦炯：《海国闻见录》，《东洋记》。

这些认识和赞语，亦常为后人所引用。

（3）《袖海编》

清代中日两国分别闭关、锁国，未建邦交，赴日中国人主要是到长崎从事贸易的商人，他们住在长崎为中国商人专修的唐馆里。中国商人写的日本见闻录最著名的是汪鹏的《袖海篇》。汪鹏是浙江钱塘人，商人兼画家，乾隆年间赴日贸易，曾寓居长崎唐馆，“云烟满目而跬步不能出”，凭个人所见所闻，记录了自己的日本认识。他对日本印象甚好，颇有溢美之词。他在文中写道：“日本为海东富强之国。”“长崎一名琼浦，风土甚佳，山辉川媚，人之聪慧灵敏不亚中华男女，无废时旷职，其教颇有方”，“向使明周官之礼，习孔氏之书”，“赋性和缓，虽甚怒，无疾言遽色”。他还说：“长崎孤岛海隅，素称穷岛，然贫穷者较少。每家资十万夜悬一灯于门，倍者灯亦倍之，以示无敢私有之志。”“唐山（中国）书籍历年带来甚伙，东人好事者，不惜重价购买，什袭而藏，每至汗牛充栋。”“国无制举（科举），故不尚文墨，间有一二束修自爱者，并颇能读圣贤书，博通经史，学中华所为。”贸易时日本商人看板投标，中国商人则“择善价而售之”，“不劳较论亦交易之良法也”。[①] 总之，他认为日本政治上奉行儒家孔孟之道，经济上甚为富足，文化上崇尚中华文化，贸易上比较公道。

（4）《漂流记》

清代还有一些中国商人、船夫、渔民乘船在海上遇险，漂流到日本，后又被遣送回国，称作漂流民。这些人一般是社会下层，文化水平较低，其中也有人把其在日本的所见所闻及与日本人的交往笔谈记录下来，反映了中国民间百姓对日本的认识和印象。

道光六年（日本文政九年，1826 年），中国商船“得泰”从乍浦出航遇风漂到日本远州上陆，次年由长崎归国。船长和船员与日方人员有不少笔谈问答，很有意思。日方人士表示对中国文章书法佩服之

① （清）汪鹏：《袖海篇》，《小方壶斋舆地丛钞》第十帙。

至。中方人士则说："贵邦山川秀丽，人物富庶，如君才甚，徜徉其间，并可倍壮志气。若我邦人羡慕贵土，并如君之欲至我邦也。"双方互表谦慕。中方还说："日本人少，故衣食多足，我邦人众，故贫乏人多。"日方答："我邦富则富矣，人不必少矣。"并问："吾闻贵朝称为繁富，而今叹贫乏，何也?"中方答："盖古礼勤俭之风渐糜，人流奢侈，是其所以老食之不足。"日方说："我邦以质实立国，故不用侈，而不得不俭矣。贵邦以文华立国，故不用奢而不得不奢矣!"中方又说："山水之胜莫过于日本矣，现在如本处琼山明媚秀丽，在我唐山所罕见。""可恨贵邦之禁森严，不能一游其地也。"中国漂流民还想观看日本地图，问"带有日本地图乎？乞一观"。日方回答："吾邦禁图，不许外人看。"中方听传闻"日本上命各岛人，如家有兄弟四五人者，许一人娶妇，其余不许娶妻？有之乎？望示"。日方则辟谣："此传之妄也。"①

（5）《吾妻镜补》

清代中叶以前中国人研究日本私人著述的代表作是翁广平的《吾妻镜补》。翁广平为江苏吴江县"穷乡朴学之士"，博学多才，有感于日本史籍《吾妻镜》不够完备，认为"海东诸国，日本为大"，决心编一部日本通志以"备海东一方之掌故也"。② 他花了 7 年时间，收集引用中日两国书籍 190 多种，于清嘉庆十九年（1814 年）编成《吾妻镜补》一书。该书别名《日本国志》，比黄遵宪的同名名著早了 70 多年。可惜该书未能刊印，只有 28 卷与 30 卷两种抄本存世。其书内容丰富庞杂，其中世系 10 卷写了日本天皇世系和中日关系的编年史。另有《地理志》2 卷，《风土志》2 卷，《食货志》1 卷，《通商条规》1 卷，《职官志》1 卷，《艺文志》7 卷等，涉及日本历史地理、政治、经济、文化、风俗、物产等各个方面。特别是《艺文志》收录了日本人的诗文 146 篇，另列中国人关于日本著述目录 100

---

① 『得秦船笔語』『文政九年遠州漂着得秦船史料』、日本関西大学東西学術研究所、1986。

② （清）翁广平：《吾妻镜补》序，北京大学图书馆藏，《吾妻镜补》抄本。

多种，可谓古代中国人对日本认识的一部集大成代表作。可惜翁氏未出国门没机会到日本实地考察，该书内容基本上是对前人记载的排比摘录，对前人书上的错误也只能以讹传讹，而且没有自己的评价论述，在认识深度上较之前人进展不大。加上该书没有刊印，影响不大，几乎被历史埋没。

总之，入清以后，由于倭寇已平，加上清政府实行海禁、闭关政策，中日交往减少，中国士大夫对日本的兴趣逐渐淡漠，关注较少，因此清代前期中国人对日本的认识几乎处于停滞甚至倒退状态，以致直到鸦片战争后，徐继畬、魏源的世界地理名著《瀛寰志略》与《海国图志》在谈及日本地理时，竟然都会犯日本是由长崎、萨摩、对马三岛组成这样的错误。

五　古代中日相互认识的历史经验和教训

从以上对古代中国人之日本认识的历史回顾中，我们可以作进一步分析，在历史上，究竟是什么因素促进或阻碍了中日两国的相互认识。

（一）促进因素

（1）建立友好邦交的国家关系是促进中日相互认识的重要条件和环境

东汉以来两国开始有使节来往，特别是南北朝时中日朝贡册封往来增多，促使中国人对日本认识的开拓和进步，出现了《三国志·倭人传》和《宋书·倭国传》那样的中国人对日本认识的奠基之作。而隋唐两代，由于日本政府派出遣隋使、遣唐使等大型使团，两国建立起友好、睦邻邦交关系，各方面交流来往频繁，大大推动了中日两国的相互认识。不仅《隋书》、新旧《唐书》等官修史书体现了对日本认识的深化，两国文人、僧人的诗文也表现了中日之间的友好感情。

（2）文化和人员交流是加深中日相互认识和友好感情的最重要途径

古代中日两国之间两千年来从未间断的文化交流，内容丰富、领域广泛、影响深远。中日两国同处汉文化圈，在汉文学、儒学、佛学等方面有许多共同信仰与共同语言。特别是汉字、汉文、汉诗、书画等媒介，为两国相互认识创造了便利的条件。古代日本官员、文人、武士僧侣大多认识汉字，会看汉文，会作汉诗，通过人员、书籍、文学、艺术等交流加深相互认识。人员交往时即使语言不通，尚可用汉字笔谈。因此，隋唐时期形成了中日文化交流的高潮，宋元明清时代中日文化交流也始终不断。

（3）经济贸易关系和物品交流也是相互认识的重要渠道和动力

魏晋南北朝和隋唐时期中日之间的朝贡贸易，以及宋、元、明、清时代中日之间的民间贸易、勘合贸易、信牌贸易等，都是中日相互认识的重要渠道，也是加深相互认识的重要推动力量。两国的物品交易也会起到加强认识的作用，如宋、元、明时期日本输入中国的日本刀、日本扇、日本砚等精美物品。清代中国赴长崎贸易船带到日本的大量中国书籍等，更是大大推动了江户时代日本人对中国的认识。

（4）两国人员的交往、友谊，尤其是日本使节、文人、僧侣的个人品行、才华，表现出的人格魅力，塑造了日本在中国人认识中的良好形象

对异国的认识往往是通过接触该国具体人物产生的，因此来华日本人的个人品质、言行、才能，对古代中国人对日认识影响很大。唐代日本的遣唐使、留学生、留学僧中有许多杰出人才，他们还与中国诗人建立了深厚友谊，以其个人魅力塑造了中国诗歌作品中日本的美好、正面形象。如唐代来华的阿倍仲麻吕、藤原清河、空海等人，入宋日僧奝然、荣西等人，入明日本僧人策彦周良、画家雪舟等人。明代虽有倭寇之患，但许多入明僧仍受到中国文人的器重和赞扬。

此外，还应提到的是即使中日两国之间有冲突、对抗甚至战争，客观上也会促使中国人更加关注对方，加强对日本的了解和认识，如

明代一批研究日本的私家著作就是在倭寇骚扰的背景下产生的。

（二）阻碍因素

我们再来分析一下是什么因素阻碍了中日两国的相互认识。

（1）两国之间断绝邦交和往来，实行闭关锁国的政策，会严重妨碍互相认识

如清代本应是中日加深相互认识的重要阶段，但由于两国统治者为防范本国人民与外来势力接触，以及为了垄断对外贸易等，清政府和日本德川幕府分别实行了闭关锁国政策，断绝了官方关系，并且不准两国人民自由出海贸易、交往。清代仅有的长崎中日贸易也受到许多限制，这就严重地阻碍了两国的相互认识。

（2）两国间的对立、冲突，特别是发动侵略战争，危害邻国领土和安全，会严重影响两国相互认识，使对方产生恶感和负面印象

如元代统治者发动征日战争，引起日本人的反感，将其视为元寇。而日本倭寇骚扰中国沿海，成为明代极其严重的社会问题，改变了长期以来中国人对日本的正面印象。倭寇在中国沿海的烧杀抢掠，使明代中国人产生了日本人残暴、贪婪、狡诈等负面认识，而丰臣秀吉发动的侵朝战争更是加深了这种负面印象。

（3）两国人士在著述中，互相攻讦、轻蔑甚至矮化对方，也会产生极为不良的后果，影响客观、友好的相互认识

中国文人由于中国文化优越感和华夷意识的影响，长期把日本视为东夷小国，加以轻视，并不屑对日本做深入了解研究。而日本文人也有自己的华夷观念和民族主义心理，有时也对中国作出对立和丑化的反应，如把清朝统治者称为“鞑靼”。清代外交家黄遵宪曾在《日本国志》中批判这一现象，说道：“史家旧习尊己侮人，索虏岛夷互相嘲骂。中国列日本于东夷传，日本史亦列隋唐于元蕃传。中国称为倭王，彼亦书隋主、唐主，譬如乡邻交骂，于事何益?”①

① （清）黄遵宪：《日本国志》卷四，邻交志。

（4）个人的恶劣品质、行为，骄傲自大、奸诈无诚信等表现，也会严重影响两国的相互认识

如一些来华日本奸商、海盗、浪人的不良行为，尤其是倭寇的残暴贪婪，造成明清时代中国人对日本的负面认识，严重损害了日本的形象。我们应该认真总结吸取历史上中日两国相互认识的经验教训，以史为鉴、面向未来，加强两国相互认识和相互理解，构筑更加健康稳定、友好合作的中日关系。

近代中国人日本观的变迁*

考察中日两国之间互相认识的过程，分析中国人日本观与日本人中国观的变迁，是日本研究和中日关系研究中非常重要的课题。这个认识过程是与中日两国之间关系以及两国自身政治、经济、文化以至思想观念的变化息息相关的。同时，它又反过来给予两国历史和两国关系的发展以重大的影响。

本文试图根据笔者在中国和日本收集的大量历史资料，着重对1840—1919年中国人对日本认识逐渐深化的过程，即晚清民初中国人日本观的变迁，作一番比较系统的考察和剖析。

一　从轻视到重视

古代中国人对日本的认识，一方面中国是最早认识日本的国家。早在1世纪写成的《汉书》中已对日本有明确的记载："夫乐浪海中有倭人，分为百余国。"而3世纪成书的《三国志》中的《魏志·倭人传》，更对日本列岛的政治经济与社会习俗作了近两千字的描述，至今仍为研究二、三世纪日本历史最权威的文献资料。以后历代中国史书中对日本的记载连续不断，自《三国志》到《清史稿》，有16部官修正史中专门列有日本传。

---

* 原载于北京大学日本研究中心编《日本学》第3辑，北京大学出版社1991年版。

然而，另一方面古代中国对日本的认识进展却很缓慢，其主要原因是古代中国人轻视日本。也许是由于中国古代文明高于日本的缘故，加上中国知识分子浓厚的中华文化优越感和“华夷意识”，一般中国士大夫把日本称为“蕞尔三岛”的“东夷小国”，不愿意花力气对它作认真的了解研究。中国古籍中往往把日本描写成虚无缥缈的仙岛神州，任意涂抹神秘色彩。历代正史中的日本传也大多因袭陈说，较少有深入的研究。尽管明代为对付倭寇的需要，出现了一批介绍日本的著述，但总的来说，直到清代中叶，中国人关于日本的知识仍相当匮乏。例如乾隆年间查禁私钱，在沿海某地发现一枚日本的“宽永通宝”铜钱，满朝文武及各省大吏竟无人认识。朝廷还以为是有人私铸货币图谋不轨，严令追查，闹得“守令仓皇，莫知所措”①。可见，当时对日本的无知。

鸦片战争以后，一些开明的中国知识分子开始睁眼看世界，研究介绍世界各国史地，寻求“制夷之策”。但是，他们关注的重点主要是侵略中国的西方列强，而对于东方邻邦日本，却仍然未给予重视。不过在某些著述中已经开始把日本放在世界全局中加以考察，这毕竟是个进步。如福建巡抚徐继畬 1848 年编的《瀛寰志略》（10 卷），其中第一卷就是东洋二国，即日本和琉球。书中写道：“东洋浩渺一水，直抵亚墨利加（阿美利加旧译）之西海数万里别无大土，附近中国者，止有日本、琉球两国，盖神州之左翊也。”徐继畬还指出“西洋人海图将日本三岛列朝鲜以北，系属错误”。可是，他自己对日本地理也没有正确的认识，书中竟然把日本说成由对马、长崎、萨峒马（即萨摩）三岛组成。实际上长崎、萨峒马在九州岛，对马是朝鲜海峡中的小岛。作者承认自己对日本的了解很不够，原因是日本乃“海外远夷，轺车罕至，往来者皆商贾之流，无由探悉其原委耳”②。

魏源的名著《海国图志》的 50 卷本和 60 卷本中均无日本，直到

① （清）石韫玉：《吾妻镜补跋》，北京大学图书馆藏《吾妻镜补》抄本。

② （清）徐继畬：《瀛寰志略》卷一，上海书店出版社 2001 年版，第 17 页。

1852年增补为100卷本时才添上日本。他在“日本岛国录”部分，引用了《明史》《海国闻见录》《坤舆图说》等十几种中外文献，然而作为最主要资料用大字全文抄录的却仍是上述《瀛寰志略》中关于日本的叙述，并据此批评了英国人的世界地图，结果也犯了与徐继畬同样的错误。[①] 因而，后来薛福成批评徐继畬与魏源道：“于西洋绝远之国尚能志其崖略，独于日本考证阙如。或稍述之而惝恍疏阔，竟不能稽其世系疆域，犹似古之所谓三神山之可望而不可至也。”[②]

可见，直到近代初期，中国人对日本的认识仍十分模糊，黄遵宪的两句诗：“只一衣带水，便隔十重雾”[③]，恰是这种状况的写照。19世纪60—70年代，开始引起中国人注意日本的是连续发生的三件事：1868年日本明治维新、1871年中日建交和1874年日本侵略中国台湾。明治维新是日本历史上具有划时代意义的转折点，推翻了德川幕府，建立起来的明治政府进行了一系列的资产阶级改革，同时也试图建立与中国的外交贸易关系。1870年柳原前光等来华谈判订约，清政府总理衙门最初以“大信不约”为借口加以拒绝，但洋务派官僚李鸿章却力主订约，他说：“闻该国自与西人订约，广购机器兵船，仿制枪炮铁路，又派人往西国学习各色技术，其志固要自强以御侮。究之距中国近而西国远，笼络之或为我用，拒绝之则必为我仇”，并建议派外交官驻日，“借以侦探彼族动静，而设法联络牵制之”[④]。1871年中日两国签订了《中日修好条约》和《通商条约》，并决定互派外交官，中日的建交遣使为中国人认识日本创造了有利条件。

日本明治维新这样的大事，最初并没有马上引起中国朝野应有的注意。直到1874年，日本公然派军队武装侵略台湾，才使中国的士大夫们大吃一惊，居然连“东夷小国”日本也敢来欺侮中国了，究

① （清）魏源：《海国图志》（百卷本）卷一七，光绪二十一年，上海积山书局石印本。

② （清）薛福成：《日本国志序》，光绪二十四年，上海图书集成印书局铅印本。

③ （清）黄遵宪：《近代爱国志士歌》，《人境庐诗草》卷三，钱仲联《人境庐诗草笺注》，古典文学出版社1957年版，第102页。

④ （清）李鸿章：《李文忠公全书》卷一七《奏稿》，商务印书馆1921年版。

竟日本国内发生了什么样的变化呢？于是他们开始睁眼看日本，注意了解分析日本的近况。目前所见中国人对日本明治维新最早的评论是1874年浙江海宁人陈其元所写的《日本近事记》。作者把明治维新看成是一次篡权夺位的改朝换代，而持完全否定的态度。他把幕府将军误认为日本国王，却把天皇重新执政斥为“篡国”。文中写道：“往昔日本国王不改姓者二千年，国中七十二岛，岛各有主，列为诸侯。”“自美加多（即日语天皇之译音）篡国，废其前王，又削各岛主之权。岛主失柄而怀疑，遗民念旧而蓄愤，常望一旦有事乘间蜂起。”他对明治政府学习西方进行变法改革尤为反感，“使国中改西服，效西言，焚书变法。于是通国不便，人人思乱”①。作者甚至异想天开地鼓吹乘明治政府尚未巩固之机，派兵渡海征日，帮助幕府旧政权复辟。

然而，在当时中国知识分子中也有不同的见解。如嘉兴人金安清的《东倭考》就对明治维新给予了较高评价。他对明治维新“大政复古”的认识比陈其元清楚，指出这是“今之倭王驱将军而自主其权”。他认为日本的明治维新可以与中国古代战国时期赵武灵王习胡服骑射的变法相比，应予肯定。明治天皇“焚诗书，易服色，其远大之志，如赵武灵王之类，虽国中不尽驯服不顾也”②。因此，他坚决反对“征日论”。

1874年12月10日，李鸿章在给皇帝的一份奏折中，表达了他对明治维新的认识。奏折中写道：“该国近年改变旧制，藩民不服，初闻彼颇小哄，久亦相安。其变衣冠，易正朔，每为识者所讥。然如改习西洋兵法，仿造铁路火车，添置电报，开煤铁矿，自铸洋钱，于国计民生不无利益。并多派学生赴西国学习器艺，多借洋债，与英人暗结党援，其势日张，其志不小。故敢称雄东土，藐视中国，有窥犯台

① （清）陈其元：《日本近事记》，王锡祺《小方壶斋舆地丛钞》初编，第十帙，台北广文书局1990年版。

② （清）金安清：《东倭考》，《小方壶斋舆地丛钞》初编，第十帙。

湾之举"[①]，说明李鸿章认识到日本敢于侵略中国台湾是明治维新后富国强兵的结果。他从洋务派的立场出发，赞成明治政府积极学习西方军事和工业技术，以及借洋债、派遣留学生等措施。但是对日本进行政治制度以及服装、历法方面的变革，则表示反对。并对日本企图"称雄东土，藐视中国"，感到担忧。

二　从走马观花到深入调查研究

"百闻不如一见"，近代中国人对日本的认识随着对日本的实地考察而逐步深化。

明治维新后到日本进行实地观察的第一位中国官员是浙海关委员李圭。他于1876年奉命赴美参加美国建国百年纪念博览会的途中访问了日本，游览了长崎、神户、大阪、横滨等地，明治维新后日本的新气象给他留下了深刻的印象。他在《环游地球新录》一书中记载："大小塾房、邮政局、电报局、开矿局、轮船公司，皆仿西法，而设官为经理，举国逾遍。而于电报、邮政两端尤为加意，几堪与泰西比美。"他认为明治维新是日本由弱变强的转折点。"窃为日本一国，当咸丰初年仍是大将军柄政，君位几同虚设，国势极不振。"通过明治维新，"近年来，崇尚西学，效用西法，有益之举，毅然而改者极多。故能强本弱末，雄视东海，而大将军遂不专国政"[②]。1877年，清政府正式派出了第一个驻日使团，首任驻日使臣是翰林院侍讲何如璋。他在赴任日记《使东述略》中叙述了出使日本的见闻，肯定了明治维新的成绩，同时也预料变法必然会遇到很大阻力，因而对维新能否成功抱有怀疑。他说："强公室，杜私门，废藩封，改郡县，举数百年积弊，次第更而张之如反手，然又何易也!"他根据实地考察，对日本的地理作了比较确切的描述，说明日本四大岛是本州、九州、

① （清）李鸿章：《李文忠公全书》卷二四《奏稿》。

② （清）李圭：《环游地球新录》，载钟叔河主编《走向世界丛书》，岳麓书社1985年版。

四国与北海道。九州岛“西有长崎”，“西南曰萨摩”，“对马岛则近朝鲜数十里矣”[①]。这样就纠正了徐继畬、魏源等人的错误。

自从中国在日本设立公使馆、领事馆，有外交官长驻日本之后，中国的官员、文人联翩东渡。他们游览日本各地，广泛与日本人交往，写下了不少游记与诗歌。他们耳闻目睹日本维新后的进步，在著作和诗文中大多对日本明治维新表示赞扬。如王韬的《扶桑游记》和王之春的《东游日记》都描写了日本维新后兴建铁路、电报、电话等带来的便利，“斗巧争奇，令人目眩”。还盛赞日本的教育制度“诚善法也”。

也有一些中国士大夫顽固地站在守旧立场上，戴着有色眼镜观察日本，对明治维新处处看不顺眼，尤其对日本学习西方十分不满。如江西官员李筱圃1880年访日时写的《日本纪游》，指责日本维新改革后，“非但不能拒绝远人，且极力效用西法，国日以贫，聚敛苛急，民复讴思德川氏之深仁厚泽矣！”[②] 另一位访日人士的《日本杂记》也认为日本因学西方实行维新改革而贫困。作者甚至连日本仿造西洋机器与用西法训练军队也加以非难，“自以为富强可以立待，殊不知慕西法而无生财之道，适足以自耗其财。今日通商改用西法之后，国用不断，不得不苛敛于民”[③]。他们把日本当时的财政困难都归罪于学习西方，实行改革，无非为了说明祖宗之法不可变，一切只能墨守成规。

还有人在1879年写的《日本琐志》中列举了一些统计资料，分析日本现状，得出了明治维新可能要失败的结论。作者认为日本潜伏着严重的政治经济危机，“自效西法，废封建为郡县，前后旧职去爵去禄者不知凡几，此乱萌隐伏也。且国计日蹙，不得不多取之于民，而民怨，此亦乱萌隐伏也”。他列举了日本内债外债的统计数字，并

① （清）何如璋：《使东述略》，载《甲午以前日本游记五种》，岳麓书社1985年版。

② （清）李筱圃：《日本纪游》，《小方壶斋舆地丛钞》初编，第十帙，原书署名“阙名”，经考证为李筱圃。

③ 佚名：《日本杂记》，《小方壶斋舆地丛钞》初编，第十帙。

警告滥发纸币会造成货币贬值。还指出日本严重的入超、金银外流、人多地狭、社会治安等问题，断言："乱必在二十年间。"① 这位作者虽然对明治维新的分析过于悲观，但他能透过表面现象，看到日本社会潜伏的各种问题，认识颇有独到之处。上面介绍的一些看法，多数是来自短期访问日本的士大夫写的游记中走马观花、浮光掠影的印象，这仅是表面肤浅之识。从19世纪80年代起，一些中国驻日使馆人员和专门派赴日本考察的官员，对日本的历史和现状进行了比较广泛深入的调查研究，写出了一批较有分量和价值的著作，反映了近代中国人对日本认识的进步。

曾任驻日使馆随员的姚文栋，看到日本明治维新政府刊行《清国兵要地理志》发给日本军人，几乎人手一册。可是中国人对日本地理却茫然无知，很受刺激，便根据日本的地理书，并参考近人航海记录等有关资料，编成10卷8册《日本地理兵要》，1884年由总理衙门刊行，这是中国近代最早出版的一部详细的日本地理书。

另一位驻日使馆随员陈家麟，通过调查研究，于1887年编成《东槎闻见录》4卷，对日本事情分成十几个类目加以介绍。他认为明治维新各项改革有利有弊，要区别分析。如"立学校、整矿务、开铁道、设银行，以及机器、电线、桥梁、水道、农务、商务各事，此利政也"。而"易服色、废汉学、改刑罚（刑律近效泰西，无笞杖名目，故国中盗贼之事近亦屡见）、造纸币（广造纸币，故民间大小交易俱无现镪）、加赋税以及用人（凡曾赴外国及能外国语言者无论贤否皆用之，故官场中流品殊杂）、宫室（大小官署皆改造洋房）、饮食（亦行西式）、跳舞之属，此弊政也"②。这种认识恐怕可以说是当时中国一般知识分子对日本明治维新较有代表性的看法。

对日本研究最全面深入的当然还要数首届驻日使团参赞官黄遵宪。他于1877年随公使何如璋出使日本。在日本的5年间，他广泛

① 阙名：《日本琐志》，《小方壶斋舆地丛钞》初编，第十帙。

② （清）陈家麟：《东槎闻见录》，《小方壶斋舆地丛钞》初编，第十帙。

结交日本各界人士，并到日本各地深入考察，还大量收集日本政治、经济、文化等各方面资料，尤其是各机关发布的公报、法令、统计表等第一手材料。他在日本期间写作了200多首关于日本的诗歌，编成《日本杂事诗》一书。并从1879年起，花了8年工夫，至1887年完成了巨著《日本国志》。全书40卷50万字，分国统志、邻交志、天文志、地理志、职官志、食货志、兵志、刑法志、学术志、礼俗志、物产志、工艺志等12种志，从各个角度深入系统地研究了日本的历史和现状，内容十分丰富。《日本国志》堪称中国近代研究日本的集大成代表作，也是近代中国人对日本认识的里程碑。该书被“海内奉为瑰宝”，在相当长的一段时间内成为中国人认识日本最重要的参考书。《日本国志》重点是研究日本的制度，总结明治维新的经验教训，为中国的维新变法提供借鉴。实际上，黄遵宪本人对日本明治维新的认识也经历了一个转变的过程。据他自己说，1877年到日本，“时值明治维新之始，百废草创，规模尚未大定。论者或谓日本外强中干纷纭无定论”。他所交往的日本人大多是些不满维新的旧学家，“微言刺讥，咨嗟叹息，充溢于吾耳”。故而起初黄遵宪对明治维新也抱怀疑态度。然而随着对日本了解和研究的深入，他逐渐改变了看法。他说：“及阅历日深，闻见之日拓，颇悉穷变通久之理，乃信其改从西法，革故取新，卓然能自树立。”以后黄遵宪出使欧美，又见到西方国家，“其政治学术竟与日本无大异”。而且西方人士谈起日本也“辄敛手推服无异辞”，使他真正信服日本明治维新的成功，赞叹日本“进步之速，为古今万国所未有”①。

1887年，清政府通过考试选拔了12名官员，分别派遣游历日本和南北美洲及欧洲诸国。游历使团中最勤奋的是获得选拔考试第一名的兵部郎中傅云龙，他每到一个国家，即收集资料并撰写文章，绘制表格与地图，编为“图经”。仅《游历日本图经》就有30卷，包括

---

① （清）黄遵宪：《日本杂事诗定稿本自序》，《黄遵宪全集》（上），中华书局2005年版，第6页。

天文、地理、考工、兵制、职官、外交、文学、风俗等部分，可谓一部日本问题百科全书，为中国人认识日本提供了丰富的资料。

另一位游历使刑部主事顾厚焜考察后也编成《日本新政考》一书，共分洋务、财用、陆军、海军、考工、治法等9部90目，记载相当具体，对中国人认识日本也很有帮助。但是他对日本改革政治制度却大加批评，指责“日人乃好异矜奇，竟一变而无不变也，是诚何道也?”“一旦举法度典章一一弃若弁髦，岂得谓是邦之福哉!”①

这段时期，中国的封建知识分子中，指责嘲笑日本维新的还大有人在。如1885年一位自称“四明浮槎客”的守旧儒生访问日本时，写了若干首竹枝词，讥讽日本学习西方：“国法纷纷日逐更，究依何国没权衡。昨天美法刚刚换，今又匆匆奉大英。”并指责日本改革是“暮令朝更，如同儿戏”。还嘲笑日本变法“移风易俗太荒唐，正朔衣冠祖制亡”，“文明开化说常夸，真是吴牛井底蛙”。②

1893年访问日本的黄庆澄曾对这种陋识加以批判。他指出日本明治维新“仿行新法，甚至改正朔，易服色”，乃是“急急于新耳目振国气者”，“虽贻千万邦之讪议而不之顾”。他赞扬日本维新领导人，“洞烛外情，知己知彼，甘以其国为孤注，而拼付一掷”。黄庆澄认为这才是“豪杰谋国”，“其深思远虑，非株守兔园册子者所可与语”③。

三　从全盘仿效到初步批判

历史的发展往往富于戏剧性。古代一千多年间日本人一直恭恭敬敬地尊中国为师，处处向中国学习。然而，进入近代还不到半个世纪，中国人却迫不及待地要向日本求教了。之所以发生这样的变化，

① （清）顾厚焜：《日本新政考序》，慎记书庄石印本，1897年。

② （清）四明浮槎客：《东洋神户日本竹枝词》，载王慎之、王子今辑《清代海外竹枝词》，北京大学出版社1994年版，第172页。

③ （清）黄庆澄：《东游日记》，《小方壶斋舆地丛钞》再补编，第十帙。

关键在于日本明治维新的成功，而转折点则是1894年至1895年的中日甲午战争。这场战争的结果，清帝国竟然被新兴的日本一举击败，清政府被迫签订割地赔款丧权辱国的《马关条约》。

中国的爱国知识分子一方面愤怒谴责日本的侵略，把《马关条约》视为奇耻大辱而痛心疾首。另一方面，他们痛定思痛，首先要想一想为什么日本能够打败中国？通过对这个问题的思考，不少中国人对日本的认识发生了巨大的变化。

康有为等维新派人士把日本在甲午战争中获胜的原因完全归结于维新变法。1895年他在《上清帝第二书》中指出："日本一小岛夷耳，能变旧法，乃能灭我琉球，侵我大国。前车之辙，可以为鉴。"[①]他们从中得出结论：要救中国，只有变法维新，而要维新，就要学习西方。既然日本向西方学习有成效，成功地进行明治维新，实现了富国强兵，那么中国人为什么不能向日本学习呢？为了救亡图存，变法自强，哪怕卧薪尝胆，也要认真地向昨天的敌人日本学习。因此，康有为明确地提出了"不妨以强敌为师资"的口号。[②]

要学习日本，便需要进一步认识日本。中国近代维新思潮的兴起，推动了对日本的研究，而对日本的研究，反过来又促进了中国维新变法运动的发展。中国维新派人士几乎人人谈日本，个个推崇明治维新。他们还力图通过宣传明治维新来为中国变法运动制造舆论。康有为在1886年就开始研究明治维新。1897年编写了《日本书目志》，并在女儿康同薇的帮助下编撰《日本变政考》。梁启超则在1897年写了《记东侠》一文，歌颂日本维新志士的献身精神。康同薇也在1898年春出版了《日本变法由游侠义愤考》一书，介绍日本维新志士在明治维新中的作用。湖南维新派骨干唐才常则鉴于"世罕知日本，罕知日本变法之难"，特地编写了《日本安政以来大事略述》，扼要地介绍日本维新的历史及其中之艰难曲折。此文在《湘学报》

① （清）康有为：《上清帝第二书》，《戊戌变法（二）》，上海神州国光社1953年版，第153页。

② （清）康有为：《日本变政考》序，北京故宫博物院藏进呈本。

上连载，对推动湖南的维新运动起了一定作用。1898 年 6 月 11 日光绪皇帝下诏“明定国是”，开始了“百日维新”。为了向光绪提供日本维新的具体经验，康有为进呈了经过补充润色并加大量按语的《日本变政考》13 卷，它以编年史的形式，详细叙述明治维新的各项改革措施，评论其得失利弊，并结合中国实际情况，提出中国变法的建议。康有为把日本明治维新改革的重要性归纳为：“大誓群臣以定国是，立制度局以议宪法，超擢草茅以备顾问，纡尊降贵以通下情，多派游学以通新学，改朔易服以易人心数者。”① 他在该书跋语中还宣称：“日本变政备于此矣。其变法之次第，条理之详明，皆在此书。其由弱而强者，即在此矣。”他主张全盘模仿日本甚至断言：“我朝变法，但采鉴于日本，一切已足。”尽管光绪皇帝得到此书如获至宝，仿效明治维新，发布了一系列改革诏令，但是中国封建顽固派的势力远比日本维新时幕府的力量大得多，新旧力量悬殊，百日维新只是昙花一现。不久，慈禧太后就发动政变，光绪遭软禁，康、梁仓皇出逃，那部集中反映维新派日本观的《日本变政考》也被打入冷宫，长期未能公之于世。

戊戌变法的失败，并未减弱中国人了解日本、学习日本的热情。尤其是在 20 世纪初，清政府实行“新政”，亦以日本为榜样，派出不少官员赴日本考察取经。还有一些官员和学者文人自费东渡游历。他们写出了一大批游记、考察记或调查报告，仅笔者所见就有近百种之多。如考察农工商业的有刘学洵《游历日本考查商务日记》、黄璟《游历日本考查农务日记》、潘学祖《考察东瀛农工记》等，考察教育的有李宗棠《考察日本学校记》、吴汝纶《东游丛录》、项文瑞《游日本学校笔记》等，考察政治的有载泽《考察政治日记》、逢恩承《日本最近政学调查记》、刘瑞璘《东游考政录》等，考察军事、司法的有丁鸿臣《游历日本视察兵制学制日记》、雷延寿《日本警察调查提纲》、王仪通《调查日本裁判监狱报告书》，等等。

---

① 康有为：《日本变政考·跋》，北京故宫博物院藏进呈本。

这些著作除了极少数只谈游山玩水、异国风情或敷衍交差外，多数还是对日本社会实际进行了一番具体的调查考察。不少人都在认真思考中国究竟向日本学习些什么？怎么学？并力图探讨日本的维新之要和富强之道。他们从各个方面、各种角度观察描述日本，大大加深了中国人对日本的认识。下面略举数例说明。如1898年到日本考察商务的中国政府特使刘学洵，受到日本朝野尤其是财界和工商界的隆重欢迎。他通过与日本各界人士会谈和参观各种工厂、商店，对日本资产阶级提出的“富国必以振兴商务为本”“裕商即以保国”① 等观点，十分欣赏，认为这就是日本富强的原因。而1901年罗振玉赴日本考察两个月后得出的结论则是：日本强盛的关键，“首在便交通，继在兴工业，三在改军制”，“军政修明而又加之以兴教育，国力乃日臻强盛”②。中国民族资产阶级代表人物张謇1903年应日本大阪博览会之邀请赴日参观后，特别强调教育救国与实业救国。他说，根据日本维新的经验，如果按其重要性排次序的话，应是：“教育第一，工第二，兵第三。”他还认为，“图存救亡，舍教育无由，而非广兴实业，何所取资以为挹注”③。有的人还把日本描绘成桃花源式的乐土。如1902年赴日考察农业的黄璟写道：“入其境，见夫田畴井井，厘若画图，男妇勤能，风物都美。古所谓野无旷土，国无游民者，不图得于今日遇之。”他还说：“遍国中学校如林，铁轨如织，无人不学，无学不精。凡商业、工艺、武备、警察、开垦、矿产诸大政，靡不悉心筹计，不稍留缺憾于纤微宜乎。”④

日本果真是这样尽善尽美吗？20世纪初，大批中国留日学生却有不同的感受和认识。他们大多是抱着向日本学习以挽救民族危亡的爱国热情东渡留学的。中国留日学生从半殖民地半封建的中国来到正

---

① （清）刘学洵：《游历日本考查商务日记》，香山刘氏上海石印本，光绪二十五年（1899）。

② （清）罗振玉：《扶桑两月记》，教育世界社，光绪二十八年（1902）。

③ （清）张謇：《东游日记》，《张謇全集》第6卷，江苏古籍出版社1999年版，第514—515页。

④ （清）黄璟：《游历日本考查农务日记》，光绪二十八年（1902）刊本。

在进行资本主义近代化建设的日本，一切都感到非常新鲜。他们看到日本工业的发达，教育的普及，对比自己祖国的落后，不禁感慨万分。湖南留日学生周家纯说：“自入长崎以来，流连异土，百感交并，及达东京，益怦怦不能自持者。”① 可是，对中国留日学生刺激更深的却是由于祖国的贫弱而遭到日本人的歧视和侮辱。有的留学生经过马关中日订约之处，或是看到东京靖国神社陈列的甲午战争“战利品”不禁痛哭流涕，愤不欲生。有时穿着中国服装留着长辫的留日学生走在街上，竟有日本小孩跟在后面嘲骂“豚尾奴”。还有日本政府对中国留学生实行的种种歧视限制政策，如 1905 年颁布的所谓取缔规则等。这一切都强烈地伤害着留日学生的民族感情，激发起他们的爱国、革命热情，同时也使他们对日本有了更深刻全面的认识。留日学生主办的各种刊物，经常登载关于日本的评论和见闻，报道日本内政外交最新动态，并翻译日本报刊上的言论。他们还大量翻译日本书籍，介绍日本各方面的情况，加深中国人对日本的了解。中国人对日本的认识逐渐克服全盘肯定的片面性，而开始对日本社会存在的问题和侵华政策进行初步的揭露和批判。

日本自明治维新后，一边发展资本主义，一边逐渐走上军国主义道路。日本统治集团一直以中国为对外侵略扩张的重点，并制定了以侵华为目标的政策。甲午战争后日本逐渐成为亚洲唯一的帝国主义国家，更加紧对中国的侵略。如积极参与八国联军侵华，在中国土地上进行日俄战争。辛亥革命时也企图趁火打劫。1915 年更利用袁世凯称帝之机，提出把中国变为其独占殖民地的“二十一条”。这一切事实，都教育了中国人，日本的侵略打破了中国人学日本的迷梦。一些进步的中国人逐渐擦亮了眼睛，抛弃幻想，重新认识日本，揭露批判日本帝国主义的侵略本质。

目前所见近代中国人对日本帝国主义较早的公开批判，是留日学生中的无政府主义刊物《天义报》1907 年 11 月刊登的刘师培所写的

① 周家纯：《致湖南青年劝游学外洋书》，《游学译编》第 4 期（1903 年 2 月）。

《亚洲现势论》一文。该文一针见血地指出日本帝国主义政府是“亚洲之公敌”，揭露日本帝国主义与西方列强相勾结，在亚洲侵略扩张。“故欲保亚洲之和平，以谋亚洲诸弱种之独立，则白种强权固当排斥，即日本之以强权侮我亚人者，亦当同时排斥。盖帝国主义乃现今世界之蟊贼也。”他还认为“帝国主义实政府压制民庶之先声”，“军国主义无非用多数人民之性命以保卫少数有权力之人，复戕害境外无数之同胞，以增少数有权力之先宠”①。他主张亚洲各国民族解放运动应该和日本人民的革命运动互相配合呼应。

1915 年日本帝国主义提出了灭亡中国的“二十一条”，正在日本留学的李大钊代表中国留学生总会，起草了《警告全国父老书》。文章历数甲午战争以来日本的侵华罪行，并揭露日本帝国主义“当民国初建立之际，挑兄弟阋墙之机，射影含沙，无所不至”。“今更恃强挟迫，无理要胁，大欲难填。”日本帝国主义对中国的侵略行为“于日本为自杀，于世界为蟊贼，于中国为吾四万万同胞不共戴天之仇”。② 1917 年，李大钊又著文批判日本帝国主义鼓吹的“大亚细亚主义”。他深刻指出：日本“假大亚细亚之旗帜，以颜饰其帝国主义，而攘极东之霸权，禁他洲人之掠夺而自为掠夺，拒他洲人之欺凌而自相欺凌”。③ 1919 年元旦，李大钊进一步剖析日本帝国主义的“大亚细亚主义”是“吞并中国主义的隐语”“大日本主义的复名”，“不是平和的主义，是侵略的主义；不是民族自决主义，是吞并弱小民族的帝国主义；不是亚细亚的民主主义，是日本的军国主义”④。

中国的留日学生通过自己在日本的亲身体验和深入观察，对日本社会存在的贫富不均、阶级压迫、资本家的剥削、军阀的专制、统治集团的钩心斗角等问题给予了揭露批判。1919 年 4 月，周恩来在结

① 申叔（刘师培）：《亚洲现势论》，《天义》十一、十二卷合册，1907 年 11 月 30 日。

② 李大钊：《警告全国父老书》，《李大钊文集》（上），人民出版社 1984 年版，第 121—122 页。

③ 守常（李大钊）：《大亚细亚主义》，《李大钊文集》（上），第 450 页。

④ 李大钊：《大亚细亚主义与新亚细亚主义》，《李大钊文集》（上），第 609—610 页。

束日本留学生活归国前夕，游历了京都。“九天西京炎凉饱看”，使他对日本社会有了更深入的认识。他在《雨后岚山》一诗中写道：“登高远望，青山渺渺，被遮掩的白云如带，十数电光，射出那渺茫黑暗的城市。此刻岛民心里，仿佛从情景中呼出，元老、军阀、党阀、资本家……从此后将何所恃？”①

1919年8月，戴季陶在《建设》第1卷第1期上发表《我的日本观》一文，可以说是辛亥革命以后中国人对日本认识的一个总结。他认为以前中国人观察日本人的错误，大约有3种：第一，以为“大陆侵略主义是几个元老军人所信奉的，是当局的人自己特别主张的”。第二，“以为日本援助北方的军阀就是特别不好的，援助南方的似乎就是好的”。第三，“不加区别，不问理由，把日本对华政策的罪恶，当作日本全国国民的罪恶”。他深刻指出日本侵华政策的根源，“是在日本建国主义上”，“在日本统治者阶级的思想上，在日本政治社会的组织上”。因此在“军阀、官阀、党阀执政的时代”，要日本放弃侵华政策是“万万做不到的”。“侵华政策是政治上、产业上特权阶级的责任”，“并不是日本的农夫工人的责任”。大多数日本人，“到底还是中国好朋友”。这反映出中国人对日本认识的重大进展。戴季陶在该文开头还说：“我有一个希望，要想把‘日本’这个题目，用我的思索评判的能力，在中国人的面前，清清楚楚地解剖开来，再一丝不乱地装置起来。”② 这说明了当时中国人已提出了更进一步全面深入地剖析日本、认识日本的要求。

上述关于对近代中国人的日本观变迁过程的历史考察，可以为我们提供不少历史经验和启示。例如，关于认识世界和研究外国的重要性。近代中国在历次对外交涉和战争中屡遭失败和耻辱，与昧于世界大势，不了解外国情况有很大关系。知己知彼才能百战不殆。清政府由于对日本认识的肤浅，对日本政治、经济、军事状况和实力缺乏正

① 周恩来：《雨后岚山》（1919年4月5日），《周恩来青年时代诗选》，人民文学出版社1978年版，第920页。

② 戴季陶：《我的日本观》，《建设》第1卷第1期，1919年8月。

确分析，导致与日本关于中国台湾、琉球、朝鲜问题交涉和甲午战争战略指挥中的许多失误。相反，对世界形势及外国历史经验的研究介绍，则有助于促进中国社会的进步和近代化。如19世纪末对日本明治维新的认识和研究，有力地推动了中国的维新变法运动。黄遵宪的《日本国志》成为维新运动的启蒙读物。康有为的《日本变政考》则成为光绪皇帝实行百日维新的蓝图。

还要重视认识世界和研究外国的态度与方法。近代一些中国士大夫妄自尊大顽固坚持华夷意识和守旧立场，或者不屑于正眼看日本，或者戴着有色眼镜对日本的改革和进步百般挑剔、嘲讽。还有些人虽然也到过日本，却只顾游山玩水或仅为敷衍交差，故而也没有什么深刻的认识。而像黄遵宪、傅云龙那样杰出的外交官和勤奋的游历使，则通过自己艰苦细致的调查研究和认真思考写作，编著了《日本国志》《游历日本图经》等巨著，为中国人认识日本做出了卓越的贡献，这种精神是值得继承发扬的。同时，还要克服认识中的片面性，无论是认识日本还是其他国家，那种盲目自大、一概否定，或者盲目自卑、全盘仿效，都不是正确的态度。应该对外国社会进行客观的、辩证的具体分析，才能取其精华、弃其糟粕，透过现象、看到本质，获得全面科学的认识。

日本统治者对华观的历史演变*

我们在研究抗日战争和总结其历史经验教训时，要有一种大历史的眼光，即不仅要考察1931—1945年的日本侵华战争，而且要追溯它之前100年甚至1000年中日关系变化的历史，同时还要看到它之后对现当代中日关系的深远影响。本文试图以这种大历史的视野，从1000多年中日关系演变的曲折历史和社会心理的角度，着重剖析日本统治集团的对华观与对华心态，以便有助于我们更深刻地认识抗日战争的原因和影响以及当代中日关系的变化。以史为鉴，面向未来。

一 古代日本的岛国心态与神国心态

由于地处亚洲东隅海岛，又处于东亚中华文化圈的边缘，古代日本人怀有岛国心态和神国心态，兼有自卑与自大交错的双重心理。日本统治者一方面仰慕、仿效中华文化，另一方面又不甘心处于边缘地位，企图与中国平起平坐以至分庭抗礼。例如7世纪初日本推古女皇时代掌权的摄政圣德太子，他努力吸收中华文化、仿行中华制度，在日本推行改革，同时又在给隋炀帝的国书上做小动作，书写“日出处天子致书日没处天子”“东天皇敬白西皇帝”，正是这种心态的流露。

公元663年发生了中日之间第一场战争白江口之战。日本侵入朝

* 原载于《同舟共进》2012年10月号。

鲜，联合百济，企图对抗和挑战中国，结果被唐朝与新罗的联军打败。这使日本统治者认识到自己羽毛未丰，尚不足以抗衡中国。故而继续派遣唐使加紧吸收中国先进制度文化，而且几百年间未敢再出兵朝鲜。

13 世纪元世祖忽必烈曾两次派大军渡海征日，由于战略战术失误和日本军民的顽强抵抗，加上两次都遭遇狂风暴雨，船只被吹翻，损失惨重，只好撤退。日本人则把元军失败原因归结于“神风”保佑，增强了日本武士、浪人们的狂妄自大心理。到元朝后期，日本武士、浪人开始骚扰中国沿海，烧杀抢掠。到明朝更成为中国严重的“倭寇之患”，给中国东南沿海地区人民生命财产安全带来严重危害和破坏。

16 世纪末，丰臣秀吉用武力扫平战国群雄统一了日本。他野心勃勃，1502 年发动了侵朝战争，企图占领朝鲜进而征服中国。丰臣秀吉狂妄地计划亲自渡海坐镇宁波指挥战争，而由养子丰臣秀次率兵攻占中国，并将日本国都迁至北京，以北京周围十县之地进贡天皇“御用”。他甚至还梦想远征印度统一天下。结果日军在明朝与朝鲜联军的沉重打击下惨败，狂人丰臣秀吉也于 1508 年离世。

17 世纪开始德川幕府统治的江户时代，日本与清朝虽然没有建立外交关系，但通过长崎贸易开展与中国的经济文化交流。日本朝野崇尚朱子学，喜读中国书，爱买中国货，如丝绸、茶叶、书画、药材等。然而，有一批日本所谓的国学家开始制造疑华、贬华的舆论。他们一方面宣扬日本是“神造之国”“皇道之国”，另一方面鼓吹清朝已是“华夷变态”，儒教不过“无稽之谈”。如本居宣长宣称“世界万国中唯有天皇所统治的日本国才是最优秀的，才是万国之主宰，而中国却是累世紊乱”。这种“神国心态”成为日本人种优越论和轻视中国的心理支撑。

二 19 世纪，从海外雄飞论到脱亚入欧论

19 世纪初，日本受到西方列强冲击，幕末一些思想家既怀有强

烈的危机意识，又鼓吹对外扩张。如佐藤信渊在1823年写成《宇内混同秘策》，宣称“皇国为天地间最初形成之国，为世界万国之根本，故全世界悉应为其郡县，万国之君主皆应为其臣仆”。他傲慢地断言日本“混同世界、统一万国，何难之有?”幕末著名维新志士吉田松阴在提倡尊王攘夷、倒幕维新的同时也鼓吹对外扩张的“海外雄飞论”。他提出失之英俄者，应以朝鲜和中国东北的土地求得补偿。吉田松阴在一封信中建议“收琉球，取朝鲜，摧满洲，压支那（中国），临印度，以张进取之势，以固退守之基”，妄想实现丰臣秀吉未竟之业。这种“海外雄飞论”已成为近代日本侵华政策的思想源流。值得注意的是，后来明治政府的许多领导人物如木户孝允、伊藤博文、山县有朋等，都是他的学生，并继承发展了他的海外扩张思想。明治维新后不久，他们就鼓吹“征韩论”“征台论”和“大陆经略论”。他们不仅宣扬通过对外侵略成就日本“维新大业”，还希望通过对外扩张转移国内的不满和矛盾。

日本侵华政策另一理论基础是日本明治时代著名启蒙思想家福泽谕吉提出的“脱亚入欧论”。他在大力提倡向西方学习、文明开化的启蒙思想的同时，又鼓吹“脱亚入欧”的民族扩张主义思想。1885年他在《脱亚论》一文中写道：中国和朝鲜不出几年就会亡国，其国土将被列强瓜分，我们不必可怜这些“恶邻”，不如“脱其伍与西洋文明家共进退”，即与欧美列强联手宰割中国和朝鲜等亚洲邻国，使日本进入世界强国之列。这种主张与日本传统武士道服从强者、蔑视弱者，崇拜强权、弱肉强食的心理一拍即合。福泽谕吉的脱亚入欧论在影响日本明治政府对外政策和造成日本人崇拜欧美、轻视与歧视中国之心态方面，起了极为恶劣的作用。甲午战争前后，福泽谕吉写了40多篇文章，宣扬发动侵华战争“是文明与野蛮的战争”，甚至鼓吹“日本的太阳旗尽早在北京城迎着晨风飘扬”。

实际上，明治初年日本对中国尚有畏惧之心，但经过1874年出兵侵略台湾、1879年吞并琉球等试探，已摸到清政府妥协软弱之底细，滋长了轻华、侵华之野心。中国北洋舰队访日时，定远、镇远等巨型铁甲舰曾吓日本一跳，刺激日本朝野勒紧裤带发展海军，以致几年后海军实力已赶上中国。1887 年日本参谋本部第二局局长小川又次已经暗地里制定了《清国征讨策》，主张日本宜乘中国“兵力尚弱，折其四肢，伤其身，使其不得动弹”。并建议“将中国分裂为数国，始得确保日本之独立”。参谋本部海军部樱井等军官，还分别拟订了海军的 6 个具体作战方案，1894 年，日本终于发动了蓄谋已久的甲午战争。

甲午战争是中日关系史上的一个转折点，也是日本对华观转变的一个拐点，从此中日完全处于不平等地位。日本以战胜者、征服者自居，蔑视、鄙视中国。在甲午战争中，日本明治政府、军国主义团体、新闻报刊等大肆煽动狂热民族沙文主义情绪和反华仇华心理。污蔑中国落后、野蛮，美化日军侵略、掠夺、屠杀是“传播文明”的“圣战”。在 1895 年马关谈判中，李鸿章苦苦哀求，伊藤博文却步步紧逼，以致李鸿章说“台湾已是日本口中之物，何必着急?”伊藤博文竟凶相毕露答道：“尚未下咽，饥甚。”《马关条约》还使日本成了亚洲暴发户，依仗从中国掠夺的巨额赔款，日本扩军备战，发展重工业、军事工业，实行金本位货币制度，实现向帝国主义过渡。不久又发动日俄战争，打败俄国，夺取了东亚霸权。

日本通过甲午战争尝到了侵略战争的甜头，军国主义侵略扩张野心不断膨胀。1889 年首相山县有朋已把“经略大陆”定为国策，然后又提出“保卫利益线”的侵略理论，只要哪里成为日本侵略的目标，所谓利益线就可以推进到哪里。1910 年，悍然吞并了朝鲜为其殖民地。

1911 年中国爆发了推翻清王朝的辛亥革命，日本统治集团当然不愿意自己的侵略掠夺对象通过革命成为独立富强之国，也害怕中国的共和革命危及日本的天皇制和殖民统治。前首相山县有朋一语道破他们当时的心态：“日本不希望中国有一个强有力的皇帝，日本更不希望那里有一个成功的共和国。日本所希望的是一个软弱无能的中国，一个受日本影响的弱皇帝统治下的弱中国，才是理想的中国。”

因此，日本政府一开始就对中国辛亥革命抱有仇视和敌对的态度。可见，日本当权者的对华心态与其对华政策有着密切的关系。

三　20 世纪，从“征服中国论”到“中国威胁论”

甲午战争以后，日本军国主义恶性膨胀，军部揽权，法西斯横行。军国主义的宣传和教育，使日本人心理更加扭曲。岛国心理的狭隘民族主义，神国心理的日本种族优越感，武士道精神的尚武好战，法西斯主义的残暴疯狂等心态交织混合在一起，在中日战争及太平洋战争中暴露无遗。日本军国主义者对中国的轻视、歧视与侵华、亡华之心变本加厉，大肆鼓吹“征服中国论”。从清末侮辱中国留日学生为“豚尾奴”，到称东北和各沦陷区中国老百姓为“支那亡国奴”。在战争中，日本侵略军对中国人民施加各种骇人听闻的野蛮暴行：“三光政策”、大屠杀、大惨案、细菌战、毒气战等，无所不用其极。日本军国主义发动的侵略战争对中国、亚洲及世界人民犯下了滔天罪行。

第二次世界大战以德、日、意法西斯的彻底失败告终，军国主义几乎致使日本民族毁灭。战后美国单独占领日本，由于冷战的需要，美国对日政策由压制打击转为扶植支持。美国占领军既不追究天皇战争责任，又包庇袒护战犯，还削减战争赔偿。美国还给日本美元贷款，并与日本订立军事同盟，提供安全保护伞，把日本作为美国和西方阵营在亚洲的反共反华前哨基地。

在得到美国庇护，天皇和军国主义战争责任也没有被清算的情况下，尽管有一批正义人士和战俘、老兵怀有负罪感和赎罪心理，但相当一部分日本政治家和各界人士形成了对战争罪责不认账、不谢罪、不反省的态度。一方面，他们用所谓“一亿人总忏悔”来掩盖天皇和政府的战争责任，同时大肆宣传原子弹对日本的破坏，强化日本人战争受害者心理，淡化甚至抹杀日本战争加害者的事实；另一方面，右翼势力和一些政客、学者、媒体还在制造各种理论为日本侵略战争辩护，甚至为侵略罪行评功摆好，如散布大东亚战争是“从白种人手中解放亚洲”，日本侵略战争是“自卫自存的战争”，东京审判“不公正”，南京大屠杀是“虚构”，等等。这些谬论和谎言成了这种不认罪心态的所谓理论支撑。

随着战后日本经济复苏和重新崛起，特别是经过20世纪60—70年代的经济高速发展，日本一跃成为世界第二经济大国。日本的电器、汽车充斥世界市场，日本资本输出，甚至买下美国纽约的洛克菲勒中心。有些日本人开始得意忘形，自高自大，心理膨胀。石原慎太郎就与人合作抛出三部《日本可以说不》的系列著作，不仅否认日本的侵略战争罪行，而且鄙视和攻击中国和其他国家。20世纪90年代日本经济泡沫破灭，出现十多年经济停滞、低迷和不景气，导致日本政治右倾化，国民普遍感到失望、迷茫和焦躁不安。特别是中国通过改革开放和平崛起，2010年国内生产总值超越日本，取代日本成为世界第二经济大国，长期以来日本称霸亚洲、经济独占鳌头、唯我独尊的局面被打破。这种反差使不少日本人产生强烈的失落感和心理不平衡。右翼势力和一些政客、媒体乘机大肆宣扬“中国威胁论”“中国危机论”“中国崩溃论”等，竭力鼓吹依靠美国、遏制中国，煽动民族主义情绪。如东京都知事石原慎太郎早在2002年就在《文艺春秋》杂志上发表《战胜中国重建日本的道路》的文章。2012年他又跳出来导演“东京都购买钓鱼岛”的闹剧，激化中日之间钓鱼岛的矛盾冲突，并为自己捞取政治资本。安倍不仅竭力为战争历史辩护，而且以“中国威胁”和做正常大国等为借口，鼓吹扩军、修宪。

其实，今天日本的一些破坏中日关系的言行及心态，都可以从历史这面镜子中照到其源头和影子。以史为鉴，我们要认真总结和吸取中日关系变化的历史经验教训，坚持改革开放，提高国家综合实力，努力实现中华民族的伟大复兴。同时也要居安思危，加强国防，维护和平，警惕日本军国主义的复活，决不允许历史的悲剧重演。

近代中日改革与现代化历史的比较*

我们正在进行改革开放，建设有中国特色的社会主义现代化这样一个伟大的事业。在这个时候回顾和比较一下近代中日两国改革和现代化的历史（在日本一般叫作近代化，我们把它统称为现代化或者早期现代化），我们可以得到很多有益的借鉴和启发。为什么要比较近代中国和日本呢？因为两者之间有很强的可比性。我认为，世界上恐怕很难找到两个国家能够像中国和日本那样，交往的历史这么悠久，有两千多年的交流史。我写过中日文化交流史，两千多年中有许多动人辉煌的事迹，互相影响非常大。中日两国关系可以说影响到两个国家历史的发展、民族的兴衰，这个大家都清楚。不管是友好，还是战争，影响都非常大。进入近代以后，中日两国的处境相似，可以说都是内忧外患，起点是差不多的，然而近代的改革和现代化的成效却又是那么不同、那么悬殊。

我们常常说中国人和日本人是一衣带水的邻居，大家都是黑头发、黄皮肤。我们到了日本有时分不出来哪个是日本人，哪个是中国人。吃饭都用筷子，都吃米饭。古代的日本人是处处学中国，写汉字、讲儒学。因为中国和日本都属于东亚文化圈，有的人也把它叫作汉字文化圈，因为都用汉字，甚至还有人叫筷子文化圈，因为我们都

---

* 原载于国家图书馆编《部级领导干部历史文化讲座》（选编本），北京图书馆出版社2007年版。

用筷子吃饭。在19世纪中叶，中日两国都处在封建社会的晚期，都存在严重的社会危机，而且都遭到西方列强的侵略冲击。两个国家又都不约而同地对外实行闭关锁国政策。可是进入近代，仅仅不到半个世纪，也就是到19世纪末，中国已经沦为一个为列强所宰割的半殖民地半封建国家，而日本却不但保持了独立，而且实现了资本主义的改革和近代化，成为亚洲唯一的帝国主义国家。这一切到底是怎么发生的？根源究竟是什么？我们比较和分析中日两国近代历史发展的差异及其原因，可以说是解一个历史之谜。这已经成为世界各国政治家和学者所关注和探讨的一个热点问题。很多人纷纷给出自己的解释。下面，我想先简单介绍一些观点，以及我对这个问题的看法。

日本前首相吉田茂，在他的一本叫作《激荡的百年史》的书里认为，日本近代化的成功是靠日本人的国民性和民族精神，即卓越的历史敏感、机智和勤奋而取得的。

美国前驻日大使赖肖尔，后来在哈佛大学教书，他写的一本书叫《日本人》，也认为日本人具有岛国民族的特殊品质，而且认为日本是后开发国家现代化的楷模。

美国人类学家本尼迪克特有一本书叫《菊与刀》，是一本文化史的名著。书中着重分析日本人的“耻感文化”，而对西方人而言是一种“罪感文化”。“耻感文化”和“罪感文化”有很大的区别。她的书名《菊与刀》是形容日本国民性中的两重性，“菊”反映了爱美的情感，“刀”则反映了他们的穷兵黩武。日本人尚礼，讲礼貌，但是又好斗，所以她说这是两重性的国民性。总的来说，她认为日本文化是一种“耻感文化”。

日本社会学家中根千枝有一本名著叫作《纵向社会的人际关系》，着重剖析了日本的社会结构，认为日本社会是一种“纵向型社会结构”。这种纵向型社会具有集权性、等级性、依赖性等特点，而且会形成一种团队精神。我们常常讲日本人有一种团队精神，一个企业也好，一个单位也好，抱成一团，像一个家庭。而我们中国往往是一种家族式的社会结构。美国学者沃尔夫的一本书叫作《日本经济飞跃的秘诀》，他认为这个秘诀就是日本的“经济集权主义”或称“政企联合体制”，政治和企业紧密结合在一起。

日本学者森岛通夫的一本书叫《日本为什么“成功”》，认为日本式的儒教跟中国的不一样，具有一种适合资本主义的工业精神。这就像马克斯·韦伯讲的英美清教徒精神，比较适合资本主义。

日本学者森谷正规写的一本书叫《日本的技术——以最少的耗费取得最好的成绩》，提出了日本是“以技术立国”的看法。

另外一位日本学者永井道雄，做过文部大臣，他强调教育，他的一本书叫作《近代化与教育》，强调日本是以教育和人力开发为“立国之本”的。

日本早稻田大学教授依田熹家在他的《日中两国近代化比较研究》中指出，日中两国有很多差异，比如说在文化类型方面，日本的文化是并存型和全面摄取型，不同文化可以并存，而且对外来的文化全面摄取；中国则是非并存型和部分摄取型，对外来的文化不能全部吸收，只能一部分吸收。在社会类型方面，日本是非亲族协作型，它的团队是企业和单位，没有血缘关系；中国是亲族协作型，主要通过亲族、家族组成有血缘关系的团体。在教育类型方面，日本是普及提高能力型，讲究教育普及和国民文化的普及，我们在日本看到，地铁里日本人都拿着书看，这也可以看出它的文化和教育水平；中国是选拔达到目的型，过去的科举制度、考试制度有一个很明确的目的就是选拔精英，而不是注重能力。这是依田熹家教授对中日文化类型、社会类型和教育类型的分析。

中国学者对这个问题也有不少分析和论述。

上海的一位学者盛邦和有一本书叫《内核与外缘——中日文化论》，他认为中国是“内核”文化，在东亚文化圈处于核心，而日本是外缘文化，是边缘的。所以日本很容易吸收外来文化，而中国却有一种中华文化的优越感。

还有一位学者刘天纯在《日本现代化研究》里提到日本“民族活力论”，日本就是靠着这种民族活力取得成功的。

武汉有一位学者王承仁在《中日近代化比较研究》里，强调政权的决定作用，认为文化不是决定性的，起决定作用的是政权。

还有一位中国社会科学院日本研究所的学者高增杰，他写的《日本近代成功的启示》从文化的角度，强调日本善于把传统文化与西方文化加以有机地、不断地融合。

我想，以上种种观点都有一定道理，主要是从某个角度去分析，对我们来说都有一定的参考价值。但是，我认为对这个问题也要避免几种倾向或者说是几种误区：第一是简单化，把日本的成功简单地归结为由某一种文化或者国民性的因素所决定。有人说就是因为日本的国民性，所以它能成功，但是国民性有时也是两面的。所以，有人写勤劳的日本人，也有人写丑陋的日本人。光讲一点，恐怕有片面性。第二是绝对化，对中日的比较不能绝对化，说这个问题上就是日本绝对好、中国绝对差，或者日本绝对成功、中国绝对失败。恐怕有很多问题应该一分为二地看，应该有辩证的眼光。第三是概念化，把中日两国近代历史的比较抽象成一种模式、一种概念，缺乏具体的事实、具体的分析，把它变得抽象了。

我的看法是，近代中日两国改革和现代化实际上是一个非常复杂的系统工程，有各种各样的子系统，有各种层面，有各种因素，两国历史发展的差异是由中日两国国内外的各种因素及其相互作用产生的一种合力所决定的，不是由某一种力量、某一种因素单独决定的。所以，我们应该用历史的、辩证的眼光去分析，而且要放在近代历史发展的过程中，用具体生动的历史事实或者具体的历史人物的思想行动来说明，不能把它抽象成一个概念。我今天就想本着这样一种方法、一种精神，来比较分析 19 世纪下半叶中日两国的改革和早期现代化，因为 19 世纪中日的现代化还是最初的，一般书上也把它叫作近代化，我们现在都统一用现代化这个词比较好。现代化在历史学中的定义就是从传统的农业社会过渡到现代的工业社会这样一个历史发展进程。

一　在外力的冲击挑战下，能不能把压力变成动力，认清世界大势，顺应时代潮流，抓住机遇，把握历史选择的主动权，克服各种各样的阻力，坚持改革开放，这是维护国家独立和实现现代化的重要前提

东亚国家，比如中国、日本，都有过辉煌的古代文明。我们讲中国有五千年的文明，中国一度在经济、文化、科技甚至航海等方面都领先于世界，所以我们是不应该自卑的。郑和下西洋，率领的是当时世界最强大的舰队。最近，有个英国学者，他是业余的历史学家，他说郑和还发现了美洲大陆，是第一次环球航行，当然他这种说法恐怕还没有确凿的证据，不能轻易下结论，但是他提出了重新认识郑和的问题，这是我们过去的辉煌。

可是在 17 世纪、18 世纪和 19 世纪初，中日两国封建统治者采取了消极保守的闭关锁国政策，严重阻碍了中国、日本与世界各国的交流，以及商品经济、航海事业、对外贸易的发展。这个时期，西方国家正好经过工业革命、资产阶级革命，逐渐地主导了工业化、现代化的时代潮流。可以说在中世纪的时候，中国在一定程度上也曾经主导了时代潮流，比如在东亚地区。有些外国学者提出东亚曾有一个以中国为中心的朝贡经济贸易体系。最初 15、16 世纪西方殖民者来的时候，想挤进这个体系，但是还没有力量来改变。有人形容说他们从美洲拉了好多白银来买一张三等车票上车。但是到了 17、18 世纪，特别是 19 世纪，西方殖民者已经取得了主导权，这不是买张车票搭车的问题，而是已经掌握了时代潮流，充当火车头了。到了这个时候，西方列强通过海外的殖民扩张，逐步在全球建立起一个世界资本主义的市场体系。我看到马克思在 1858 年曾经有一段话："因为地球是圆的，随着加利福尼亚和澳大利亚的殖民化，也随着中国和日本的门户

开放，资本主义建立世界市场的进程看来已经完成。”他把中国和日本的门户开放也作为一个标志。

可以说19世纪中叶是东亚历史发展的一个重要转折关头，当时中日两国都处在封建社会晚期，内有严重的社会危机，外遭西方势力冲击，同样面临内忧外患。严重的民族危机成为中日两国统治者发动改革的契机，改革又成为两国现代化启动的先导。当时中日两国基本上是在同一条起跑线上。有的学者认为近代开始前中国和日本已经拉开了差距，我不太同意，我认为基本上还在同一条起跑线上，都还具有选择自己命运的机会和可能，中国也有机会，也还有主动权。但是中日两国统治者对世界形势的认识、危机意识和改革的主动性、自觉性不同，决定了中日两国的改革和现代化从一启动就产生了差异。

中国清朝皇帝和周围的权贵昧于世界大势不了解世界形势，直到鸦片战争打响，最高统治者道光皇帝对入侵者英国有一句话叫“实不知其来历”。所以道光皇帝急忙去打听，问那些大臣们，英国到底在哪里，有多大。他问的话现在大家一听就会笑，他问英国和我们的新疆有没有旱路可通，还问英国与俄罗斯是否接壤。从这些问话就可以看出，道光皇帝连英国是大西洋里的岛国这样一个最起码的世界地理知识都没有。当时有一个叫姚莹的人说英法等国离中国几万里路，他们不断地探听中国的情况已经几十年了，几乎对中国无所不晓，而中国却没有一个人留心海外的事情。所以，他说用不着交战，胜负已经很清楚了。这个话当然说得比较夸张，但是确实当时中国的政治、经济、军事、武器、情报都落后于英国。这说明了一个道理：愚昧必然落后，落后就要挨打。对外国一点儿不了解，怎么跟人家斗争？而鸦片战争失败以后，清朝的统治集团仍然不能吸取教训。打了败仗就应该亡羊补牢、改弦更张，但是清朝的统治者没有这样做，而是一味地迷信和议。比如说签订了《南京条约》，当时清朝的大官们把《南京条约》称作“万年和约”，说签了这个条约，我们就遵守这个条约，就可以保一万年的太平。清朝统治者以为有了一个条约，就可以太平了，所以他们依旧苟且偷安，照样是文恬武嬉、麻木不仁。大学者魏源提出“师夷之长技以制夷”，林则徐也提出类似的口号要仿造西洋的船炮。但是当时谁要是主张“师夷长技”，皇帝就斥之为“靡费”；谁要是主张“翻夷书，刺夷事”，即翻译外国的书，刺探外国的情况，必为“多事”，多此一举，魏源的《海国图志》里就讲了这些话。清朝统治者不但不支持学习西方、了解外国，还要打击、压制，当时有官员甚至还主张，仗打完了，我们还应该闭关自守，把这个作为善后之策。从第一次鸦片战争到第二次鸦片战争近 20 年，这 20 年里是中国改革的一个机遇，但是清朝统治者没有改革，可以说丧失了改革的一个时机，跟日本 1854 年被美国培理舰队强迫开国后立即改革相比就很明显。1860 年英法联军打到北京，火烧圆明园，说给皇帝最好的教训就是把他的花园宫殿烧了。直到这个时候，中国的皇帝大官们才如梦初醒，李鸿章等惊呼“数千年来未有之变局”。这个时候才觉得不改革是不行了。1860 年开始了以学习西方军事技术为中心的洋务运动，洋务运动就是在第二次鸦片战争以后被迫开始的，洋务运动应该说是中国近代化改革与现代化的一个开端。

日本的开国是以 1854 年签订《日美神奈川条约》为标志。美国的舰队，当时叫东印度洋舰队，是培理海军准将率领的，他两次到日本，用武力威胁日本。1853 年到达时，日本还推托了一下，说明年你再来，我再跟你谈。1854 年又过去了，日本就接受了美国的条件，签订了《日美神奈川条约》，美国军队在神奈川这个地方登陆，然后在现在横滨一带进行谈判，所以现在日本的横滨有一个开港纪念馆。

日本的开国跟中国的鸦片战争有十多年的时间差，我觉得这个时间差非常重要，也就是中国的鸦片战争已经给日本敲响了警钟。过去有的日本学者不太愿意承认这一点，现在有不少学者承认，说日本人是得益于中国的鸦片战争，中国的鸦片战争给它提供了前车之鉴。当时日本的一些统治者与有识之士听到中国发生鸦片战争的消息以后，产生了一种强烈的危机感和忧患意识。因为日本是个岛国，日本民族的危机感一向比中国强烈。所以早在鸦片战争之前他们就已经有些危机感了，一位日本学者说现在海路开通了，说不定什么时候西洋的船就会开到日本来。到了鸦片战争以后就更紧张了，认为鸦片战争是对日本的“天赐前鉴”。他们纷纷忧虑，说这样的事情“何时波及日本”？西方人肯定很快就会到日本来。这些日本有识之士还认真地总结中国失败的教训。我看了很多当时日本人写的文章，他们当中有的人总结是中国政治腐败、武备不修；有的人强调中国不了解外情、盲目自大；有的人强调中国的武器落后。他们能够总结中国的失败教训，然后又结合日本的国情，产生了强烈的变革意识，就是要改革。我看到一则材料，日本德川幕府高官堀田正睦说的一句话很有代表性，他说“中国拘泥古法”，中国太保守、守旧，所以失败了。“日本应在未败之前，学到西洋之法”，我们不要等打仗失败了，再去学习，要在未败之前主动去学习西洋之法。当时日本的高级官员就有这样比较清醒的认识。

日本的统治者吸取了中国鸦片战争失败的教训，一方面接受了这些人开国的主张，在横滨开港了；另外一方面加强了海防，同时主动改革。日本的改革在 19 世纪的 50 年代到 60 年代就开始了，就是幕府改革，地方上许多藩也改革。当然他们当时的改革还是比较初步的，主要是采取了学西学、造船炮、改革内政等措施。但是不管怎么样，他们这些改革为下一步明治维新打下了基础。所以现在好多日本学者认为日本不是从明治维新一下子飞跃了，明治维新以前日本已经开始进行改革了。日本的维新志士看到了当时是一个机会，幕府统治已经摇摇欲坠了，而大家都有改革的要求，外面又有民族危机的压力，这个时候他们就提出了倒幕维新。过去我们有一个误解，以为日本的明治维新是和平的改革，他们把天皇抬出来，建立了新政权。实际上倒幕维新是经过国内战争的，叫戊辰战争，很激烈，死了不少人。战争一直打到北海道，最激烈的一场战争叫五棱郭之战，我曾经到北海道专门看过当年的战场，所以日本明治维新也经过了流血斗争。维新志士最终推翻了幕府旧政权，掌握了国家政权，建立明治政府，把握住了日本民族前途命运的主动权。而中国实际上是失去了这个主动权以后一步步地丧失主权。

这里我再举一个具体的历史事例来说明，以加深对这个问题的认识。当时中国著名学者魏源，写了一本介绍世界历史、地理的名著《海国图志》，这本书在中国和日本有不同的命运。在鸦片战争的刺激下，当时中国一些爱国开明的知识分子开始“睁开眼睛看世界”。他们也去了解国际形势，研究外国的史地，总结鸦片战争失败的教训。比如林则徐编译了《四洲志》，魏源写了《海国图志》，还有当时的福建巡抚徐继畲编了本《瀛寰志略》。这些书都具有很高的水平，尤其是《海国图志》。魏源受林则徐的委托，林则徐在镇江把资料都交给了魏源，然后魏源又搜集大量资料，在 1842 年编成了 50 卷，到了 1847 年又增加到 60 卷，到 1852 年最后定本是 100 卷，总共 88 万字。这本书里囊括了五大洲几十个国家的历史、地理情况，包括英国、美国等各个国家，还有总结鸦片战争教训并提出海防战略战术的《筹海篇》4 卷，以及仿照西洋船炮的论述和图说。我认为，这本书当时在东亚地区已经达到了最高水平，是关于世界知识的名著。可惜这本书在中国并没有广泛流传，只有少数的精英分子读一下，没得到统治阶级的重视。再加上书太厚，有 100 卷，印数也很少，更没有得到广泛传播。

后来《海国图志》传到日本。我曾经做过一个专题研究，是关于《海国图志》什么时候传到的日本？怎样传去的。大概是在 1851 年由中国的贸易商船把这部书带到日本，在长崎的档案里面可以查到。这部书传到日本以后，大受欢迎，供不应求。日本人不光是买这部书，还纷纷按照原样重新刻印或者翻译。他们有一个特点，不是把《海国图志》100 卷全部翻刻或翻译，而是各取所需，想了解哪一部分就弄一个选本。所以，他们的书或者只是《筹海篇》，或者只是关于英国的、关于美国的、关于法国的部分。我曾经在日本的各个图书馆做过调查，结果发现仅仅从 1854 年到 1856 年的三年间，日本出版的《海国图志》选本就达到 21 种之多。日本对《海国图志》的评价非常高，认为它让日本人大开眼界，是一本有用之书。有一个日本人还认为这是“天下武夫必读之书”，只要是武士一定要读这本书。他们尤其感兴趣的是关于美国的情况，因为《海国图志》里专门有一卷写到美利坚，被翻译成各种版本。我看到的关于美国的选本就有8种，名字翻译得也不一样，有的叫《亚米利加总记》，有的叫《墨利加总记》，有的叫《美理哥国总记》，还有的叫《新国图志》，有各种翻译法。当时日本人为什么对美国最感兴趣呢？这是因为美国舰队正好这个时候到了日本，日本人就想知道美国是怎么样的。不像道光皇帝，英国人来了，还不知道英国在哪。日本人原来对美国很不了解，是魏源给他们提供了很好的材料。他们从魏源的《海国图志》里了解了美国是什么样的国家，了解了美国的历史、地理。当时日本幕末的一个著名维新思想家佐久间象山，在一篇文章里讲：我当时想到的许多问题，魏源也想到了，所以魏源真是我的“海外同志”。他那时候就用“同志”这个词。还有一位维新志士叫吉田松阴，也非常有名，因为他当时想偷渡到美国去，被幕府关在监狱里，他让他的亲戚朋友给他送书，他要的最急的书就是《海国图志》，在监狱里他认真研读了《海国图志》。吉田松阴是日本明治维新最有名的志士，后来被幕府处死了，成为日本的民族英雄。不难看出，中国人魏源写的《海国图志》当时在日本已成为朝野上下争相阅读的，了解世界大势、时代潮流的重要启蒙读物，这一点肯定是魏源没想到的。当时日本有个学者叫岩谷宕阴，在一篇文章中感叹：“呜呼，忠智之士，忧国著书。”他讲的就是魏源，“未为其君所用”，他自己国家的君主不用，“反落他邦”，流传到日本来了，“吾不独为默深悲矣，亦为清帝悲矣”，默深是魏源的字。他说我不但为魏源感到悲哀，同时也为清朝的皇帝感到悲哀。不光这本书，西方传教士用汉语翻译了好多书，有的书在中国当然也有一定的影响，并很快传到日本，结果在日本的影响更大。我也做了一些调查，比如当时传教士丁韪良翻译的《万国公法》，当然在中国也有一定的影响，但是传到日本以后，就成为日本的教科书，外交官人手一册，拿着它去跟外国人谈判，修改不平等条约，而中国却没有很好地利用。这种现象不是很值得我们深思吗？

当然，中日两国改革启动时的差异，还有很多其他的原因，有一些是传统的原因，还有一些更深层的原因，这里我简单提一下。

比如说政治体制方面的原因，中国是中央集权制的政治体制，君主有绝对权力；而日本当时是幕藩体制，幕府是中央，但是地方上的藩有很大的独立性，所以很多改革在地方上就可以搞。在最后起来倒幕的时候，这些藩就起了很重要的作用，成为倒幕维新的基地，因为他们自己有军队、有财力、有物力。而中国的地方不可能反对中央。政治体制还有一方面，就是中国是一种由科举的、士大夫组成的文官系统，中国的官员是从科举考试中选拔的；而日本基本上是武士掌权。

在经济上中国是地主土地所有制，小农经济特别顽强；日本是领主土地制，有的学者讲日本的这种土地制度比较接近欧洲的庄园制，西欧也有领主制，土地分封给诸侯。日本又是个岛国，海外贸易的吸引力更大。在经济上，当时中日两国资本主义萌芽都已经产生。在中国的江南一带，应该说纺织业也有一定的规模，但从整体来看，日本资本主义的萌芽程度虽然不一定高于中国，但是它的密度大大超过了中国，它地方小，集中在东京、大阪、京都这些地方。而中国很分散，这么大的地方，有那么一点资本主义的萌芽，也淹没在自然经济的汪洋大海里。

从思想文化方面来看，中国是儒家思想的统治，特别是清朝中叶以来，大兴文字狱，提倡考据学，八股文束缚了人们的思想。再有中国人中华文化的优越感非常强，强烈地排斥外来文化。与此相反，日本有学习吸收外来文化的传统，最初学习中国文化，后来在幕末的时候主要学习荷兰。当时日本对外贸易只对两个国家，一个是中国，另一个是荷兰，其他都不许来往。所以，日本主要从荷兰吸收西洋的文化，后来叫洋学，努力吸收西欧的文化。

还有国际环境的不同，因为西方列强到亚洲、到东亚来，重点目标是中国，它一定要打开中国的市场，中国所受的压力最大。当时中国发生了太平天国运动，又牵制了西方列强的力量，西方人要跟清政府一起镇压太平天国。而日本相对来说受的压力小，西方国家对日本也采取了不同的政策，比如英国跟法国就不一样，法国比较支持幕府，英国比较支持反幕的势力，即维新势力。然而，当时英法都很重视对中国太平军的镇压，所以有日本人说，如果没有中国“长毛”（指的是太平军）牵制西方的力量，西方很可能那个时候会对日本“大动干戈”。

总之，是各种各样的因素最后形成的合力决定了改革开始时的差异。我认为这对我们今天来说还是很有启发的，我们在遇到一种压力的时候，应该把压力变成动力，因为往往挑战和机遇是同在的。西方的冲击是一种压力，但是如果主动地改革，它也可以成为动力。我们现在已进入21世纪，加入了WTO，面临着压力，但是要把它变成动力，要把它变成更好地认识很多问题的机遇。关键就是认清世界形势，抓住历史机遇，把握住改革发展的主动权。

二 应该选择适合本国国情的改革蓝图和现代化模式，确定全面的社会改革目标，并不断调整、深化、推进改革进程，这是进行改革和现代化的基本要求

一般来说，近代东方国家后发型早期现代化进程的基本模式是仿效西方革新变法，大体上有3个层面：器物、制度、精神。中国当时发生的洋务运动与日本明治维新都是以学习西方、富国强兵为目标。洋务运动讲富国强兵，明治维新也提出富国强兵。但由于两国统治者改革的动机、决心、指导思想、建设方略等各方面都有差异，两国改革的深度、力度及现代化进展速度、成效大不相同。我们可以用中日两国向西方派出的第一个官方外交使团这个具体事例来给大家做个比较，它集中反映了两国政府在改革和学习西方的决心和态度上的差异。

19世纪70年代前后，中日两国都派出本国的第一个外交使团。

中国清政府派出的外交使团叫蒲安臣使团，从 1868 年 2 月出发，到 1870 年 10 月回国，时间很长，走访了欧美 11 个国家。日本明治政府派出的外交使团叫岩仓使节团，从 1871 年 12 月到 1873 年 9 月，历访欧美 12 个国家。两者出访的时间差不多，走访的国家也差不多，从时间来说中国还比日本早了一点。所以有人说中国还是先走向世界，中国比日本早了 3 年多，而且走的时间还长了好几个月，只不过少走了一个国家，但是两者的差异却非常大。

第一个差异表现在人员的组成上大不相同。清政府对自己完全没有信心，觉得中国人出去可能处理不了外交事务，于是请一个外国人来代表。最后请的是刚刚卸任的美国驻华公使蒲安臣。请一个外国人当外交使团的团长来带队，这在世界外交史上也是很罕见的，反映了当时中国政府的软弱、没有自信。当然使团中也有中国人，配了两个中国官员，一个是海关道志刚，另一个是礼部郎中孙家谷。这两个人当时只能说是中级官员，不是高级官员。请了一个美国人还不放心，还得协调、平衡一下，又请了英国人、法国人分别担任左协理和右协理。左协理是英国人叫柏卓安，是英国使馆的翻译，右协理是法国人德善，是海关的一个职员。清政府认为这样就平衡了，一个美国人、一个英国人和一个法国人，但是大权在蒲安臣手里，给他的头衔是办理中外交涉事务大臣，当然也给了两个中国人办理中外交涉事务大臣的头衔，但只是挂个名，是配角、是点缀。我看了蒲安臣使团出国的很多材料，我的一个博士生专门做了蒲安臣使团研究的博士论文。在外国谈判的时候，这两个中国人有时就不能参加，蒲安臣说你们俩回避一下，你们俩不懂外国的事务，不懂外国的礼节，由我代表中国来谈。中国使团就是这么一个使团。

我们再来看看日本的使团，日本使团集中了明治政府的实权人物，或者说它的精英人物。团长是政府的首脑右大臣岩仓具视，由他作为特命全权大使，所以叫岩仓使节团。有 4 个副使也都是政府的要员，一个是内阁顾问兼参议木户孝允，一个是大藏卿即财政部部长大久保利通，这两个人在明治政府里都是实权人物。当时被称为明治维新三杰的，其中两个就是他们。大久保利通后来掌握了明治政府的大权，有人把他称为日本的“铁血宰相”，像俾斯麦那样，很多政策都是他提出来的。另外两个副使也是后起之秀，一个是工部大辅伊藤博文，就是工部的副部长，但是当时工部没有正部长，实际上他的权力很大。还有一个外务少辅山口尚方，就是外交部的副部长。可见，这都是大人物。还有很多官员和一些地方上的诸侯，也纷纷报名要参加这个使节团。加上一些随员，使节团大概有 50 人。同时他们还带上一批留学生，共计有 59 个，其中很多后来成为明治政府的重要人物，这些留学生中还有 5 个是女生。所以有人说明治政府成立之初，它的核心人物几乎是倾巢出动，浩浩荡荡，直接去体验西方的文明。这是中日外交使团组成人员的不同。

第二个差异表现在这两个外交使团出洋的使命、目的、效果、影响上也大不一样。蒲安臣使团当时的任务就是去安抚洋人，因为签订了《南京条约》《天津条约》《北京条约》以后，西方列强还不满足，提出要“修约”，清政府对使团的人说你们出去好好跟他们谈谈，叫他们不要老是修约，找麻烦。劝阻洋人，安抚洋人，这是他们的主要目的，另外也想了解一些外国的情况。他们到外国去也就是走马观花，记录一些外国的人情风俗等，回来写的书也就是这些内容。在谈判的过程中，蒲安臣起了一定的作用，跟美国签订了《蒲安臣条约》，对中国还是有一定的益处。所以，我的博士生写论文的时候我跟他说要全面地看，不能全盘否定。但是，蒲安臣自己也承认，他更多地是从美国的利益出发。蒲安臣在出访途中就死了，没有完成使命。他于 1870 年 2 月死在俄国彼得堡，最后由两名中国官员带队完成了剩下的行程。由于这两名中国官员地位太低了，所以他们回国以后，人微言轻，对政府的决策、对整个中国的发展，没有产生多大的影响。但是日本的岩仓使节团就大不一样了，他们都是明治政府的高官、要员、实权人物，他们的目的就是求知识于世界。明治维新以后，天皇发出了五条誓文，其中一条就是要去考察西方的制度、文化，全方位地向西方学习，了解西方、了解世界。再有一个任务就是要修改不平等条约，这跟中国正相反，中国是你别再修约了，日本是主动要修约。当然这个任务没有完成，当时日本的实力没有达到这一步，西方也不答应，修改不平等条约一直到19世纪末才实现。岩仓使节团出国以前做了充分的准备，分为几个班子，分工明确，确定谁考察哪一方面。比如团长岩仓主要了解各国皇室的情况，木户主要考察宪政，看哪些国家实行宪法，大久保利通主要考察各国的经济、工商业的发展。临行前，当时明治政府的另一个首脑太政大臣三条实美说了这样一句话：内政、外交、前途大业成功与否在此一举，可见对他们抱有非常大的希望。他们到各国考察确实非常认真，口说笔录，途中就把情况写进报告，最后每个人都有分工，各个方面都有报告，比如关于经济的、政治的、教育的。这些报告成为明治政府决策的依据，使得明治政府能够认清世界现代化的潮流，决定它的国策是要全方位地学习西方。他们回国以后提出了三大政策，一个叫文明开化，全方位学习西方；另一个叫殖产兴业，就是要发展产业，发展工商业；再有一个就是富国强兵。这些政策有力地推动了日本明治维新的各项改革和现代化的进程，对日本近代历史的发展方向起了决定性的作用。所以，我觉得岩仓使节团在日本近代史上是非常重要的。

我们再来比较一下两国改革与现代化指导思想的差别。大家都知道，中国洋务运动的指导思想叫作“中体西用”。“中体西用”有各种说法，有的叫“中学为体，西学为用”，有人提出“中学为主，西学为辅”，还有人提出“中学为本，西学为末”，意思都差不多，概括起来叫作“中体西用”。意思就是可以学习西方的科学技术，但它只是“用”，以这个“用”来维护中国封建政治制度、伦理道德这个“体”。“体”是不能变的，“用”是可变的。分析中国洋务运动的发展过程就知道，它最初是学习西方的军事技术，造枪、造炮、练兵，目的很明确，首先要镇压太平天国农民革命，维护清王朝封建统治。清朝统治者说农民起义是政府的心腹大患，而外国的骚扰、侵略只是肢体之患。镇压农民起义以后，军火工业还继续搞，另外还建立了一支海军。我们不能说建立海军还是为镇压农民起义，过去对洋务运动的这种说法是片面的。后来建海军，搞军火工业，也有抵御外敌的动机。建军火工业和海军需要经费和原料，还要运输，所以接着就发展一些矿业、纺织业、运输业、轮船业、铁路。因为要跟外国打交道、搞外交，设立了一个机构——总理各国事务衙门，相当于我们现在的外交部。当时这个衙门比我们现在外交部权力大得多，一切涉及洋人、洋务的事情都归它管，连海防、海军、海关、教育、文化都归它管。为了培养翻译人才，设立了同文馆。因为要培养技术人才，设立了一些船政学堂、炮兵学堂、水师学堂。另外派一些幼童到欧美去留学，再派一些船政学堂的学生到欧洲去留学，学造船、学驾驶。总的来说，这些措施和一系列发展过程都符合“中体西用”的指导思想。对“中体西用”的评价也不能简单化。我认为“中体西用”最初也起过一定的积极作用，在中国守旧的体制上打开了一个缺口。在此之前，我们根本不学西方，说洋人的东西不能学，现在说洋人的军事、技术还是可以学的。为减少一点阻力，当时的洋务派还宣传一种“西学中源”说，说西学很多东西来源于中国，举例说西方很多科学技术源于中国的诸子百家，科学是《墨子》传去的，法律内容源于我们的《韩非子》，政治制度源于我们的《管子》，这是自欺欺人的。之所以这样说，就是要找到一个理由，说明原来是我们的老祖宗把有些东西给丢了，孔子不是说“礼失而求诸野”吗？丢了的东西我们可以到外面再去找回来，现在只是把祖宗丢的东西捡回来了，有什么不可以呢？洋务运动开始的时候主要是在器物的层面，我想应该承认这是一个进步，是中国近代化进程的一个开端，毕竟是有了一些工厂、铁路、海军。但是它的缺陷在于把“体”和“用”割裂开来、对立起来，后来的思想家严复就批评过，说“体”“用”本来是一致的，怎么给它对立了呢？正像一头牛，来个牛体马用、马体牛用是说不通的。这种“中体西用”的指导思想把改革限制在器物的层面，可以学技术、办工厂，但是拒绝深入制度层面。要改革政治制度、改革伦理道德、改革服装、改革礼俗都不可以，这些都是不能动的。所以有些洋务派代表人物说中国文物制度事事远在西人之上，独火器不如，就是说我们的制度比西方的好，只不过武器差一点，我们就要学它的武器。我看到一份史料，是李鸿章跟日本驻华公使森有礼的一次谈话，李鸿章说我们绝不会像你们那样把制度也改了，把服装也改了，我们只不过要学一些军事技术，这些东西是西方人的高明之处，是我们不行的地方，我们不得不学。洋务派竭力想守住“中体西用”这条线。

日本明治维新的指导思想是全方位地向西方学习，口号为“和魂洋才”，后来又叫“文明开化”，又叫“脱亚入欧”，它的最终目标是把日本建设成一个能够和欧美列强并驾齐驱的资本主义现代化国家。这个目标定得很高，最终是要离开亚洲，加入欧美西方世界。这里实际上涉及一个很重要的问题就是怎样对待本国的民族文化和外来文化，怎样处理传统和现代化的关系，我们今天还在讨论这个问题。可以看到，日本自古以来就有学习外来文化的传统。最早是学中国，那时学得很全面，唐朝时派遣唐使，把中国的制度、法律、文学、艺术都学过去。到了后来所谓近世的时候又学荷兰，引进兰学，如人体解剖学、地理学。后来又学英、美。最初学习中国的时候，提出一个口号叫“和魂汉才”，“汉”就是中国，“和”就是日本大和民族，说我们的灵魂还是日本的，但是实际上各方面都可以学习中国。有人问“和魂洋才”“和魂汉才”是不是跟我们的“中体西用”一样，实际上其内涵很不一样。它的“魂”和“才”是很灵活的，可以变的。所谓“和魂汉才”，是学习中国技术、文化的同时，把中国的制度、法律全搬过去了，学习西洋的时候也是如此。在日本制定民法、刑法的时候就参照了法国、德国。在幕末的时候有一个口号叫“东洋道德西洋艺术”，意思也差不多。到了明治政府的时候更明确地提出“文明开化”，要全面地学习西方。最后福泽谕吉提出“脱亚入欧”的口号。福泽谕吉是日本著名的思想家，日币一万元的钞票上就印着他的头像，他创办了庆应大学。我到庆应大学访问的时候，日本人很自豪地掏出一万日元，说我们的创始人就印在这上面。福泽谕吉确实是日本近代很重要的思想家，他提出的一个口号叫“脱亚论”，日本应该离开亚洲，目标是跟欧美强国一样，真正做一个文明的国家。他有一本书叫《文明论》，说日本应该像欧美一样文明，而朝鲜、中国这样的国家都是不文明的、半开化的国家，不要跟它们一样。在这样的口号下，日本全方位地、各个层面地去学习西方，促使日本的改革全面开花。比如政治上，由伊藤博文主持制定宪法。经济上，发展资本主义工商业；文化教育上，推行近代学制，发展科技、普及教育。

这里我们要特别提到日本非常重视教育，这一点是很值得我们借鉴的。日本努力普及教育，在江户时代教育就很发达了，乡村里有寺子屋像我们的私塾似的开展教育。当时有西洋人到日本坐人力车发现人力车夫休息的时候也在看书。到了明治后期，特别抓普及教育，日本在1873年的时候小学普及率是30%，男子已经达到40%。到了1907年，男子小学普及率已经达到100%，女子也达到90%多。几十年间日本的小学教育基本普及了。1886年义务教育是四年制，到了1907年是六年制，到了1947年已经实现九年制义务教育。日本还非常重视人才的培养，刚开始的时候也缺乏人才所以大量地引进外国人才，聘请外国的顾问、专家，东京大学有很多外国教授。但是一旦培养出本国人才，东京大学的第一批毕业生出来以后，就把很多外国人辞退了，用自己的人才来代替。日本还派出大批的留学生，当留学生从欧美回来，就把欧美的专家解聘了。

当然我们还应该看到日本也是走过弯路的，不是说它一切都顺利。日本在提倡“文明开化”的过程中，一度也搞过“欧化主义”，在日本的历史上叫作“鹿鸣馆”现象。“鹿鸣馆”是什么意思呢？就是当时明治政府盖的一座洋楼。按照西洋的方式，每天在这里举行宴会和化装舞会，完全模仿西洋的礼俗，这叫“鹿鸣馆”现象，就是文明要全盘欧化。有的人还说吃肉要吃牛肉，不能吃猪肉，吃牛肉才是文明。但是这些现象遭到许多人的反对，日本最终实行的是“和洋折中主义”，真正在日本的文化里体现出来的是把西洋文化和民族文化融合，即有机地结合。这里我可以举个例子。大家都可能知道日本人的生活方式，比如日本人吃饭，早晨常常吃西餐，两块面包、一杯牛奶，中午他们喜欢吃中餐，晚上回到家里要吃比较复杂的日本式和餐。穿衣服也是，外出要穿西服、便服，回到家里脱下西服，穿和服。房子客厅做成西式的，卧室做成和式的。和式的房子又舒服、又方便，而且节省空间，把被子放在壁橱里，房间地上铺榻榻米，可以坐，也可以躺。日本的文字也是如此，既有中国的汉字，又有日本的假名，现在又有大量的欧美外来语。所以，有人把日本的文化叫作混合文化，或者说得难听一点叫杂种文化。有些日本学者认为，外来语用得太多影响了民族文化的精髓。另外，我们看到福泽谕吉所讲的"脱亚入欧"是有两重性的，一方面定下目标要学习欧美、赶超欧美，这是积极进取的方面，对日本进行现代化是有积极作用的。但是，它也有另外一方面，就是轻视亚洲，甚至去侵略亚洲的邻国。福泽谕吉在"脱亚论"里讲他们的邻居中国、朝鲜都是半开化的、落后的、野蛮的国家，不要可怜它们、同情它们。"脱亚入欧"实际上助长了日本对亚洲邻国侵略的军国主义。

中国后来搞戊戌维新时吸取了洋务运动失败的教训，改革也深入到了制度层面。但是戊戌维新不顾中国国情，全盘地模仿日本。当时康有为给光绪皇帝进呈了一本《日本变政考》。这本书现在还在故宫里保存着，我曾经专门研究过这本书。在《日本变政考》里介绍了日本明治维新的经验，康有为跟光绪皇帝说只要全盘地模仿日本，一切已足。光绪皇帝和维新派企图完全仿效日本进行变法，结果因国情不同，中国的新旧力量相差太大，最后失败了。

我认为，这一部分对我们很有启发，我们必须要具有走向世界、顺应时代潮流的决心和积极的态度，两个外交使团就比较出这种差异。我们现在很多领导和出国考察的人，应该有决心和认真学习的态度，而且要有分析。改革应该是各个层面的、全方位的。现代化的目标蓝图要从实际出发，要符合国情，如我们现在提倡中国特色社会主义现代化就是从我们的国情出发。

三 要有强有力的统一的国家政权，开明能干的领导集团，坚定灵活的政策策略，稳定和平的国际国内环境，这是实现改革和现代化的重要保证

国家权力是推动社会变革的历史杠杆，改革势力是否掌握国家权力，能否战胜守旧势力，改革领导集团的组成结构、能力素质以及最高统治者对待改革的态度，对于近代中日改革与现代化的成效，起着举足轻重的作用。

中国洋务运动的领导势力是洋务派，如曾国藩、李鸿章等，主要是一批在镇压太平天国农民运动中受到重用的汉族地方官僚军阀。虽然他们后来官做得很大，做到总督、巡抚、北洋大臣，握有地方的军政大权，像李鸿章还有一定的中央大权，但是他们并没有处于国家权力中心，他们的改革措施处处都要受到掌握国家最高统治权力的慈禧太后和她周围一批亲贵守旧大臣的制约。所以，洋务派的改革也是举步维艰的。洋务派搞改革也遭到阻挠，如洋务派在1866年要搞同文馆的天文算学馆的招生，同文馆过去只培养外语人才，此时想培养一些西学人才，学科学技术、天文数学，结果守旧派大学士倭仁出来反对，他说这叫“师从夷人，有伤国体”。他是个理学大师、大学士，他的话一说，谁都不敢报考同文馆。洋务派想修铁路，守旧派提出修铁路有十大弊端，破坏了风水，惊动了神灵。刚开始在上海吴淞修条小铁路，修完了以后要拆掉，拆了以后把铁轨扔到海里去，因为惊动祖宗了。北京修了一条小铁路，火车头轰轰响，守旧派认为不能用，拿几匹马拉还可以。洋务派当时派了一些幼童留美，像詹天佑这些人都是很努力的，在美国的大学里表现都不错。保守派马上就攻击，说这是以夷变夏，把小孩子变成外国人。这些小孩子到外国把辫子剪掉了，还穿西服、上教堂、踢足球，成何体统，回来时都成了假洋鬼

子，那怎么行呢？在这种压力之下，李鸿章不得不在 1881 年把这些留美学生全都撤回来了，半途而废。美国的大学校长联名给李鸿章写信，说太可惜了，这些学生很聪明、很努力，怎么把他们撤回来了呢？再加上这些洋务派领袖人物本身也是深受儒家思想的影响，如曾国藩就是理学大师，他们大部分没有出过国。洋务派领袖人物缺乏西方的知识和世界的眼光，年龄也比较大，他们为了保住自己的官位，处事谨慎、小心、圆滑，不敢得罪慈禧太后，还要处处去讨好她，所以改革就很难有成效。这里我举个例子，我在一个日文的材料里看到一份李鸿章和日本驻华公使森有礼的谈话记录，时间是 1879 年 1 月 24 日，地点在河北保定的直隶总督衙门，这次谈话典型地反映了近代中日两国政治家改革观与东西文化观的差异。两个人围绕服装改革争论起来，还讲了很多外交方面的内容。李鸿章开始还夸日本人，说你们过去学我们唐朝的服装非常好，但是马上就批评，说你们现在不行了，学西方穿西服，又贵，又不好看。森有礼马上就驳斥他，说西服又便利又适合我们劳动，很精美，适合于勤劳富国，穿着和服、唐装不好劳动。李鸿章就说你们这样做是放弃了自己民族的传统和独立精神，是受欧洲人的支配，你们不感到羞耻吗？森有礼回答说我们不感到羞耻，还感到很光荣，因为这个事情不是外力强迫的，是我们自愿的。我们在历史上学中国，现在我们学西洋。最后李鸿章还说我们绝不会像你们这样搞改革，我们要学的就是一些武器、技术，是必要之物和西方最强技术。关于这场辩论我后来专门写了一篇文章，说明洋务派的“中体西用”和日本人所谓的“和魂洋才”不同。森有礼曾经到英国留学，又到美国考察过，鼓吹文明开化，后来任驻中国公使，又任驻美国公使，当过文部大臣。日本教育制度、近代学制的确立者就是他，贡献也很大，最后在 1889 年被守旧派刺杀了。

改革和现代化涉及社会体制、结构、观念等的转变，触及社会集团权力、利益的再分配，因此守旧势力必然要千方百计地反对改革，改革和现代化进程必然会遇到阻力，充满斗争和波折。这些我们可以从近代中日两国的历史中看到。

洋务运动几乎每一项改革措施都会遭到封建顽固势力的反对和传统思想的阻挠，具有改革开放思想的人会遭到打击。我这里举一个例子，就是中国第一位驻外公使郭嵩焘。最初派公使的时候，谁都不愿意出去，当时中国的读书人都害怕出国，找来找去找不到一个公使，后来慈禧太后召见郭嵩焘，说派你出去，郭嵩焘推辞说我年老有病，慈禧太后说勉为其难了，你就为国家付出吧。但是后来郭嵩焘出了国，见到了西方的文明以后，很受启发。他把西方的一些新事物介绍回国，并加以赞赏，包括西方的议会。结果被守旧派给他安插的副使刘锡鸿给朝廷打小报告告了他的黑状。我看到了刘锡鸿的这份奏折，他给郭嵩焘罗列了十大罪状，这十大罪状我们今天看起来都很荒唐可笑。有一条说郭嵩焘去参观英国的炮台，风很大，英国人就拿了一件大衣给他披上，刘锡鸿说作为堂堂中国的大臣，即使冻死也不应该披。还有一条说郭嵩焘到英国参加音乐会，也跟洋人一样拿一张节目单看，仿效洋人所为，大失体统，等等。这样一来，朝廷说不能用郭嵩焘了，赶快把他召回。郭嵩焘写了一本书就是《使西纪程》，记载他到西方的所见所闻，很多是赞赏之词，因而朝廷认为这本书不能流传，应该禁掉，而且应该被毁版。结果《使西纪程》现在很难找到。他家乡守旧的士大夫们、儒生们也群起攻之，说郭嵩焘简直不像中国人了，他是个汉奸、是个假洋鬼子，应该把他开除湖南籍。就因为他赞扬了一些西方的东西，竟遭到这样的待遇。他本来在洋务派湘系里是个重要人物，最后落得可悲的下场。

这里我们还要讲到戊戌维新。戊戌维新运动的领导势力是光绪皇帝、帝党官僚，还有维新派的一些知识分子。光绪虽然是皇帝，但是没有实权，4 岁继位以后，一直是慈禧太后垂帘听政。后来他到 18 岁成年结婚以后，慈禧太后虽然表面上让他亲政，但实权还在自己手中。光绪依靠的那些帝党官僚，除了户部尚书翁同龢有一点实权以外，其他都是些御史、翰林，这些人没有军政实权。那些维新派的领袖康有为、梁启超、谭嗣同都没有做到大官，梁启超根本没做过什么官，康有为只是六品主事，而且他们是一批缺乏政治斗争经验的知识分子。像康有为熟读诗书，忧国忧民，有学问，有政治抱负，有热情，但是缺乏政治谋略和才干，缺少政治经验。连梁启超也认为他的老师康有为与其说是个政治家，不如说是个教育家；说他是个实干家，不如说他是个理想家。康有为对中国的变法改革过于乐观，反映出他急于求成的心态。光绪皇帝召见他的时候，他讲过西方改革是300年而治，日本改革30年而强，中国改革只需3年就可自立，然后蒸蒸日上，富强可敌外国，表现得非常乐观。中国为什么可以这样，因为中国是个大国，而且有英明的皇帝。光绪一听很高兴，马上搞改革。年轻的光绪皇帝更是操之过急。百日维新一共是103天，他下了200多道改革的命令，一天好几道，而且急得不得了，不分轻重缓急。要裁撤官员，一个月之内各地都要裁完，不顾社会的承受能力和各个利益集团的反应。而且康有为也不善于团结人，不去团结同盟者，树敌过多，把许多人都推到对立面去。比如说洋务派当时是可以争取、可以团结的，康有为成立强学会的时候，李鸿章说我可以出3000两银子，要求入会，康有为说你的名声太臭，不能入会，把李鸿章推到了对立面。张之洞本来在一定程度上支持改革，当看到康有为写的《孔子改制考》，两个人就争起来了，孔子怎么会改制呢？后来张之洞也反对他。正因为戊戌变法深入制度层面，遭到更大的阻力和反对，如裁撤衙门，各级官员都反对他，尤其是光绪下令各省一个月之内把冗员裁撤掉，引起官场上下人心惶惶，怨声载道。另外要裁撤绿营军队，绿营官兵群起反对。对旗人下令让他们自谋生计，八旗旗人原来都是由政府供养的，现在要让他们自谋生计，旗人也起来反对。要废除八股，改革科举考试，不少旧知识分子也反对，说我们只会作八股，废除了八股，怎么考试呀？各种社会集团都反对变法。变法的时候还一下子罢免了礼部的六个堂官，就是礼部的六个部长、副部长，就因为他们压制了下面一个官员的上书，结果这六个部长，特别是礼部尚书跑到颐和园向西太后哭诉。顽固派对变法改革恨之入骨，有的读书人说要杀康、梁以谢天下，还有人造谣康有为给光绪皇帝灌了迷魂药。守旧势力群起反对，联合在西太后周围，掌握了军权、政权、财权，搞了政变，轻而易举就把变法扼杀了。戊戌变法只是昙花一现，103 天就失败了，光绪皇帝被软禁到瀛台，康有为、梁启超流亡海外，谭嗣同等六君子被杀。谭嗣同最后说了一句话，“有心杀贼，无力回天”。维新的力量太小，守旧的力量太大，新旧力量的对比太悬殊了。后来严复有一句话说，新旧力量是千与一之比。

日本的明治维新领导势力以明治天皇为旗帜，以维新派的中下级武士为核心，推翻了幕府的旧政权，成为新的天皇制国家的权力中心。明治天皇执政的时候只有 16 岁，权力掌握在维新派的中下级武士手中。这些武士们比较了解世界形势，了解日本国情，富于政治斗争经验，他们许多人在地方的“藩”里做过官。很多人学过西学，像伊藤博文到英国留过学，维新以后他们又组织了岩仓使节团到欧美 12 个国家去考察。他们精心考察西方的制度、文化，确立了日本改革的目标和方略。他们还请一些懂得西方的著名学者去给明治天皇上课，如西村茂树、加藤弘之为明治天皇讲西方的文化、西方的法律和西方的政治，使明治天皇具有西方的知识，能够领导改革。日本的改革领导集团也比较注意策略，使改革稳步推进。官制改革、废藩、制宪是一步步进行的。改革派还利用国家的权力和天皇的权威果断镇压了西南士族叛乱。明治维新以后，有些没落的贵族、士族也不满意，在西南发动一次叛乱——西南战争。西南战争是以西乡隆盛为代表的士族势力领导的，西乡隆盛本来也是维新志士，但是维新以后又站到了没落的士族一边，他领导西南叛乱，最后兵败自杀。日本人有个特点，不以成败论英雄，他们把伊藤博文等人称为英雄，同样也把西乡隆盛称为英雄。总之，日本的明治维新领导集团排除了阻碍改革的保守势力的干扰，保证了改革和现代化的顺利进行。

我们还可以稍微回顾一下中日两国国家政权干预经济的一些情况。我这里举例说明，日本的明治政府是利用国家的权力来推行资本主义工业化的。1870 年成立了工部省，执行殖产兴业的政策。这个政策就是开始先建立一批国营的模范工厂作为示范，包括一些矿山和一些官营的工厂，然后陆续把这些国营的企业以低价卖给民间，当然不是随便卖给普通商人，而是卖给那些跟政府有关的有特权的大商人。从 1874 年到 1896 年这段时间出售了 26 个国有大企业。举一个例子，比如说原来明治政府投资 62 万日元建立了长崎造船厂，这是一个规模很大的工厂，然后用 9.1 万日元的低价一次性出售给一个叫岩崎弥太郎的大商人，他就是三菱财团的创始人。他当时有个三菱造船株式会社，后来发展成为轮船公司，最后发展成为日本邮船会社，是很大的一个企业。他们称之为民营官助，即由民间来经营，官方给予资助，扶植那些大商人、大财团。日本天皇有两个支柱，一个是军阀，另一个是财阀。中国在这方面正相反，国家政权不但不扶助，反而控制企业，压制民族资本的发展。洋务运动时有一个政策叫官督商办，官来督、商人来办，商人出钱、集股，搞轮船招商局、机器织布局等企业，官员们在那里随意地挥霍、贪污，而且那些官员不懂得经营，最后企业破产，官员侵吞那些商股。如机器织布局有的商人开始有 1000 两银子的股份，过了几年变成了 200 两，到最后就只剩 100 两。而且国家政权还搞垄断，办了一个官办或官督商办企业以后，就不准民间再经营同类企业。当时在上海办了一个机器织布局，李鸿章就说十年内不准民间再办纺织厂。国家权力不但不扶植资本主义的发展，反倒压制了民间资本主义的发展。

另外，我们也要看到日本的明治改革有很多的局限性。政治体制的某些方面仍然保留了浓厚的封建残余，最主要的就是天皇制，天皇神圣不可侵犯，是神的化身，打仗的时候天皇是海陆军大元帅。我刚才讲到，天皇制是以军阀和财阀为两大支柱。日本是元老政治，特别是在明治末期，伊藤博文等少数几个元老在幕后操纵政治，甚至首相谁来做都是由元老会议决定。另外一个是封建残余的军国主义，日本有武士道的传统，所以它的军国主义势力越来越膨胀，对外发动侵略战争。军部的势力越来越大，军部能够控制政府，后来实行法西斯主义，最后走向侵略战争。从这里也可以看到，国家政权、领导干部对国家、民族的前途命运具有重要的意义，负有重大的历史责任和使命，它实行的政策策略以及领导人本身的素质能力都很重要。

四 甲午战争对中日两国现代化和历史发展的影响

最后，我想讲讲 19 世纪末 1894 年到 1895 年的甲午战争，这对中日两国的历史和现代化产生的影响很大。在日本把甲午战争叫作日清战争。甲午战争可以说标志着 19 世纪下半叶中日两国改革和早期现代化 30 年竞争的结局。我曾经打比方说，19 世纪中叶的时候中日两国在一条起跑线上，实际上在进行一场比赛，虽然双方自己都没有意识到。可是，甲午战争是中日两国近代历史上的一个重要转折点。甲午战争中国失败的原因有很多，我觉得最根本的原因还是政治的腐败。1894 年甲午战争开始的时候正好慈禧太后要过 60 大寿，尽管发生中日战争，大小官员们首先考虑的不是怎么去应对侵略，而是怎样讨好慈禧太后，给太后送什么寿礼，办什么样的万寿大典。而慈禧太后对战争的态度是赶快结束战争，赶快讲和，不要让战争影响寿典。李鸿章很能了解西太后的心理，想办法去迎合她，他消极地防御，积极地求和。他到处去求外国公使出来调停，不要跟日本打仗。求英国、求美国、求俄国，他美其名曰“以夷制夷”。实际上哪个国家都不来帮助中国，都不肯出来调停。甲午战争爆发的时候，李鸿章还力图避战保船，保存他的实力，因为他把北洋海军看成自己的财产。历史很具讽刺意味，大连失守那一天，正好是西太后寿典日。慈禧照样在皇极殿里庆贺，大宴群臣，而且还要赏戏三日。宫里搭戏台演戏，光绪皇帝和军机大臣们都要陪着慈禧太后在宫中听戏，不理军国大事，三天大家都在看戏。当时谁要主战，建议省些祝寿的钱，用作军费，西太后就会大怒，说谁要让我一时不痛快，我就让他一辈子不痛快！在这种情况下，仗还怎么打，怎么能不失败？

我认为战争失败的根本因素是政治腐败，当然还有其他很多因素，如军事的指挥、战略战术、武器装备等。战术上我们的海军和陆军不配合。陆军逃跑后，日军占领陆军的炮台，就拿炮台的炮去打港口里的海军。情报上中国一点不灵，日本人把天津电报局的电报员收买了，中国的军事情报他都知道。后勤供应方面也有问题。但是，我觉得武器还不是决定性的，比较一下当时中日的海军，实力还是相当的。李鸿章花了大量的军费，十几年的时间建立起北洋舰队，当时确实是亚洲最强大的舰队，有两艘从德国买来的7300多吨的铁甲舰，在亚洲是最厉害的军舰，一艘叫“定远号”，一艘叫“镇远号”。1891年北洋舰队到日本访问的时候，曾经威震日本，后来日本人勒紧裤腰带也要全力以赴发展海军，拼命造船，发行海军公债，天皇减少自己的一部分开支去办海军，官员们捐出自己十分之几的工资去买船，老百姓也捐款。相反，清朝政府认为北洋海军已经建得差不多了，大功告成了，在成军以后，基本上没有再买船，没有添炮，连炮弹都不让买，最后打仗的时候炮弹不够用。清朝政府还挪用了一部分海军军费给西太后修颐和园。过去有些文章说海军军费3000万两银子全部去修颐和园，这不太确切，我们查过故宫的档案，确实有300万到500万两海军军费被挪用去造颐和园和三海工程。实际上甲午战争的时候中日双方海军的实力是相当的，各有优势。中国的船大、炮大，日本的船是新式的，速度快，炮也多。由于李鸿章消极避战的战略错误，丢了制海权。打了黄海之战，本来是双方不分胜负，李鸿章却下令丁汝昌带领北洋海军到威海卫刘公岛，说你就给我保住这几条船，打仗不是你的事了。结果北洋海军缩在刘公岛被日军包围，日军前面用鱼雷艇封锁，后面打下威海卫的陆路炮台，用陆路上的炮台去打刘公岛里的北洋海军，结果北洋海军全军覆没，丁汝昌最后自杀，他还有一点民族气节。日本把镇远号俘虏过去，编入日本舰队，后来在日俄战争的时候就成了日本联合舰队的战舰。

1895年李鸿章到日本的马关（现在叫下关）和当时日本的首相伊藤博文谈判，签订了《马关条约》。今天不说别的，就说赔款，日本得了赔款成了亚洲的暴发户。《马关条约》规定对日赔款是20000万两银子，实际上还不止。后来辽东半岛通过俄法德三国还辽赎回来，日本说对三国我可以让步，对中国不能让步，再加3000万两

“赎辽费”，又说威海卫我给你守了几年，要给守备费350万两，实际加起来是23350万两。这个数字折合日元是35000万，相当于日本4年的财政收入，所以当时日本外相井上馨非常得意，说一想到有35000万日元滚滚而来，无论政府或者私人都感到无比地富裕。

我们再看看这笔赔款日本政府是怎么用的。我从日本的财政史资料中看到：陆军的扩充费5700万，海军的扩充费13900万，临时军事费7900万，军舰水雷的补助基金费3000万，还要买军舰、买水雷，加起来差不多已经是3亿日元了，赔款主要用来扩军备战，因为接下来要打日俄战争。此外，用于天皇皇室基金2000万，侵占台湾的费用1200万，还有教育基金1000万。我们说日本发展教育，有它重视教育的一面，还有从中国拿来赔款去发展教育的一面。另外，还有灾害准备基金1000万，总计差不多35000万日元。明治政府利用这些赔款不但加速了军事的现代化和工业的现代化，还因为这些钱规定是由英镑来付，由此利用它建立了一个金本位的货币制度。过去日本跟中国一样是银本位，金本位以后就把日本的货币纳入国际货币体系中，大大增强了日本的经济实力、商业和资本输出的竞争能力。日本还通过《马关条约》取得在中国开厂、资本输出的特权，并且侵占台湾，掠夺了大量的财富和原料。甲午战争以后，日本很快实现了向帝国主义的过渡，成为亚洲唯一的帝国主义国家。

甲午战争给中国造成巨大的历史灾难和民族危机。清政府当时要支付这些赔款，根本拿不出这么多钱，只得向西方列强借。先后向俄国、法国、英国、德国四国三次大借款，借了30000万两，借款36年还清，本息是60000万两。西方列强通过借款控制了中国的财政、海关，同时趁机掀起了瓜分中国的狂潮，纷纷向中国租借港湾，中国好的港湾它们都租借，从北方的旅顺、大连一直到南方的广州湾，这里我就不详细列举了。各国还划分势力范围，当时中国已经面临被瓜分、要亡国的危机。有的爱国人士悲愤地写道：“四万万人齐下泪，天涯何处是神州。”我们要用辩证的眼光去看甲午战争的影响，正如恩格斯指出的：“没有哪一次巨大的历史灾难，不是以历史的进步为补偿的。”甲午战争虽然给中国带来巨大的历史灾难，同时也激发了中华民族的觉醒和奋起。梁启超有一段话说，我国四千余年大梦之唤醒，是甲午战败、割台湾、赔款二万万两以后的事。这以后中国人终于产生了一种强烈的危机意识和变革意识，奋起改革和革命，救亡图存，振兴中华。甲午战争以后不久就发生了戊戌维新，经过辛亥革命、五四运动、北伐战争、抗日战争、解放战争，半个世纪的奋斗终于迎来新中国的诞生，开始社会主义现代化建设。

日本虽因甲午战争胜利大发横财，但同时也促使其军国主义和侵略野心恶性膨胀，埋下了最后失败的种子。甲午战争后日本军部的势力大大地增强，控制了政权，建立了军国主义的体制，推行奴化教育，不断地对外扩张，发动了一次次的侵略战争。从参加八国联军侵华，到发动日俄战争，吞并朝鲜，侵占中国东三省，发动全面侵华战争，最后挑起太平洋战争，妄图称霸世界，但最后走向彻底失败和毁灭。第二次世界大战日本投降的时候，遭到美军原子弹和炸弹的轰炸，几乎成为一片废墟。现代化也遭到挫折。然而，我们还要辩证地看，日本战败又迎来了民族的新生，战后又开始了新的改革和现代化的进程。战后的现代化我就不讲了，日本因各种因素实现了重新崛起。

历史的辩证法是无情的，历史的经验教训值得我们认真总结。现在，历史认识的问题，特别是对华侵略战争的认识也成为当代中日关系的一个要害问题和症结。很多问题如修改教科书、参拜靖国神社等都跟这个历史问题有关系。日本军国主义发动侵华战争给中国人民造成了巨大的民族灾难，同时也给日本人民带来了痛苦，这是血和泪写下的历史事实，我们必须尊重历史。历史是客观的、不能改变的，应该以史为鉴、面向未来，这样中日两国在21世纪才能够保持和平、平等、互惠合作、友好的关系。如果谁想歪曲历史、企图用谎言狡辩篡改侵华战争历史，复活日本军国主义，必然会遭到历史的惩罚，这也是历史的规律。

中国戊戌维新与日本明治维新成败原因的比较*

中国的戊戌维新与日本的明治维新从表面来看，有着惊人的相似之处。这两次变法维新，历史背景相近，时间相隔不远，先后发生在19世纪下半叶受到西方势力冲击的两个东亚封建国家——日本和中国。它们的目标类似，措施雷同，都是向西方学习，主要通过政府发布命令推行改革，目的是建立一个君主立宪制的资产阶级国家。而且戊戌维新本身就是以明治维新为蓝图进行的，真可谓是何其相似乃尔！然而，两者的成效、结局和命运却又是那样的不同。日本明治维新取得了成功，完成了一系列资产阶级改革，使日本走上了资本主义近代化的道路，不仅维护了民族的独立，而且使日本成为亚洲唯一的帝国主义强国。而中国的戊戌维新却如昙花一现，迅速失败，光绪皇帝被幽禁，维新人士遭镇压，改革新政全成泡影。中国不但没有阻挡住帝国主义的瓜分狂潮，而且在半殖民地深渊里越陷越深。这到底是为什么呢？

一

戊戌维新刚刚失败，流亡到日本的维新派代表人物梁启超就开始

* 原载于《文史知识》1998年第6期。

通过对比中国戊戌维新与日本明治维新的异同来总结中国变法失败的原因。1898 年 10 月 6 日，即梁启超到达东京的第 6 天，他就写信给日本首相大隈重信，陈述中国戊戌维新与慈禧太后发动戊戌政变的经过，要求日本政府设法营救光绪皇帝。这封信很长，而其中相当大的篇幅比较分析了两国维新运动成败的原因。此信见于中国史学会 1953 年编辑出版的《戊戌变法》资料第二册上，被称为《新党某君上日本政府政党论中国政变书》，作者佚名。编者按语说："此文疑是梁启超之作，见于《知新报》七十九册页四，转录于日本东邦协会报。"今天，我们已从日本史料中证实，此信确为梁启超所作，原件存于《大隈文书》，并被收入《日本外交文书》第 31 卷公开发表。

梁启超在信中认为中国戊戌维新时的情况与日本明治维新前夕"安政庆应之时，大略相类"。"皇上（指光绪）即贵邦之孝明天皇也，西后即贵邦之大将军也，满洲全族即贵邦之幕吏也。"中国的变法比起当年日本明治维新有三个方面的不利条件。第一，"贵邦幕府虽威福久积，然于皇室则有君臣之分"。因此，日本维新志士一旦打出拥护天皇、"尊王讨幕"大旗，"以君臣大义名分"作号召，立刻能得到四方响应。"敝邦西后则朝权久据，且于皇上冒母子之名。故讨逆幕，则天下之人皆明其义。语及西后，则天下之人或疑其名。"中国维新派尽管也打出拥护皇帝的旗号却没有多大号召力。第二，"贵邦天皇与将军，一居京都，一居江户，不相逼处"，实际上已经形成了两个政治中心，"故公卿处士之有志者，得出入宫禁，与天皇从容布置，而幕府无如之何。敝邦则皇上与西后同处一宫，声息相闻，且皇上左右皆西后之私人，皇上所有举动，西后无不立知。故此次仅下一密谕，图自保之法，而祸变已起矣"。对此，康、梁是深有体会的。而且，"一旦废立，即使外省有举义之兵，兵未及京都而彼已可立置皇上于死地，是皇上直为西后质子也"。即使起兵勤王，光绪也是慈禧太后手里的人质，很难保全。第三，"皇上手下无尺寸之兵权，与当时贵国之皇室略同。然当时贵国有萨、长、土、佐诸藩相与夹辅，故虽借处士之功，尤赖强藩之力。藩侯自君其国，经数百年，本藩之士民皆其赤子，彼一举义，幕府无如之何。甚者如毛利公父子，黜其爵、讨其罪而已，而终不能削其兵力，禁其举义也。故王室得其维持，而志士有所凭借”。明治维新时，天皇可以依靠萨摩、长州等强藩的武力并作为基地。中国维新派也多么想把湖南等省变成中国的维新基地啊！可是，“若敝邦则不然，各省督抚数年一任，位如传舍，顺政府之意，则安富尊荣，稍为拂逆，授意参劾，即日罢官矣。即如此次之事，湖南为人才之渊薮，大邦之长门也。而政变数日，即已将陈宝箴、黄遵宪、徐仁铸等一概罢斥，而一切权柄皆归守旧之，无复可用矣。处士以一身毫无凭藉，惟有引颈就戮而已”①。光绪皇帝与维新派人士既无军队又无基地，故而在顽固派发动政变时毫无抵抗之力。

梁启超在信中还比较了中日两国维新时国际形势的不同。他说：“贵邦三十年前，外患未亟，其大忧仅在内讧，故专恃国内之力，而即可以底定。敝邦今日如以一羊处于群虎之间，情形之险，百倍贵国。”并指出中国戊戌维新是处在19世纪末帝国主义列强企图瓜分中国的险恶形势下，已经与六七十年代日本明治维新时的国际形势大不一样了。梁启超列举了中国变法的这些“难处”以后，悲愤地说：“以故帝后合体之事，既无可望，尊帝讨逆之事亦不能行。此敝邦志士所以吞声饮恨，血泪俱尽，志计俱穷，以至于今日，而我皇上之位卒岌岌不能保，敝邦改革之事遂废于半途也。”②

康有为亡命日本后，在给日本人依田百川的信中谈到戊戌维新失败的原因时，也表达了类似的观点。他说：“然我国之帝后，犹贵国之有公武也（指日本的天皇与幕府）。帝后之隙已深，亦如贵国万无公武合体之理。然贵国公武异处，而我则帝后同居；贵国王室与幕府，犹有君臣之分，我朝皇上与西后，尚牵母子之名。同居则行事甚

---

① 《新党某君上日本政府政党论中国政变书》，《戊戌变法》（二），神州国光社1953年版，第601—608页；又见《日本外交文书》第31卷第1册，第696—699页。

② 《新党某君上日本政府政党论中国政变书》，《戊戌变法》（二），第601—608页；又见《日本外交文书》第31卷第1册，第696—699页。

难，假名则群臣易惑，既猜忌甚至，故布置甚难。”①

应该承认，康、梁二人尤其是梁启超采取对比分析中日两国维新异同的方法，触及了戊戌维新失败的一些具体原因，但是大多停留在表面，而且带有一定的片面性，尤其是他们始终把中国维新变法成败的决定因素归结于光绪皇帝一人之身。梁启超在给大隈的信中反复强调中国“之能改革与否，全系乎皇上位权之安危”。他甚至声称：“但使皇上有复权之日，按次第以变法，令行禁止一二年间，一切积弊，可以尽去，一切美政，可以尽行。”② 因此，政变以后，康、梁仍然死死抱住光绪皇帝不放，当新的革命高潮到来之际，依旧反对用暴力革命手段推翻清王朝，终于堕落成为保皇派。

二

如果按康、梁的分析，光绪与慈禧要是没有母子之名分，不住在一地，那么变法能不能成功呢？戊戌维新的失败究竟是偶然的还是必然的呢？尽管戊戌维新失败的原因错综复杂、千头万绪，我们仍然可以采取与日本明治维新对比的方法，来进行层层解剖分析，找出其症结与根源。

列宁曾经说过：“政治事变总是非常错综复杂的。它好比一条链子。你要抓住整条链子，就必须抓住主要环节。决不能你想抓住哪个环节就故意挑哪个环节。”③ 资产阶级维新运动成败的关键是资产阶级和维新势力能否掌握政权。只有推翻或彻底改组封建旧政权，确立和巩固资产阶级新政权，才能保证资产阶级改革措施的推行，保护和促进资本主义的发展，否则一切都要落空。日本明治维新实现了这个

① （清）康有为：《复依田百川君书》，《康有为政论集》（上册），中华书局1981年版，第393页。

② 《新党某君上日本政府政党论中国政变书》，《戊戌变法》（二），第601—608；又见《日本外交文书》第31卷第1册，第696—699页。

③ 《列宁选集》第4卷，人民出版社1972年版，第649页。

变革。首先是维新志士提出“尊王攘夷”的口号，打击幕府，并控制了一些强藩的政权，建立了倒幕的武装力量和基地。日本庆应三年（1867年）底，维新势力以天皇名义宣告“王政复古”，废除幕府，命将军辞官纳地。幕府旧势力当然不肯自动交出政权，明治元年（1868年）初，经过戊辰战争几个月的武力较量，幕府的军队被打败，建立起明治新政府，并继续镇压幕府势力的反抗，直到1869年5月榎本武扬投降，幕府武装力量才被彻底消灭。明治新政权确立后，逐步进行政权建设，把原来以将军为首的幕府领主阶级的封建政权改造为以天皇为首、维新派中下级武士为核心、代表资产阶级与地主联合专政的新政权，并通过一系列官制、机构的改革，使这个政权得到巩固和健全。然后，由这个强有力的新政权来发布命令，逐步进行除旧布新的各项重大改革，如奉还版籍（1869年）、废藩置县（1871年）、改革封建身份制度（1869—1873年）、废除封建俸禄（1876年）、地税改革（1873年）、教育改革、殖产兴业、修改不平等条约，最后制定宪法（1889年）、召开国会（1890年），使日本成为一个君主立宪制的资产阶级国家，基本上完成了资产阶级革命的任务。

与日本相比，中国的资产阶级维新派却始终没有真正取得政权。当时，虽然名义上是光绪皇帝亲政，在百日维新期间，也发布了一系列具有资产阶级改革性质的新政诏令；但是，旧政权实际上并没有发生多大变化，最高权力仍然掌握在慈禧太后手里，重大问题的裁决、高级官员的任免，都要由她决定。中枢机关军机处与总理衙门的实权也还在守旧势力的控制下，至于中央各部尚书、侍郎以及地方拥有军政实权的总督、巡抚等大员，也绝大多数是反对维新的守旧派。京城周围的武装力量——北洋三军控制在慈禧的亲信、直隶总督荣禄手中。维新派的成员最高不过四品卿衔军机章京（如谭嗣同、林旭），能够见到皇帝、起草谕旨而已。而维新派的首领康有为仍然是个地位很低的工部主事，仅仅见过一次皇帝，在顽固派的阻挠下，只封了个总理衙门章京这样的小官，以致他根本不愿去上班。至于维新派另一个代表人物梁启超则只是个举人，连个官职也没有。即使是维新派所依仗的光绪皇帝本身也并无实权。他下了那么多新政诏书，在各级守旧官员的抵制下，几乎都未得到贯彻执行。尽管光绪三令五申各官“不得敷衍因循”，“岂容观望迁延”，“不准空言搪塞”，甚至一再宣布“倘再借词宕延，必予以严惩”。可是，守旧官员依然阳奉阴违、敷衍了事。如两江总督刘坤一与两广总督谭仲麟对百日维新两个月里的谕令筹办之事，居然“无一字复奏”，“迨经电旨催问，刘坤一则借口部文未到，一电塞责。谭仲麟且并电旨未复，置若罔闻”①。梁启超对此评论道：“数月以来，新政之诏多矣，督责大臣之旨多矣，乃日日降旨严催而诸臣藐然，日云必加严惩而未闻一惩，盖上无权既久，大臣所共闻知，彼等有深宫之简畀，有宦寺之奥援，岂畏此守府之君、空文之诏哉。”②

当然，中国的维新派并非不想掌权，而是他们没有实力也不愿意采取激烈手段夺权，总是幻想通过光绪改革官制，设立一些像制度局这样的机构，和平掌握政权。这种企图因遭到守旧势力的抵制而失败。以维新派视为变法关键的开制度局一事为例，康有为一再上书皇帝请开制度局以统筹新政全局，光绪也认为“事关重要”，屡次命军机大臣、总理衙门大臣们“切实筹议具奏”。而守旧派大臣们认为“开制度局是废我军机也，我宁忤旨而已，必不可开”。因此竭力加以反对，并“以敷衍游辞驳之”。光绪大怒，把奏折退还，命其再议，并亲自写朱批痛斥：“无得浮词搪责，倘仍敷衍塞责，定必严办。”守旧派见明抗不行，又施阳奉阴违、偷梁换柱之计。军机大臣王文韶说：“上意已定，必从康言，我全驳之，则明发上谕，我等无权矣，不如略敷衍行之。”结果，他们把维新派建议的“选天下通才二十人置左右议制度”，“改为选翰詹科道十二人轮日召见备顾问”，仍由旧官僚充数。这样一来，便巧妙地扼杀了制度局之议，康有为只好哀叹：“于是制度局一条了矣！”③

---

① 《德宗景皇帝实录》卷四二三，第14—15页。《戊戌变法》（二），第60页。

② 《戊戌变法》（二），第63页。

③ （清）康有为：《康南海自编年谱》，《戊戌变法》（四），第153页。

三

我们还可以进一步研究中国的维新派为什么不能像日本的维新派那样建立新政权，实现变法。这主要取决于两方面的因素，一是客观形势是否具备？国内革命时机是否成熟？二是主观条件是否具备？新旧势力力量对比如何？列宁曾经指出，从客观形势来看，“只有当‘下层’不愿照旧生活而‘上层’也不能照旧生活和统治下去的时候，革命才能获得胜利”①。从主观条件来看，需要“革命阶级能够发动足以打倒（或摧毁）旧政府的强大的群众革命行动，因为这种政府，如果不‘推’它，即使在危机时代也是不会‘倒’的”。②

先比较一下中日两国夺取政权、实现维新的客观形势。在明治维新前夕，日本国内革命危机已经成熟。当时日本农民、市民暴动此起彼伏，至19世纪60年代进入高潮，空前猛烈，仅1866年一年，农民、市民暴动就达43次之多。1867年几乎在全国范围内爆发“可好啦”大骚动，致使京都、江户、大阪等地军警机构两个多月处于瘫痪状态，人民群众的斗争动摇了幕府封建统治的基础。另外，统治阶级内部的斗争和分化也日益激烈。围绕批准日美亲善条约与选择将军继承人的争论，多年不干预政治的天皇也有了政治发言权，逐渐形成了朝廷与幕府两大政治中心。强藩、下级武士普遍对幕府不满，离心倾向越来越大。1859年，幕府大老（最高执政官）井伊直弼制造“安政大狱”，疯狂迫害维新志士，第二年井伊直弼本人即被反幕派武士刺死，说明双方矛盾已经不可调和。接着1864年、1865年幕府两次发兵征讨长州藩，标志着幕府与强藩的矛盾也已公开化。幕府统治处于内外交困、分崩离析的严重危机之中。维新派及时抓住时机，发起尊王倒幕运动，抬出天皇，宣布大政复古，并用武力讨伐幕府，取得

① 《列宁选集》第4卷，人民出版社1972年版，第239页。

② 《列宁选集》第2卷，人民出版社1972年版，第621页。

戊辰战争的胜利，终于推翻了幕府封建旧政权，建立起维新派执政的明治新政权。而中国戊戌维新时却没有出现这样的形势。自从1864年太平天国农民革命失败以后，捻军、西南西北少数民族起义也相继被镇压，农民起义转入低潮。下层群众斗争方式主要是矛头对外的反洋教斗争，这种斗争有时候还被清政府欺骗利用。在统治阶级内部，掌握清政府大权的满族贵族，对外向外国侵略势力投降妥协，勾结起来共同绞杀中国人民革命；对内则向汉族地主势力让步，依靠以曾国藩、李鸿章为首的湘淮系军阀官僚镇压农民起义，办理国防外交，使清朝封建政权暂时得以巩固稳定。统治阶级内部虽然还有洋务派、顽固派、清流派以及帝党、后党之争，但总的来说离心力不大，旧政权尚未产生严重的统治危机，推翻旧政权的时机尚未成熟。

再比较一下中日两国维新力量与守旧力量的对比。日本明治维新时，维新势力压倒了守旧势力。如上所述，以幕府为中心的守旧势力已经十分脆弱，幕府统治摇摇欲坠。而维新势力以下级武士为核心，抬出天皇为旗帜，与反幕的强藩相结合，既有基地，又有军队，而且得到町人阶层（包括商人、手工工场主、农村富农等）在财力物力上的大力支持，广大农民、市民也积极参加或支持反幕武装，因此组成了强大的维新阵营，一举推翻了幕府旧政权。

相反，在中国戊戌维新时，守旧势力要远远大于维新势力。守旧势力以掌握最高权力的慈禧太后为首，包括控制中央和地方军政实权的大贵族、大官僚，以及因新政措施触及其切身利益而反对维新的大小衙门官吏、绿营军官、旗人、八股士人，等等，形成庞大的守旧阵营。他们手握政权、兵权、财权，富有政治经验，擅长阴谋诡计，全力以赴扼杀维新。正如梁启超描写的那样，"盖全国千万数之守旧党人，不谋而同心，异喙而同辞，他事不顾，而惟阻挠新法之知"①。中国的维新势力仅以有资产阶级倾向的士大夫知识分子为核心，依靠没有实权的傀儡皇帝光绪，联合少数帝党官吏、御史翰林及地方官

① （清）梁启超：《论变法后安置守旧大臣之法》，《戊戌变法》（三），第34页。

员，既没有基地，也无兵权、财权。他们轻视并脱离广大人民群众，连资产阶级、商人也很少关心支持他们。维新思想家严复指出当时维新派“与守旧党比，不过千与一之比，其数极小”[①]，力量对比实在太悬殊了！因此，守旧势力一反扑，维新势力顷刻瓦解。谭嗣同在壮烈牺牲前，也只好仰天长叹：“有心杀贼，无力回天，死得其所，快哉快哉！”[②]

中国资产阶级维新派的软弱无力，其根源还在于它所代表的中国民族资产阶级弱小。这个阶级19世纪70年代刚刚诞生，先天不足，又受到帝国主义和封建主义的双重压迫，发展缓慢。到19世纪末，真正属于民族资本的企业，也只有几百家厂矿，而且投资少、规模小、设备差。中国民族资产阶级经济实力薄弱，社会基础狭小，而且从娘胎里带来了软骨病——对帝国主义、封建主义的妥协性。这些特性也必然会表现在中国民族资产阶级上层的政治代表资产阶级改良派的身上，如对封建主义的妥协让步、对帝国主义的幻想依赖以及对人民群众的害怕等。

我们还应该看到个人因素在历史上所起到的作用。维新派领导人的能力、气质和采取的方法、策略，与维新成败也有很大关系。我们可以比较一下中日两国维新运动的领导人，他们有相似之处，如大多是出身封建家庭的资产阶级化知识分子，正当中青年，血气方刚，忧国忧民。多数曾接触过西方思想文化，具有远大的政治抱负。然而，不同的是，日本维新派骨干是中下级武士，大多参加过地方上的藩政改革，久经风浪锻炼，具有斗争经验与政治才干。如大久保利通、西乡隆盛、伊藤博文等人，都是富于谋略、精明强干的政治家、军事家。他们善于争取各种力量，讲究斗争策略，例如在政府内排除保守派、废除贵族特权、制定宪法、召开议会、修改不平等条约，都是采取稳扎稳打、减少阻力、逐步推进的策略，以致能够逐渐实现其目

① （清）严复：《论中国分党》，《戊戌变法》（三），第76页。

② （清）谭嗣同：《临终语》，《谭嗣同全集》上册，中华书局1990年版，第287页。

标。而中国维新派的骨干却基本上是一批缺乏政治斗争经验的书生，大多饱读诗书，有才学热情，却往往缺乏运筹帷幄的雄才大略。梁启超就承认他的老师康有为“谓之政治家，不如谓之教育家，谓之实行者，不如谓之理想者”①。老奸巨猾的李鸿章也把他们视为“书院经生、市井讼生之流，不足畏也”。他们在维新措施和斗争策略上也有些急于求成，不顾实效。如变法一开始便裁撤旧衙门、裁减绿营、令旗人自谋生计，激起守旧势力群起攻之，增加了变法的阻力。同时又不善于团结和争取同盟军，结果使自己十分孤立。

四

中日两国的维新运动为什么会产生这些不同点，恐怕还应该更深入地从两国国情的不同，尤其是从两国社会结构和文化传统的区别中探讨其根源。

从社会政治结构的角度来看，日本一直是个封建领主制国家。德川时代是幕藩体制，这个面积不算大的岛国上竟有 260 多个割据的藩，而每个藩的领主（大名）都拥有独立的而且是世袭的军政实权，潜伏着很大的离心力，因此维新派的尊王倒幕号召，客观上符合当时日本建立统一民族国家和统一国内市场的要求，故而能获得各阶层的响应和支持。而中国长期以来是一个高度中央集权的封建地主制国家。这种中央集权制度到了清代更加完善、严格，中央政府通过郡县制控制地方，又通过科举制选拔官吏，不允许地方上形成世袭的独立势力，地方官员随时可以被罢免、调动，因此难以形成离心力量。维新派提出的地方自治主张也很难付诸实践。

从社会经济结构来看，在日本封建领主制度下，商品经济比较容易发展，农村自然经济解体的速度也比中国要快。明治维新前日本棉纺织业手工工场已发展到相当高的水平，农作物商品化并逐步同资本

① （清）梁启超：《康有为传》，《戊戌变法》（四），第 36 页。

主义生产结合起来。由于日本国土小，资本主义萌芽的密度大，并形成了几个经济中心。在某些藩，富商拥有大量财产，并成为藩主、武士的债权人，从而控制了藩的财权和工商业。城乡资产阶级尤其商人和豪农成为维新派的重要社会基础，他们积极支持倒幕和改革，在明治维新中起了重要作用。相比之下，在中国封建地主土地制度下，自然经济瓦解缓慢，对资本主义生产方式的抵抗也很顽强。分散经营的小商业反而成为自然经济的附庸，城市商业资本往往脱离生产领域。中国的民族资本主义并不是从封建社会后期产生的资本主义萌芽独立发展而来的（这种萌芽在外国入侵后大部分已被扼杀），而是在外国资本主义入侵的刺激下，由地主、官僚、商人、买办投资新式企业而产生的。这种在外国资本主义和本国封建主义双重压迫下畸形发展的中国民族资本主义，既先天不足，缺乏原始积累，又后天失调，力量薄弱，而且与外国资本主义、封建主义有着千丝万缕的联系。因此，作为资产阶级维新运动的阶级主体——中国民族资产阶级，很少有人直接参加或支持戊戌维新。虽然也有张謇等少数几个资本家参加了维新运动，但仍怕变法过于激进，“一再劝勿轻举”。戊戌政变后，张謇又赶紧声明：“余与康梁是群非党，康梁计划举动，无一毫相干者”①，唯恐遭到株连。

还有两国文化历史传统的不同也值得注意。日本自古以来有向外国学习的历史传统，古代着重学习中国文化，近代以来又大量吸收西方文化，并能与自己的民族文化相融合。因此，明治维新推行文明开化政策，阻力较小，成效显著。另外，日本历来提倡武士精神，崇实而不尚虚浮的理义空谈，这种精神对变法改革也是有利的。相反，中国是文明古国，知识分子往往背上中华文化优越感的包袱，提倡学习外国常常遇到很大阻力。不少人还崇古好古，相信祖宗之法不可变，喜欢脱离实际的空谈。加上长期以来儒家思想占统治地位，科举八股制度束缚知识分子头脑，这些都对维新改革很不利。

---

① 张孝若：《张謇年谱》，《戊戌变法》（四），第201—202页。

此外，中日两国维新时所处的时代与国际环境上的差异也不应忽视。日本明治维新发生在19世纪60年代末，当时世界还处于自由竞争资本主义时期，夺取殖民地的大高潮也尚未开始。而西方列强在东亚侵略的主要目标是地大物博的中国，加上亚洲民族解放运动特别是中国太平天国运动对西方列强力量的牵制，都为日本维新提供了一个较为有利的国际环境。当时列强的态度，英、美曾积极支持日本维新势力，并给予军事上和物质上的具体援助。日本维新派本身也比较注意外交斗争策略，尽量利用英法、英俄之间的矛盾。而中国戊戌维新已经到了19世纪90年代末，世界资本主义已向帝国主义阶段过渡，列强通过争夺殖民地的高潮已经基本上把世界瓜分完毕，列强在东方争夺的“唯一富源”，出现了瓜分中国的狂潮。这时帝国主义列强决不愿意中国成为独立强大的资本主义国家，国际环境对中国维新运动很不利。当时，英国与日本虽然为了抵制俄国的扩张，曾对中国维新运动表示同情并拉拢维新派，但始终未能给予实质性的援助。

总之，日本明治维新的成功与中国戊戌维新的失败绝不是偶然的，而是由其内部、外部的历史条件和种种复杂的因素所造成的合力决定的，有着深刻的政治、经济、文化根源。从两者的对比中，我们可以总结出很多经验教训。唯物史观认为时势造英雄，而不是英雄造时势，在当时中国的历史条件下，维新派君子们也只能演出这样一幕悲剧。同时，我们也应看到，日本明治维新虽然成功了，但它保留了浓厚的封建残余，鼓吹对外扩张，培植军国主义，也给日本的社会发展投下了阴影。中国戊戌维新虽然失败了，但维新派大声疾呼爱国救亡，介绍西方政治学说，进行了大量的资产阶级启蒙宣传；加上变法失败的教训和维新志士的鲜血，使很多青年从此觉醒，逐渐走上了革命道路。戊戌维新是中华民族觉醒和中国民主革命历程上的一个重要环节，它的历史功绩是不应被埋没的。

近代中日两国吸收西方文化态度的比较*

如何吸收西方文化和处理传统文化与西方文化的关系，近代以来始终是中国和日本社会发展、文化进步和实现近代化所面临的重大课题，也是中日两国知识分子所苦苦探索与争论不休的问题。即使到21世纪，它仍然是一个需要认真对待和妥善处理的重要问题。

近代中日两国在吸收西方文化的认识、态度和处理方式上的差异，与两国近代化的成效关系甚大。本文试图通过对中日近代历史上几个实例的比较，总结经验教训，提供一些历史的借鉴。

一　近代初期中日两国吸收西方知识之比较

——以汉译西书为中心

19世纪40—60年代，中国人吸收西方文化的一个重要渠道是通过西方传教士在中国用汉文编译出版的各种书籍报刊，俗称汉译西书。

鸦片战争以后，西方传教士在中国沿海通商口岸陆续办了一些新式书馆，如英国伦敦会传教士1843年在上海开办的墨海书馆，美国长老会传教士1845年在宁波设立的美华书馆等，都出版了不少汉译西书。清政府从19世纪60年代起，开始聘用外国传教士翻译西书，

* 原载于王晓秋《东亚历史比较研究》，北京大学出版社2012年版。

如北京同文馆和上海江南制造局翻译馆，就出版了许多汉译西书。这些汉译西书大多采用中西学者合译的方法，一般是由西人将要译之书“先熟览胸中，而书理已明”，再“以西书之义，逐句读成华语”。然后，由中国学者笔述之。“若有难言处，则与华士斟酌何法可明。”译出初稿后，再由中国学者“改正润色，令合于中国文法”[①]。由于采取这种中西合作的办法，可以发挥双方之长，较能保证译书的质量，语句也相当通顺。

这些在中国出版的汉译西书虽然对近代中国人了解西方文化科学知识起到了一定的作用，可是在中国强大的保守势力和传统文化的抵制下收效不大。不料其中的一些书籍传到日本，却很快得到翻印或翻译，广泛流传，在日本吸收西方文化和文明启蒙的过程中起了相当大的作用。真好比墙内开花墙外香，西方传教士在中国播的种，却在日本结了果。

19 世纪中叶以前，日本的西方文化知识主要来自到长崎做贸易的荷兰人和他们带来的荷兰文书籍，因此被称为“兰学”。日本的兰学学者虽然也翻译了一些荷兰文的科技地理书籍，但所获知识十分有限，远远不能满足幕末日本人迫切要求了解世界、学习西方文化的需要。加上荷兰文相当难懂，即使是兰学学者翻译起来也很吃力。译出的书，文字常常晦涩难读。然而，汉文的书籍却是很多日本知识分子都能阅读理解的。有些日本学者精通汉文的程度甚至不亚于中国人。所以，汉译西书的传入对渴望了解西方新知识的日本人士来说，不啻雪中送炭。从已经翻译成汉文的西方书籍上吸收西方文化，对幕末和明治初年的日本知识分子来说是一条捷径。因此，开国以后，日本朝野人士通过中国商船、英美军舰以及亲自赴华贸易考察（如 1862 年千岁丸的上海之行）等各种途径，拼命购买收集汉译西书。20 世纪初，日本著名思想家吉野作造在追述 50 年前日本知

---

① ［英］傅兰雅：《江南制造总局翻译西书事略》第二章，载张静庐辑《中国近现代出版史料》（近代初编），上海书店出版社 2003 年版。

识分子通过中日文化交流渠道吸收西方文化的迫切心情时描写道：“不仅中国新出版的书籍被立即带回日本，即使尚未出版的，也时常传述消息，使日本学者急切盼待。”① 幕末有名的洋学家柳河春三在1861年出版的《横滨繁昌记》一书中曾指出，“近今，英美两国人士，务修汉文，在香港、上海等处所刊汉文著述颇多”。他列举了许多书名后遗憾地写道，可惜其中不少书自己尚未见到，“姑录耳闻，以备参考”②。

下面择要介绍一部分汉译西书传入日本后迅速被翻印或翻译出版的情况。

日本人最关心的地理类书籍，有英国传教士慕维廉（M. Willian）用汉文写的《地理全志》，该书1854年在上海出版，很快就传入日本，1858年有爽快楼刊印的训点翻印10册本，幕末著名学者盐谷宕阴在此书序言中认为：“浏览三日，略足以了五洲之大势，则讲地理者，安得不以此为捷径焉哉。”③

美国传教士袆理哲（W. R. Quarterman）用汉文编著的《地球说略》，1856年由宁波美华书馆出版。传到日本后，1860年由洋学家箕作阮甫训点刊行，内容包括地球圆体说等总论和各大洲的图说，作为简明的世界地理入门书在日本很受欢迎。明治初年还一度成为学校的世界地理教科书，出现好几种日译本。还有美国传教士裨治文（B. E. Colemn）的《联邦志略》，介绍美国地理风土，1861年由上海墨海书馆出版，1864年日本就刊行了箕作阮甫的训点本。

医学书籍也是传入日本较早的汉译西书。如英国传教士医生合信（H. Benjamin）关于人体解剖学的汉文译著《全体新论》，1851年在中国广东出版，1857年就由日本越智氏训点翻刻。合信的《西医略论》《内科新说》《妇婴新说》等关于外科、内科、妇科与小儿科的

① ［日］吉野作造：《日本近代史上政治意识的产生》，《政治学研究》第2卷，第48页。

② ［日］增田涉：《西学东渐与中国事情》，东京：岩波书店1979年版，第23页。

③ ［日］盐谷宕阴：《地理全志》，序。

医学著作，1857—1858 年陆续由上海仁济医馆出版，很快于 1858—1859 年在日本刊行了翻刻本。

英国传教士伟烈亚力（W. Alexander）口译、中国学者王韬笔述的物理学著作《重学浅说》，1858 年由上海墨海书馆出版，1860 年就有了日本翻刻本。伟烈亚力口译、中国数学家李善兰笔述的天文学著作《谈天》一书，由上海墨海书馆 1859 年出版，仅两年后，1961 年即由日本浪华福田家刊行翻刻本。他们两人合译的数学著作《数学启蒙》《代数学》等书，在日本也有翻刻本。

还有几种综合性的自然科学启蒙读物汉译西书也在日本广泛流行。一种是英国传教士合信编译的《博物新编》，1855 年由上海墨海书馆出版。该书共有三集，第一集是物理学，第二集是天文学，第三集是动物学。19 世纪 60 年代初由日本幕府的官方学术机构开成所翻刻，并加以训点。以后在明治初年又被多次翻印，成为学校的理科教材。另一种是美国传教士丁韪良（M. W. A. Parsons）译著的《格物入门》七卷，1868 年由北京的同文馆刊印，第二年就传入日本，并出版了训点翻刻本。

还有一种是英国传教士理雅各编译、1864 年由香港英华书院出版的《智环启蒙塾课》，是中英文对照、关于西洋科学知识的入门教科书，共分 24 类 200 课。传到日本后，1867 年首先由江户开物社出版了训点翻印本，训点者是柳河春三，书名为《翻刻智环启蒙》。此书在明治初年广泛流传，成为许多日本学校的教科书，出现了各种版本。

在社会科学的汉译西书中，对当时日本政界影响最大的首推美国传教士丁韪良编译的《万国公法》一书。1864 年，丁韪良把美国学者惠顿的《国际法要义》翻译成汉文，称为《万国公法》。这部译稿由恭亲王奕䜣委派总理衙门章京四人加以润色，1864 年由北京崇实馆出版。该书当年就传入日本，第二年由幕府开成所训点翻印。1868 年即明治政府成立这一年，《万国公法》同时有三个日译本出版。明治初年《万国公法》的各种节译、全译的日译本不下数十种之多。《万国公法》还被列为大学必修科目，东京、京都、神户与许多地方的学校也采用《万国公法》为教科书。《万国公法》的内容正是开国以后日本开展对外交涉所急需的国际法知识，因此受到日本朝野有识之士的高度重视。幕末思想家横井小楠认为《万国公法》是“各国交际答辩之道，是当今最流行之学问”①。明治初期，汉译《万国公法》被奉为权威经典，成为日本外交家与西方列强进行外交斗争的重要武器。大隈重信等日本官员都能熟练地运用《万国公法》中的知识，据理力争要求废除治外法权，使英法等国驻日公使们大为惊讶。明治初年汉译《万国公法》里的词句在日本风靡一时，在各种布告、公文、上书以及政治家的笔记书信、僧俗各界人士的交谈中常常被引用。现代日语中的“权利”“义务”“自治”“主权”等汉语词，都来源于汉译《万国公法》，可见此书在日本影响之巨大。

从以上实例可以看到，西方传教士原来为了在中国传播西方科学文化而编译出版的汉文西书，在中国往往并没有引起足够的重视，也未被中国知识分子所充分利用，甚至还遭到顽固派士大夫的攻击非议。他们把西方科学技术视为“奇技淫巧”，把学习西方文化斥为“以夷变夏”，大肆鼓吹“立国之道尚礼义不尚权谋，根本之图在人心不在技艺”②。有人还宣扬西方科学技术统统起源于中国，对汉译西书不屑一顾。

然而汉译西书传到日本，却受到不同对待，在日本社会中被争相翻印、广泛流传，发挥了相当大的启蒙作用。不少自然科学和地理历史方面的汉译西书成为日本幕府、各藩以至明治初年各地各级学校学生的教科书或参考书。而汉译《万国公法》竟成为明治初年日本外交家与西方交涉、争取国家主权的重要武器，这恐怕是西方传教士们始料未及的。这种墙内开花墙外香的怪现象，恰恰反映了19世纪中

① ［日］尾佐竹猛：《近世日本国际观念之发达》，第46页。

② 倭仁奏折：《筹办夷务始末（同治朝）》卷四七。

叶中、日两国统治阶级与知识分子在对待西方文化认识和态度上的差异，发人深省。

二　近代中日出访欧美使团之比较
——以蒲安臣使团与岩仓使节团为中心

19世纪60年代末至70年代初，中日两国政府曾先后首次派出大型官方使团赴欧美访问考察，时间均长达一两年，访问国家多达十几国。这就是中国清政府的蒲安臣使团和日本明治政府的岩仓使节团。把这两个使团的情况及其对待西方文化的态度作一番比较，也是很有意义的。蒲安臣使团是中国清政府对外派遣的第一个正式外交使团，自1868年2月出发，至1870年10月归国，历时两年8个月，历访美国、英国、法国、德国、瑞典、丹麦、荷兰、俄国、比利时、意大利、西班牙等11国。岩仓使节团则是日本明治政府成立后派遣的第一个赴欧美大型官方使节团，自1871年12月出发，至1873年9月回国，历时1年10个月，历访美国、英国、法国、比利时、荷兰、德国、俄国、丹麦、瑞典、意大利、奥地利、瑞士等12国。

两个使团都是首次出访欧美，规模大、时间长、所到国家多，但是具体比较一下，却可以发现许多令人深思的差异。

首先，两个使团的组成和成员大不相同。清政府缺乏自信，竟委派洋人带队。1860年《北京条约》签订以后，西方各国陆续派公使来华长驻北京，清政府虽然也有意遣使出洋，但又感到为难，尤其担心使节谒见外国元首时的礼节，若行跪拜礼则有碍中华尊严，若不跪拜则又恐外国使节来华时引为借口，因此宁可暂时不遣使出国。但到了60年代末，西方各国纷纷要求修约，清政府觉得遣使已势在必行，可是又找不到合适的人选。主持外交的恭亲王奕䜣说中国官员“语言文字，尚未通晓，仍须倚翻译，未免为难。况为守兼，才堪专对者，本难其选。若不得其人，贸然前往，或至狎而见侮，转足贻羞域外，误我事机”[1]。刚满任期卸职的美国驻华公使蒲安臣（B. Anson）认为是个可乘之机，便主动毛遂自荐。奕䜣赞扬蒲安臣“外事和平，能知中外大体，遇有中国不便之事，极肯排难解纷”。并认为，“用中国人为使，诚不免为难，有外国人为使，则概不为难”[2]。因此，正“苦于无人”的清政府决定委派美国人蒲安臣为“钦派办理中外交涉事务大臣”，率中国外交使团出访欧美。清政府还担心只派美国人出使会得罪英国和法国，故又决定加派英国驻华使馆翻译柏卓安（B. JMcleavy）为“左协理”，海关税务司法国人德善（C. E. De）为“右协理”。

同时又下令记名海关道志刚和礼部郎中孙家谷两位中国官员“赏二品顶戴”，也给予“办理各国中外交涉事务大臣”名义。另有随员、同文馆学生德明、风仪、桂荣、联芳、塔克什纳等共三十多人。在这个不伦不类的外交使团中，美国人蒲安臣才是真正的主角，独揽对各国谈判签约的大权，两位中国官员只是配角，而且由于“礼节尚未议定，中国大臣暂不与各国执政相见”，有些重要外交场合反倒要回避。

日本岩仓使节团集中了明治政府的精华。据说遣使最初是美国传教士威尔贝克（G. H. F. Verbeck）向外国官副知事大隈重信建议的，而大隈仅想由自己充任使节带领几个随员出访而已。不料遣使动议一提出，竟引起明治政府大员们的极大兴趣。不仅政府首脑之一、由外务卿转任右大臣的岩仓具视决定亲自担任特命大使带队出访，而且明治政府的两位实权人物参议木户孝允和大藏卿大久保利通也强烈要求同行。最后由木户孝允、大久保利通和工部大辅伊藤博文、外务少卿山口尚芳4人担任特命全权副使，还有藩主锅岛、毛利、前田等人参与，组成了包括书记官、理事官等随员的48人使节团，再加上59名留学生（其中有日本最早的5名女留学生）。百余人浩浩荡荡登上美

① 奕䜣奏折：《筹办夷务始末（同治朝）》卷三九。
② 奕䜣奏折：《筹办夷务始末（同治朝）》卷五一。

国轮船从横滨出发。日本明治政府在成立之初，核心人物几乎倾巢出动，去直接体验西方文明，反映了当时日本人学习西方的热情和决心。

其次，中、日两个使团出洋使命、动机目的和效果收获也大不一样。清政府当时派遣蒲安臣使团的主要目的是应对西方各国的修约要求，因此其使命主要是探询各国修约的内容和要求，并劝阻各国勿借修约生事干涉中国内政，同时也可以探听了解“外国之情伪”。而日本岩仓使节团出访欧美，则明确带有三大任务：一是访问缔约各国，向各国元首呈交国书，行聘问之礼；二是要求修改幕末以来与各国签订的不平等条约，进行修约的预备性交涉；三是调查和研究欧美各国的文物制度。出访的结果，从外交方面来看，中国蒲安臣使团经过游说，取得美国、英国等国政府不借修约干涉中国内政的承诺。尽管列强随时都可能推翻这些承诺，但表面上似乎完成了使命。而日本岩仓使节团在要求修改不平等条约的交涉中却收效甚微，因为西方列强根本不愿意轻易放弃通过不平等条约取得的任何一项特权。

从学习西方促进本国近代化的方面看，中、日使团的收获大不相同。参加蒲安臣使团的中国官员和同文馆学生，只是到欧美走马看花，初步接触到一些西方物质文明和国政民情。如志刚在其《初使泰西记》中记述了欧美各国的铁路火车、机器制造、工矿商业，在加以赞美的同时也开始想到“若使西法通行于中国，则西人困矣”。在美国等国参观了国会，并观察了欧美各国的社会政治后，他深有感触地议论道：“故西国君主，治法不必尽同，而不敢肆志于拂民之情，则有同揆焉！”这不能不说是认识的一大进步。然而对西方文化认识尚很肤浅，如观看魔术表演，见到用电气、动物、光学取影，虽然“奇巧至不可思议”，但又斥为“奇技淫巧而无裨于国计民生者”[①]。随使团出访的同文馆学生张德彝在美国纽约参观学校，见到学生“弦歌诵读”，颇

① （清）志刚：《初使泰西记》，第66页。

有好感，但又鼓吹向美国学生“宣讲中国圣教”，“勉以忠孝节义”①。蒲安臣使团的中国成员人微言轻，在国内没有产生多大影响。

日本岩仓使节团成员则是明治政府高官要员，他们把“求知识于世界”，考察西方文物制度作为重要任务。出国前就做了充分准备，分别组织了考察政治、经济、军事、文教的专门班子，甚至拟出了详细的考察大纲。使节团的正副大使们也各有考察重点，如岩仓着重考察各国帝室制度，木户考察各国宪政，而大久保则注重西方国家工商业状况，他们怀着极大的热情感受西方文明，探求欧美富强的原因，从而坚定了大规模输入西方先进文化的决心，并且大体上找到了学习西方推动日本近代化的途径。正如随团留学生中江兆民后来回忆时所说：“目睹彼邦数百年来收获蓄积之文明成果，灿然夺目，始惊，次醉，终狂。”② 明治政府的实权人物通过出访取得了对学习西方的新认识，回国后大力推行明治维新的各项改革。如他们看到英国“到处黑烟满天，无不设大小工厂”，“国民精神皆倾注于世界贸易”③，认识到发展工商业是使国家富强的根本途径。因此，大久保利通回国后即提出了《关于殖产兴业建议书》。同时，他们考察了欧美的立宪政治，认为“欧洲之文明源于此改革之深浅”，认识到日本也必须改革政治体制和健全法制。此外，他们还认识到教育是导致欧美民富国强的重要原因之一，因此日本必须努力普及教育，改革教育内容与方法，“推进全民之开化，开发全民之智慧”。

通过这个实例可以看到，派遣官方使团出访欧美，中国虽然比日本先走一步，但是两国政府和使团成员的目的、决心、地位、水平以及对吸收西方文化的主动性、热情、态度上的差异，终于使两国使团出访所得收获与所起作用大不相同。蒲安臣使团对中国近代化并没有产生多大影响，而岩仓使节团归国后则推动了明治政府学习西方的各项改革，有力地推动了日本的近代化进程。

---

① （清）张德彝：《欧美环游记》，第 76 页。

② ［日］小西四郎、远山茂树编：《明治国家的权力与思想》，第 158—159 页。

③ ［日］久米邦武：《特命全权大使米欧回览实记》（第 2 编），第 438 页。

三　近代中日政治家东西文化观之比较
——以李鸿章与森有礼的对谈为中心

19世纪70—90年代，中日两国都进行了以富国强兵为目标的近代化运动，在中国为洋务运动，在日本是明治维新。但两个运动成效不同，其原因当然很复杂，就对待西方文化的态度而言，洋务运动的指导思想是“中体西用”，而明治维新则强调“和魂洋才”与“文明开化”。虽然两者在表面上有相似之处，可是在实质上却有很大不同。以往论述往往做笼统的理论分析，然而两国政治家的认识究竟有什么差异？他们的心态如何？却较少有具体史料作例证。下面以中国清政府洋务派首领李鸿章与日本明治政府文明开化的倡导者森有礼的一段对话为实例，进行具体的剖析。

1876年1月24日，新任日本驻华公使森有礼前往保定直隶总督官邸，拜会了清政府直隶总督兼北洋大臣李鸿章。两人进行了几个小时的长谈，除了就朝鲜局势等外交问题进行会谈外，也交换了对东西文化的看法，并涉及对日本明治维新后学习西方文化实行一系列改革的评价，尤其是围绕服装改革的问题，展开了激烈的辩论。

据中文史料《李鸿章与森有礼问答节略》记载，两人见面寒暄了几句后，李鸿章就问森有礼对于东西文化的看法。森有礼坦率地回答：“西国所学十分有用，中国学问只有三分可取，其余七分仍系旧样，已无用了。”作为文明开化倡导者的森有礼认为西方文化科学对日本近代化的发展“十分有用”，要努力学习，而以儒家思想为中心的中国传统文化，对日本只有“三分可取”，大部分已过时没用。这两句话反映了日本明治时代政治家对东西文化的价值判断。

李鸿章接着又问日本学习西方文化的程度，“日本西学有七分否？”森有礼却回答：“五分尚没有。”李鸿章感到很惊讶，便追问：

“日本衣冠都变了，怎说没有五分?”这时日本公使馆的书记官郑永宁解释道：“这是外貌，其实本领尚未尽学会。”森有礼又进一步说明：“敝国上下俱好，只学得现成器艺，没有像西国从自己心中想出法儿的一个人。”① 森有礼对日本学习西方文化的状况，采取比较实事求是和虚心分析的态度。他认为光是引进和模仿西方文化与科学技术，只能算学到一半，还必须在这个基础上自己加以创造和发展。

两人在谈到学习西方文化进行改革尤其是服装改革时，发生了激烈的争论。日文史料明治时代日本学者木村匡所著《森先生传》一书中有这段对话的详细记录。

李鸿章首先发难：“对于近来贵国所举，很为赞赏。独有对贵国改变旧有服装，模仿欧风一事，感到不解。”森有礼对此答辩道：“其原因很简单，只需稍加解释。我国旧有的服制，正如阁下所见，宽阔爽快，极适于无事安逸之人，但对于多事勤劳之人则不完全合适，所以它能适应过去的情况，而于今日时势之下，甚感不便。今改旧制为新式，对我国裨益不少。”

李鸿章却认为这是违背了祖宗的遗志。他指责道：“衣服旧制，体现对祖先遗志的追怀之一，其子孙应该珍重，万世保存才是。”森有礼马上加以反驳：“如果我国的祖先至今尚在，无疑也会做与我们同样的事。距今一千年前，我们祖先看到贵国服装的优点就加以采用。不论何时，善于学习别国的长处是我国的传统。”

李鸿章仍不以为然，并用赞扬日本古代学习唐服及现今欧服价贵为理由来进行批评。他说：“贵国祖先采用我国服装是最贤明的。我国的服装织造方便，用贵国原料即能制作。现今模仿欧服，要付出莫大的冗费。”森有礼对这个批评作了相当有力的答辩：“虽然如此，依我等观之，要比贵国的衣服精美而便利。像贵国头发长垂，鞋大且粗，不太适应我国人民。其他还有很多事不能适应。关于欧服，从不

① 《李鸿章与森有礼问答节略》,《中日战争》(一)，第299页。

了解经济常识的人看来，虽费点，但勤劳是富裕之基，怠慢是贫枯之源。正如阁下所知，我国旧服宽大但不方便，适应怠慢而不适应勤劳。然而我国不愿意怠慢致贫，而想要勤劳致富，所以舍旧就新，现在所费，将来可期得到无限报偿。”

李鸿章理屈词穷，但仍不服输，便反诘道：“话虽如此，阁下对贵国舍旧服仿欧俗，抛弃独立精神而受欧洲支配，难道一点不感到羞耻吗?”不料森有礼不但不以为耻，而且反以为荣，并强调吸收外来文化正是日本民族的优良传统。他断然回答：“毫无可耻之处，我们还以这些变革感到骄傲。这些变革决不是受外力强迫，而完全是我国自己决定的。正如我国自古以来，对亚洲、美国和其他任何国家，只要发现其长处，就要取之用于我国。”

李鸿章坚持中国洋务派“中学为体、西学为用”的基本立场，声称“我国决不会进行这样的改革，只是军器、铁路、电信及其他器械是必要之物和西方最长之处，才不得不采之外国”。森有礼反唇相讥，指出清朝的服制也并非中国传统服装，而是1644年清军入关后强迫汉族人接受的。他说：“凡是将来之事，谁也不能确定其好坏，正如贵国四百年前（指清军入关前），也没有人喜欢现在这种服制。”李鸿章只得强词夺理辩解：“这是我国国内的变革，决不是用欧俗。”森有礼则强调：“然而变革总是变革，特别是当时贵国强迫作这样变革，引起贵国人民的忌嫌。”①

森有礼与李鸿章的这一场论战，看起来似乎主要围绕着要不要改革服装的问题展开，实际上却表现了中、日两国政治家对待东西文化和社会变革在认识上的重大差异。

李鸿章作为中国清政府洋务派的首领，虽然也主张向西方学习，比起最保守的顽固贵族官僚要开明得多，但是他对中西文化的基本思想是“中学为体、西学为用”，正如在上述对话中所说，认为西方文化中，“只是军器、铁路、电信及其他器械是必要之物和西方最长之

① ［日］木村匡：《森先生传》，第99—102页。日本金港堂，明治四十二年第3版。

处，才不得不采之外国”。因此，李鸿章大力主张“西学为用”，引进西方军事、工业技术，提倡开办工厂、修筑铁路、建设海军等洋务活动，并赞赏日本明治维新在这方面的成就。然而，他又坚持“中学为体”，即认为封建政治体制和儒学伦理观念以至法律、历法、衣冠礼仪等“祖宗之法”，是不应该改变的。因此，对于西方文化中更深一层的制度、观念、习俗等内容抱着排斥抵制的态度，而且把学习西方文化、改变服装习俗看成非常可耻的事情。李鸿章不仅以这种观点批评日本的明治维新，而且断然表示“我国不会进行这样的变革”。这种立场除了说明洋务派企图维护清朝封建统治和本集团的既得利益外，也反映了中国儒家思想中的崇古、崇祖、重义轻利、空谈义理、不讲实效的传统观念，以及由于中华文化优越感而产生的妄自尊大华夷思想，造成对外来文化的排斥。

日本明治时代的政治家们对西方文化的认识要深刻得多。如前文所述，明治维新后不久，日本政府就派出岩仓使节团访问考察欧美十二国。森有礼在明治维新前后也曾到英美留学和考察多年。他们通过亲自直接观察，比较全面深入地了解研究了西方文化，因此在明治维新各项改革中能从总体和物质技术到制度、观念、习俗等全方位地学习西方文化。他们对于扬弃不适应形势的传统文化与吸收西方文化的长处，不但觉得“毫无可耻之处”，反而以此“感到骄傲”。并认为“善于学习别国的长处是我国的好传统”。明治时代也曾一度出现过全盘仿效西方，追求洋化建筑、舞会的“鹿鸣馆现象”。但日本有见识的政治家并不满足于简单地引进和肤浅地模仿。如森有礼所说的力图结合日本本国和民族的特点，“从自己心中想出法儿”，加以创造和发展。“和魂”虽然是指日本大和民族固有的民族精神，却可以与“洋才”即西方文化自由融合与转换。他们在服装、历法等问题上，也是完全从适应形势发展需要和讲求实效的价值观念出发“舍旧就新”。只要是对经济发展和近代化有利的就毅然加以改革。从以上实例可以看到，近代中国和日本当权的政治家对待东方传统文化和西方文化认识的差异，对于中日两国近代化改革发展的进程，产生了相当大的影响。可以说中国洋务运动的“中体西用”和日本明治维新的“和魂洋才”，都是根源于东方传统文化基础上吸收西方文化的模式。但是，“中体西用”思想，由于其保守性、排他性，最终成了中国近代化进程的包袱和阻力。而“和魂洋才”，由于其灵活性、包容性，却成了促进日本近代化进程的一种动力。

第 二 编

以事为镜：从鸦片战争到抗日战争

鸦片战争与日本*

19 世纪中叶是东亚历史上的重要转折时期，西方资本主义列强远涉重洋，驶来舰队，架起大炮，对准东方尚未被卷入世界市场的封建古国猛轰。1840 年，英国发动的鸦片战争终于敲开了中华帝国闭关的大门。此后，列强胁迫清政府签订了一系列不平等条约，掠得许多特权。鸦片战争作为中国近代史的开端被载入史册。不久，西方军舰又向与中国一海之隔的日本叩关。1854 年，美国舰队用武力强迫日本开国，德川幕府统治下的日本二百多年的锁国状态也被打破。接着，又发生了英法联军侵略中国的第二次鸦片战争。与此同时，日本也被迫签订一连串的“安政条约”。至此，中日两国的门户都被打开，卷入资本主义世界市场。正如马克思在 1858 年所指出的：因为地球是圆的，“随着加利福尼亚和澳大利亚的殖民化，随着中国和日本的门户开放”，资本主义对外扩张、建立世界市场的过程“看来已完成了”。[①] 对于两国的开国过程，历史学家已经做了不少研究，还是让我们看看两国开国间的相互联系和影响吧。

一 无独有偶
——鸦片战争前的中国与日本闭关锁国

中国与日本，都位于亚洲的东部。两国之间一海相隔，是“一衣

---

* 原载于《世界历史》1990 年第 5 期，经修改加工。

① 《马克思恩格斯全集》第 29 卷，人民出版社 1972 年版，第 348 页。

带水”“一苇可航”的邻邦。中日两国均有悠久的历史和灿烂的文化。19世纪上半叶，中国和日本都处于封建社会晚期，而且同样遭到了西方殖民者的觊觎和骚扰。在对外关系方面，两国政府又不约而同地采取了闭门自守的政策。

1603年，德川家康就任“征夷大将军”，在江户（今东京）建立了德川幕府（德川幕府统治时期又称为江户时代）。幕府掌握着日本的统治实权，天皇只不过是个傀儡。从1633年至1641年，德川幕府接连多次发布“锁国令”，形成了一套越来越严密的锁国体制。

就在日本开始实行锁国之时，中国发生了改朝换代。1644年，清军从东北入关，攻占北京，建立了清王朝在中国的统治。清初，清政府曾实行严厉的“海禁政策”。到1757年，又关闭江苏、浙江、福建三处海关，只留下广东省的广州一口对外贸易，也逐渐形成了一套具体的闭关政策。

对于中日两国的“闭关”“锁国”政策，我们可以做一番具体的比较。

日本德川幕府在宽永十年（1633年）发布的《锁国令》中规定：“除特许船以外，严禁其他船只驶往外国。”同时规定：“除特许船以外，不得派遣日本人至外国。如有偷渡，应处死罪。偷渡船及其船主，一并扣留。”甚至旅居海外的日本人，“若返抵日本，应即处以死罪。”[①] 另外，条文中还包括防止耶稣教在日本蔓延、禁止官吏在长崎码头直接购买外国货物等内容。宽永十一年（1634年），张贴在长崎港口的告示明确宣布：“一、禁止基督教士进入日本；二、禁止将日本武器运往外国；三、除特许船以外，禁止日本人渡海前往外国。”[②] 宽永十三年（1636年），幕府颁布的禁令中进一步废除特许，严禁派遣任何日本船和日本人前往国外。宽永十六年（1639年），还下令禁止葡萄牙船来日本。宽永十八年（1641年）发布的《锁国

① 张荫桐选译：《1600—1914年的日本》，生活·读书·新知三联书店1957年版，第10页。

② 张荫桐选译：《1600—1914年的日本》，第11页。

令》，又将荷兰人的商馆由平户迁到出岛，还禁止“有害的洋书”进口，连在海上遇难漂泊异国的日本人也不准回国。

德川幕府在断绝一般外交活动和对外贸易的同时，仍保留了与中国、荷兰、朝鲜、琉球四国严格限制的贸易关系。同朝鲜、琉球的贸易交往分别通过对马藩和萨摩藩进行。中国、荷兰的商人只准在长崎一港贸易，并分别限于在长崎唐馆和出岛荷兰商馆内活动，对进港商船数与贸易额也有具体规定。

中国清政府的闭关政策也是逐步形成的。康熙十一年（1672年），清政府实行海禁，曾下令“片板不准下海”，“凡官员兵民私自出海贸易及迁移海岛、盖房居住耕种田地者，皆拿问治罪”。[①] 虽然康熙二十二年（1683年）曾宣布解除海禁，允许外商到广东广州、福建漳州、浙江宁波、江苏云台山四港通商，但到乾隆二十二年（1757年），又关闭了漳州、宁波、云台山三关，仅留广州一口与外国贸易。清政府还在广州建立了“公行制度”，外商对华贸易必须经过政府特许的公行来进行。又先后颁布了《民夷交易章程》《防范夷人章程》等条规，对外商在华活动加以种种限制。在广州的外商必须住在指定的夷馆之内，由行商负责管束。禁止外商偷运武器、私雇买办，甚至不许外商坐轿和在广州过冬。此外，清政府也禁止粮食、五金、硝磺、地图等物品出口，还严格控制中国商人制造海船与出海贸易。

从中国和日本实行闭关锁国政策的内容来看，在禁止本国人出航海外、限制外国商人在本国的贸易与活动以及由政府垄断和控制对外贸易等方面，两国的措施大致相似。所不同的是，中国虽然“闭关”，但并不拒绝与各国交往，只是强调对方必须承认中华帝国为“天朝上国”，追求名义上的藩属、朝贡关系，重视名分、礼仪等细节；而日本则严格限制对外交往、贸易的国别，坚守“通信（有国书、信使来往）限于朝鲜、琉球，通商（单纯贸易）则限于中国、

① 《光绪大清会典事例》卷一二〇。

荷兰，其他一概拒绝”这样一条锁国的定制。同时，日本政府还特别强调严禁天主教传入。

从实行闭关锁国政策的目的和原因来看，中日两国封建政府除了防范西方殖民者和海盗骚扰外，主要还是害怕本国人民与外来势力接触，以致危及自己的统治。清政府和德川幕府竭力用闭关的城墙和锁国的铁链把本国人民与外界隔离开来。马克思曾经深刻地指出：“推动这个新的王朝（指清王朝）实行这种政策的更主要的原因，是它害怕外国人会支持很多的中国人在中国被鞑靼人（指满族）征服以后大约最初半个世纪里所怀抱的不满情绪”①，而且认为“与外界完全隔绝曾是保存旧中国的首要条件”②。清王朝的海禁政策最初是为了镇压以台湾为基地的郑成功反清势力，日本德川幕府锁国的动机之一乃是镇压国内天主教徒的反抗。尤其是 1637 年（宽永十四年）爆发了天主教徒在岛原、天草的大起义后，德川幕府更加迫不及待地加紧完成锁国体制。幕府不仅下令严禁天主教传入，停止与天主教国家葡萄牙、西班牙等国的通商贸易，而且还禁止有关天主教的书籍入境，甚至别出心裁地规定，外商在长崎登陆必须经过“踏绘（即践踏绘有圣母玛利亚像的铜板）”，以考验其是不是天主教徒。另外，德川幕府实行锁国政策还包含“强本弱末”的意图，即加强中央幕府的实力，由幕府垄断并直接控制对外贸易和外国情报，以避免地方各藩通过海外交往、走私贸易与进口武器等方式扩充势力。

17 世纪到 19 世纪，中日两国能够实行闭关锁国的政策，有其物质基础和思想基础。自给自足的封建自然经济是其经济基础。在中国清朝统治者的眼里，对外贸易不过是对外国人的一种恩赐。最典型的表现是，乾隆皇帝 1792 年（乾隆五十七年）给英王乔治三世的敕书。乾隆声称：“天朝物产丰盈，无所不有，原不借外夷货物以通有无。

---

① 《马克思恩格斯选集》第二卷，人民出版社 1972 年版，第 6—7 页。

② 《马克思恩格斯选集》第二卷，第 3 页。

特因天朝所产茶叶、瓷器、丝觔，为西洋各国及尔国必需之物，是以加恩体恤，在澳门开设洋行，俾得日用有资并沾余润。”① 在同样是封建自然经济占统治地位的日本，也有类似的思想。早在宽文三年（1663 年），山鹿素行就说：“以我天下之富、土地之广，不需仰赖外夷之物即可自足。”② 直到安政六年（1859 年），日本幕府负责外国事务的官员还对英国驻日公使阿礼国说：“多少年来，我们与外部世界没有来往，也为我们自己生产了一切必需品。”③ 自然，比起地大物博的中国来说，日本对外的需求更多些，因此德川幕府不得不保留对中国与荷兰的贸易渠道。

中日两国封建统治者的妄自尊大心理是闭关锁国政策的思想基础。长期以来，清王朝统治集团总认为中国是“天朝上国”，而别的国家都是“夷狄蛮貊”，都应该向自己朝拜进贡。乾隆皇帝给英王的敕书中就说：“天朝统驭万国，一视同仁。”而把英使来华当作朝贡，宣布：“朕於入贡诸邦，诚心向化者，无不加之体恤，用示怀柔。”④ 清代乾隆年间修的《皇朝文献通考》对世界的描述是：“中土居大地之中，瀛海四环。其缘边滨海而居者，是谓之裔，海外诸国亦谓之裔。裔之为言边也。”⑤ 在乾隆和嘉庆年间所修的两部《大清会典》中，竟把西方各国，包括英国、荷兰、意大利、葡萄牙等都算作自己的“朝贡国”，形成一种所谓“华夷秩序”的观念。日本封建统治者也有类似的思想。山鹿素行就称日本为“中央之国”，“本朝当天之正道，得地之中枢”。他还认为：“虽然四海广大而国家众多，但无堪与本朝相比之国土，即使大唐，亦不如本朝之完美。”⑥ 水户藩士会泽正志斋在 1825 年也宣称：“神州（指日本）是日出和元气肇始

---

① 《大清高宗纯皇帝实录》卷一四三五。

② ［日］山鹿素行：《山鹿语类》。

③ ［日］阿礼国：《大君之都·幕末日本旅居地》上册，第 412 页。

④ 《大清高宗纯皇帝实录》卷一四三五。

⑤ 《皇朝文献通考》卷二九三，四裔考一。

⑥ ［日］信夫清三郎：《日本政治史》第一卷，周启乾译，上海译文出版社 1982 年版，第 51 页。

的地方。天日的后裔，历代君临，万古不易。真是大地之元首，万国之纪纲。”① 这是又一种以日本为中心的“华夷秩序”观念。

日本统治者还把日本是一个四周临海的岛国，作为实行锁国政策的重要条件。由于日本自古以来很少受到外敌入侵，仅有的一次元军大举渡海征日，也因遭风暴而全军覆灭，更增强了日本统治者锁国自守的信心。故而山鹿素行自豪地说，与中国同“四夷相连”的地理环境不同，“中央之国”（指日本）“屹立巨海，疆域自有天险，自神圣继天立极以来，四夷终亦不得窥伺藩篱。皇统连绵而与天地共无穷”②。

闭关与锁国是中日两国封建统治者采取的一种消极保守的对外政策，它人为地把本国自我封闭，与世界隔绝开来。它阻碍了中日两国对外贸易和与各国的经济文化交流，抑制了航海事业、商品经济和资本主义萌芽的发展，堵塞了观察世界、学习各国先进科学技术的渠道，禁锢了两国人民的眼界和思想，扼杀了人民的创造力和进取心，以致在17世纪至19世纪中叶这二百多年间，造成东亚在经济、文化、科学技术发展上的停滞和落后，与经过了资产阶级革命、工业革命而飞跃发展的西方资本主义国家之间的差距越拉越大。

当然，我们也应该看到，随着西方殖民主义者对中国与日本走私、骚扰活动的日趋频繁，闭关锁国政策也成为两国政府对付西方海盗商人不法行为的一种简单自卫手段。可是，在航海交通和军事技术日益进步的时代，单靠城墙和大海，已经难于阻挡驾着炮舰横行四海、用剑与火疯狂寻找市场和殖民地的西方侵略者了。日本原来所依仗的四面环海的地理优势也逐渐不起作用，甚至转化为不利因素。18世纪末，日本仙台藩士林子平在他的著作《海国兵谈》中，曾一针见血地点破这点。他说：“仔细想来，从江户之日本桥至中国、荷兰，

---

① ［日］会泽正志斋：《新论》，引自［日］井上清《日本现代史》第一卷，生活·读书·新知三联书店1956年版，第97页。

② ［日］信夫清三郎：《日本政治史》第一卷，第51页。

乃无边界可分之水路。”“正由于是海国，即使本非来我国之船只，由于乘船者灵机一动，亦会轻易到来。”① 幕末著名维新志士吉田松阴也尖锐地批判锁国之危害与无用。他形象地指出：“锁国犹如一人被围，须留意前后，注视左右，昼夜不得安寝，每每终于气力松懈，而遭俘获。一时之战略虽可应付，然就长远而言，若始终仅仅竭尽财力于海岸之防守，则可致国贫民穷。大敌来犯时，其结果亦将与一人之被围者同。”②

闭关锁国政策也没有能帮助两国封建统治者建立永久稳固的统治。处于封建社会末期的中国和日本早已不是一片安定的绿洲，不仅面临外患的危险，而且国内也蕴藏着严重的社会危机。庞大的清帝国，经历了康熙、雍正、乾隆三朝鼎盛之世，从嘉庆、道光朝起逐渐走向衰败。政治腐败，军备废弛，农民起义风起云涌。嘉庆十八年（1813 年），天理教起义军甚至打进了皇宫禁苑。清王朝国势江河日下，西方资本主义则乘虚而入。19 世纪上半叶的日本也面临着严重的社会动荡和危机，突出表现为封建社会经济结构逐渐瓦解，农民与城市贫民的起义此起彼伏，幕府统治力量也日益削弱，地方强藩离心倾向增强，大名武士不满情绪日趋高涨，封建幕藩体制正处于崩溃前夕。

中日两国的开国就是在这样的历史背景下发生的。英国侵略中国的鸦片战争，打开了中国的闭关大门，同时也给仍在锁国状态下沉睡的日本敲响了警钟，引起了巨大的震动。

二　阿片风说
——中国鸦片战争的消息是怎样传到日本去的呢？

由于德川幕府统治时期实行锁国政策，禁止外国人来日本和日本

① ［日］林子平：《海国兵谈》，引自信夫清三郎《日本政治史》第一卷，第 76 页。

② ［日］吉田松阴：《续愚论》，《吉田松阴全集》第四卷，东京：岩波书店 1939 年版，第 117 页。

人出海贸易，只允许中国与荷兰的商船到长崎港进行有限制的贸易。因此，长崎便成为日本了解外国情况的唯一窗口。幕府规定在长崎入港的中国商人和荷兰商人都必须向管理外贸事务的长崎奉行（长崎地方最高官员）报告海外消息。这种报告统称为“风说书”（日语“风说”即传闻、传说之意），其中中国商人的报告叫“唐风说书”（又称“清商口单”），荷兰商人的报告叫“和兰风说书”（又称“阿兰陀风说书”）。此外，还有担任翻译的通事根据外国商人的口述或摘译外国报纸上的新闻编成的“别段风说书”（即特别风说书）。中国鸦片战争的消息最初就是通过这些风说书传到日本的。因为日本人称鸦片为“阿片”，所以有关鸦片战争的情报，又被称作“阿片风说书”。

我们现在所能见到的最早提供有关中国禁烟运动消息的是日本天保十年（1839 年）的一份和兰风说书。它报道：“广东禁止英吉利等国人之鸦片走私，官府奉旨严查藏匿鸦片的基地，同时对中国吸食者也加以重刑。”① 1840 年以后，荷兰商人的报告中也常有涉及中国鸦片战争的消息。当时任长崎地方官员的高岛秋帆在给幕府的报告中指出：“红毛船（即荷兰商船）关于英国人骚扰中国广东之地的风说”，与从暂留长崎的中国商人那里所获得的消息是一致的。

当时，关于鸦片战争的情报，更重要的来源还是中国赴日商人所提供的“唐风说书”。据日本学者森睦彦的调查统计，自 1840 年至 1844 年，散见于各种书刊中有关鸦片战争的唐风说书共有十九件。其中 1840 年（日本天保十一年）夏二件、冬五件；1841 年（天保十二年）夏二件、冬四件；1842 年（天保十三年）冬二件；1843 年（天保十四年）夏二件、冬一件；1844 年（弘化元年）冬一件。② 当时，中国赴长崎贸易的商船每年夏冬各进港一次。他们必须从日本幕府领取信牌，才能进行限额贸易。每艘中国商船进港后都有编号，称为某年某号船。向长崎奉行提供的风说书，有的是一艘船的船主提供

① ［日］森睦彦：《作为鸦片战争情报的唐风说书》，《法政史学》第 20 号。

② ［日］森睦彦：《作为鸦片战争情报的唐风说书》，《法政史学》第 20 号。

的，有的则是几艘船的船主联名提供的；另外，还有唐通事（汉语翻译）根据询问写成的别段风说书。这些阿片风说书向日本人提供了很多有关鸦片战争的情报。

早在1840年7月，中国五号船主周蔼亭就提供了一份风说书，题目叫《蒙问今为阿片一件》，说明是应日本官方的询问而写的。风说书中谈到，由于英国人向中国贩卖鸦片，造成了严重的危害，因此皇帝派林则徐到广东禁烟。林则徐命令外国鸦片贩子在三日内交出鸦片，而付予大黄、茶叶作为补偿，隐匿不交者要处以死刑。英国商人共交出鸦片二万零三十六箱。1839年（道光十九年）9月，中英两国军舰发生交战，在广东的外国人纷纷回国……[①]这份报告叙述了中英之间从禁烟交涉到武装冲突的经过，大致符合事实，所述林则徐收缴鸦片箱数，也与实际数字相近[②]。1839年9月，林则徐确曾指挥中国水师与英国军舰在九龙湾激战，这是鸦片战争的前哨战。

1840年8月，留在长崎唐馆的中国商人所提供的风说书中，除了叙述禁烟经过外，还介绍了鸿胪寺卿黄爵滋主张严禁鸦片的那份著名的奏折（即《请严塞漏卮以培国本折》）。结尾还回答了日本方面提出的一些具体问题，如广东和澳门之间的距离、在广州贸易的西洋十三个国家的国名、中国钦差官员的姓名、鸦片一箱的重量以及广州到中国沿海各地的里程等，[③] 反映出日本幕府官员探听中国情况的细致程度。

1840年12月，中国一、二、三号船船主沈耘谷等十三人联名提出的风说书，介绍了浙江沿海的战况。其中谈到英国舰队袭击定海县，清军守将战死，知县自杀，定海陷落，英军还侵犯宁波、乍浦、余姚等地的事实。由于当时中国赴日贸易商船的重要基地是浙江乍浦，不少船只都是来自这个港口，因此他们对浙江沿海战事知道得较

① ［日］盐谷宕阴编：《阿芙蓉汇闻》，东京大学东洋文化研究所藏书。

② 实际共收缴鸦片一万九千一百八十七箱又二千一百一十九袋。见《林则徐集》序稿，中册，第638页。

③ 《唐人共风说书》引自［日］森睦彦《作为鸦片战争情报的唐风说书》。

为具体。不过，这份风说书中所提到的余姚军民击沉一艘英国军舰、俘获了英王三公主之事，却属误传。实际上被俘的是英军运输船“鸢号”船长的夫人罗卜来，[①] 传闻中把她说成是英王的女儿或妹妹。而日本人却对这个误传很感兴趣，在一些描述鸦片战争的文学作品中大做文章，极尽捕风捉影夸张之能事。

1841 年 6 月，中国二、三、四号船船主沈耘谷、顾子英、王云帆、周蔼亭四人提出了一份题为《英夷入寇去定就广风闻》的风说书。其中叙述了英军离开定海前赴广州，广东战斗再起，虎门失守诸事；还报道了琦善、伊里布被免职，道光皇帝派皇弟率大军去广东作战的消息。这是鸦片战争打到第二年时的新动向，引起了日本方面的关注。同年 12 月，顾子英等又提供了靖逆将军奕山赴广东与扬威将军已经赴浙江，集结军队准备与英军大战的更加具体确切的情报。[②]

1842 年 1 月，又有新到长崎的一、二号船船主蒋春洲等人的报告。他们根据广东的见闻，指出为了防备英军骚扰，广东、台湾准备添置六百多门大炮，需要很多铜，因此估计中国向日本购买铜的数量还要增加。[③]

1842 年 12 月，中国船主顾子英等八人联名提出了一份风说书，题为《英夷侵犯海疆蔓延四载》，内容是关于鸦片战争最后阶段直至议和的经过。其中写到 4 月 8 日英舰突袭乍浦，许多官府民宅被焚毁，从事对日贸易的商船“日新号”“全胜号”和三艘货船都被焚烧。“太平号”在海上遭到英舰追捕，侥幸逃脱。另一艘对日贸易船“源宝号”则在舟山被英军扣留。风说书又报道了英军进攻上海及长江流域的战况，叙述了江南提督陈化成战死，钦差大臣耆英、伊里布亲赴英船求和，签订《南京条约》的事件。顾子英等认为英军对中国地理不熟悉，只走海路，靠火攻，而且轮船不能进入内河

---

① 姚薇元：《鸦片战争史实考》，人民出版社 1984 年版，第 72 页。

② ［日］盐谷宕阴编：《阿芙蓉汇闻》。

③ ［日］盐谷宕阴编：《阿芙蓉汇闻》。

与河口的浅滩，如果清政府继续发兵抗战，英国本来是没有希望取胜的。①

1843 年 7 月，中国一、二号船船主周蔼亭等五人在一份题为《所闻英夷入寇侵犯天朝》的风说书中认为，中国在鸦片战争中之所以失败，是因为清军缺乏勇猛智谋之将，而败于英军凶猛的炮火。这份风说书站在清政府的立场上，还说签约开港以后，香港、厦门、定海一带的英人都纷纷感谢清帝的仁德。②

1844 年 12 月，周蔼亭等向长崎奉行提出了一份关于鸦片战争比较详细的报告，后来有单行本的抄本，名为《英国侵犯事略》。它概述了鸦片战争从开始到结束的全过程，还附录了《南京条约》的条文、阿拉伯数字和一些简单的英语单词。③

"唐风说书"与"和兰风说书"在日本属于所谓秘密书类，由长崎奉行上交幕府收藏，只有在幕府任要职者才能看到。这些风说书之所以能流传民间，主要是担任翻译的通事和幕府的工作人员传抄出来的。如著名学者盐谷宕阴就是利用在老中（将军之下幕府最高级官员）水野忠邦身边供职的机会，收集抄录了有关鸦片战争的各种风说书，在 1847 年（日本弘化四年）编成《阿芙蓉汇闻》一书（中日民间亦称鸦片为阿芙蓉，这是从阿拉伯语译音而来），引起当时日本各界人士的重视，被认为是有关中国鸦片战争情报最好的资料集，争相刊印，广泛流传。盐谷宕阴在此书序言中说明，书中内容采自"清商（中国商人）、兰客（荷兰商人）之单报札记（即风说书）"。"积盈囊笥，颇足稽颠末，因汇而哀之。又采清人洋防诸策，系诸首尾，聊评批以寓管见，题曰：阿芙蓉汇闻。"④ 日本学者增田涉所藏《阿片风说书》写本三册，也是收集编译有关鸦片战争的风说书而成的，翻译者署名为中山作三郎与石桥助十郎。除此以外，其他收录有关鸦片

---

① ［日］盐谷宕阴编：《阿芙蓉汇闻》。

② ［日］盐谷宕阴编：《阿芙蓉汇闻》

③ ［日］盐谷宕阴编：《阿芙蓉汇闻》。

④ ［日］盐谷宕阴：《阿芙蓉汇闻序》，见《宕阴存稿》卷四。

战争风说书的日本书籍还有《阿片类集》《清英阿片一件风说书》《清兰阿片单报》《清商风说书》《唐人共风说书》《唐风说书集》《西变纪闻》《天保杂记》等等。

日本人获得关于鸦片战争消息的另一个来源是流传到日本的中国书籍和资料。

有一部书，名为《夷匪犯境闻见录》，编者不明。在日本有二册到五册的各种抄本，还有安政四年（1857 年）明伦堂的六卷刻本。其内容主要是收录鸦片战争中各种上谕、奏折、布告、檄文、双方照会、条约等原始材料。卷一的第一篇资料是 1840 年 7 月英军进攻定海时，英国海军司令伯麦给定海县令的劝降书。卷六最后两篇资料是 1842 年 8 月《南京条约》条文和惩办奕山、奕经的上谕，内容相当丰富。这部书所收大多为正式文件，比较准确可靠，当时在日本流传甚广，成为日本许多描写鸦片战争作品的重要依据。

还有一部书名叫《乍浦集咏》，是浙江乍浦文人沈筠编辑的当地人士的诗集，其主题是缅怀鸦片战争中乍浦的殉难烈士，谴责英军暴行。这部书在 1846 年（道光二十六年，日本弘化三年）出版。由于乍浦正好是中国赴日贸易商船的主要出航港，因此当年就由中国四号船带到日本二十四部，第二年又带去十部。这些书分别被日本官方御文库、学问所和阿部伊势守、牧前备前守等官员买去。而且在 1849 年 11 月就有了《乍浦集咏钞》四卷二册的日本刻印本，还有日本学者小野湖山的抄本①。一部中国书籍在出版的当年就传入日本，并出现“和刻本”（即日本刻印本），这种速度确实令人惊讶，这也说明了当时日本人对中国鸦片战争是何等重视。

这些报道中国鸦片战争消息的阿片风说书和中国书籍，为日本人编写描述鸦片战争的作品提供了素材，也为日本各界人士总结和吸取中国鸦片战争的经验教训提供了资料。

① ［日］大庭修：《江户时代的日中秘话》，东京：东方书店 1980 年版，第 247 页。

三　海外新话
——日本人对鸦片战争的描述

鸦片战争的消息传到日本之后，当时的日本作家、学者立即根据这些消息，编撰了不少描述鸦片战争的作品，其反应之快，令人吃惊。

笔者在北京大学图书馆看到了两部非常珍贵的日本江户时代描写鸦片战争的作品。一部名叫《海外新话》，共五卷，1849 年（日本嘉永二年）出版。作者署名枫江钓人，即岭田枫江的笔名。正文之前有作者所写的序诗："巨炮震天坚城摧，夷船进港汉军走。……哀哉百万讲和金，往买夷酋一朝咲。唯我神州（指日本）屹海东，四沿青涵苍波中。"在诗的最后，岭田枫江点明了写作此书的宗旨："天赐前鉴非无意，婆心记事亦微衷。呜呼！海国要务在知彼，预备严整恃有待。"[①] 可见，他写作这部书的目的是要日本政府和人民，吸取鸦片战争的教训，加强海防，防御外来侵略。

据《海外新话》例言所述，作者写作此书主要参考了《夷匪犯境录》，收集"南北诸省将士奏议策论及战斗目击记，编为杂集，依年月日时次序"。然后"又据《侵犯事略》，犹又谬误者，就他书改正之"。此外，还"从《经世文编》、《隐忧录》、《乍浦集咏》、《圣武记》等书，增添资料数件，并订正脱误"。看来，岭田枫江确实下了一番功夫，收集了比较丰富的资料。为了满足日本各阶层读者的要求，作者采取了当时日本民间流行的军谈小说（描写战争的章回小说）的体裁，语言也尽量通俗易懂。他说："行文的体裁，如《盛衰记》、《太平记》等运用皇国（日本）古来军籍中的套语，使童蒙之士，一读易记。"

《海外新话》的卷首有《英吉利记略》，介绍英国的地理、历史、

① ［日］枫江钓人：《海外新话》序诗，北京大学图书馆藏书。

现状，其中指出英国乃世界强国，“海防志士决不可以西洋僻境之夷人而蔑视”；有《坤舆略图》，即世界地图，图上英国属地都用红色标志；还有《清国沿海略图》，也用红色标出英军侵犯过的中国府县。此外，还收有《英将戎装图》《步卒戎装图》《英国军舰图》《蒸汽船图》等。书中并附有虎门销烟、定海血战、陈化成战死、南京议和等题材的插图。正文第一卷以“鸦片烟毒附黄爵滋上书事”开始，最后第五卷以“两军和睦事附和约条目”结束。值得注意的是，书中较详细地描写了林则徐广东禁烟的经过以及广东、定海、镇海、乍浦、吴淞、镇江等地抗战的场面，特别赞扬江南提督、老将陈化成保卫吴淞口是“疾风知劲草”。作者描写陈化成身先士卒，在枪林弹雨中浴血奋战，最后壮烈牺牲，“面色犹如生时”。

《海外新话》这部描述中国鸦片战争的作品，由于没有得到幕府的许可而私自出版，竟被幕府毁版并列为禁书。作者岭田枫江也遭到迫害，被处以禁锢之刑，入狱二年，出狱后还受到三年之内不准在江户（东京）、京都、大阪三地居住的处罚。甚至连为《海外新话》插图的画师也受株连，被捕后死于狱中。

北京大学图书馆收藏的另一部作品名叫《海外新话拾遗》，顾名思义是补充《海外新话》的。也是1849年（嘉永二年）出版，作者署名种菜翁，不知其真实姓名，此书也是五卷五册。作者在例言中声称：“枫江岭田氏著《海外新话》，记载之事，全凭《夷匪犯境录》、《侵犯事略》，因其遗脱大小事件，故拾收编此。”“此编的体裁全同新话，与新话所载事件重复雷同者则省略。”①

《海外新话拾遗》卷首附有《定海县全图》以及各种大小炮的图说。全书以卷一“英将义律窥清国情势事”开端，以卷五“五所交易馆之事”（即开放五口）结束。它与《海外新话》相比，增加了达洪阿台湾抗英、广东九十余乡村民愤而起兵（即三元里抗英斗争）等内容，还收录了三元里人民的抗英揭帖。书中把那些风说书中误传

---

① ［日］种菜翁：《海外新话拾遗》例言，北京大学图书馆藏书。

的英王之女被擒之事大加渲染。作者写道：英军中有一位女将勇猛异常，“神变万化，轻如蝴蝶逐花、风吹红叶”。后来在余姚县被俘，发现她原来竟是老英王的三公主、当今英国女王的妹妹。

这个故事在其他以鸦片战争为题材的日本小说中也有出现。如醉梦痴人写的《海外余话》，也是五卷，1851 年（嘉永四年）刊，1855 年（安政二年）又加上插图重刊，改名为《海外实录》。此书说这位英国女将是英军总司令。她自称：“我乃大西洋英吉利国帝之二女阿岱，这次奉命讨伐广东所犯罪逆”，情节越编越离奇了。书的最后写阿岱与义律都被林则徐生擒，由道光皇帝特赦回国。结尾还杜撰英国“感恩道光帝，愿永为清国属国，年年进贡，宣扬汉士威风”。[①] 作者居然不顾历史事实，捏造了一个英国最终屈服于中国的结局，这大概是出于日本文人“攘夷”的愿望，并迎合幕府锁国政策和读者的心理吧。

另一部名为《清英近世谈》的小说于 1850 年（嘉永三年）出版，亦五卷，早野惠著。书中则说所谓的英王妹是被守卫吴淞口的老将陈化成所俘获。

以上大多为军谈读物小说，富有浓厚的文学色彩。至于当时比较尊重事实并注意总结鸦片战争经验教训的历史著作则有斋藤竹堂的《鸦片始末》。斋藤竹堂是幕末日本著名的历史学家，日本第一部世界史《蕃史》的作者。《鸦片始末》一书是他在 1843 年（天保十四年）29 岁时所作。主要根据《阿片风说书》等资料，叙述了鸦片战争从爆发到结束的历史，并加以自己的评论。地理学家斋藤正谦在为此书写的跋语中，称赞它“叙事简括，胜过读汉、兰风说书，评论尤为剀切”。1844 年（弘化元年）9 月，著名思想家佐久间象山读后也推崇此书是“知彼与兵备之良书”[②]。

另一部根据风说书写成的历史著作是佐藤信渊的《海陆战防录》。

---

① ［日］增田涉：《西学东渐与中国事情》，东京：岩波书店 1979 年版，第 99 页。

② ［日］增田涉：《西学东渐与中国事情》，东京：岩波书店 1979 年版，第 69 页。

这部书从1837年英人向中国走私鸦片二万七千箱写起，叙述了林则徐赴广东禁烟，虎门销烟，英国舰队进攻广东、浙江、江苏，以及各地的战斗情况，最后写到1842年《南京条约》签订为止。作者在书中表达了对英国侵略者的谴责和对中国军民反侵略斗争的同情，如揭露英军在定海“乱入奸淫，毁坟抢粮”的暴行，歌颂广州北郊村民（即三元里人民）大败英军的事迹。作者还热情赞颂为保卫祖国而壮烈牺牲的中国爱国将领，在提到陈化成时写道：“英人闻其威名，不敢妄近上海。故英人有不怕江南百万兵，只怕吴淞陈化成的话。”①

日本记载鸦片战争的书籍，还有长山贯的《清英战纪》，写本四册。卷首有1848年（嘉永元年）朝川同斋所作的序，序中说：“长山甫著《清英战纪》，记阿片战争缘由，并成三卷，使读者了解彼国忠臣义士之节，奸吏脏竖之罪和英夷桀黠之情，以便警醒戒惧。”作者在1849年（嘉永二年）写的自序中指出：“彼（英国）已并香港，盘踞广州、厦门、宁波、福州、上海的港口。予读西书知彼贪婪，起初卑辞恳求通商，进而筑城置兵，以求一逞。吞并南海诸国即用此策。”他提醒日本政府要提高警惕、加强海防，认为“清国目前讲和不过暂塞凶食，将来结果如何？恐怕其凶焰难止吧！”长山贯还说：“我看到《侵犯》（即《侵犯事略》）及《犯境》（即《夷匪犯境闻见录》）等书，记录清国边患概略。但只是一时官方文书、时人谈话、自家所见，故叙次混淆难辨，所以以年月顺序叙述，书以国字（即日本文字）。”书中附有《火轮船图》《沿海图》《定海县图》等彩色插图。东条琴台在卷末的跋中谈道：“友人长山甫尝修远西横文之学（即西学），熟识清夷情态，故托庚子清英战争之言，评论其得失。”他认为：“当前向诸员众司咨访防海之策，然知者不言，言者不知，仍是懵懵懂懂，脚踏实地之议很少。”② 因此，有必要认真研究和吸取中国鸦片战争的经验教训。

---

① ［日］佐藤信渊：《海陆战防录》，见《海舟全集》第二卷，第433—445页。

② ［日］增田涉：《西学东渐与中国事情》，东京：岩波书店1979年版，第108—109页。

这些由日本作者用日文写作的关于鸦片战争的历史著作和文学小说，使日本上自幕府官员、诸侯、各级武士，下至普通民众，广泛了解中国发生的鸦片战争，并从中得到启发，吸取教训。这些作品大多是在鸦片战争后几年之内出版的，反映了日本人对这场战争反应之快，也说明了鸦片战争给予日本多么巨大的冲击和影响。

四 天赐前鉴
——日本人对鸦片战争的认识

19 世纪中叶，中国和日本都遭到了西方资本主义列强的侵略，面临着沦为殖民地半殖民地的危险；同时，国内也都存在严重的社会危机。两国的外敌相同，处境相似。因此，日本人把鸦片战争看作“天赐前鉴”，希望从中吸取教训。

在江户时代末期当过幕臣、明治初年担任海军大臣的胜海舟，编了一部《开国起原》，收录了日本幕末开国时期的各种文件资料。其中，也汇集了有关中国鸦片战争与太平天国的资料，题为《中国骚乱之概况》。胜海舟在按语中特别强调中国发生的事情与日本的关系。他指出：“邻国之事也是我国之鉴。欧洲的势焰渐入东洋，有剥林以肤之诫。识者寒心，岂其梗概。况且外人来我邦和交，常以此事为口实，以资劝诱。因此关系实大，故搜录一斑。”[①]

当鸦片战争的消息传到日本之后，当时幕府总理政务的老中[②]水野忠邦立即认识到：鸦片战争“虽为外国之事，但足为我国之戒”。[③]

中国的鸦片战争在日本社会引起了广泛的震动。

首先，中英鸦片战争的炮声向沉眠于锁国睡梦中的日本敲响了警

① ［日］胜海舟：《海舟全集》第二卷（上），第 433 页。

② 老中是幕府将军以下最高级官员，定制 4—5 名，由 25000 石以上的谱代大名，即关原之战以前臣属于德川氏的诸侯充任。

③ ［日］信夫清三郎：《日本政治史》第一卷，第 178 页。

钟。鸦片战争的巨大冲击波震荡了日本，引起了日本各界人士的忧虑与警惕，产生了紧迫的危机感。

水户藩主德川齐昭原来还以为“清国无论如何乃一重要之大国，夷狄不敢轻易问津”。当他听到鸦片战争的消息后，十分震惊。他说：“最近谣传清国战争，人心浮动，如果确有其事，则任何事情，均可置诸不问，唯有全心全意致力武备耳。鉴于清国战争情况，急应公布天下，推延日光参拜，以日光参拜经费为武备之用。”①

鸦片战争后，日向国佐士岛津忠宽在向幕府上书时，也忧心忡忡地说道：“今清国大乱，难保何时波及日本！”②

常言道：前车之覆，后车之鉴。听到鸦片战争的消息后，日本幕府官员，各地诸侯大名、儒者、武士，纷纷提出要以中国鸦片战争作为日本的“前车之鉴”。

1853 年（嘉永六年）7 月 10 日，水户藩主德川齐昭就海防问题向幕府上书，指出：“近来清朝鸦片烟之乱，乃前车之覆辙。”③ 同年 8 月，幕臣山本元七郎向老中上书认为：“近来之事，特别是清国鸦片烟之乱，应以为戒。”④

1854 年（安政元年）秋天，山田方谷在奉命巡视山阳一带海防时，写了这样一首诗：“勿恃内海多礁砂，支那（中国）倾覆是前车。浙江一带唯流水，巨舰溯来欧罗巴。”⑤ 诗中警告日本政府不要单纯依仗海疆天险。从中国浙江到日本的海路相通，欧洲的巨舰一下子就能到达日本，中国鸦片战争的失败就是前车之鉴。

中国古书《易经》中有言道：“履霜坚冰至”，意谓踏着薄霜就应该想到寒冬将至。日本人士也常引用这句话来表示看到中国发生鸦片战争，就该考虑日本有遭受侵略的危险。斋藤竹堂在一首诗中写

---

① 《水府公献策》卷下，引自［日］小岛晋治《太平天国革命的历史和思想》，第 292—293 页。

② 《大日本古文书》（幕末外国关系文书之一），第 846 页。

③ 《大日本古文书》（幕末外国关系文书之一），第 511 页。

④ 《大日本古文书》（幕末外国关系文书之一），第 774 页。

⑤ 东京大学史学会编：《明治维新史研究》，东京：富山房 1930 年版，第 439 页。

道："休言胜败属秦越，自古边筹戒履霜。"[①] 狩野深藏写了一本关于鸦片战争的著作，书名就题为《履霜录》，他惊呼："易曰履霜坚冰至，今则已履霜矣！"[②] 盐谷宕阴在《阿芙蓉汇闻序》中也指出："今观满清鸦片之祸，其由不戒于履霜矣！"还说，"西海之烟氛，又庸知不其为东海之霜也哉"[③]。

不但日本人以鸦片战争为警钟，连外国人也用鸦片战争来警告日本。1844 年（弘化元年），荷兰海军上校科普斯率军舰"帕兰邦号"驶入长崎港。他给日本幕府带来了荷兰国王威廉二世的亲笔信，信中提醒日本注意"近来英国国王向中华帝国出兵而发生激战的情况"，并警告日本政府如果仍拘泥于锁国之旧习，必将蹈中国的覆辙，"贵国今亦将罹此种灾害"[④]，以此敦促日本迅速开国。

日本统治阶级在中国鸦片战争的影响之下，大梦初醒，开始认真考虑加强海防、抵御外敌的对策。

其次，日本人士进一步分析总结鸦片战争中国失败的原因，吸取其教训。

中国过去在日本人眼里是十分值得崇拜的文明礼仪之邦、堂堂的中华大国，可是这一次竟然被一个以前视为西方"夷狄小国"的英国所打败，这难道还不值得深思吗？著名的维新思想家佐久间象山曾经这样质问国内拒绝学习西方先进技术的保守派："西洋各国精研学术，国力强盛，就是周公孔子之国（指中国），都被它们掠夺，你想这是什么缘故？"[⑤]

当时日本人士纷纷从各种角度来总结中国战败的原因。他们认为清政府政治腐败、武备不修，是失败的主要原因。狩野深藏在《三策》中写道："宋钦宗、清宣宗（即道光帝）请和纳贿，优柔不断，

---

① 东京大学史学会编：《明治维新史研究》，第 439 页。

② 东京大学史学会编：《明治维新史研究》，第 437 页。

③ ［日］盐谷宕阴：《宕阴存稿》卷四。

④ ［日］信夫清三郎：《日本政治史》第一卷，第 188 页。

⑤ ［日］井上清：《日本现代史》第一卷，第 218 页。

以取祸败。彼孰不以讲武备也令天下，顾唯名而无实，是以怠惰委靡，终以不振矣。”①

他们进一步认识到，由于中国封建统治者妄自尊大、闭目塞听，既不学习外国的先进技术，又不了解世界形势，甚至仍然把西方各国当作昔日的夷狄加以轻视，结果才遭到惨败。1844 年（弘化元年）6 月，斋藤正谦在谈到中国战败原因时指出：“清国自称华夏，把外国视为禽兽。然而这些国家，机智敏捷，机器出色。清国却没有任何防备。外国乘船海上纵横，清国反受他们凌辱。”②

1860 年（万延元年），横井小楠在《国是三论》中批评清朝统治者“开国以来百数十年，至道光咸丰，升平已久，骄傲文弱。不知海外各国已开智、施仁、崇义、国富、兵强，仍把各国当作昔日的夷狄，如禽兽般蔑视。以至道光末年鸦片之乱为英国所挫”。③ 杉田成卿在《地学正宗》序文中也说：“近岁，满清夷视英吉利，而不察其技巧之所有，率然结兵，屡取败衄，非鉴戒乎？”④

日本学者认为中国的儒学，只讲究钻牛角尖的烦琐考据，作空洞无物的八股文，脱离实际，不能为反侵略斗争服务。1842 年（天保十三年），佐久间象山尖锐地指出：“清儒虽然学问考证精密，但毕竟是纸上空谈，没多大实用。”⑤

日本人士还认为中国武器和军事技术的落后，也是失败的重要原因之一。高岛秋帆在向长崎奉行提出的建议书中谈到，英国比中国土地狭小，而胆敢来侵袭，并且大败中国，主要是由于中国不修武备、武器劣弱，尤其是炮术的落后。因此，他竭力主张学习西洋炮术。

盐谷宕阴在《阿芙蓉汇闻序》中有一段揭露中国封建统治者不悉外情、盲目自大的文字，颇为深刻。他指出：“其一，汉人动辄曰：

---

① ［日］东京大学史学会编：《明治维新史研究》，第 437 页。

② ［日］藤间生大：《近代东亚世界的形成》，第 60 页。

③ ［日］藤间生大：《近代东亚世界的形成》，第 61 页。

④ ［日］东京大学史学会编：《明治维新史研究》，第 436 页。

⑤ ［日］小西周郎：《阿片战争对我国的影响》，《驹泽史学》第 2 号。

夷狄禽兽，心在贪货，无他虑也。而不知禽兽有知其深情不可测也。”其二，“曰夷阳为桀骜不驯，外强而中干，恃天朝之怀柔而然，非必悍然无畏也。而不知其实轻而侮之也”。其三，“曰西洋去中国六七万里，不必来寇也。而不知其床箦波涛，与属洲在比邻也”。其四，“曰夷虽长火攻，中国有仁义节制之师。而不知其仁义节制与昔异也”。其五，“曰彼客我主，我岸彼船，以逸待劳，奚能当我。而不知坚艅如山，汉奸如蝇，似劳实逸，虽客犹主也”。[①] 此确实一针见血地击中了虚骄自大的清朝统治者的要害。

盐谷宕阴还指出：中国并不是没有勇智之士和筹策之臣，只是由于清政府的腐败，“虽有良策，断之不明，行之不速”。即使“知西洋器艺之精”，然而“或惜财而弗造，或惮劳而弗习”。官吏不负责任，“边吏诿过于宰辅，宰辅诿咎于边吏，上下相蒙，唯利之视”。而且将领克扣军饷，“有司吝出纳，省粮饷，以致士卒不振”。鸦片战争前夕的中国，“非无策可以购舶建船，而东南数千里，未尝备战舰一只”。由此可见，清廷之“满朝聩聩”。在这样腐败的统治下，“则虽人有韩岳，书有韬略，亦莫如之何！”[②] 对清政府的腐朽揭露剖析得入木三分。

日本有识之士吸取中国鸦片战争失败的教训，结合日本当时的状况，纷纷提出了学习西方、加强海防、改革内政的主张和建议。

1858 年（安政五年），幕府老中堀田正睦在与熊本藩世子细川庆顺谈话中说：“中国拘泥于古法，日本应在未败前学到西洋之法。”[③] 这反映日本统治阶层中一些头脑比较清醒敏锐的人士已经从中国鸦片战争失败的教训中认识到，日本要想避免重蹈中国的覆辙，就必须学习“西洋之法”进行变法改革。不少幕臣、藩士也上书主张以鸦片战争为鉴，变通祖法，进行改革。

早在 1842 年（天保十三年）11 月，佐久间象山就提出了关于加

① ［日］盐谷宕阴：《阿芙蓉汇闻序》，《宕阴存稿》卷四。
② ［日］盐谷宕阴：《翻刊海国图志序》，《宕阴存稿》卷四。
③ ［日］藤间生大：《近代东亚世界的形成》，第 60 页。

强日本海防的意见书，即《海防八策》。他指出西方列强在侵略中国以后很可能也要来侵犯日本，强迫日本签订像《南京条约》那样屈辱的城下之盟。因此，他主张以铸大炮、造军舰、兴海军，为当前“最大之急务”。他在《省諐录》中还强调“不令外夷开易侮之心，是防御之至要也”。[①]“海防之要，在炮与舰，而炮最居首。”[②] 佐久间象山还批评日本保守的儒者：“吾邦儒者，误读孟子，不审天下之形势，不察万国之情状。兵力萎苶而不知奋也，械器滥恶而不知精也。外蕃改铳炮、变兵法，而我不肯讲矣。造火轮、革城制，而我不肯效矣。曰何以炮舰技巧为哉，亦有仁义而已矣。是犹治病虚者，而不知所以补之，几何其不杀人也。”因此，日本若遭到西方欺凌，“吾恐世之儒者，终亦不能逃其罪也”。[③] 他还主张改革兵制，指出“今之当将帅之任者，非公侯贵人，即膏粱氏族。平日以饮酒歌舞为娱，不知兵谋师律为何事。一日有国家之急，谁能为军士之所服，而遏敌人之冲突？”[④] 因而，他建议采用西洋制度改革兵制并组织义兵。

精通西洋炮术的高岛秋帆是最早从鸦片战争冲击中吸取教训，主张加强海防的。他在1840年秋天，就通过长崎奉行向幕府提交改进炮术以加强武备的意见书。他认为日本“诸炮家之炮术，乃西洋已经废弃之数百年前迟钝之术，成为无稽之华法”，从而强调“防御蛮夷而熟悉其术，乃至关紧要之事”。[⑤] 高岛的观点在幕府官员中引起了广泛的争论，保守派官员鸟居耀藏反对他的意见，认为鸦片战争中国战败，“未必仅由枪炮之利钝所致”，仍坚持依靠“以日汉之智谋而获胜之兵法”，并攻击高岛的主张是兰学者之流“好奇之病”，担心采用西洋炮术会引起“平日风俗习尚”的变革。而改革派官员江川英龙则支持高岛的观点，指出现在日本和中国兵器中已经采用的步枪就是由西方传

---

① ［日］佐久间象山：《省諐录》，东京：岩波书店1944年版，第93页。
② ［日］佐久间象山：《省諐录》，第98页。
③ ［日］佐久间象山：《省諐录》，第93页。
④ ［日］佐久间象山：《省諐录》，第93页。
⑤ ［日］信夫清三郎：《日本政治史》第一卷，第165页。

来的，不能称为好奇。“所谓智谋者，乃常以知己知彼等名言铭记于心，届时而智谋出。如对抗英吉利人，乃与风习及行军用兵之法均不相同之国家对战，如不知彼情，又安能有何等智谋耶?”他强调说：“中国兵败之情由，窃以为亦由此种空论而折致也。”①

日本的武士们还从鸦片战争中了解英国的侵略伎俩。广濑旭庄说：“清国之乱虽甚，然视俄罗斯、英吉利掠取其地之策，亦可明其取我邦之地之伎俩也。唯我邦一向有备，见清之被侮，更应慎矣。”②佐藤信渊编写《海陆战防录》也是这个目的，他说，“本邦人和西洋夷无战，难得其议。然天保十一年，清国数十度之战，皆大败，不能与其对阵，最终割地、赔款、求和。因此，特地记录清英水陆几十仗的战法并加评论”。③ 可见，他撰写这部书，是为从鸦片战争中英屡次交战中总结经验教训，以备日本与西方列强发生战争时参考。

综上所述，鸦片战争失败的经验教训，为以后日本处理对外关系和开国问题提供了借鉴，更重要的是，促使日本的有识之士提出了维新改革的要求。

五　有用之书
——《海国图志》等书对日本的影响

1840年鸦片战争的炮声像晴空霹雳，打破了中国封建统治阶级的迷梦。可是，清朝统治集团对西方侵略者却“实不知其来历”。道光皇帝临时抱佛脚，急忙打听对手英国“究竟该国地方周围几许？所属国共有若干？其最为强大不受该国统属者，共有若干？又英吉利至回疆各部，有无旱路可通？平素有无往来？俄罗斯是否接壤？有无贸易相

① ［日］信夫清三郎：《日本政治史》第一卷，第165—166页。

② ［日］广濑旭庄：《九桂草堂随笔》卷六，引自《明治维新史研究》，第436页。

③ ［日］佐藤信渊：《防海余论目录》，引自［日］增田涉《西学东渐与中国事情》，第87页。

通?”① 鸦片战争中国战败以至丧权辱国的结局，说明了对世界形势愚昧无知的可悲。正如姚莹所指出：“英吉利、法兰西、美利坚，皆在西洋之极，去中国五万里，中国地利人事，彼日夕探习者已数十年，无不知之，而吾中国曾无一人焉留心海外事者，不待兵革之交，而胜负之数已较然矣。”②

受到鸦片战争的刺激，中国知识分子中间一批爱国开明的有识之士，开始睁眼看世界，了解国际形势，研究外国史地，总结鸦片战争失败的教训，寻找救国的道路和抵御外敌的方法。他们认为这些是“凡有血气者所宜愤悱，凡有耳目心知者所宜讲画者”。③ 鸦片战争及战后闭关大门的开放，也使他们能够通过搜集传入的外国报刊、书籍和地图，以及战争中审问外国俘虏和通过向外国商人、传教士直接了解世界形势等方式，获得了很多西洋知识。

在这种背景下，中国近代出现了第一批介绍和研究世界历史、地理和现状的著作，其中最早的一部是林则徐的《四洲志》。林则徐是当时领导禁烟抗英斗争的民族英雄，又十分关心世界大势，堪称“近代中国睁眼看世界的第一人”。他在广东任钦差大臣主持禁烟之际，就组织人翻译西文书籍、报刊。《四洲志》便是他在 1841 年（道光二十一年）组织翻译英国人慕瑞的《世界地理大全》，并亲自进行文字修饰、编辑而成的。书中叙述了世界五大洲三十多个国家的地理、历史，是中国近代第一部比较系统地介绍世界地理的书籍。不过，此书基本上还只能算作一部译著。

1841 年 6 月，林则徐被革职流放北上途中，经过镇江，会见了好友魏源。两人同宿一室，彻夜对榻长谈。林则徐将自己在广州组织人搜集、翻译的一些外国资料和《四洲志》的手稿，都交给了魏源，嘱托他进一步研究外国史地，编撰一部新书。魏源受托后立即动手，埋头著述，除了引用《四洲志》的全文外，还征引了历代史志十四

① 《筹办夷务始末》道光朝卷四十七，第 18 页。

② 姚莹：《东溟文后集》卷八。

③ （清）魏源：《海国图志百卷本序》，北京大学图书馆藏书。

种、中外古今名家著述七十多种，以及各种奏折三十多件和一些亲自调查了解来的材料。终于在1843年1月（道光二十二年十二月），编成《海国图志》五十卷，共五十七万字，另有地图二十三幅，洋炮图式八页。以后，魏源又陆续加以修订增补，1847年（道光二十七年）补充为六十卷，1852年（咸丰二年）又增加到一百卷。百卷本全书约八十八万字，并有各种地图七十五幅，西洋船炮器艺等图式四十二页。其内容除了包括五大洲几十个国家的历史地理以外，还有总结鸦片战争经验教训、论述海防战略战术的"筹海篇"四卷，以及"夷情备采"三卷和关于仿造西洋船炮以及介绍西方科学技术等方面的论述、图说十多卷。这是近代中国人自己编撰的关于世界史地的第一部重要著作，也是当时一部内容最丰富的有关世界知识和海防的百科全书。此外，魏源还著有记述清代历次战争的《圣武记》等书。

当时，比较系统、扼要介绍世界地理的著作，还有福建巡抚徐继畬编著的《瀛寰志略》十卷。此书于1848年（道光二十八年）写成，1850年（道光三十年）刊行。作者荟萃采择中西著作，"依图立说，采诸书之可信者，衍之为篇"，并亲自向外国人调查研究，"每晤西人，辄披册子考证之"。[①] 另外，还有一些专门介绍英国或美国史地的著作，如陈逢衡的《英咭利纪略》，1841年（道光二十一年）刊，书中利用了英国俘虏安突德的供词与图说。汪文泰的《红毛蕃英咭利考略》，1842年（道光二十二年）刊，乃钞辑各书有关记载而成。梁廷枏的《兰仑偶说》是关于英国史地的，兰仑即指伦敦；他的《合省图说》则是关于美国史地的。

鸦片战争的冲击和欧美国家的不断觊觎骚扰，使日本朝野迫切要求了解世界形势。可是，当时日本人掌握的国际知识很有限，翻译西文著作又比较困难。于是，这一批中国人编著的关于世界史地的汉文著作传到日本后，便成了日本人了解世界的重要启蒙读物，特别是魏源的《海国图志》一书，在日本产生了极其深远的影响。

---

① （清）徐继畬：《瀛寰志略自序》。

《海国图志》等书是怎样传入日本的呢？根据江户时代书籍输入原账上的记录，最早是1851年（日本嘉永四年）中国二号商船带去了三部《海国图志》，价格是每部一百三十目（目与匁都是日本江户时代银货币单位，价值相当于金币一两的六十分之一）。但是由于发现书中有涉及天主教的违禁文字，根据天保镇压西学令，要交奉行所处理。后来这三部书的下落是：两部由官方御文库和学问所征用，另一部被关心世界形势的幕府老中牧野忠雅买去。第二年，中国商船又带去一部《海国图志》，账上记载由长崎会所保存。1854年（嘉永七年）9月，中国商人陶梅带去《海国图志》十二部，另一位商人姚洪也带去三部，价格则提高到了每部一百八十目。这十五部《海国图志》被官方征用七部，在市场上出售八部。到1859年（安政六年），由于《海国图志》在日本市场上供不应求，价格已经上涨到了四百三十六匁一部。①

魏源的《圣武记》传入日本更早。1844年（弘化元年）已由中国商船带进一部，售价二十五匁，结果被老中阿部正弘买去。1845年（弘化二年）又输入一部，为老中牧野忠雅所购。1846年（弘化三年）中国商船带来三部，分别被老中青山忠良、户田忠温等买去。这样，作为当时幕府高级官员的四位老中都有了《圣武记》。1848年（嘉永元年）又输入八部，在市场上出售，价格提高到每部三十五匁，1859年（安政六年）价格已高达每部一百六十匁三分。②

徐继畬《瀛寰志略》的传入见1859年（安政六年）的书帐。那年中国商船带去三部，价格是五十匁九分一部。③

《海国图志》等书传入日本以后，很快就受到日本有识之士的重视和欢迎，纷纷加以翻译、训解、评论、刊印，一时在日本出现了很多种翻刻本（按原文翻印）、训点本（在汉文上下旁边加上训读符号或假名）及和解本（日文译本）。之所以出现这种现象，首先是由于

① ［日］大庭修：《江户时代唐书持渡书研究》，第565—568、570、575、646页。

② ［日］大庭修：《江户时代的日中秘话》，第243页。

③ ［日］大庭修：《江户时代唐书持渡书研究》，第649页。

这些书的输入量有限，而且多数被政府机构和官员征用或买走，民间很难见到。日本文人赖醇在《海国图志训译序》中指出："独憾其舶载不过十数部，故海内希睹其书焉。"① 学者横山湖山也说："见近时夷情，思御侮之略，而《海国图志》一书，舶载极少，深藏秘府，人不易见。"② 因此，广大日本民间人士迫切希望通过翻印，大量传播，以满足民众渴望读到这些著作的要求。其次，对于一般日本人来说，汉文仍然不太好懂，因此需要加以训点或翻译，以助于广大官员及民众阅读流传。学者正木笃在《澳门月报和解》自序中就曾说明，他从事翻译是为了"让武卫国吏以国文（日文）阅读比兰文（荷兰文）、汉文更容易理解"③。最后，日本人认为《海国图志》虽十分有用，但全书卷数太多，于是便纷纷根据自己的观点和形势的需要，摘其精华或有关部分，进行翻印、训印，编成选本，并加以序跋，以抒发读后的感想和进行评论。

《海国图志》的六十卷本自 1847 年出版后，1851 年传入日本；增补百卷本 1852 年才出版，1854 年即传入日本。据统计，仅从 1854 年至 1856 年间，日本刊印《海国图志》的各种版本就已经有二十余种之多，速度之快是惊人的。

1854 年（日本嘉永七年，同年底改元为安政元年），日本出版了由幕末著名学者盐谷宕阴和箕作阮甫训点的《翻刊海国图志》，二卷二册。其内容主要是"筹海篇"（包括议守、议战与议款）。这部书为什么会出得这么快呢？盐谷宕阴在序言中说明："此书为客岁清商所舶载，左卫门尉川路君（即幕府负责海防外交的官员川路圣谟）获之，谓其有用之书也，命亟翻刊。原刻不甚精，颇多讹字，使予校之。其土地品物名称，则津山箕作庠西注洋音于行间。"④ 可见，日本人士是把《海国图志》作为一部对日本了解世界形势和加强海防

① ［日］鲇泽信太郎：《锁国时代日本人的海外知识》，第 138 页。

② ［日］鲇泽信太郎：《锁国时代日本人的海外知识》，第 145 页。

③ ［日］鲇泽信太郎：《锁国时代日本人的海外知识》，第 146 页。

④ ［日］盐谷宕阴：《宕阴存稿》卷四。

极其有用之书，急于加以翻刻训点的；而首先刊印其中总结鸦片战争经验、论述海防策略的“筹海篇”，也正是这个缘故。

1854 年还出了一种《澳门月报和解》，一卷一册，由正木笃翻译。内容是《海国图志》中收录林则徐组织翻译澳门的西文报刊所编的“夷情备采”部分，其中包括论汉土、论茶叶、论禁烟、论用兵、论各国夷情等篇。另一种同年由大槻祯译的《海国图志·夷情备采》，与上述《澳门月报和解》内容差不多。

由于当时美国与日本交涉较多，尤其是 1853 年、1854 年两年。美国培理舰队两次远征日本，并迫使日本签订了《日美神奈川条约》，因此，日本人迫切希望了解美国的历史、地理。而《海国图志》中的美国部分就成了他们的重要参考资料。仅 1854 年，翻刻、译解《海国图志》美国部分不同名目的选本，就有八种之多。有一种名叫《海国图志墨加洲部》，共八卷六册，翻刻者是中山传右卫六。另有一套三种是由学者广濑达所译，包括《亚米利加总记》，一卷一册；《续亚米利加总记》，二卷二册；《亚米利加总记后编》，三卷三册。此外，正木笃也译了两种，即《美理哥国总记和解》（有一册本与三册本）和《墨利加洲沿革总记补辑和解》。其他还有署名“皇国隐士”所译的两种：一种叫《新国图志通解》，四册，也是《海国图志》的美洲部分，“新国”即美洲新大陆之意。书中把原著里的中国年号改为日本年号，固有名词都用日本假名，以便日本读者阅读。另一种叫《西洋新墨志》，四卷二册，内容与正木笃译的《墨利加洲沿革总记补辑和解》大体类似，也改成日本年号，并配有“西洋五层大军舰图”等十一幅插图。

除了美国之外，当时与日本经常发生交涉的还有英、俄等国。因此，1854 年日本也翻译了《海国图志》中有关英国、俄国史地的部分。关于英国，一种是正木笃译的《英吉利国总记和解》，一卷一册。译者在序中指出：“俄美虽类虎狼，而英国更强悍狡黠”①，因此

① ［日］鲇泽信太郎：《锁国时代日本人的海外知识》，第 147 页。

也必须提防。另一种是小野元济的《英吉利广述》，二卷二册。关于俄国的则有大槻祯译的《海国图志·俄罗斯总记》，一卷一册。译者在序中指出："俄罗斯在坤舆之中，可称雄大之邦，而北方与我蝦夷仅隔一衣带水，但对其形势情状不详。"魏源的《海国图志》令人"读之启发甚多，可惜武夫俗吏不能遽解"，因此翻译过来，可以"有补于海防之万一"。①

1855年（安政二年），又有五种《海国图志》的翻刻、翻译本问世。

服部静远训译的《海国图志训译》，分上、下两册，主要包括原著中有关炮台、武器、火药、攻船水雷图说等部分。服部静远在凡例中自夸他所训译的部分，"敢云乃《海国图志》中的拔萃"。②

南洋悌谦的《海国图志筹海篇译解》，三卷三册，基本上就是1854年盐谷、箕作的《翻刊海国图志》日文译本。

盐谷与箕作又翻刻了一部《翻刊海国图志俄罗斯国》，二卷二册。盐谷宕阴在《再书俄罗斯图志后》一文中指出"讲究边防，最虑鄂虏（俄国），与我接壤，大我数十倍，为患最深"。③

关于法国的有大槻祯翻译的《海国图志·佛兰西总记》，一卷二册。

盐谷和箕作的《翻刊海国图志普鲁社国》，一卷一册，是江户时代唯一的一部关于德国史地的书籍。

1856年（安政三年），又有两种《海国图志》的翻刻本出版。一种是盐谷、箕作翻刻的《翻刊海国图志英吉利国》，三卷三册。盐谷宕阴在《题英吉利图志》中指出："清之与英，尝有鸦片烟事（即鸦片战争），故魏氏纂是编于英夷特详。"他还认为："清人畏英夷如虎，然余所观之，英吉利不久将衰亡。"④

---

① ［日］鲇泽信太郎：《锁国时代日本人的海外知识》，第149页。
② ［日］鲇泽信太郎：《锁国时代日本人的海外知识》，第152页。
③ ［日］鲇泽信太郎：《锁国时代日本人的海外知识》，第146页。
④ ［日］鲇泽信太郎：《锁国时代日本人的海外知识》，第142页。

另一种是关于印度的，即赖子春翻刻的《海国图志·印度国部附夷情备采》，共三卷三册。为什么要翻刻印度部分呢？赖子春认为印度的地理位置很重要，“亦可谓五大洲之枢纽”。书中还附有“东南洋各国沿革图”“西南洋五印度沿革图”“小西洋利未亚洲沿革图”“大西洋欧罗巴各国沿革图”等四幅地图。另外，作为此书附录的“夷情备采”部分中收录了以前各书未录的“华事夷言”“贸易通志”“译出夷律”等内容。

综上所述，仅仅1854年到1856年这三年之内，日本出版的《海国图志》的选刻选译本，就有二十一种。其中翻刻训点本有六种，日译本有十五种。按内容分，关于筹海篇、夷情备采、武器造船等方面的有五种，关于美国的有八种，关于英国的有三种，关于俄国的有两种，关于法国、德国、印度的各有一种，从中也反映出当时日本人对世界各国的不同关心程度。一部著作在出版后短短几年内，在另一个国家竟然就出现这么多种版本的译本，这恐怕在世界出版史上也是罕见的。

魏源的另一部名著《圣武记》在日本翻刻得更早。1850年（嘉永三年）就有鹫津毅堂训点的《圣武记采要》，有上、中、下三册，夕阳楼藏梓。内容主要包括《圣武记》“武事余记”中的议武五篇，即城守篇、水守篇、防苗篇、军政篇、军储篇。鹫津在序中说明翻刻此书的目的，也是总结中国鸦片战争的经验教训。他说：“我从一权贵家借览《圣武记》，凡十四卷，清人魏源撰述。盖道光壬寅鸦片之变，魏源亲身遭遇。清国军政得失，英夷侵入情况，亲耳所及，了解详细，海防之策很善。我抄下付梓，题为《圣武记采要》。”① 这部书由于出版时没有得到幕府的许可，被命令绝版，鹫津毅堂也被迫从江户逃到房州避祸。

同年的另一种翻刻本是斋藤拙堂的《圣武记附录》，共四册。收录了《圣武记》的全部“武事余记”，内容比前书更多，还载有魏源

① ［日］鹫津毅堂：《圣武记采要》自序。

的《圣武记叙》。

《圣武记》的第三种翻刻本名叫《他山之石》，是木活字五册本，大约是嘉永年间出版。这部书的第一、二册收录了《圣武记》的九篇记事，第三册是杨炳南的《海录》，第四册包括汪文泰的《英吉利考略》、焦循的《荡寇记》、徐鲲的《炮考》，第五册是蒋友仁译的《地球图说》。《他山之石》即是摘编这些书而成。

徐继畬的《瀛寰志略》，1861 年（文久元年）亦由日本阿波藩翻刻，井上春洋、森荻园、三守柳圃训点，由阿波对嵋阁出版。

陈逢衡的《英吉利纪略》，1853 年（嘉永六年）在日本翻刻，由荒木謇训点。

《海国图志》等书在日本产生了巨大的影响。幕末日本著名诗人梁川星岩在一首诗中曾经描写自己读了《海国图志》“筹海篇”后兴奋激动的心情：“百事抛来只懒眠，衰躬迨及铺麋年。忽然摩眼起快读，落手邵阳（魏源乃湖南邵阳人）筹海篇。”①

《海国图志》等书为什么会引起日本人这样大的兴趣呢？

首先是因为这些书使他们大开眼界，了解到世界各国的情况。日本学者大槻祯在重译《海国图志·夷情备采》的序中说道：“海防之道，莫要于知夷情也。知夷情，则强弱之势审，而胜败之机决矣；不知夷情，则事事乖错，变每出意测之外矣。故知夷情与不知夷情，利害之相悬，奚啻天渊哉！夷情备采者，系清人魏默深刻《海国图志》中所辑”，“其叙海外各国之夷情，未有如此书之详悉者也，因译以刊行。任边疆之责者，熟读之得其情，则战以挫其锐，款以制其命。国势一张，折冲万里，虽有桀骜之资，彼恶能逞其伎俩哉！”②

盐谷宕阴在《翻刊海国图志》序中说：“从前汉人以华自居，视外藩不啻犬豕，于其地理政治懵乎如瞽矇摸器。”而《海国图志》“采实传信，而精华所萃，乃在筹海、筹夷、战舰、火攻诸篇。夫地

① ［日］梁川星岩：《读海国图志后》，《梁川星岩诗集》。
② ［日］鲇泽信太郎：《锁国时代日本人的海外知识》，第 149 页。

理既详，夷情既悉，器备既足，可以守则守焉，可以战则战焉，可以款则款焉，左之右之，惟其所资。名为地志，其实武经大典，岂琐琐柳书之比。"① 也就是说，只要掌握了敌情，知己知彼，就可以取得战略上的主动。他还在《地理全志》序中强调了解世界知识的重要性："今也夷欲罔厌，海运日熟。彼之来者岁益多，而我亦将有事于四瀛焉，则文治武经不得不俱资于地志也。近代译西舆地书，以《海国图志》、《瀛寰志略》为核实。"②

正木笃介绍道："清魏源重辑《海国图志》若干卷。中有各国总记，实系欧罗巴人原撰而林则徐所译也。尝闻其所记载者，洋国政治风俗以及巧艺布帛飞潜动植之微，皆胪列而揭之。故欲知洋国之概，足以取证焉。"③ 广濑达也说："读其书以了解海外情势，不至于对外国人或轻视傲然，或恐惧害怕。"④ 这样，在处理对外关系上，就可以减少盲目性，采取有效的对策。

因此，中国近代第一部系统介绍世界史地的名著《海国图志》传到日本，对于幕末不太了解世界形势的日本人来说，简直是天赐的宝书。这部书打开了他们的眼界，武装了他们的头脑。故而杉木达在《海国图志·美理哥总记和解跋》中高度评价道："本书译于幕末海警告急之时，最为有用之举。其于世界地理茫无所知的幕末人士，此功实不可没也。"⑤

《海国图志》等书，不仅提供了世界史地知识，还总结了中国鸦片战争的经验教训，提出了不少加强海防、抵御外敌的建议，这对于幕末面临西方列强侵略、急于加强海防的日本人来说，也有很大的启发和帮助。

幕末日本学者南洋悌谦曾叙述自己阅读《海国图志》的感受。开

---

① ［日］盐谷宕阴：《宕阴存稿》卷四。

② ［日］盐谷宕阴：《地理全志序》，《宕阴存稿》卷五。

③ ［日］鲇泽信太郎：《锁国时代日本人的海外知识》，第 148 页。

④ ［日］鲇泽信太郎：《锁国时代日本人的海外知识》，第 144 页。

⑤ ［日］鲇泽信太郎：《锁国时代日本人的海外知识》，第 148 页。

始他以为魏源所讲御夷之术，“自谓出韬略之右”，可能是自我吹嘘，“余以其言为过情难信”。后来，他仔细读了《海国图志》，特别是其中“筹海篇”“谓水陆异战法，器械亦随变，惟巨舰大炮之尚。洋夷虽有英、佛（法）、俄罗、弥利（美国）之别，而至器械则同，大舰与炮矣。于是有水手操麾弓马之将，就卒伍之势”。这才相信“魏氏之言不诬也”！并推崇《海国图志》是部“天下武夫必读之书也，当博施以为国家之用”①。

小野元济在《英吉利广述序》中谈到他的老师、著名学者横山湖山对《海国图志》认识的转变过程，也很有意思。小野最初译完《海国图志》的美吉利部分后，去拜访横山，却遭到斥责。横山批评他违反讲经读史之道，追求新奇。然而，当横山湖山认真阅读了小野的译稿，特别是读到魏源对英国侵略者狡黠的分析与所述海疆防御之策以后，十分佩服，不但改变了原来的看法，而且欣然亲自为小野元济译的《英吉利广述》写了序言。

当时不少日本人士都盛赞《海国图志》对日本加强海防所起的作用。如赖醇指出“其于海卫边备必有裨益者矣”②，藤森大雅也肯定它“对当世急务、御侮之要有启发”。③

可以说，《海国图志》等书影响了日本幕末的一代知识分子，尤其是给予那些要求抵御外敌、革新内政的维新志士以启迪，从而推动了日本的明治维新。

《海国图志》等书对日本维新志士的影响，还可以举两个例子来说明。

佐久间象山是幕末日本一位著名的维新思想家、尊皇开国论的倡导者。他在江户开办私塾，传授兵学与炮术，兼教汉学与洋学。1854年（嘉永七年），因鼓励学生吉田松阴偷渡海外而被牵连入狱七个月，在狱中写了《省諐录》。在这部书中，佐久间象山曾经谈到他读

① ［日］鲇泽信太郎：《锁国时代日本人的海外知识》，第153页。
② ［日］鲇泽信太郎：《锁国时代日本人的海外知识》，第152页。
③ ［日］鲇泽信太郎：《锁国时代日本人的海外知识》，第144页。

《海国图志》与《圣武记》以后的感想。他说：1842 年（天保十三年），信州松代藩主幸田幸贯任老中，管理海防之事。当时正值中国鸦片战争，“英夷寇清国，声势相逮”。他感慨时事，便向幕府“上书陈策”（即《海防八策》）。后来，他读到了魏源的《圣武记》，发现这部书同样也是“感慨时事之所著”。再看魏源写的《圣武记序》，作于 1842 年 7 月，仅比他 11 月上书早四个月，“而其所论，往往有不约而同者”。佐久间象山不禁感慨万千，拍案称奇，“呜呼！予与魏，各生异域，不相识姓名，感时著言，同在是岁，而其所见亦有暗合者，一何奇也，真可谓海外同志矣！”①

佐久间象山虽然十分推崇魏源的著作，却也不是盲目接受魏源的一切观点，而是结合日本的实际情况，提出自己的海防主张。他还对魏源的某些观点提出批评。如他不同意魏源只强调坚壁清野、严密防守的战略，而主张讲究炮、舰，主动出击敌人于外海。他指出：“魏云，自上世以来，中国有海防而无海战，遂以坚壁清野、杜绝岸奸，为防海家法。予则欲盛讲炮舰之术，而为邀击之计。驱逐防截，以制贼死命于外海，是为异耳。”他批评魏源《海国图志》一书中关于炮、舰之学，谈得太粗浅。他认为：“海防之要，在炮与舰，而炮最居首。魏氏《海国图识》（即《海国图志》）中，辑铳炮之书，类皆粗漏无稽，如儿童嬉戏之为。”原因是魏源没有深入研究炮学，“凡事不自为之，而能得其要领者无之。以魏之才识，而是之不察。当今之世，身无炮学，贻此谬妄，反误后生，吾为魏默深惜之”②。佐久间象山大力主张学习西方先进科学技术，加强海防，改革内政，批判幕府的锁国和腐败，倡导尊皇开国论，最后在 1864 年（元治元年）被攘夷派刺杀。他与魏源的思想，都是在西方侵略冲击之下产生的爱国革新思想。他们分别成为中、日两国维新思想的先驱，两人真是名副其实的“海外同志”。

---

① ［日］佐久间象山：《省諐录》，第 97 页。

② ［日］佐久间象山：《省諐录》，第 98 页。

受《海国图志》影响很大的另一位是佐久间象山的学生、著名的维新志士吉田松阴。他早年在九州游学时就曾从别人处借阅了魏源的《圣武记》，对魏源“夫制驭外夷者，必先洞察夷情”的观点产生强烈的共鸣。1854 年（安政元年），他本着“察观万国情态形势，乃为规划经纬”的目的，企图利用美舰来日之机会，冲破锁国铁幕，到海外求学，不幸偷渡美舰失败被捕，囚禁于野山狱中。他在狱中仍不忘探索救国之道，读了很多书，写了《野山狱读书笔记》，其中多次提到读魏源《海国图志》一书的体会。此年 11 月 22 日，他在给梅太郎的信中称赞林则徐、魏源两人乃“有志之士”，因为勤于“蟹行学”（即西学），才著述出像《海国图志》这样的“好书”。① 1855 年 1 月 8 日，他又在给梅太郎的信中催问：“海国图识（即《海国图志》）买入没有？已等待数月，心中焦急。”② 2 月 26 日，他终于得到了《海国图志》一书，如获至宝，立即反复阅读钻研。吉田松阴在读了《海国图志》“筹海篇”后写道：“清魏默深的筹海篇，议守、战、款，凿凿中款。清若尽之用，固足以制英寇，驭俄法。”③ 他还评论《海国图志》中所收《粤东月报》（即《澳门月报》）“将英夷阿片交易之事，比作疹治广东种牛痘，可见这等苦心思虑深远”④。他针对日本当时面临的形势又说：“方今俄、美、英、法，纷纷来我国，魏源之书大行于我国。吾读此记，深感于此。”⑤

吉田松阴对魏源的某些观点也提出了不同看法。如关于西方列强之间的关系，魏源认为俄、美、法皆憎恨英国，因此中国可以得到他们的水陆援助。吉田却认为这是不可靠的，列强往往“见利舍义，只要有利，便可以与敌人同盟，反以同盟为敌，此乃常事”。他举例说：如俄国与土耳其开战时，英法就曾一起援助土耳其（指克里米亚战

---

① ［日］吉田松阴：《吉田松阴全集》第八卷，第 298 页。
② ［日］吉田松阴：《吉田松阴全集》第八卷，第 375 页。
③ ［日］吉田松阴：《吉田松阴全集》第四卷，第 37 页。
④ ［日］吉田松阴：《吉田松阴全集》第九卷，第 420 页。
⑤ ［日］吉田松阴：《吉田松阴全集》第四卷，第 52 页。

争），“英法联合之事，也出乎魏源考虑之外”。可见，魏源对世界形势的分析，亦有“不当之处”。①

吉田松阴利用《海国图志》等书提供的世界知识，结合日本实际，一方面批判幕府的锁国政策，“不知外国的事情，徒守海岸，困于贫穷，诚为失策”。② 另一方面又提出了尊皇攘夷、维新改革的主张。他说：“万国环绕，其势如此，若我茫然拱手立于其中，不能察之，实在危险得很。”“只有爱民养士，慎守边围，善保其国，才能于群夷争聚之中，举足摇手。”③

日本人士也为魏源的《海国图志》在中国未能得到清政府的重视而叹息。在当时，盐谷宕阴曾经说：“呜呼，忠智之士，忧国著书，未为其君所用，反落他邦。吾不独为默深悲矣，亦为清帝悲之。”④

总之，《海国图志》等书在当时已成为日本朝野上下的重要启蒙读物，对于日本幕末开国与维新思想的形成发展，起到了一定的作用。1902 年，梁启超在《论中国学术思想变迁之大势》中，谈到魏源《海国图志》对日本的影响。他说：“魏氏又好言经世之术，为《海国图志》，奖励国民对外之观念。”“日本之平象山（即佐久间象山）、吉田松阴、西乡隆盛之辈，皆为此书所激刺，间接以演尊攘维新之活剧。”⑤

六 开国异同

——中日两国开国之间的关系和比较

考察日本开国（即打开锁国大门）的具体过程，我们可进一步看到，日本正是在中国两次鸦片战争的冲击影响下开国的，中日两国的

---

① ［日］增田涉：《西学东渐与中国事情》，第 42 页。
② ［日］吉田松阴：《吉田松阴全集》第五卷，第 162 页。
③ ［日］吉田松阴：《吉田松阴全集》第一卷，第 347 页。
④ ［日］盐谷宕阴：《翻刻海国图志序》，《宕阴存稿》卷四。
⑤ （清）梁启超：《饮冰室文集》卷六，第 33 页。

开国有着密切的内在联系。

两次鸦片战争中国的失败和一系列不平等条约的签订，强烈地刺激了日本有识之士要求开放与改革，推动了幕府开国决策的制定；同时，也成为西方列强要挟、敦促日本开国的口实和缔结不平等条约的蓝本。

1844 年（日本弘化元年），荷兰国王威廉二世的亲笔信，就是以中国鸦片战争失败为理由，敦促日本立即开国。当时幕府老中水野忠邦曾主张打破旧规，接受荷兰的国书和劝告，但是将军德川家庆拒不采纳水野忠邦的意见，并将其免职。继任首席老中阿部正弘宣布，按照祖法惯例，日荷之间只能有通商关系，而不能接受荷兰的国书和开国劝告。尽管如此，为了应对形势，幕府也不得不实行一些改革措施。1845 年（弘化二年）8 月，幕府设置了海岸防御挂，作为掌管外交和国防的机构；而且从 1846 年起连续几年向幕府官员及负责守卫近海的大名咨询海防对策。

1846 年（弘化三年）以后，英国、法国、美国的军舰相继驶入日本港口，日本的海防危机越来越严重。而幕府既无打退外国军舰的实力，又缺乏立即开国的勇气。1853 年（嘉永六年），终于发生了美国海军准将培理率舰队开进江户湾的事件。培理带来了美国总统要求日本开国的国书，并扬言将以武力为后盾强制日本开国。幕府被迫接受了美国的国书，并答应第二年递交回信。这样，锁国的制度实际上已经被打开了缺口。

幕府急忙向官员和大名征询对策。官员、大名们的上书内容大多是以中国鸦片战争为前车之鉴，认为日本目前防卫薄弱，对外作战，难操胜算，只有一边采取外交上的拖延策略，一边加紧充实海防。1853 年 10 月，幕府撤销了禁止各地建造大船的命令，并委托荷兰商馆馆长帮助购买军舰、武器、兵书与教练海军技术。

1854 年（嘉永七年，改元为安政元年），美国培理舰队再次来日，幕府终于在武力威胁下签订了《日美亲善条约》（又称《日美神奈川条约》）。美国方面正是以鸦片战争后签订的《中美望厦条约》作为《日美神奈川条约》蓝本的。这个条约打破了日本的锁国体制，不但开放了下田、箱馆两港，允许美国派领事驻下田，还给予美国最惠国待遇，它是日本与外国签订的第一个不平等条约。

继美国胁迫签约后，英国、俄国、荷兰也相继胁迫日本幕府签订日英、日俄、日荷《亲善条约》，开放港口除下田、箱馆外，又增加了长崎，还规定了领事裁判权等不平等条款。

1856 年（中国咸丰六年）10 月，英国以“亚罗号事件”为侵略借口，悍然进攻广州（日本称为“广东烧打”），发动了第二次鸦片战争。1857 年（日本安政四年）2 月初，荷兰理事官寇帝斯把这个消息告诉长崎奉行，并乘机进行恫吓。他说，英国进攻广州，是由于中国政府不履行条约，因此日本必须履行已经缔结的条约，并且应该尽快签订新的通商条约，最好是先与荷兰缔约。他还警告说：日本比中国防卫能力薄弱，更加难以抵御欧洲的军事进攻，因此应当吸取中国的教训，注意外交礼节。

这个消息使日本统治集团十分震惊。1857 年 3 月，老中堀田正睦在向各有关部门咨询对外政策时指出：日本必须提高警惕，不要重蹈中国“广州覆辙”。既然已经缔结了亲善条约，“宽永以来之祖法已经改变”，所以对外政策也应改革，如果“拘泥旧制”，“万一炮声一响，将难以挽回”[①]。海防挂的官员松平通直、川路圣谟、水野忠德等也赞同进行“御法变革”，并建议开辟对外贸易渠道，派遣驻外官员与留学生，主张积极确立开放的国策。

1857 年（安政四年）12 月 12 日，美国首任驻日总领事哈里斯，在江户堀田官邸拜会老中堀田正睦等人。据梅田源次郎《美使申述大意》的记载，这次会见长达六个小时。哈里斯利用中国发生的第二次鸦片战争对日本大肆恫吓。他说英国将乘打败中国的余威来进攻日本，战争已经迫在眉睫，日本应该尽早与美国缔结通商条约。[②] 堀田等受其影响，进一步倾向于完全开国了。

---

① ［日］信夫清三郎：《日本外交史》上册，第 72 页。

② ［日］梅田源次郎：《亚墨利加使节申立之趣》，引自［日］增田涉《日本的开国和鸦片战争》，《政界往来》第 34 卷，第 3 期。

当时各机构官员的上书，也纷纷强调接受中国第二次鸦片战争的教训，实行改革与开国。1857 年 3 月，评定所给老中的上书说："广东之覆辙可为警戒"，"广东当局过于死板，招来一声炮响"。[①] 同月，海防挂官员的上书主张吸取中国广东事件的教训，"变通祖法"[②]。4 月，下田奉行的上书也认为"古今时势之变革，应断然改革旧法"。[③]

1858 年（安政五年），美国总领事哈里斯与日本幕府关于缔约的谈判处于相持阶段。正在此时，美国"密西西比号"军舰突然出现在下田港，它带来了英法联军占领大沽口、强迫清政府签订《天津条约》的消息，哈里斯在谈判中立即采取强硬态度，他威胁道：英法舰队将要东渡日本，"同一个未带随从的单身人所订的条约，和同一个率有五十艘战舰来到海滨的使节所订的条约，其间是有天渊之别的"[④]。这个讹诈果然产生了效力，幕府不敢再犹豫不决，终于在 1858 年 7 月 29 日签订了《日美修好通商条约》（又称《江户条约》）。以后，又陆续与荷兰、俄国、英国、法国订立了《修好通商条约》。条约中规定相互交换外交使节，承认列强享有协定关税、领事裁判权（即治外法权）、最惠国待遇等特权，并开放神奈川（代替下田）、长崎、新潟、兵库等港口和江户、大阪两座城市。这五个修好通商条约又被称作《安政五国条约》。值得注意的是，缔结这些条约的英、法、俄三国代表恰恰就是刚在中国签订《天津条约》的三国特使，即英国的额尔金、法国的葛罗和俄国的普提雅廷。条约的签订也是以《天津条约》为样本的。1858 年的日本《安政五国条约》、中国《天津条约》和 1860 年的《北京条约》，标志着中日两国都已向整个资本主义世界敞开了大门，完成了开国。

从以上历史事实可以充分说明，中国发生的两次鸦片战争与日本的开国，有着多么密切的内在联系。

---

① 《大日本古文书》（幕末外国关系文书之十五），第 697—698 页。

② 《大日本古文书》（幕末外国关系文书之十五），第 700 页。

③ 《大日本古文书》（幕末外国关系文书之十五），第 832 页。

④ ［美］丹涅特：《美国人在东亚》，第 305 页。

中日两国在开国前都实行闭关锁国政策，国内社会状况相近，面临外来侵略的处境也相似，开国的过程又是那样密切相关。可是，两国开国后的历史发展却是如此不同。中国经过两次鸦片战争，一步一步走向半殖民地的深渊，并形成中外反动势力相勾结共同镇压中国人民革命的局面。而日本的开国，却导致倒幕维新，逐步实现了资产阶级改革和民族独立，成为日本走向资本主义近代化的起点。这究竟是为什么呢？对于这个问题，我们可以从两国开国过程的异同中，作一些初步的探索。

首先是开国时间的先后和方式的差别。1840 年鸦片战争爆发时，中国武备不修，大部分地区海防松弛。当英国舰队突然驶到天津白河口时，道光皇帝惊慌失措，连忙把禁烟、抗英有功的民族英雄林则徐革职，改派投降派琦善前往广东议和。以后虽然又命皇族奕山、奕经两次调兵遣将与英军作战，但均告失败。最后英国舰队打进长江，切断漕运，兵临南京，清政府只得妥协投降，签订割地赔款的城下之盟——《南京条约》，中国开始沦为半殖民地。而日本则在十余年之后，即 1853 年，才出现美国舰队驶入江户湾的威胁。在此期间，中国鸦片战争已经给日本敲响了警钟，提供了前车之鉴。日本幕府吸取了清政府在鸦片战争中失败的教训，有了一定的思想准备，一面逐步接受开国主张，一面加紧改革和充实海防，以避免重蹈中国的覆辙。日本虽然也是在西方武力威胁下被迫开国的，却没有经历大规模战争的破坏，也没有经历割地赔款的厄运，因此，日本能够比较迅速地摆脱沦为半殖民地的危机。

其次是两国封建统治者对待西方冲击的态度有所不同。鸦片战争虽然使中国一批具有爱国心的士大夫觉醒，开始要求学习西方科学技术，研究世界大势，主张加强国防，改革弊政。可是，作为最高统治者的清朝皇帝及其周围的大官僚大贵族们，却是虚骄贪鄙、昏庸误国。他们为了保住自己的权力和财产，不惜出卖国家主权和民族利益。鸦片战争后，他们不但不认真从失败中吸取教训、亡羊补牢、改弦更张，反而迷信和议、苟且偷安，依然文恬武嬉、麻木不仁。正如魏源所揭露的那样："使有议置造船械、师夷长技者，则曰'糜费'。及一旦糜费十倍于此，则又谓权宜救急而不足惜。苟有议翻夷书、刺夷事者，则必曰'多事'。及一旦有事，则或询英夷国都与俄罗斯国都相去远近，或询英夷何路可通回部"，"竟莫知其方向"①。有的守旧官员甚至顽固地坚持"中国之御四夷也，来则抚之，贰则绝之。此不易之道也"，② 仍然主张以回到"闭关自守"，作为鸦片战争的"善后之策"。

相比之下，日本的封建统治者在西方冲击面前，头脑较为敏锐、清醒。他们从中国鸦片战争的教训中初步认识到，为了避免重蹈中国的覆辙，就必须学习西方技术，改革旧制。当权的幕府老中堀田正睦强调"中国拘泥古法，日本应在未败前学到西洋之法"，③ 这句话是有一定代表性的。因此，日本统治集团在鸦片战争和美国培理舰队来日以后，就主动实行了一系列改革措施。明治时代著名记者福地源一郎在《幕府衰亡论》一书中，列举了当时幕府加强国防和改革旧制的具体措施，"如废除禁止江户十里以内放枪的制度，准许各藩在藩邸内进行操练及向江户运送枪械，解除建造大船的禁令。在大森设立大炮打靶场以资演习，动工兴建品川炮台，扩建长崎海军炮台，建造凤凰丸等军舰"。"又如在江户创办讲武所，新编洋枪队，向荷兰订购轮船，在长崎开始训练海军，录用通晓兰学的人士，创建蕃书调所（即研究洋学、翻译外交文件的机构），拔擢才智之士担任幕府的要职，凡幕府旧例中属于虚饰的一律省略，无用的献赐则予以废除，锐意矫正积弊。对于墨守成规、把旧例当作金科玉律的幕府来说，这些措施的确不能不说是英明果断的了。"④ 和昏庸守旧的清政府不同，在西方冲击下，不仅幕府主动进行了改革，而且日本地方各藩，如萨摩、佐贺等强藩，也纷纷进行藩政改革，制造西式船炮，训练西学人

---

① （清）魏源：《海国图志》"筹海篇"。

② （清）汤彝：《绝英吉利互市论》，见《鸦片战争文学集》，第 985 页。

③ ［日］藤间生大：《近代东亚世界的形成》，第 60 页。

④ ［日］福地源一郎：《幕府衰亡论》，第 47—48 页。

才和新式军队。这一切就为日本从开国走向明治维新打下了一个良好的基础。

再次是中日两国在开国过程中国内、国际条件也有差别。

鸦片战争后西方的侵略，加深了中国本来已经十分尖锐的社会矛盾，终于在1851年爆发了轰轰烈烈的太平天国农民起义。太平军的斗争矛头直接针对清王朝封建统治者，同时也打击了外国侵略势力。清朝统治集团认为太平天国是自己的“心腹之害”，而外国的侵略不过是“肘腋之忧”和“肢体之患”。① 因此，他们为了维护封建统治，不惜出卖民族利益，“借师助剿”，勾结侵略者绞杀了太平天国革命，其结果更加深了中国的半殖民地化，清朝统治者自己也日益沦为外国侵略者的走狗和奴才。

日本当时虽然也发生了不少农民和城市贫民的暴动，但多数只是小规模的骚动，与太平天国农民战争无法比拟。日本封建统治者的注意力集中在如何对付西方冲击的问题上。而以下级武士为骨干的维新志士，也利用人民群众对幕府统治与外国侵略的不满，举起“尊皇攘夷”的旗帜，把斗争引向推翻幕府、王政复古、实现明治维新的轨道。

在西方列强的眼里，当时中国是它们向东亚侵略的主要目标，因此它们单独或者联合（如组织英法联军）对中国发动了一次又一次的大规模侵略战争。它们还支持、扶植中国封建势力，镇压中国革命，扼杀中国人民试图通过革命或改革争取民族独立与国家富强的努力。

比较而言，日本还不是西方列强向东扩张的重点对象，加上受到列强之间矛盾以及亚洲民族解放运动的牵制，还来不及对日本“大动干戈”。而且英、美等国还想利用日本作为它们在远东的前哨阵地，因而采取了支持日本维新势力的政策。这一切为日本从开国走向维新提供了较为有利的国际环境。

---

① 《筹办夷务始末》咸丰朝，第七十一卷，第18页。

最后，还有不少传统的因素需要加以考虑。例如在政治制度方面，存在中国高度的中央集权制与日本地方独立性较强的幕藩体制之间的差异；中国是由科举产生的士大夫文官系统管理，而日本则是重视军事的武士掌权。在地理与经济方面，中国地大物博，小农自然经济十分顽强；而日本是个岛国，海外贸易具有更大的吸收力。在思想文化方面，中国儒家思想占绝对统治地位，知识分子普遍怀有中华文化优越感，妨碍其接受外来文化；而日本历来就有吸收外来文化的传统，古代曾大量接受中国文化，德川时代还引进西洋兰学，幕末又如饥似渴地学习世界史地知识。这些因素在两国开国过程中都起了一定的作用。

太平天国与日本*

鸦片战争结束不到十年，1851 年（咸丰元年），在中国爆发了太平天国农民革命。以它为中心，形成了中国近代第一次革命高潮，并成为 19 世纪中叶亚洲民族解放运动高潮的重要组成部分。太平天国革命无论在中国还是世界历史上，都是一次规模空前的农民战争。这场巨大的革命风暴不仅震撼了中华大地，而且卷起了东海的波涛，在一衣带水的邻邦日本，也激起了强烈的反响。

一　情报来源

——日本人如何了解太平天国

中国发生太平天国革命的时候，日本正处于德川幕府统治的末年、明治维新的前夕。

如前文所述，由于 17 世纪以后，日本德川幕府和中国清政府分别实行“锁国政策”和“闭关政策”，中日两国之间的经济文化交流遭到人为的阻碍，中日贸易被严格限制在长崎一地进行。19 世纪四五十年代，由于中国连续发生了两次鸦片战争和太平天国农民战争，连开往长崎的中国商船也大大减少了。因此，在太平天国革命期间，日本人要了解有关中国事态变化的具体情况，也是相当困难的。

---

* 原载于《历史研究》1981 年第 2 期，经修改加工而成。

那么，当时日本人究竟通过什么渠道获得有关太平天国消息的呢？

首先是幕府和各藩收集的中国情报，其中包括中国赴日商人所提供的风说书。

1851年（咸丰元年）1月，洪秀全领导拜上帝会在广西桂平县金田村起义，建号“太平天国”。太平军从广西转战湖南、湖北、江西、安徽、江苏等省，于1853年3月攻占南京，定为首都，改名为天京。目前看到最早向日本提供太平天国消息的是1852年（咸丰二年，日本嘉永五年）冬，两艘中国商船船主江星畬和杨少棠的报告。其中一份说：“广西贼匪，其首姓朱，余党凌十八等，烧香聚众，谋为不法。官府拿捉，拒捕作乱。广西巡抚兴兵伐之，屡次丧师，贼势猖獗。”皇上大怒，“特命两广总督徐广缙为钦差大臣，调各路兵马往剿，连获胜仗，擒其谋臣洪大全。贼匪丧胆，连夜退走数十里外，官兵追之，又获其伪臣洪秀全。贼势颓靡，由是不敢在广西扰乱，窜入湖南，纠合土匪韦正等，攻破道州”。以后“又窜至湖北源口等处。所喜各省提督向荣等，率兵会剿，谅可即日荡平”。[①] 另一份报告谈道：“于11月间唐船开驾之时闻得，湖北紧要地方汉口，亦经失守。”[②] 由于他们离开中国不久，这两份报告所反映的情况比较接近事实。报告中虽然把起义领袖说成“朱氏”，但也提到了洪秀全、韦正（即韦昌辉）等名字。从广西进湖南，再到湖北，也符合太平军初期的进军路线。中国船主按照封建正统观念把太平军称为“贼”，而且认为很快就能“荡平”。

关于所谓“贼首朱氏”，同年长崎翻译官从中国商人那里得到了更详细的介绍。据说此人名叫朱天德，是广西壮族自治区浔州府桂平县的一个煤炭商人，因与附近“山贼”交往而被官府逮捕。后来，“贼党打破监牢，救出天德归山，与官军开战，夺取四方之地，引起

① 《海国骚乱话》，见《海防续汇议》卷七。

② 《海国骚乱话》，见《海防续汇议》卷七。

大骚动。”他们打败了赛尚阿所率大军，“声称要推翻清朝，夺取帝号”，而且“留发改衣，恢复先朝风俗”。报告中把太平天国革命看成是反清复明的运动，认为它是“乌合之贼，迟早要亡”。①

到 1853 年（咸丰三年，日本嘉永六年），从中国商人处得来的情报口气已有变化。这一年的 2 月，萨州藩某在一封信上谈到他从中国人那儿听到的消息说：“广西、湖南、湖北，四年前已有大明余党奋起，愤恨清朝暴政，想要恢复大明。”“大明军朱氏为三军大元帅，年号天德。”② 信上还讲到中国流传这样一个故事：去年以来接连二百多天大旱，谷物无收，又出了很多蝗虫。老百姓把写有“天德将军退此恶虫”和“咸丰皇帝退此恶虫”的牌子分别插在两块田里。结果天德那块田里一夜之间虫就退了，咸丰方面却毫无效验，“因此，老百姓认为清朝二百多年的天下一旦让位给大明的时候，就可以一统安居了”。这个故事反映了人民对清朝统治者的强烈不满和对太平天国所寄予的同情与期望。

在长崎医生栗山大须给岛原医生小川正彻的一封信上，抄录了一份风说书。其中也讲了广西壮族自治区浔州府煤炭商人朱天德起事的传闻，并说“贼寨是在广西郎山”，“贼首之内有一个妇人、一个和尚，会行妖术”。朱天德“被推为天德王，提倡恢复大明”③。这份风说书赞扬起义军不抢民财，轻赋薄税。最后，也叙述了灭虫的故事。

同年 6 月 2 日，萨州藩医汤藤龙栋给江户值勤官池田安兵卫的信中，直接把太平天国起义说成是“明清战争”。信上写道：“据说先代明朝的皇孙怀恨咸丰帝，招集明臣子孙和贼军，兴起复古恢复之军。在中国十八省内，已经攻占五六个省。”信中对起义表示同情，说起义者“自称明皇帝的孙裔，施仁政，安抚人民，官民也咸服其德”④。

---

① ［日］《续太平年表》嘉永六年条。

② ［日］《海外异说》第四册，嘉永六年二月。

③ ［日］增田涉：《西学东渐与中国事情》，东京：岩波书店 1979 年版，第 283 页。

④ ［日］小岛晋治：《太平天国革命的历史和思想》，第 290 页。

从上述几份材料可以看出，自1853年开始，来自中国商人的情报一般不再把太平天国起义军骂为“乌合之贼”了，而大多看成“复明运动”，并寄予同情。

1853—1854年，日本幕府和各藩从琉球、朝鲜、荷兰商船，以及美国、英国、俄国军舰那里收集的情报，反映了太平天国革命顺利发展的进程。

琉球商人尚森曾被日本萨摩藩派到中国经商，在他收集的情报中说：1851年中国广西发生兵乱，1852年太平军攻占湖北，次年夺取了南京，然后又“攻占镇江，波及苏州。钦差向大臣（即向荣）、直隶总督琦大臣（即琦善）率领河南、陕西兵二十余万包围南京”。①这个有关太平军进军以及清军建立江南、江北大营的报道，是相当确切的。

从朝鲜方面得到的消息也不少。1853年4月，长崎奉行收到了一份据说来自朝鲜的报告，其中写道：“去年壬子春，明朱氏后裔，名华，字元晔，蜀四川人，年仅二十四。发欲兴复先明之大志，乘道光爷之丧，不用清之正朔制度，更明律明服，建元天德。募兵于广东诸州，渐得十万矣”，“拥元晔为朱新王”。值得注意的是，这份报告还夸大了太平军的声势，声称“诸港英夷亦属焉”。甚至说“鞑靼亦起兵于北方，檄声言助朱氏，袭清之旧都据之”。“诸府股栗，京师戒严焉云。”②

同年6月，宗对马守义和的家臣古川将监、佐须伊织向幕府报告了从朝鲜的官吏和翻译那里了解到的近年中国的动乱情况：“最初以为是一般盗贼起事，后来才听说是明代后裔为了恢复前朝。”报告谈到“这个骚乱主谋姓洪”，并赞颂起义军纪律严明，“所到之处，不犯货财妇女，因此庶民安堵，都愿服从”。报告还叙述了起义军先后夺取了道州、岳州，攻陷武昌、九江、安庆，清军死伤很多，北京震

① ［日］小岛晋治：《太平天国革命的历史和思想》，第289页。

② 《清朝扰乱风说书》，引自［日］增田涉《西学东渐与中国事情》，第285页。

动，“催各地军兵之使者不绝”。他们认为起义“蔓延之势很盛，看来是不容易平定下去的了”[①]。同年11月，宗对马守义和在给阿部伊势守的信中，进一步谈道：根据朝鲜来的传闻，“北京已有被围之虞”，他甚至还估计北京的皇帝有逃到朝鲜避难的可能。[②]

1854年（咸丰四年，日本嘉永七年）3月，古川将监与佐须伊织又报告说：“北京已有兵乱情况，十之八九要被明军攻取。”“如果明军切断兵粮之道，北京迟早要失”，“北京的败军可能退到朝鲜”。[③]此反映了1853年冬，太平天国北伐军兵临天津的历史事件。

日本人还向荷兰商船和美国、英国、俄国军舰探听太平天国的消息，如1853年7月，从荷兰船上得到太平军已占领南京的消息。同年6月，日本官员从美舰方面听说中国发生的是“明之皇孙”领导的“复明运动”。12月，到琉球出差的鹿儿岛藩士乡田仲兵卫、川上式部从那霸港的美舰上得到两册香港英华书院编的汉文月刊《遐迩贯珍》，上面有太平军占领南京和英使文翰访问南京的报道，日本人这时才知道太平军信奉基督教。1854年1月，他们又从俄、英军舰那里进一步打听到太平天国的首领是太平王，信奉耶稣教，并把这些情报和《遐迩贯珍》一起送往幕府。同月，川路圣谟访问俄国军舰“巴鲁拉达号”时，曾关切地询问：“北京是否被夺？清帝逃往鞑靼（蒙古）了吗?”俄国人回答说：“没有。”[④]

总之，在1854年7月以前，幕府和各藩无论是通过中国商人，还是从朝鲜、琉球以及西方船上得到的情报，大多是反映起义军发展进程的，并且多数情报认为太平天国起义是明代后裔的“复明运动”，而几乎没有提到过洪秀全和拜上帝会。随着太平军攻克南京和北伐、西征，不少日本人预料太平军将获胜利，清朝已如“车前之灯”，清帝甚至可能“蒙尘朝鲜”。

---

① ［日］胜海舟编：《开国起源》上卷。

② 《高丽环杂记》，见《幕末外国关系文书》（三）。

③ 《长崎奉行书类》，见《幕末外国关系文书》（五）。

④ 《川路圣谟鲁使应接日记》，见《大日本维新史料》。

江户时代，日本幕府严禁日本人乘船去外国。但是在沿海捕鱼或航行，有时也会发生遇到风暴漂流到国外，或遇难被外国船救起带到异国的情况。其中以漂流到中国的为最多。这些漂流民回国后提供了不少有关中国的消息。

日本船“荣力丸”上的漂流民曾于1853年至1854年在中国逗留，带回了这一时期有关太平天国的亲身见闻。这些漂流民是于1850年在日本沿海遇难，漂流了五十三天后被美国船救起，先被带到美国旧金山，第二年又送到香港。他们于1853年2月从香港出发，想去南京看看“明清战况”。到达上海后，他们曾雇向导去南京，但中途船只搁浅，未能到达，又退回上海。后来又被遣送浙江乍浦，1854年7月乘中国商船“源丰号”回日本。回国后，船员文太（原名利七）被任命为尚德馆吏。1856年（安政三年），他讲述的漂流见闻被藩学尚德馆的堀熙明等编纂为《荣力丸漂流记谈》。书中谈到不少关于太平天国的情况。文太也把太平天国革命称为“明清之战”。说起义是在1849年发生于广西，首领本是明朝后裔，流落到广西务农。他看到鸦片战争后民不聊生、人心思乱的形势，“乘机聚众攻入广西城”。然后乘胜进攻，又从香港英国人那里买入大炮武器，“因此才起兵四年，就所向无敌。攻城九十余，夺船六百艘，拥兵二十万。所取之地，都实行明代古法，连衣服、旗章甚至头发也恢复明制”。文太还赞扬起义军纪律严明，得到人民拥护。并叙述了“明军”攻占南京的详细经过，以及上海富绅和外国人的恐慌状态。文太还谈到了他们到乍浦以后，听说“明军”在8月5日攻入上海城内，激战后又退出（即指1853年9月7日，刘丽川领导小刀会起义军占领上海县城之事）。还听说“明军”两次北上进攻北京，“其势二十余万人，船二百艘，势如破竹”①。文太作为亲自到过太平天国附近地区的日本人，报道了不少有关太平天国的具体情况。可惜，他没有去成南京，未能进一步了解太平天国革命的真相，以至于始终把太平

① 《荣力丸漂流记谈》，见《海表丛书》卷三。

军称作“明军”。

对太平天国革命更确切、更详细的介绍，还是来自赴日的中国人以及他们带去的各种中国书刊。这是日本人进一步了解太平天国的重要途径。

1854 年（咸丰四年，嘉永七年），广东人罗森应美国传教士卫廉士之邀，随同美国海军准将培理的舰队赴日本议约，充当汉文翻译。他在日本期间曾与不少日本官员接触，通过笔谈、借书等形式，介绍了太平天国的情况。有一位日本官员，曾经接待美国使团，在他所写的《金川游记》中，记录了与罗森在横滨宾馆关于太平天国的一席笔谈。

> 这位日本官员问道：“太平王小刀会何姓名？”
>
> 罗森答：“洪秀泉（即洪秀全）即太平王也，非小刀会。”
>
> 问：“其势如何，既取南京乎？”
>
> 答：“今既失去南京。”（乃指太平天国已占领南京）
>
> 问：“米利干（即美国）援太平王乎？”
>
> 答：“不援亦不恶之。”
>
> 问：“英夷援清朝乎？”
>
> 答：“两不援，各夷自卫而已。”
>
> 问：“闻清朝皇帝遁朝鲜，然乎？”
>
> 答：“我尚未闻，你何闻也？”
>
> 问：“太平王得志，复衣冠之旧文物否？”
>
> 答：“能得志则复。”
>
> 问：“成败之势如何？”
>
> 答：“随天意。”
>
> 问：“天道今将属谁？”
>
> 答：“未可知也。”
>
> 问：“洪秀泉伪称朱明之后，然乎否？”
>
> 答：“是也。”

问："纪年号天德乎？"

答："既故。"

问："今如何？"

答："今太平王当之。"

问："太平王之外又有王乎？"

答："现闻有四王。"

问："四王姓名如何？"

答："记不真，但知洪秀泉为首也。"

问："中国过半随贼乎？"

答："以仁义乃可使民服。"①

从这篇问答中可以看出，这位日本官员十分关心太平天国的情况，提出了各种问题，而罗森的回答比较符合事实，纠正了不少误传。如指出洪秀全是太平王而不是小刀会，年号不是天德而是太平王，清帝未遁朝鲜等。他对太平军没有恶意攻击，而表示双方成败未可知，"以仁义乃可使民服"。

罗森还把自己记述太平天国的著作借给日本人士。他在《日本日记》中写道："有平山谦二郎者，其人纯厚、博学，趋而问予中国治乱之端，予将平日记录之事及治策视之。"罗森的这份著述被平山谦二郎借阅后抄录，以后日本又出现了几种题为"南京纪事"的抄本。不久又有以《满清纪事》为书名的木活字改订本刊印。在这本书里，罗森从鸦片战争后的形势讲起，叙述了洪秀全起义经过。称洪秀全"自小素有胆略，结纳英豪，中年读书贫寒，郁郁而不得志"。还谈到洪秀全曾在香港跟英国牧师学习耶稣教，读圣书，然后到广西传教。冯云山则是在澳门入教，也去广西传教。为了抗拒官府追捕，于1848年举起反旗。书中写道："洪秀泉（即洪秀全）率其乡民，蓄发易服，禁止

① 《金川游记》，见增田涉《西学东渐与中国事情》，第311页。

掠夺百姓，纪律整齐，行军肃度，立志恢复明朝。”① 然后，叙述了起义军从广西到南京一路与清军交战的情况。虽然细节略有出入，但基本上符合太平军进军路线。最后，还提到了上海小刀会起义。这部书记载虽简略，但第一次向日本介绍了太平天国的真相，引起了日本人的重视。幕末著名思想家吉田松阴被囚在野山狱中，得到朋友送来的此书抄本，便在1855年（安政二年）春把它译成日文，题为《清国咸丰乱记》，加以传播。吉田松阴还根据此书批评了以往关于太平天国的一些传闻。他在跋语中指出：清商“口单（即风说书）妄诞之极，什么朱新王、天子亲征等皆是妄语……说朱某年二十四是附会项羽起兵时二十四岁，这些都是为复明假造的种种妄说”②。

由于太平军胜利进军江南，中国商船赴日航行曾一度停顿，直到1854年7月才有中国船“丰利号”和“源丰号”到长崎。这两艘船的船主和货主提供情报说：太平天国“系广西、广东无赖贼党无端乌合，唤洪秀全、杨秀清两名为谋主”。“若辈俱留发，以红布裹头，故官兵叫做红巾贼，又叫长发贼也。”还报告“今虽各处贼匪未能剿灭，幸自入春以来，打仗略有胜仗，贼势稍减”③。这些报告虽然是站在清政府的立场上攻击太平军，却也反映了洪、杨是首领，太平军北伐受挫等事实。影响更大的是，这次船上带来的一部中国书抄本，名叫《粤匪大略》。同年冬天，日本绿天山房就加以训点翻刻，得到广泛流传。这部书一开始就写粤西山水险恶，“向称多盗之都”。1850年（道光三十年），“浔州桂平县之金田墟，即逆匪洪秀全、杨秀清、肖朝贵、冯云山、韦正、胡以洸、范连德、罗亚旺等结拜上帝会，自称太平王，竟择于十月内起事”。此书又逐年逐月地记载了战斗情况，叙述了太平军从金田起义到定都南京的经过。谈到北伐军从扬州出发，逼近天津，直至兵困山东。最后写到1854年（咸丰四年）3月，钦差大臣胜保攻陷山东临清州，“贼匪又窜至山东高唐州……

① （清）罗森：《满清纪事》，见胜海舟编《开国起源》上册。

② ［日］吉田松阴：《清国咸丰乱记跋》，《吉田松阴全集》第二卷，第258—259页。

③ 《幕末外国关系文书》（七）。

现胜保亦在高唐州，观其大势，待胜保南下可一路荡平矣”。[①] 这本书用了很多官方材料，比《南京纪事》更详尽地叙述了太平天国历史。因此，绿天山房的序文声称：“阅此始得识其始末，海内之俗书已知其伪。”《南京纪事》和《粤匪大略》两书的传入，才使日本人开始比较全面、真实、具体地了解太平天国。但是，由于《粤匪大略》完全站在清政府立场上，称太平军为“贼”，攻击太平天国信奉基督教，并渲染北伐军的挫折，影响了日本的舆论，以至于1854年7月之后，日本人对太平天国的态度有所变化。

1854年冬，留住长崎的中国船主江星畬、杨少棠向长崎奉行提供了一份从中国寄来的书简，名叫“道光咸丰内地骚乱纪实”，概述了太平军起义四年来的情况，其中也曾多次提到当时全国各地人民纷纷“树旗反叛”的形势。如写太平军占领武汉时，“长江沿线盗贼蜂起，江南、山东、徐州等地亦匪徒出没。因各地贼徒簇聚，随处滋扰，商旅往来不通，货物运送迟滞”[②]。

到了1860年（咸丰十年，日本万延元年）6月（即太平军攻克苏州后一个多月），苏州商人程稼堂带着家属逃到日本长崎。他写了一篇《避难纪略》，记述了关于苏州太平军的亲身见闻。这篇文章中有一段关于太平军军纪和布告的叙述。他说：“同月（指1860年6月）16日晨，有贼首名忠王贴出安民告示，略谓：此次平定苏州，乃欲铲除欺压百姓之贪官污吏，使民苏息，非为杀伐而来。自即日起，凡军中有劫杀百姓、奸掳妇女者，一律斩首问罪。尔等庶民万勿惊恐，老幼妇女有欲迁往他地者，一律准行，云云。两三日内，城门大开。自布告张贴之日起，城内已渐平稳。百姓咸以忠王仁厚，若出城避难，又恐途中颠沛，反遭不测，故安居城中不思出走者较多。”[③]

① 北京大学文科研究所编：《太平天国史料》，开明书店1950年版，第498—499页。《粤匪大略》后来在中国反成逸佚，编辑《太平天国史料》时又从日本石印翻刻本录回。

② 中国社会科学院近代史研究所近代史资料编辑室编：《太平天国文献史料集》，中国社会科学出版社1982年版，第43页。

③ 中国社会科学院近代史研究所近代史资料编辑室编：《太平天国文献史料集》，第45页。

《避难纪略》中还谈到了苏州从事对日贸易的王氏十二家船主尽皆离散的情况。十二家中的宏丰船、吉利船、吉隆船分别在乍浦、吴淞口卸货受阻，影响了中日贸易。当时上海的中外反动势力已经开始勾结起来抵御太平天国向上海进军。但程稼堂对上海能否守住仍然表示怀疑，他认为，“据闻上海之地，虽有人欲以银两仰求法兰西人协助防守，然食俸之朝廷命官尚且临危惜命，专为谋利而来之外国人，又岂能与贼众血战抵御哉？此断非万全之策也”[①]。因此，他干脆带了全家从上海登船逃往日本。

19 世纪 60 年代初，日本人了解有关太平天国的情报，主要是几艘日本船在上海的见闻及其收集的资料。

1862 年（同治元年，日本文久二年），德川幕府为了打开对华贸易，派官吏根立助七郎等乘“千岁丸”航行至中国上海港，各藩也派了一些藩士参加。这是锁国以来，日本幕府第一次派遣官方的船只来中国，也是开国以后，日本幕府企图打开与中国关系的一次尝试。“千岁丸”农历四月二十九日从长崎出发，五月六日抵上海，在上海滞留了两个月。“千岁丸”的乘员们写了不少著作、日记记述航行的经过及在上海的见闻，其中也包括一些太平天国的消息。

当时正值太平军第二次进攻上海，他们亲身感受到太平天国革命发展对上海的影响，在城内甚至已经听到了太平军的炮声，并渴望亲眼看一看太平军与清军的实战。长州藩士高杉晋作在《游清五录》中写道：“5 月 7 日拂晓，枪炮声响，据说是长毛贼（即太平军）与清军作战的声音。予乃以为若此言可信，则予亦可得观实战，心私喜焉。”5 月 9 日“黄昏，荷兰人来告曰长发贼到上海三里外之地，明朝必可听炮声。官人闻之大惊，予却喜焉”[②]。他们搜集了很多太平天国的情报，其中谈到太平军守信义，进入湖州城后，“信守诺言，

① 中国社会科学院近代史研究所近代史资料编辑室编：《太平天国文献史料集》，第 46—47 页。

② ［日］高杉晋作：《游清五录》。

果然不伤一人"[①]。但是，他们接触更多的是从江南各地躲避太平军而逃到上海来的地方官员和地主绅士，听到他们对太平军的攻击、怨言，因此对太平天国也产生了反感。如中国绅士顾麟告诉高杉晋作："弟自旧冬避长毛贼至此。今春三月，家屋已被焚烧，家中书籍金石一并而空，惨难言状。"高杉对此表示同情："闻之，使人潸然落泪。"[②] 佐贺藩士纳富介次郎也写道："因贼乱逃来难民，无住处，或伫立路旁，或在船上栖处，冒雨露，饥渴难以生计，实在可怜。"[③]

"千岁丸"乘员们在上海还亲眼看到清政府的腐败衰弱，以及清政府勾结外国侵略者抵御太平军的情况。大村藩的藩士峰源藏指出："清方连把守上海城门的兵力也不足。现在是交给英法两国来守城门。""城内书院成为英军营房，乱丢孔子画像，人影绝迹，其情可悲，令人不胜叹息。"他认为："目前上海的形势是：内有长毛（即太平军）的进迫，外有洋人的压制，清朝官府不过在城内苟延残喘。其手脚已动弹不得。"[④]

"千岁丸"带回不少中国书籍，有的是购于上海书肆或私人之手，有的则是藩士们为了解太平天国情报而手抄的。其中有地主阶级方面关于太平天国的记载，如《盾鼻随闻录》《金陵癸甲摭谈》《粤匪纪略》等，也有太平天国的文献，如《天理要论》《太平诏书》《太平礼制》《天命诏旨书》《资政新篇》等。这些都是十分珍贵的资料。不过，太平天国本身的文献当时尚未在日本引起重视，而两本地主阶级方面的著作却很快得到翻刻流传。一部是佐贺藩士中牟田仓之助手抄的汪堃《盾鼻随闻录》，有和刻训点本三册，由浪华伊藤之干校点；另一部是谢介鹤的《金陵癸甲摭谈》，二册，也有和刻训点本，乃伊贺高见猪之介校点。这两部书对太平天国事迹记述甚详，后者还附有几十位太平天国领导人的小传，它们成了明治维新前后日本人了

---

① ［日］日比野辉宽：《赘疣录》。

② ［日］高杉晋作：《游清五录》。

③ ［日］日比野辉宽：《赘疣录》。

④ ［日］峰源藏：《清国上海见闻录》，引自《上海公共租界史稿》，第625页。

解太平天国的重要参考书。

1864 年（同治三年，日本元治元年），又有一艘名叫“健顺丸”的日本贸易船来中国。这艘船由幕府官吏山口锡次郎等率领，2 月 9 日从兵库出发，2 月 21 日到达上海港，停留约一个半月。在这次航行的记录——《黄埔志》一书中，也谈到了一些太平天国的情况。

二 江户军谈
——日本人对太平天国的认识

幕末时代的日本人从各种途径得到了关于中国太平天国革命的消息，那么，他们究竟是怎样看待太平天国的呢？实际上，当时日本社会各阶层的认识、反应是不太一致的。这与他们所得情报的来源以及自己所处的立场、地位的不同有关。下面分别作一些具体的考察。

先来看看最早在太平军占领区附近进行过实地观察的日本漂流民文太的认识。文太原是伯耆河村郡长濑村的一个普通船民，他的看法在一定程度上反映了日本庶民的思想。文太在《荣力丸漂流记谈》中对太平天国的描述有几点是很值得注意的。第一，他认为这次起义是鸦片战争的后果。由于英国的侵略和清政府的腐败，中国被迫割地赔款，物价上涨，人民日益贫困。因此，“人心背向，家家思乱”，起义军一呼百应，所向披靡。第二，他赞扬太平军纪律严明：“悉数没收民间金银，由公家分配衣服等用具。米谷除军用外，一概免征，是以民间并不如何贫困。”“不施暴政，人人安堵”，故而能获民心。第三，他也肯定了太平天国的外交政策：“在起兵之始，就向外国宣布保护各国商馆，不要援救清朝，而自己也不求外国援助，将来统一以后，可以交易和亲。”他还称赞“明军”将领“深谋远虑”，“都是英杰”，认为“本编所谈明清骚动，尚未知胜负。从当时情况看，多半是明人得胜”①。可见，他对太平天国是深表同情的。自然，文太

① 《荣力丸漂流记谈》，《海表丛书》卷三。

并不真正了解太平天国革命的性质，始终把它当成一场恢复明朝的运动。

类似的认识也反映在当时日本民间以太平天国为题材的文学作品之中。这是一个很有意思的现象，仅仅在太平天国起义后几年之内，日本就出现了好几种描写太平军的小说，反映出民间作家和广大日本民众对太平天国的关注和极大兴趣。这些小说采取民间流行的以描写战争为主题的“军谈”体裁，大多是多卷本、美浓版、带插图的通俗作品。有的卷首还印有地图和主人公的画像，类似中国的绣像演义小说。有的为使普通百姓看懂，还夹杂平假名和汉字的注间假名。这些作品往往是以一些风说书上有关太平天国的情报作为线索，为迎合民众的口味，虚构编造而成。目前见到此类小说共有七种，其中1854年（嘉永七年，改元安政元年）出版的有四种，以后出版的有三种。①

一种小说名叫《云南新话》，又名《唐土炭屋记》，是美浓纸袖珍版的五卷一册本，注明“嘉永七年新镌”。卷首有云南王朱彰的传略和画像，书内还有插图。书中描写道：由于鸦片战争的失败，中国割地赔款，国势衰弱，奸臣横行，百姓生活于水深火热之中。云南武定县有一个明朝皇室的后裔，名叫朱彰，在云南组织发动了农民起义，被推为“云南王”。作者颂扬起义军“所向无敌，施仁政，军令严明，秋毫无犯。一路开仓济民，万民箪食壶浆在道旁拜迎”。“仅数年之间，云南、贵州、广西、四川、湖广、江西六省数千里地都归属云南王。”小说还叙述了云南王大军攻克南京的经过，这说明太平军占领南京的消息刚刚传到日本，就被民间作家写进了自己的作品。更有意思的是，作者接着又写了一段云南王大破清英联军的故事。故事说：英国调来军舰七十余艘，军队八万多人援助清军，遭到云南王军队的伏击。英军丢弃数千门大炮后窜到福建，又被猛将范文虎用火

① 承蒙日本东京大学教授小岛晋治先生惠赠北京太平天国史研究会《云南新话》《新说明清合战记》《鞑靼胜败记》《外邦太平记》《满清纪事》等书，使笔者得以读到日文原著，在此表示感谢。

船袭击。“听说英国军舰只剩下少数，狼狈逃回本国。”这个故事表达了日本庶民同情太平军，痛恨西方侵略者的心情。

另一部小说名叫《外邦太平记》，共五卷。卷首有《唐土皇舆全图》《京师总图》和主人公画像。小说在第一卷中就写到太平军占领南京的新闻。书中说：“明代后裔，姓朱名华，字元晔，其性宽仁大度。当时清朝暴政，民不聊生，元晔与李白玉等定谋恢复明朝，强取广东、福建、浙江。他们在江西鄱阳湖打败赵元宗，乘势进军石头城（即南京），守将或逃或降，大军已有二十万。”“咸丰三年五月，元晔即位，尊称天德帝，年号天德元年。”还说“天德王要率五十万大军攻北京，在石头城集合诸将商议谋略”。接着，书中着重描写了“明军”与清军之间的种种攻防战争，其同情“明军”（即太平军）的倾向性是十分明显的。

更富有传奇色彩的是一种名叫《新说明清合战记》的军谈小说，1854 年由山丰轩出版。卷首的中国地图上用淡红色标出“明军”占领地域，包括广东、广西、湖北、湖南及安徽等地。作者说明：“此时明所占地已有四十八国和四岛，其里数比日本国还大。”小说也从鸦片战争的时代背景写起，描述清政府统治腐败，“外受诸蕃欺侮，内不领万民。文武官员只知享乐，不修武备，江山不稳，政道不明，致使盗贼蜂起，黎民涂炭”。说明起义是正义的。接着又写主人公女豪杰东花孃在湖南找到了明代福王的后裔朱乌，辅助他集合义军复兴明朝，以江西南昌为国都，建元天德。最后写到“明军”与清军、英军激战为止。这部书的特色是把太平天国与日本人民熟悉的“国姓爷”郑成功联系起来，说郑成功的后代郑天麟和部将甘辉的子孙甘照也特地从台湾赶来参加起义军，并屡建奇勋。由于郑成功是日本人心目中的英雄，小说这样写，不仅是投民众所好，而且愈加表明了日本庶民对起义军的同情。

《清明军谈》是当时在日本民间流传较广的一部小说，由青卫塾出版，作者是青卫主人。它也把太平天国革命描绘成一场“明清战争”。小说叙述说：明代唐王的后裔朱华，字元晔，生于四川，后迁广西壮族自治区浔州府桂平县，世代做煤炭商人，因遭当地官吏陷害入狱。他被侠盗洪武龙救出后，举旗起义，发起复兴明朝的大业，建年号天德，兵进南京。小说的字里行间流露出对起义军的好感，如谈到起义军“攻入南京，不侮鳏寡，礼待文士，遂成大业”。

由墨堤舍刊印的《鞑靼胜败记》，作者署名青卫散人，看来是《清明军谈》的续编。这部小说主要叙述在南方“后明军”兴起之时，北方鞑靼（即蒙古）的喀尔喀王也谋叛清朝，袭击东北满族的故乡，占领黑龙、艾丹、宁古塔三城，并与天德帝联合。清军战败，只得向英国求援，“后明军”在黄河口用小船巧夺英国军舰，并活捉了英军指挥官。书中还描写道：起义军数十万大军攻克南京为新都，建年号天德，恢复先朝风俗衣服，“施仁政，振武威，震动内地十八省”。鞑靼喀尔喀王看到“大清苛政，民心所恶”，而“内地后明天德帝得民心，又有智勇之士辅佐”，因此决定派特使到南京，与天德帝联合。

当时还有一部小说名叫《清朝异闻》，作者也是青卫散人，由天竺楼出版，刊行的时间更晚些。这部书根据传闻，写了南京政权的“内讧”。小说描写道：朱元晔在南京称帝以后要到四川迎娶皇妃，引起企图当皇后的李伯玉的不满，以致发生内讧，李伯玉还要杀死大将洪武龙，洪武龙脱离天德帝出走。这时清军乘机攻进南京，天德帝战死，新王朝仅五年就被消灭，“大清再奏太平”。此书与众不同的是，在起义军内讧上大做文章，虽系虚构，但却与太平天国发生的天京事变及石达开出走暗合。

此外，有一部小说题为《满清纪事》，又名“小刀会话”，五卷，作者无名散人，由金圣阁刊行。值得注意的是，这部书的主人公小刀会总大将名字叫洪秀泉，小刀会第二号人物叫杨秀荣，与太平天国领袖洪秀全、杨秀清名字相近，这是其他小说从未提到过的。但是，这部小说却是杜撰的，与洪、杨生平及小刀会史实风马牛不相及。书中描写扬州甘泉县侠盗洪全忠被官府处死，其子洪秀泉发奋报仇，得到老隐士苏意传授的妖术，以小刀为标志，号称“小刀会”，打起“代天行道”的旗帜，举义反清，其义弟杨秀荣也赶来参加。小刀会转战各地，最后在云南省临南县石屏城被围。

以上七种民间军谈小说，多数以朱氏后裔复明为主题，并寄予希望和同情，反映了一般日本庶民对幕府腐败无能的不满，支持除暴安民，期望天皇重新掌权的心情。这些小说通过虚构杜撰的各种生动有趣的情节，有的直截了当，有的隐晦曲折地站到了太平天国革命的一边。

那么，日本德川幕府统治集团对太平天国有什么反应呢？这方面的资料较少，只有零星的记载，主要表现出对太平天国革命的不安和担心。由于当时日本幕府也面临着封建统治的危机，因而与清朝统治者同病相怜，很关心中国国内战争的情况与清政权的安危，甚至忧虑中国革命会不会波及日本，并多次下令探听、搜集有关太平天国的情报。1854 年 6 月，幕府接到古川、佐须的报告后，就立即命令长崎奉行进一步调查中国动乱的情况。同年 6 月 3 日，幕府老中在给长崎奉行的信上也关切地问：“北京被围，粮道被断，清帝处境如何？”①

需要着重研究的是，当时日本武士阶层特别是幕末维新志士们对太平天国的看法。幕末维新志士大多是下级武士，他们对幕府统治强烈不满，要求改革内政，抵御外敌，并希望天皇掌权，大政复古。他们本应对传说中以复兴明朝为目标的太平天国运动寄予同情，但是从 1854 年以后维新志士的言论来看，他们大多是站在太平天国对立面，这是什么缘故呢？

幕末著名思想家佐久间象山很关心中国发生的太平天国革命。他说：“当前关于清国天德之乱（即太平天国），虽有各种传闻，但我等并不确切了解。”并认为“中国之兵乱与我国亦甚有关系，盼能派人前往探查”②。

维新思想家吉田松阴也十分重视太平天国革命。他在被囚狱中的困难条件下，把罗森的《南京纪事》翻译成日文，题为《清国咸丰

① 《幕末外国关系文书》（六）。

② ［日］信夫清三郎：《日本政治史》第一卷，第 221 页。

乱记》。吉田松阴执笔编译此书前五日，在给赤川淡水的一封信中曾说："夫洪钱（指洪秀全）中华人也，率中华人攻满洲贼，其名可谓正矣。满洲，一统天子也，奉王命，讨乱贼，其名亦可谓正矣。那么，二京十八省之民究竟孰以为正、孰以为逆呢？"他的观点是："然使洪钱之党，初不薙发，不截袖，不践天子之地，不食天子之粟，奉崇祯之正朔，以至于今日，则吾与其义。而中国果有此人哉？然则洪钱之义，遂不可与也。然是何足言，独吾国皇统绵绵，与天壤无穷，下至邦国茅土之封，与山河无竭……此义卓越万国，中国以下，莫能及也。"① 可见，吉田松阴从维护封建统治及正统观念的立场出发，认为太平军原奉清朝天子正朔，践其地，食其粮，起兵造反就是叛贼。只有像日本天皇那样"万世一系"下来，"王政复古"，才是真正符合正统的。因此，他把那些同情太平军的传闻、风说以及民间军谈小说都斥为"妄语""妄说"。这恐怕不仅是吉田松阴一个人的看法，在一定程度上反映了多数日本武士的观点。

1862 年乘"千岁丸"亲自到过上海的藩士们则从更多方面批评太平天国革命。他们最反感的是太平天国信奉基督教，因为基督教在日本是被视为最危险的邪教而被严厉取缔的。他们在上海亲眼看到基督教的蔓延，又从太平天国的情报，尤其是在太平天国本身的文献如《天理要论》等书中看到了浓厚的基督教色彩，因此对太平天国有诸多非议。日比野辉宽认为"长毛贼以明末大义起兵无可非议，唯以邪教惑溺愚民，酿成大乱，灾及十省，难以遏禁"②。纳富介次郎在《上海杂记》中也说："长毛贼虽开始以明末为名，现在则专以天主教愚民，不从者则诛杀。"同时，他们也反对太平天国对儒家思想的打击。久坂玄瑞根据"千岁丸"在上海的见闻，感叹道："近年中国大半被邪教披靡，周孔之道落到那样地步，真是可怜啊！"③ 在上海

① ［日］吉田松阴：《野山狱文稿》，引自市古宙三《近代中国的政治与社会》，第 114 页。

② ［日］日比野辉宽：《赘疣录》。

③ ［日］久坂玄瑞：《解腕痴言》。

所听到的中国地主官僚们对太平天国的种种诬蔑咒骂，更增强了日本武士们对太平天国的恶感。

一般来说，1854 年 7 月以前的情报，大多是对太平天国有利的，在此前后出现的一定程度上反映日本庶民意识的漂流记和民间军谈小说，多数也是基本肯定这次起义，并期望其成功的。而 1854 年 7 月以后，随着中国官方消息、书刊的传入，日本舆论逐渐转向对清政府有利的一面。日本武士阶层则由于正统观念、忠孝思想、害怕人民革命、仇视基督教等原因，对太平天国颇加责难，并断言其必然失败。

三 推动维新
——太平天国革命对日本的影响

轰轰烈烈的太平天国革命究竟对日本社会产生了什么样的影响？为什么说它推动了日本的明治维新呢？

这可以从两个方面加以分析，首先是太平天国对日本政治思想界的影响。太平天国农民革命的消息通过各种途径，以各种方式传到日本，在日本社会各阶层中引起了很大震动，特别是强烈地刺激了要求变革的维新志士。他们从自己的立场出发，结合日本社会的现实，分析并吸取中国太平天国革命的经验教训，得出了日本必须加紧实行变革维新的结论。

幕末著名维新思想家吉田松阴在《清国咸丰乱记》的例言中指出："中国的治乱往往和我国的关系至大，决非离我遥远的欧美诸夷可比。"① 因此，可称为"中国一大变乱"的太平天国革命对日本自然也有重大影响。他还举了历史上的例子："过去天平宝字时，唐代安禄山谋叛，天朝就命筑紫，加强武备，可见古代朝廷的用心，现在也应如此。"② 他主张应以中国的变乱为殷鉴，从鸦片战争和太平天

① 《吉田松阴全集》第二卷，第 218 页。
② 《吉田松阴全集》第二卷，第 218 页。

国革命中吸取教训，采取措施，防止内忧外患相结合，避免重蹈清政府的覆辙。

鸦片战争后中国逐步沦为半殖民地，增加了日本有识之士的危机感。他们担心中国的“内乱”会波及日本，转化成本国的“外祸”和“内乱”。早在1853年（日本嘉永六年）6月2日，萨州藩医汤藤龙栋在一封信上就说过：从中国兵乱的情况可以看出，已经到了整个世界都将发生动荡的时代了。因此，他预言“日本在十年之内也将发生战争”①。“千岁丸”上的藩士们在上海亲眼看到了西方侵略者横行霸道的现状和基督教势力的扩张，又听说太平天国也信奉基督教，因此认为：“清国的衰世是由于基督教，而基督教的流行则是由于开港，应该引为殷鉴。”② 他们叹惜清政府“外有洋夷猖獗，内有贼匪煽乱”的可悲处境，感到“近在一水之外，真是十分令人担忧的”③。他们得出外患引起内乱，而内乱又加深外患的结论。因此，对于处在西方侵略势力冲击下的日本也可能发生大规模人民革命的前景感到非常不安和恐惧。吉田松阴指出，如果国家混乱，流民蜂起，黠夷就会乘机而至，而最危险的是流民与黠夷勾结，内忧外患的结合。因此，当前必须以“厚民生、正民心、养民生为最大急务”④。

日本各界人士还忧虑太平天国革命的成败会加深日本的海防危机。有关太平天国的很多情报都谈到英国也插手这个事件，有的说英国帮助清政府，有的则说英国支持太平天国。文太在《荣力丸漂流记谈》中指出：“英吉利人的狡黠，实世界之冠。”英国经常利用外国内战趁火打劫，如果看到明军（即太平军）将得胜，他们就会援助明军，企图在胜利后牟取利益，甚至会勾引明军渡海进攻日本。文太还认为：“唐土（即中国）本是本邦拒御外国的藩屏”，一旦反过来进攻日本，后果将难以设想。“本邦将天天受夷贼的扰乱，永不得安

① ［日］小岛晋治：《太平天国历史的革命与思想》，第290页。
② ［日］日比野辉宽：《赘疣录》。
③ ［日］日比野辉宽：《赘疣录》。
④ 《吉田松阴全集》第二卷。

宁，这是人人所深深担忧的。”该书的编纂者堀熙明惋惜地说：“呜呼，漂流客如果能到南京看看中国的战况，对今天防御海寇也会有益，不幸未能遂愿，真是可惜。”① 盐谷宕阴在《防春或间》中也说：“如果清亡之后，英夷定分江南，宁波、乍浦被英夷所占，必成大患。”② 随“千岁丸”到过上海的中牟田仓之助认为：“英吉利帮清朝防长毛贼，私下又给长毛贼好武器，教其耶稣教。其实长毛贼夺得清朝的天下，就会落入英国阴谋之中。”③ 岛津淡路也大声疾呼：“近来清国之乱，何时波及日本，沿海地方应随时注意。”④ 桶口多三郎则认为由于英国帮助清政府大战“明军”（即太平军），“亚墨利加（即美国）会乘机来日本”⑤。

幕末维新志士通过总结鸦片战争和太平天国的历史教训，认为中国对外战争失败和发生农民革命，主要是清政府政治腐败、实行暴政的缘故。“千岁丸”的乘员纳富介次良说：“现在清朝的衰弱是因暴政所致，如果一旦改为仁政，施于四海，就能调动兵革，扫平贼匪，易如反掌。”⑥ “健顺丸”一行也认为中国衰乱的原因在于内政：“中国全国不正之风习使毛贼不能平定。听说奸臣受毛贼赠礼，不愿出阵，迟迟出征，军需品缺乏，怎么能不失败呢！”⑦ 基于这种认识，他们认为日本为了防御西方侵略和避免发生像太平天国那样全国规模的人民革命，只有尽快自上而下地进行改革，废除幕府弊政，实行维新，才能控制住人民并加强抵御外敌的力量。这种认识推动了明治维新运动的发展。著名的维新志士高杉晋作于1862年随“千岁丸”到过上海，看到了西方势力猖獗于中国的现实，也亲身感受到太平军的威力，这对于他的思想从尊王攘夷发展到倒幕维新，起了一定的促进

① 《荣力丸漂流记谈》，《海表丛书》卷三。
② 《海防续汇议》卷七。
③ 《子爵中牟田仓之助传》，引自市古宙三《近代中国的政治和社会》。
④ 《海防续汇议》卷二。
⑤ 《幕末维新外交史料集成》（二）。
⑥ ［日］纳富介次郎：《上海杂记》。
⑦ 《黄浦志》，引自市古宙三《近代中国的政治与社会》，第125页。

作用。与高杉晋作同到上海的大村藩兰学者峰源藏，目睹清政府依赖外国侵略势力抵御太平军，连上海城门也交给了英法两国军队把守，海关收入亦由英法掌管，十分感慨。他说："清朝风气，流于文弱，乃至现在只得依靠外夷之力，这真是天下万国的殷鉴。"① 古河藩兰学者鹰见泉石也大声疾呼："连具有大国威势，素称礼仪之邦的清国，也被夷狄英吉利欺侮，以致受到战败的耻辱。而且内乱相发，已成农民暴动之势。"② 日本如果再不改革，就更加危险了。

太平天国革命震动了日本，同时也为日本维新运动创造了有利的国际条件。这主要表现在太平天国革命牵制了西方资本主义列强的力量，减轻了对日本的压力，有利于日本通过维新改革摆脱民族危机，走上独立发展资本主义的道路。19 世纪五六十年代，英、法、美、俄等西方列强正环伺觊觎着日本。美国舰队两次来日，强迫开国。英、法、俄舰队也在日本沿海附近游弋角逐，并争夺对马岛。日本正处于同中国一样将要逐渐沦为半殖民地的严重关头。1851 年中国爆发的太平天国革命引起了西方列强的极大关注。在 1860 年以前，列强虽未公开武装干涉，但也不断派军舰到南京窥探，多次进行武装威胁、挑衅，并帮助清政府镇压了小刀会和红巾军起义。地大物博的中国是西方列强向远东侵略的主要目标，它们宁可暂时收缩别处的力量也不能丢掉中国。尤其太平军在长江流域的胜利发展以及向上海的进军，更促使西方列强集中力量维护其在华侵略利益，并通过第二次鸦片战争迫使清政府进一步屈服，勾结起来共同镇压太平天国革命。西方侵略者的公开武装干涉遭到了太平军的沉重打击。这一切便有力地牵制了西方列强，迫使它们不得不暂时放松对日本的侵略，并改变对日政策。英国驻日公使阿尔柯克在给本国的一份报告中说："我们对日本的纲领必须慎重行事，这就是说我们在中国已从太平天国人民革命中吃过苦头……这一切必须铭刻在心。"阿尔柯克还认识到："具

---

① ［日］峰源藏：《清国上海见闻录》，引自《上海公共租界史稿》，第 625 页。

② 《鹰见泉石小传》，引自［日］小岛晋治《太平天国历史的革命和思想》，第 296 页。

有亚洲人血统的任何国民和民族，不经过顽强的反抗，决不会向欧洲人屈服。”他看到了日本潜伏着人民革命的危机，因此他希望日本的变革，“不靠外面和下面的难于抗拒的压力来推行，而经由上至下的渗透过程，慢慢地达于大众”①。故而，英国采取了支持维新派的政策。当时远东的形势和列强的态度，为日本明治维新提供了有利的国际条件，使日本在进行倒幕和维新的过程中减少了外部干涉的压力，获得了通过改革摆脱民族危机，走上独立富强道路的较好时机。维新志士久坂玄瑞在 1862 年（文久二年）起草的《解腕痴言》一书中就明确指出：“英法现在还未向我国大动干戈，是因为长发贼（指太平天国）势盛之故。”② 可见，对于这一点，当时日本人就已经认识到了。

四 亦必出巧

——洪仁玕的预言

最后值得一提的还有当时太平天国领袖对日本的看法。因为太平天国的领袖并没有直接与日本人接触过，所以这方面的资料很少。现在能够见到的唯一史料是洪仁玕所著《资政新篇》上的一段话。

洪仁玕，字谦益，广东花县人。他是天王洪秀全的族弟，也是洪秀全创立的拜上帝会最早的参加者之一。1851 年（咸丰元年）太平天国金田起义后，洪仁玕前往广西，但没有赶上起义队伍。1852 年，为了逃避清政府的迫害，洪仁玕寄寓香港。他在香港结识了一些外国传教士，也获得了不少有关世界形势和西方历史、文化、科技方面的知识。1859 年（咸丰九年），他历尽艰难终于来到太平天国首都天京（今南京）。不久，就被洪秀全封为“开国精忠军师顶天扶朝纲干王”，并让他总理朝政。

---

① ［英］阿尔柯克：《日本滞在三年记》。

② ［日］久坂玄瑞：《解腕痴言》。

洪仁玕被封为干王后，便提出一个企图通过政治、经济、社会改革，使太平天国兴盛起来的政治纲领——《资政新篇》。它虽然没有实现，却是中国近代要求学习西方、发展资本主义的第一个政纲，在中国近代史上有着重要的地位。洪仁玕在《资政新篇》的“法法类”部分，介绍了世界各国的简况，说明应该适应历史发展的潮流，学习外国先进事物，改革旧制，“因时制宜，审势而行”。还要“乘此有为之日，奋为中地倡”，争取“与番人（指西方列强）并雄”，创立“新天、新地、新世界”。他在叙述了英国、美国、法国、德国、俄国、土耳其、波斯、埃及、暹罗（即泰国）等国情况之后，也谈到了日本。他说：“日本邦近与花旗邦（即美国）通商，得有各项技艺以为法则，将来亦必出于巧焉。”① 洪仁玕以敏锐的观察力，预言日本在开国以后，积极向西方学习，必将会有迅速的发展。明治维新后日本近代化的过程，果然证实了他的预见。

① （清）洪仁玕：《资政新篇》，见《太平天国印书》下册，第678—692页。

辛亥革命与日本*

1911 年中国的辛亥革命震撼了整个世界。正如列宁所指出的那样，它不仅标志着“地球上 1/4 的人口已经从酣睡中清醒，走向光明、运动和斗争了”①，而且也意味着“极大的世界风暴的新泉源已在亚洲涌现出来了”②。由于辛亥革命发生在一个为帝国主义列强视为肥脔的四亿多人口的东方大国，并且一举推翻了两千年的封建帝制，创建起亚洲大国中的第一个共和国，自然不能不在世界各国产生巨大的震动和广泛的影响。而在当时世界各帝国主义国家中，受中国辛亥革命冲击波影响最大、反应最为强烈的，莫过于与中国一海之隔的日本了。

一 东海惊雷

——辛亥革命震动了日本

1911 年 10 月 10 日中国武昌起义的消息，很快就传到了日本，在官方和民间都产生了强烈的反响。

在报纸方面，最先报道武昌起义消息的是 10 月 13 日的《东京朝日新闻》和《时事新报》，同一天，《大阪每日新闻》也出版了“号

---

* 原载于王晓秋《近代中国与日本——互动与影响》，昆仑出版社 2005 年版。

① 《列宁全集》第 18 卷，人民出版社 1959 年版，第 395 页。

② 《列宁选集》第 2 卷，人民出版社 1972 年版，第 439 页。

外”，辛亥革命很快成为头条新闻。10月14日，几乎所有日本报纸都以大量版面报道中国革命的消息，并发表各种评论文章。仅《大阪朝日新闻》这一家报社，在1911年（日本明治44年）10—12月，发表有关辛亥革命的社论就达38篇之多。

辛亥革命也成为当时日本各种杂志的重要议题。从1911年11月1日出版的在日本影响较大的几种刊物来看，《中央公论》共发表了根津一的《中国革命党和秘密结社》、宫崎滔天的《一代大人物孙逸仙》等有关辛亥革命的评论12篇。《大国民》杂志也刊载了《革命战纪》和隈溪生的《中国革命党史论》等17篇关于中国革命的文章。《新日本》杂志则刊登了大隈重信的《中国革命论》、长谷川芳之助的《革命和日本》等10篇评论。

再拿同一天出版的《日本与日本人》杂志作一番更具体的考察。翻开这一期杂志，首先是关于辛亥革命新闻的综述，其小标题分别为：清国动乱之机，点燃革命之火，武汉的形势，叛乱的真原因，动乱之范围，倒满兴汉宣言，革命军的兵力，列国的态度，等等。然后，介绍了辛亥革命与日本的关系及日本政府对华外交的动向。接着，是评论文章，有社论《汉民族的革命变乱》，分析了中国爆发辛亥革命的原因。稻垣伸太郎的《清国动乱的前途如何》一文则着重预测辛亥革命的前途。稻叶君山所写的《反清朝的思想》一文，是从历史的角度，追溯反清思想的由来。杂志的“人物评论”部分，有白熊生写的《孙文与黄兴》介绍辛亥革命的两位领袖人物。在“评林”部分有6首反映辛亥革命的诗歌，如《兹纪元》一诗写道：“汉族孰非黄帝孙，壮图誓欲复中原。愧将大国媚其敌，遽起新朝兹纪元。”[①] 此外，还有总标题为“中清动乱观”的论坛，其中有陆军少将铸方德藏的《革命党的将来》、根津一的《革命与草泽的英雄》、青柳笃恒的《风云愈急也》、大厚武庆的《袁世凯的去就》以及署名清国经济通某氏的《政府的破产》。这一期《日

① 《日本与日本人》569号，1911年11月1日出版。

本与日本人》还刊有孙中山、黄兴、章炳麟等人的照片。杂志最后收录了平山周著的《中国革命党及秘密结社》一文，从白莲教、三合会、哥老会等反清秘密团体，一直写到兴中会、同盟会等革命组织并附有介绍史坚如、吴樾、陈天华、邹容等的《革命烈士像传》，共长达一百多页。① 这份杂志的内容反映出当时日本舆论界对辛亥革命的重视程度。

日本社会各阶层群众对邻邦中国的革命十分关心。为满足广大民众了解辛亥革命的愿望，东京早稻田大学特地在1911年11月2日，由校外教育部主办了中国事变讲演会，听讲者十分踊跃。演讲原定在一桥帝国教育会讲堂举行，因听众超过预计人数的三倍，只得临时改在共立职业学校大讲堂举行。前来听讲人数竟达一千二百多名，其中有大学生、中小学教员、银行职员、军人等各界人士。会上的演讲有市村瓒次郎《中国革命的历史的观察》，中村进午《中国事变和国际法》，田中穗积《中国事变对我国经济界的影响》，青柳笃垣《中国最近政治上的变迁》等。讲演会还专门出版了《早稻田讲演临时增刊——中国革命号》。早稻田大学政治系的学生甚至还举行了关于清帝退位后"新中国建设问题"的讨论会。

在日本政府方面，由于把中国作为自己的主要侵略目标，出于对中国政体变化的敏感，更是密切注视中国辛亥革命的动向。据《日本外交文书》记载，日本驻汉口总领事松村贞雄在武昌起义第二天就向外务大臣报告武昌起义的消息。接着，日本驻华公使伊集院彦吉，驻上海、广州、香港、天津、奉天等地总领事，以及驻长沙、沙市、长春、苏州、南京、福州、杭州、汕头、重庆、芜湖、芝罘、哈尔滨、辽阳、九江、铁岭等地领事也纷纷向日本政府报告了中国辛亥革命动向以及各地响应革命的情况。日本内阁与议会曾多次讨论中国局势，天皇甚至召开了元老重臣会议来商量对华政策。辛亥革命的确如东海惊雷震动了整个日本。

---

① 《日本与日本人》569号，1911年11月1日出版。

二 仇视与干涉
——日本统治集团的态度

日本在20世纪初已成为一个带有军事封建性的帝国主义国家。以天皇为首、军阀和财阀为支柱的日本统治集团，对内竭力加强军国主义专制统治，镇压国内的民主进步势力；对外拼命加紧殖民主义领土扩张和经济掠夺。因此，他们绝不愿意看到自己的主要侵略对象通过革命成为强大的独立国家，也不愿意看到自己的近邻经过革命建立民主共和制度，这就决定了日本统治集团从一开始就对中国辛亥革命抱着敌视的态度。

日本驻汉口总领事松村贞雄在武昌起义第二天给日本政府的报告中，把革命军称为“暴徒”。日本政府闻讯立即增派军舰到长江中下游一带，一边保护日本在华权益，一边监视革命军的行动，并伺机进行武装干涉。

日本陆军省、海军省和军部（参谋本部）的军国主义分子更是迫不及待地策划如何乘此时机出兵侵华。武昌起义的第四天（即10月13日），日本陆军省军务局长特使田村大尉就在一份《关于对清国用兵问题》的意见书中，认为武昌起义是列强用武力干涉中国的好机会。他提出了日本出兵中国的几种设想：“我们以取得南满为满足”或者占领直隶、山西地区，获得清国中部的资源？或者扼长江江口、占领该江的利源及大冶矿山等，“或者割让广东、福建？”[①] 可见，日本军国主义分子对中国侵略胃口之大，几乎从北到南都想伸手。次日，日本海军省也提出了抢先派海军占领大沽口及长江口的计划。10月15日，日本参谋本部第二部部长宇都宫太郎在有影响的军界领袖中传阅一份题为《关于我们对华政策的我见（绝密）》的意见书，其

---

① 日本海军省：《清国事变文书》，载［日］栗原健《满蒙政策史的一面》，原书房1981年版，第290页。

中更进一步提出了瓜分中国的八条纲领。就是“（一）照平素主张，先标榜保全中国；（二）到一定程度，援助清朝，防止其颠覆；（三）同时在绝密情况（采取借用反对党之手等间接手段）助长叛乱分子，而于适当时机居中调停，使满汉两族分立为南北两国；（四）作为报酬，使有利于解决满洲问题；（五）与上述分立两国缔结特殊关系；（六）列强分割，首先极力加以反对；（七）到大势所趋，万不得已时，我当然也取得应取部分，但始终须装出并非于本意的样子；（八）在我分得的地方，北拥立满人小朝廷，南拥立汉人小朝廷，并以此为诱饵，将其他列强分割地区的全部人心收揽于我，以此准备第二幕的演出”①。日本帝国主义妄图侵略、分裂、独霸中国的阴谋与野心，在这一份纲领中可谓暴露无遗了。

日本军国主义分子经常叫嚷要“保全中国”，其真实意图究竟是什么？读一读宇都宫太郎的下面一段自白就很清楚了。他说：“如能获得整个中国，当然最为上策。然而在列强对峙的今天，这一点不能一气贯彻下去，不得不承认目前的实际情况，实为遗憾。不过我国既不能取得，也不能让他人获取。这就是我所持的所谓保全中国论，即不是为中国而保全中国。”②

日本政府为支持清政府镇压革命，曾指令商人向清政府提供武器弹药。1911 年 10 月 16 日，外务大臣内田哉康致驻华公使伊集院的电报中说：“帝国政府鉴于清国政府为剿讨革命军而急需枪支、弹药等迫切情况，已决定由本国商人设法供应，予以充分援助……帝国政府之所以不避偌大风险，提供援助，实出于对清国政府之特殊善意以及维持东亚大局所必需之考虑。”③ 大仓洋行与清政府陆军部所订关于订购武器的合同，包括各式炮弹十二万发、机枪子弹一百万发、步枪子弹一千五百万发等，共值二百七十多万日元。日本驻华公使还对清

① 《上原勇作关系文书》，第 56—57 页。

② 《上原勇作关系文书》，第 55—56 页。

③ 内田外务大臣致伊集院驻清公使电（1911 年 10 月 16 日），《日本外交文书选择——关于辛亥革命》，第 43—44 页。

政府要员威胁说："在危急关头，清政府如对既占地利又有实力之日本帝国不予信赖，则平定时局势将不可设想。"①

10月24日，日本内阁召开会议讨论对华政策，会议决定："鉴于帝国在政治上和经济上与清国之间具有极密切的关系，故我政府应不断努力，以求对清国占有优势地位，并须多方策划，使满洲现状得以永恒持续。"② 他们阴谋策动满蒙王公进行所谓"满蒙独立运动"，企图乘机吞并东北和内蒙古。驻华公使伊集院彦吉甚至还建议"在华中、华南建立两个独立国家，而使满清朝廷偏安华北，继续维持其统治"，妄想"由此一举奠定帝国政府之百年大计，确立远东和平之根基，并进而为世界和平消除祸乱之源"。③

辛亥革命的一大丰功伟绩就是在中国推翻了持续两千多年的君主专制制度，建立共和国。这对犹在天皇制度统治下的日本冲击很大，引起日本统治集团的恐慌和仇视。日本驻朝鲜殖民总督寺内正毅指出："清国共和论对我国人心影响甚大，实为可惧。试观今日我新闻界青年之辈种种议论，即可得知。""当局须对此种趋势有相当之认识方可。"④ 代表军阀势力的军部也认为中国的共和革命引起了日本天皇制的危机，"日本帝国将为民主国欤？抑为君主国欤？此所谓天下成败之秋也"⑤。德富苏峰甚至把中国革命比作瘟疫，叫嚷："鼠疫乃有形之病，共和制乃无形之病。"⑥ 并强调中国新设的共和政体与日本帝国的皇室中心主义是根本冲突的。当时，一位英国作家曾这样描绘日本统治集团对中国建立共和制度的恐惧心情："如果近在咫尺的中国，一个中央君主制王朝，能够像苦力一样，被一脚踢开。那

---

① 伊集院驻清公使致内田外务大臣电（1911年10月28日），《日本外交文书选择》，第53页。

② 日本政府关于对清政策问题的内阁会议（1911年10月24日），《日本外交文书选择》，第109页。

③ 伊集院驻清公使致内田外务大臣电（1911年10月28日），《日本外交文书选择》，第112页。

④ ［日］信夫清三郎：《日本外交史》，第249页。

⑤ ［日］信夫清三郎：《日本外交史》，第250页。

⑥ ［日］德富苏峰：《对岸之火》，《国民新闻》1911年11月12日。

么，在日本为什么不能这样呢？如果在中国，清王室能够被发给年俸而令其退位。那么，这同样的办法，难道不会施用于日本的天皇与藩阀官僚吗？”①

正是由于上述原因，日本政府在辛亥革命期间，曾竭尽全力地企图在中国维持君主政体。军阀、元老山县有朋曾经明确地表示了日本统治集团的态度：“日本不希望中国有一个强有力的皇帝，日本更不希望那里有一个成功的共和国。日本所希望的是一个软弱无能的中国。一个受日本影响的弱皇帝统治下的弱中国，才是理想的国家。”②

1911 年 11 月 28 日，日本内阁举行会议，讨论中国形势。会后，外务大臣内田康哉向驻外公使们传达：“关于清国问题，目前议论之焦点，在于君主、共和两种政体之孰得孰失。依清国之国情而论，共和政体实属万难实行。且据目前现状观之，亦不能认为清国已有实行共和之准备。尤以革命军之实况，既如上述，更绝不能指望该党有能力实行共和。”③ 因此，日本政府的方针是要通过列强共同干涉和促成南北妥协，来维持中国的君主政体。后来，他们也看到清朝廷已经“威信扫地”，便把希望寄托在支持袁世凯坚持君主立宪之上。12 月 22 日下午，日本驻华公使伊集院对袁世凯宣称：“万一贵国变成共和国体，我国国民在思想上必受到不少影响。仅从此点出发，我国也要支持贵国实行君主立宪，并尽可能促其实现。”④ 12 月 24 日，日本天皇又召开研究对华方针的元老会议，再次重申：“帝国政府认为确立君主立宪制度为解救清国时局之最良方策。”⑤ 但是，历史的发展并不按照日本统治集团的主观意愿进行。由于革命形势的迅猛发展，以

---

① A. M. 波列：《日本的外交政策》，伦敦，1920 版，第 64—65 页。

② 密勒：《民主政治与远东问题》，引自《国外中国近代史研究》第二辑，第 328 页。

③ 内田外务大臣致山座驻英代理大使电（1911 年 11 月 28 日），《日本外交文书选择》，第 254—255 页。

④ 伊集院驻清公使致内田外务大臣电（1911 年 12 月 23 日），《日本外交文书选择》，第 316 页。

⑤ 内田外务大臣致伊集院驻清公使电（1911 年 12 月 24 日），《日本外交文书选择》，第 316 页。

及袁世凯出于个人野心而接受共和制，特别是英、美等其他列强不愿意与日本一起干涉中国的政体问题，日本统治集团才无可奈何地勉强表示："暂时听任事态之自然发展"，并希望清政府"充分理解帝国政府曾为清国皇室及其国民煞费苦心，直到最后仍在尽最大努力设法维持"。[①] 日本政府甚至还企图通过民间人士犬养毅等去说服革命派领导人自动放弃建立共和制度的主张，结果遭到孙中山等人的坚决拒绝。1912 年 1 月，具有资产阶级共和国政权性质的南京临时政府成立，2 月清帝宣布退位，宣告了日本统治集团在中国维持君主政体企图的彻底破产。

日本统治集团还担心中国辛亥革命的发展，会刺激朝鲜等日本殖民地的民族解放运动，并助长日本国内的革命思想传播，动摇他们的统治。有的日本报纸指出："我国如果同情邻国的叛乱（即指中国辛亥革命），就会影响新附的鲜民（即指刚成为日本殖民地的朝鲜的人民）。而且，一方面严禁国内的危险思想，一方面又承认国外的危险行为，这在逻辑上也是矛盾的。"[②] 因此，《报知新闻》上的文章公开鼓吹"必须最低限度地抑制清国的祸乱，以杜塞两国彼此的危机"[③]。

三　同情与支持

——日本进步人士的反应

与统治集团恐惧、敌视、干涉中国革命的态度相反，日本广大进步人士和有识之士是同情中国辛亥革命的。他们发表了不少声援中国革命、支持中国实行共和制、反对政府干涉中国的言论和文章。

日本的不少民间报刊倾向于同情辛亥革命。1911 年 11 月 1 日出版的《日本与日本人》杂志，在关于武昌起义的报道中，认为起义

① 内田外务大臣致伊集院驻清公使电（1911 年 12 月 26 日），《日本外交文书选择》，第 326 页。

② 《世界多事之年》，《大阪朝日新闻》1911 年 10 月 27 日。

③ 《报知新闻》1911 年 11 月 14 日。

并非偶然，腐败麻痹的清政府已成了一具“木乃伊”，而革命军“军容堂堂，队伍整齐，在炮火下冒死为主义而战，志壮举快，吾人决不能以普通叛乱视之”。革命将“以燎原之势，风靡东西南北”①。平山周在其《中国革命党及秘密结社》一文的例言中也认为“武昌革命军兴起，得天时、地利、人和，其成功无疑”②。

在日本颇有影响的《太阳》杂志总编辑、早稻田大学教授浮田和民，在《太阳》上发表《东方的第一个共和国》一文，指出：“作为日本人，可以说只有对这次中国革命表示同情，才最为合情合理。”他欢呼：“中国成了东方第一个共和国，这将是世界历史的一个新纪元。”浮田认为中国通过革命实现共和制是自然的趋势。他说：“中国人民除历来的中国民主思想之外，又学习了欧美各国的民主共和的理想，所以决定废除君主制建立共和制，将国家和政府的基础建于‘公然主权在民’之上，这是自然的趋势。”③

评论家中野正刚在《大阪朝日新闻》上也写了一篇题为《对岸的火灾》的文章，驳斥了德富苏峰攻击辛亥革命危害日本的观点。他指出：“邻邦的革命对我国的影响，并非革天下之命的革命，而只是打破政界现状的革新运动。详言之，即打破藩阀，改造腐败之政党。我们应引以为快事，并起而欢迎之。”④ 他不仅对辛亥革命表示同情和欢迎，而且希望中国革命能推动日本打倒藩阀、改造政党的民主革新运动。

《社会政策》杂志的主编和田三郎在他编辑的杂志上发表《国际上的社会政策》一文，有力地驳斥了鼓吹干涉中国革命的言论。他认为国际上社会政策的根本原则是：“第一，各国都应尊重作为各国生命和独立基础的国民性；第二，各国应以本国国民自行治理国家为原则。”也就是要求确认各国人民的民族自决权，反对干涉别国内政。

---

① 《日本与日本人》569号，1911年11月1日。

② 《日本与日本人》569号，1911年11月1日。

③ 《太阳》18卷第2期（1912年2月）。

④ 《大阪朝日新闻》1912年12月18—22日。

他还指出，如果因为中国不采用与日本一样的君主制就要干涉，那等于“以别人不与自己戴同样的帽子就去打那个人的头一样，是野蛮的、粗暴的”。他认为实际上共和制比君主制更进步，日本人民一旦看到这个进步，就将觉醒，起来打倒藩阀、官僚的腐败统治。他说：“我国人民虽然愚昧，但如果眼前展现出比我国先进之国家，实施自由之政治，则不能不觉醒。一旦觉醒，就将打破官僚统治。”[①] 和田能一反当时日本政界、舆论界轻视中国的态度，承认中国革命推动了日本人民的觉醒，中国新生的共和国比日本天皇制国家制度更先进，这的确是难能可贵的。他还一针见血地揭露：“现今的官僚政治家不正是有恐于此，才想假借皇室安危之名干涉中国的共和制吗？”[②]

辛亥革命之所以得到不少日本人士的同情、支持，首先是因为中国人民的斗争是争取独立、民主、自由的正义斗争。同时，孙中山等革命派和大批留日爱国学生在日本的长期活动，也使日本人对中国革命产生亲近感，对腐朽的清政府十分厌恶。一些日本进步人士还通过对中国革命的同情，表达对当时日本军阀官僚专制政府的不满和愤怒，并借此启发民众。因此，佐佐木照山在《从背面看中国革命》一文中，认为日本人士对中国辛亥革命的同情，是“对官僚政治家的一种泄愤”，也是“政论家借邻邦的革命警告当权者的一种手法”。[③]

同时，也必须指出，在支持中国革命的日本人中，有些则是别有用心的。一些资本家希望通过支持革命派而在中国长江流域和华南取得更多经济利益。一些政客、军人、浪人则企图利用中国革命力量，在中国制造分裂和混乱，乘机扩大对中国的侵略，掠夺中国的领土。例如，当时很有影响的黑龙会领导人内田良平就是从对华扩张的意图出发来支持中国革命和共和政体的。他在辛亥革命期间所写的《中国改造论》就大肆鼓吹：“日本应掌握指导列国、改造中国的主动权，以赞成共和政治建设事业的方法制止中国被瓜分。”而在1914年10

① 《社会政策》1911年12月号。

② 《社会政策》1911年12月号。

③ 《海外的日本》1912年4月号，引自《中国近代化的社会结构》，第178页。

月起草的《解决中国问题意见书》中，更是彻底暴露了他妄图灭亡中国的野心。他建议由日本与中国订立秘密军事同盟条约，条件是日本在中国南满、内蒙古、山东、福建享有特殊权利：中国的军队、兵工厂、海军、财政、教育都委托日本办理；中国向别国借款或租让、割让领土必须征得日本的同意等。实际上是要把中国变成日本的殖民地。这个意见书后来就成为日本政府向袁世凯政府提出灭亡中国的“二十一条”的蓝本。在政体问题上，他在意见书中也主张：“我们必须利用目前机会改变中国共和政体为君主立宪，而这一政体必须在一切细节上与日本的君主立宪相符合。”① 由此可见，内田良平支持中国革命的险恶用心。

四 雨后春笋
——日本研究中国问题团体的兴起

日本各界人士不但发表了大量关于辛亥革命的言论，而且组织了很多研究中国问题的团体。这些团体的兴起，反映了中国辛亥革命对日本社会的巨大影响和日本各界人士对中国革命的关注，同时也体现了中国革命与日本政治运动之间息息相关的联系和相互作用。当然，这些团体的情况很复杂，其成员有政治家、议员、企业家、新闻记者、律师、学者、军人、浪人等等，而且团体内部的各组织、各派系也有区别。他们关心中国革命、研究中国问题的动机、目的、主张也各有不同，有的是出于正义感，支持中国人民的反压迫斗争；有的是出于对中国和以孙中山为首的革命派的友好感情，而声援中国革命。但是，也有的是企图利用中国革命之机，鼓吹扩大对华侵略，推行侵华、亡华的大陆政策。还有的希望通过中国革命谋求扩大在华经济利益与市场，或者浑水摸鱼捞一把。有些在野政客则是借中国问题进行国内的政党、派系之争。各团体在各个时期也表现不一，有的从支持

① 《第一次世界大战以来帝国主义侵华文件选辑》，第4—11页。

中国革命逐渐转化为鼓吹侵华。真是五花八门，鱼龙混杂，需要作具体细致的分析。

日本各种团体非常关心中国革命的发展和前途。1911 年 11 月 10 日，即武昌起义一周月之际，日本著名的中产阶级知识分子和实业家的团体“交询社”在一次晚餐会上，进行了关于中国前途的民意测验。主持者提出了五个方案供与会者选择投票。这五个方案是：（一）维持现状；（二）南北分立；（三）中国合众制；（四）各国分割；（五）建立新帝国。第一次投票的结果，主张维持现状者八票，赞成南北分立的有二十二票，支持中国建立合众制（即联邦共和国）的也有二十二票，希望建立新帝国的有十二票，同意各国分割中国者只有六票。然后在票数较多并相等的第二、第三项中又进行了第二次投票，结果是主张南北分立的增为三十票，赞成合众制的减为十四票。[①] 这次民意测验反映了交询社成员对中国政治问题的倾向性。

辛亥革命后日本成立的第一个中国问题团体是“有邻会”。它是 1911 年 11 月上旬，由小川平吉、内田良平等发起组织的。其主要成员还有宫崎寅藏、福田和五郎、古岛一雄等人。有邻会不仅表示支持中国革命，而且派遣了赴华的“渡清团”，包括尾崎行昌、宫崎寅藏、平山周等人，去中国各地联络革命党人。其中，如宫崎寅藏（即宫崎滔天）等确实是真心实意帮助中国革命的。记者中野正刚在访华归国后也写了不少赞扬中国革命、反对干涉中国的文章，还认为“必须消灭日本的官僚主义，才能对中国巩固善邻之交”[②]。

以新闻界和法律界为中心所组成的“中国问题同志会”，发起人有新闻界的浮田和民、松山忠次郎、斯波贞吉和法律界的加濑禧造、平松市藏等人。1911 年 12 月 26 日，这个组织在东京日比谷松本楼举行第一次集会，出席的有东京《朝日新闻》《每日新闻》《日日新闻》《日本新闻》《二六新闻》《万朝报》《太阳》《日本与日本人》《新日

① 消息原载于《时事新报》1911 年 11 月 10 日，引自《中国近代化的社会结构》，第 181—182 页。

② 《日本与日本人》1912 年 5 月 15 日。

本》《东洋经济》等各大报刊的代表四十多人。会上通过了对华政策的两大方针：第一，保全中国的领土完整；第二，尊重邻邦民意，对政体问题，不应乱加干涉。中国问题同志会还派出代表走访首相与外相，谴责政府对中国革命的干涉方针。后来，又以这个团体的成员为骨干，进一步组织了“共和新政府承认同志会”，并在国会内批评政府的对华政策，开展促进承认中国共和新政府的运动。

此外，1911 年 12 月 27 日，东亚同文书院院长根津一等发起在筑地静养轩成立了“善邻同志会”，表示声援中国革命。

随着 1912 年中华民国建立，日本的中国问题团体又有了进一步的扩大发展。1912 年 2 月 22 日，以各政党、团体的代表犬养毅、尾崎行雄、浮田和民、根津一等几十人为发起者，召开了“中国问题同志联合恳亲会”。到会者约三百人，通过了支持中国革命和要求政府确定对华政策等决议，并成立联合的“中国问题同志会”，推选了花井卓藏、弓削田等十五人为干事。以大竹贯一、五百木良三等为中心的“太平洋会”，也开会通过决议，要保全中国和援助中国革命军。还有伊藤知也、中西正树、田中舍身等“浪人会”，会员一百多人也曾集会，提出“要以先忧后乐之真浪人，援助经世济民之真革命，奋勇挽救中国危机，为东西大局作贡献”①。

虽然这些团体及其成员怀有各种目的和主张，但他们的活动扩大了辛亥革命在日本的影响，在一定程度上起到了在日本广大民众中宣传、声援中国革命的作用。

1913 年，中国发生了“二次革命”和“南京事件”（即军阀张勋的军队在南京与革命军交战时，抢劫了日本商店并杀死三名日本人的事件），日本又一次出现组织研究中国问题团体的高潮，但性质已转变为鼓吹对华侵略扩张。

1913 年 7 月上旬，内田良平、大井宽太郎等人发起组织“对华研究会”。在 7 月 19 日的评议员会议上，提出了召开对华各团体联合

---

① 《东京朝日新闻》1912 年 3 月 12 日。

大会的建议。这个建议得到了中国同志会、浪人会、黑龙会、东邦协会、太平洋会、日华实业协会等团体的赞同。7 月 27 日，在神田青年会馆召开中国问题研究会议，会上对华研究会、中国同志会、浪人会等十一个团体联合成立“对华同志联合会”，要求政府采取强硬的对华政策。

“南京事件”发生后，9 月 4 日，犬养毅、头山满、根津一等发起召开了“南京事件有志会”，决议召开国民大会并要求会见首相和外相。同一天，对华同志联合会开会要求政府出兵热河，以对北京政府施加压力。第二天，又举行评议会，建议占领中国一些要地和出兵长江一带。9 月 7 日，对华同志联合会主办国民大会，强烈要求政府出兵中国并举行游行，甚至袭击外务省机关。至此，这些团体已经完全演变成宣传军国主义、叫嚣加紧对华侵略的工具了。

这里还要提一下当时日本一些资本家的活动。他们迫切希望开辟中国南方市场，掠夺中国南方富饶的经济资源，企图通过支援甚至收买中国革命派等手段，向南方渗透，梦想逐渐吞并华南并蚕食长江流域。因此，他们表面上同情中国革命派，反对政府援助袁世凯政权的方针。他们还在“中日联合开发”等旗号下组织了一些团体，如以秋元兴朝为副总裁的“日华协会”、由大井宪太郎发起的“日华实业协会”等。财阀澁泽荣一还与孙中山交涉合办“中日兴业株式会社”，后来在“二次革命”南方革命派失败以后，又转而与北洋资本合作，改名为“中日实业株式会社”。

五　连锁反应
——护宪运动与大正政变

辛亥革命对日本最重要的影响，还在于启发和鼓舞了日本人民争取民主自由的斗争，直接推动了日本大正初年的护宪运动和大正政变。

日本在明治维新以后建立起天皇制的地主资产阶级联合专政。虽然颁布了宪法，召开了国会，但天皇仍享有绝对的权力，可以用敕令的形式任意立法，召开和解散国会，实际上形成了天皇及其周围一批藩阀（包括一些元老、贵族、军阀、官僚）的专制统治。而宪法承认的人民的民主权利和自由，却被随意践踏和剥夺。20 世纪初，日本成为一个军事封建帝国主义国家。随着连续的对外战争，军阀把持大权，飞扬跋扈，并加紧对人民的剥削，对进步思想和民主运动的迫害。1905 年（明治 38 年）血腥镇压了震撼日本列岛的东京人民大暴动，1910 年（明治 43 年）又制造了“幸德秋水事件”，逮捕了几百名社会主义者，并捏造罪名判处幸德秋水等十二人死刑。

1912 年（明治 45 年，改元为大正元年）7 月，明治天皇逝世，大正天皇继位，12 月，军部不顾国家财政困难，坚持要求增加陆军两个师团的编制，迫使西园寺公望内阁辞职，而由军阀巨头、宫内大臣、陆军大将桂太郎组阁。藩阀、军部的横行和对宪政的破坏，激起广大民众的愤怒，连自由派资产阶级分子也感到不满，于是爆发了声势浩大的护宪运动。

各界人士指出，增师问题已不仅是个财政问题，而是个宪法问题。西园寺首相与军部的对立是“宪政主义与非立宪主义、国民中心与陆军中心”之争，西园寺内阁的辞职是“阀族蹂躏国宪的结果”。①各地纷纷举行打倒阀族、拥护宪政的国民大会，呼吁“阀族之横暴已达其极，宪政危机迫在眉睫”，必须“对无视国论、破坏宪政的官僚斗争到底”，“断无妥协之余地。”②

中国辛亥革命的爆发和民主共和运动的高涨，极大地刺激和鼓舞了日本人民的斗争。列宁曾经指出：“中国不是早就被称为长期完全停滞的国家的典型吗？但是现在中国的政治生活沸腾起来了，社会运动和民主主义高潮正在汹涌澎湃地发展。”③ 一向被视为落后、沉睡的中国开始觉醒了，中国人民通过自己的斗争，一举推翻了清王朝的

① ［日］山本四郎：《大正政变的基础的研究》，第 654—656 页。
② ［日］山本四郎：《大正政变的基础的研究》，第 660—661 页。
③ 《列宁选集》第 2 卷，第 447 页。

君主专制统治，建立了东方大国中的第一个共和国。以孙中山为首的革命派提出了“每一行都渗透了战斗的、真诚的民主主义”[①]的纲领，中国人民的民主精神和革命斗志得到发扬。这一切，怎么能不对仍在天皇、阀族专制统治下的邻邦日本产生巨大的影响呢？因此，和田三郎认为：“我国人民虽然愚昧，但若眼前展现出比我国先进之国家，实施自由之政治，则不能不觉醒。一旦觉醒，就将打破官僚统治。”[②]和田三郎甚至公开把日本政府称为“日本的满清朝廷”。他在《社会政策》杂志上写了一篇文章，题目就叫《日本的满清朝廷》。文章中说：“明治已经45年了，我国社会正值一大变革之际。此时邻邦中国发生独立之战，推翻已成顽固不化之代名词的满清朝廷，并将摆脱枷锁，树立共和政体。而我国对此半身不遂之立宪政体将忍受到何时？我深信不疑，中国之独立必将予我国莫大之教训。”[③]

日本人士纷纷把中国革命与本国争取民主权利的斗争联系起来。早稻田大学教授永井柳太郎在《中央公论》1913年（大正二年）1月号上写了一篇题为《代中国人作文嘲笑日本人》的文章，指出中国的这次革命“绝不是王朝更替的小事，而是政治制度的根本改革”，是“把中国变为中国人的中国之运动”。这是世界潮流，国民自觉自主精神的表现。然而，日本现在却仍处于“国家大事仅依元老的一言而定”的可怜状态，哪里是日本人的日本呀！因此，日本人在帮助中国革命之前，首先应该在自己的祖国日本“唤起国民运动”，“驱逐阀族统治”。[④]庆应大学教授向军治甚至认为由于阀族的统治，激起人民的不满，“即使没有发生中国的革命，日本首先革命也不是不可能的”[⑤]。不少人通过对中国辛亥革命的同情和支持，来表达对当时日本天皇、军阀、官僚专制统治的不满和反对，并借此使民众觉

① 《列宁选集》第2卷，第424页。

② 《社会政策》1911年12月号。

③ 《社会政策》1912年2月号。

④ 《中央公论》1913年1月号。

⑤ 向军治：《以势制人》，《早稻田演讲》明治45年1月号。

醒。因此，很多支持中国革命和研究中国问题的团体，都逐渐成为护宪运动的组织或外围团体。

护宪运动由于日本社会矛盾的日益尖锐化和中国革命的影响，不断地发展壮大。1912 年 12 月 5 日，由议员协议会、全国商业会议所、政友会调查总会等发起，在神田美士代町青年会馆举行了“反对增师国民大会”，喊出了“打破阀族、拥护宪政”的口号。14 日，议员、记者五十多人在筑地精养轩召开“时局问题有志恳亲会”，通过决议，要打破阀族政治，发挥政党主义，拥护宪政。19 日，东京举行规模盛大的“宪政拥护联合大会”，与会者有议员、实业家、记者、平民共三千余人。27 日，举行“第一次宪政拥护恳亲大会”。接着，在 1913 年 1 月 13 日举行了第二次恳亲大会，24 日又举行了第三次恳亲大会，并成立了“宪政振作会”。日本各地也相继举行县民、市民大会，以及各政党、团体的会议。这些会上的演说、决议，以及各拥护宪政的报纸杂志上的文章，都纷纷谴责军阀、官僚们的横暴，要求维护宪政和人民的民主权利。《日本与日本人》的评论抨击道：“阀族的专横骄恣至极，其钳制国民，诛求租税，援引私党，杜塞贤路，无视宪章，破坏风教，垄断威福，构陷忠良，罪恶滔天，天人共怒。”因此，这次护宪斗争的胜败关系到“宪政的兴废”，“民力的消长”，“国运的盛衰”。[①] 宪政拥护联合会还编了一首《讨阀之歌》。歌词写道：“拥护宪政之旗帜，飘扬在山野；打破阀族之战鼓，震撼了四海。铲除四十年来蹂躏国民的阀族之祸根，宪政定要开花结果。”[②]

如火如荼的护宪运动冲击着桂太郎内阁的统治，桂太郎的压制和破坏只能激起民众更大的愤慨。护宪派议员也在议会上提出对首相桂太郎的责问和弹劾。2 月 10 日，护宪派在东京日比谷公园召开国民大会，有数万群众参加。会后，群众高呼“打倒藩阀”的口号，包围了国会（帝国议事堂）。桂政府出动二千五百名警察和三队宪兵进

① 《日本与日本人》1913 年 1 月 15 日。

② ［日］山本四郎：《大正政变的基础的研究》，第 547—548 页。

行镇压。愤怒的群众与军警进行激烈搏斗，并袭击东京各处的警察署、所，焚烧《国民新闻》等政府御用报社、杂志社，斗争浪潮还波及京都、大阪、神户、广岛等城市。在人民斗争风暴的沉重打击下，桂太郎只得在第二天辞职，曾经耀武扬威、不可一世的桂内阁不到五十天就垮了台。这是日本近代历史上第一次通过人民群众的斗争推翻一个反动内阁，因此具有重大的意义。桂太郎下台后，继任首相的是另一个军阀、海军大将山本权兵卫。他继续强行扩军并纵容贪污受贿，再次激起社会各界的反对。1914 年（大正三年）2 月 10 日，数万群众又一次包围议会并与警察搏斗，终于迫使山本内阁不久也垮了台。这场通过护宪运动推翻两届军阀内阁的斗争，因为发生在大正初年，所以在日本历史上被称为“大正政变”或“大正维新”。

正在日本护宪运动蓬勃开展之际，1913 年 2—3 月，中国革命的领袖孙中山来到日本考察。他在日本受到各界人士和华侨的热烈欢迎，并到各处演说，介绍中国革命经验和三民主义思想，这无疑给日本轰轰烈烈的护宪运动烈火上浇了一桶油。日本报刊大量报道孙中山在日本各地的消息，描写日本广大民众如何争睹“民国建设的大伟人之丰采”。[①] 3 月 13 日，孙中山在神户基督教青年会馆的演说中指出：中日两国民情相似，发展政党政治是中日两国共同的课题。第二天在同文学校的讲演中，孙中山又介绍了中国共和政体的由来，指出：“在君主专制统治下，人民如奴隶。而在共和制度下，官民如一家。”[②] 孙中山在日本的这些言行对日本人民争取民主、维护宪政的斗争，产生了积极的影响。一位日本诗人儿玉花外特地写了一首《给孙逸仙的诗》，诗的最后写道：“呜呼，一世之鼓吹家，无冕的革命王孙逸仙，乞君淹留二月春，待日本宪政花开时，采一枝樱花来相赠”[③]，反映了日本人民对孙中山的仰慕以及期望护宪运动胜利的心情。

---

① 《神户又新日报》1913 年 3 月 14 日。

② 《神户又新日报》1913 年 3 月 15 日。

③ 《太阳》1913 年 3 月，转引自《中国近代化的构造》，第 193 页。

关于辛亥革命对大正政变的影响，当时《日本与日本人》杂志刊登的稻垣伸太郎的《中国革命和我们的阀族政治》一文中是这样说的："在大正新时代的新政治之一，就是要去除藩阀、官僚这些明治时代留下的弊害，进行政治上的一大革命。也就是说，大正维新意味着第二个中国革命"①，明确肯定了两者之间的联系。

中国的辛亥革命与日本的护宪运动、大正政变之间的关系，说明了近代中日两国人民的斗争是相互联系、相互支持的，这是近代中日关系史上饶有风采的一页。

① 《日本与日本人》1913 年 1 月 15 日。

五四运动与日本*

中国五四运动兴起之际，正是日本大正民主运动高涨之时。在这个时期，中日两国思想文化互相交流影响，两国民主进步势力相互支持声援，两国青年学生也互相访问畅谈。本文试图着重对五四时期的中日思想文化和青年的交流，特别是由北京大学教授李大钊与东京大学教授吉野作造倡导的，以北京大学与东京大学师生为中心的交流活动，作一些具体的考察和探讨。

一　黎明曙光
——李大钊对日本大正民主运动的支持

大正民主运动在日本历史上被称为“大正德谟克拉西”。它是日本大正年间（1912—1926）由中小资产阶级及其知识分子发动，有各阶层参加，以反对军阀专制、拥护宪政为中心的民主运动。这个运动也得到了中国五四运动主要领导人之一、杰出的共产主义运动先驱李大钊等中国进步人士的关注和支持。下面我们着重通过李大钊创办的《每周评论》与以吉野作造为中心的黎明会的交流，来具体考察李大钊如何关心和支持日本的大正民主运动。

---

* 原载于王晓秋《近代中国与日本——运动与影响》，昆仑出版社2005年版。最后一节原载于王晓秋《改良与革命——晚清民初史事新探》，北京大学出版社2012年版。

《每周评论》与黎明会同于1918年12月创办。《每周评论》是中国五四运动时期最有影响的进步刊物之一。黎明会是以日本大正民主运动的理论指导者、著名的民本主义思想家吉野作造为中心的进步团体。《每周评论》一创刊，李大钊就寄给了日本的吉野作造和黎明会。1919年1月19日出版的《每周评论》第5号上刊登了吉野博士的东京来信。信中写道："惠赠每周评论已拜读，谢谢！'黎明会'是以促进文化为前提的，志在与所有逆着世界大势的顽迷思想奋斗，助进健全的开明思想的发达，是纯粹的学者的结合。最近开第一次讲演会，当时的速记，不日可以公刊，公刊后必寄赠一部。尚乞遥为声援，不胜切盼。"此后《每周评论》发表了李大钊等写的多篇文章，表达对日本民主运动和黎明会的支持和关注。

《每周评论》第7号的"国外大事述评"栏中，刊登了《日本政治思想的新潮流》一文，详细介绍了吉野作造与浪人会辩论并组织黎明会的经过。文章指出"日本的平民政治思想家吉野博士，平日以鼓吹平民政治为事"，而且"喜谈社会主义"，"所以他组织的黎明会亦带有几分社会主义色彩"。并认为"这黎明会三个字，在日本政治思想史上真成了一个绝大的纪念了"。2月16日出版的《每周评论》第9号上，又刊载了李大钊撰写的宣传和声援黎明会的文章《祝黎明会》，署名明明。文章认为，黎明会的纲领中包含的精神，"就是主张公理，反抗强权，打破资本主义、军国主义，完成日本国民的共同生活，使他与世界人类的共同生活调和一致"。最后他写道："我祝日本的黎明，从今以后曙光灿烂。我祝中国的黎明，也快快大发曙光，和日本的黎明相映照。"同期另有一篇东京通讯，题为《黎明日本之曙光》，署名TC生。这篇文章过去被认为也是李大钊所写，并收入《李大钊文集》。但是从文章内容来看，作者应是黎明会第一次讲演会的参加者，绝不可能是在北京的李大创，估计是一位留日学生从东京寄来的稿子。这篇通讯具体生动地描述了黎明会第一次讲演会的经过、会场气氛和吉野作造等人的演说内容，赞扬"这轰轰烈烈的黎明运动的第一晓钟，必定在日本国民精神上留下了绝大的声响，不晓得唤起了多少和他们共鸣的人”。

《每周评论》第12号上发表了李大钊署名守常的《新旧思潮之激战》一文，其中也肯定了黎明会是日本新思潮的代表，“大张民主主义、社会主义的旗帜，大声疾呼，和那一切顽迷思想宣战。什么军阀、贵族，什么军国主义、资本主义，都是他们的仇敌，都在他们攻击之列”。黎明会的刊物《解放》于1919年5月15日创刊，吉野作造立即寄给李大钊，10天以后，《每周评论》23号上便全文译载了《解放》创刊号宣言。黎明会的讲演集出版后，吉野也很快寄赠李大钊。李大钊在6月15日致吉野作造的信中头一句话就是“赐下黎明演讲集均收阅，谢谢”。[①] 1919年4月，李大钊在给胡适的信中，还曾用日本黎明会的例子来促进《新青年》编辑部成员的团结。他写道：“我们大可以依照日本‘黎明会’，他们会里的人，主张不必相同，可是都要向光明一方面走是相同的。我们《新青年》的团体何妨如此呢？”[②]

对于黎明会内部的错误倾向，特别是某些人对侵略主义的妥协附和，李大钊也提出了诚恳尖锐的批评。1919年7月13日发行的《每周评论》第30号，刊登了他署名守常的两篇随感。一篇题为《忠告黎明会》，指出：“日本的黎明运动，总算是一线曙光的影子。我们对于他们很有希望。但是看了福田博士的议论，仿佛他还在迷信侵略主义，简直找不出半点光明来，很令人失望。”因此，他“也劝黎明会中的真正黎明分子，先要在黎明会中作一回黎明运动”。在另一篇随感《黑暗与光明》里，他敏锐地觉察到黎明会的分化，并寄希望于以新人会为代表的进步青年运动。文章深刻指出：“在日本的黎明会里，也可以分黑暗与光明两个层级。大概已经在社会上享有相当地位声望的一流人的思想，比较的不彻底，议论、态度，比较的暧昧。还是新人会一派的青年，较有朝气。他们的议论、思想，很有光明磊落的样子。这也是青年胜过老人的地方，也就是光明与黑暗的分点。”

---

① 李大钊致吉野作造信，见宫崎滔天故居藏原件。

② 《李大钊文集》（下），人民出版社1984年版，第936页。

二　仗义执言
——吉野作造对中国五四运动的声援

1919 年五四运动期间，日本帝国主义政府和大多数报刊舆论对中国人民的反帝爱国运动大肆诬蔑咒骂。他们把五四运动说成是由少数反政府“政治家的唆使，乃至英美两国人煽动起来的”，攻击学生“妄动”“狂暴”。[①] 连某些资产阶级自由主义者也附和政府的侵华政策，指责非难中国青年学生的爱国行动。但是，应该指出当时仍有一些日本进步人士，敢于坚持正义，公开表示同情和支持中国人民的五四反帝爱国运动。吉野作造就是其中最杰出、影响最大的代表人物。

还在五四运动爆发前夕，即 1919 年 4 月 30 日，吉野作造在黎明会第四次演讲会上，发表了《关于中国问题》的重要演说。批判了日本政府的对华政策，深刻地指出中国出现反日运动的原因，主要在于日本政府从“官僚思想”出发，执行了“错误的对华政策”，而忽视了“正在中国勃兴的真正国民的要求”。[②]

五四运动的消息传到日本之后，吉野作造立即给北京大学的“某君”写了一封声援的信，这位“某君”大概就是李大钊。信中写道：“我知贵国虽盛倡排日，所排之日，必为野心的、侵略的、军国主义的日本，而非亲善的、和平的、平民主义的日本。”“侵略主义的日本不独为贵国青年所排斥，抑亦我侪所反对也。侵略的日本，行将瓦解，未来和平人道之日本，必可与贵国青年提携。”这封信曾被中国《全国学生联合会致日本黎明会书》所引用，并赞扬“博士此语，我国人士实不胜其感佩之情。盖此皆我国人士心坎中所欲发者”。[③] 上

---

① 《国民新闻》1919 年 11 月 29 日，《京都日本新闻》1919 年 12 月 11 日。关于日本报纸对五四运动的反应，详见《日本新闻五四报道资料集成》，京都大学，1983 年。

② ［日］吉野作造：《中国朝鲜论》，日本平凡社 1970 年版，第 203—204 页。

③ 《全国学生联合会致日本黎明会书》，见《五四爱国运动》（上），中国社会科学出版社 1979 年版，第 411 页。

海《东方杂志》第16卷第7号也译载了吉野给李大钊的这封信。《日人吉野作造之中国最近风潮观》一文中指出："吉野博士议论，足以代表一部分日本平民之意见，此吾侪所宜注意也。"

笔者1987年在日本访问期间，曾在久保田文次教授的陪同下，拜访了孙中山的日本友人宫崎滔天的东京故居。宫崎滔天的孙女宫崎蕗苳女士和她的丈夫、早稻田大学教授宫崎智雄先生热情地接待了我。他们拿出宫崎家珍藏的大批有关中日交流的文物资料给我看，其中有孙中山、黄兴、廖仲恺、毛泽东等中国革命家给宫崎滔天的信件、题词、条幅和照片。我意外地在资料中看到还有五四时期李大钊给吉野作造的一封信和给宫崎滔天的长子宫崎龙介的几封信。李大钊1919年6月15日写给吉野作造的信是用钢笔书写的，从信封及邮票上可看出是从中国北京大学直接寄往日本东京吉野家中的，很可能就是对吉野上述来信的复信。该信全文如下：

> 拜启　赐下黎明讲演集均收阅，谢谢。此次敝国的青年运动，实在是反对侵略主义，反对东亚的军阀。对于贵国公正的国民绝无丝毫的恶意。此点愿贵国识者赐以谅解。惟不幸而因两国外交纷争问题表现之，诚为遗憾千万。尊论正大光明，当酌为发布，示之国人。我等日日祷望黑暗的东方发现曙光。故亦日日祷望军阀的日本变为平民的日本，侵略的日本变为平和的日本，黑暗的日本变为黎明的日本。在黎明的曙光中，两国的青年可以握手提携，改造东亚，改造世界。尊议两国大学的教授、学生间应开一交通的道路，甚善甚善。顷商之敝校教授连，均极赞成。惟详细办法，须俟蔡校长回校后，始能议定。至时当详函以告。陈独秀先生因发布"北京市民宣言"被政府捕拿，乞持公论，遥为声援。六月十五日　吉野博士　李大钊。①

① 李大钊致吉野作造信，见宫崎滔天故居藏原件。

这封信是研究五四时期中日文化思想交流的一份重要资料。

五四运动期间，吉野作造还在《中央公论》《新人》《解放》《东方时论》等刊物上发表一系列政论文章，表达了他对中国五四运动的热情声援和卓越见识。

《中央公论》1919 年 6 月号刊登了吉野作造写的《勿要谩骂北京学生团的行动》。该文有力地驳斥了日本某些报刊对五四运动的种种攻击，指出北京学生运动是反对以官僚、军阀、财阀为代表的“侵略的日本”，与日本人民要把日本从官僚军阀手中解放出来的“志向目标是完全相同的”，“应该祝愿邻邦民众运动的成功”。只有从官僚军阀手中解放出来，才能建立两国之间“巩固的国民亲善”。①

吉野作造还在《新人》杂志 1919 年 6 月号上发表《关于北京大学学生风潮事件》一文，进一步指出中国五四运动有三个特点：“第一，这次运动完全是自发的，并没有日本报纸所称的某国的煽动。”“第二，这次运动是根据一种确信的精神，为了达到确信的目标的行动，而这种目标所向并没有错误。”“第三，这次运动的结果并非单纯的排日，首先是为了铲除国内的祸根。”他还把五四运动与新文化运动联系起来，认为“两三年来，北京大学在蔡元培统率之下，思想焕然一新，欧美之新空气遂极浓厚。最近新发行之杂志如《新青年》、《新潮》尤极力鼓吹新思想、新文化，倡言‘文学革命’”。他欢呼“这是中国民众举国向开明目标前进的开端”，“中国将别开一新生面矣！”吉野在文章中还明确指出支持中国官僚军阀的日本军阀官僚是中日两国人民共同的敌人。只有反对“操纵笼络中国官僚的日本官僚军阀”，才能实现“真正的国民的中日亲善”。② 上海的《东方杂志》1919 年 7 月号上全文译载了吉野的这篇重要文章。

接着，吉野作造又在《中央公论》1919 年 7 月号上发表《狂乱的膺惩中国论》，严厉批判日本报刊鼓噪“惩治中国”的军国主义言

① ［日］吉野作造：《中国朝鲜论》，第 206—207 页。

② ［日］吉野作造：《中国朝鲜论》，第 208—215 页。

论。他还在《东方时论》1919年7月号上写了《中国的排日风潮与根本的解决对策》的长文，再次肯定五四运动是“国民自发的运动”，而不是日本报刊所诬蔑的所谓由“一两个阴谋家煽动起来的”，或是“在华英美人出巨资组织的”。他认为这次运动有两个指导原则：一是反抗外来侵略主义；二是反抗国内专制的官僚军阀。“而日本正是侵略主义的首要代表，对中国最直接的威胁，所以斗争锋芒首先指向日本。”他主张中日两国的友好要通过“我们两国民众之间在和平主义、自由主义、人道主义基础上的社会改造的共同运动来实现”，而这次运动正是“两国民众之间协同提携的机会”。①

尽管吉野作造还不可能摆脱资产阶级民本主义的局限性，但是他能在当时日本国内对五四运动一片攻击谩骂的气氛中，挺身而出，肯定五四运动的正义性，驳斥对五四运动的种种诬蔑诽谤，批判日本政府的侵华政策，阐述中日两国人民只有在反对两国官僚军阀的斗争中才能实现真正亲善友好的思想，确是十分难能可贵的。他的观点有许多是和李大钊的思想一致的。日本大正民主运动和中国五四反帝爱国运动的互相支持声援也更加深了李大钊和吉野作造之间的真挚友谊。

三　青年交流
——中日青年交流计划和日本学生访华

在五四运动期间，为了促进中日两国人民之间的互相理解和思想交流，吉野作造与李大钊一起倡导和组织了以北京大学与东京大学为中心的中日教授、学生的互访活动。

吉野作造在黎明会的刊物《解放》1919年8月号上发表了《日中国民之间建立亲善关系的曙光——两国青年的互相理解与提携的新运动》一文，全面阐述了他关于日中青年交流的思想和计划。吉野在文章中首先指出对中国的五四运动应有如下的认识：“（一）他们的

① ［日］吉野作造：《中国朝鲜论》，第218—219页。

主要目的是为了反对官僚军阀；（二）他们排日的原因是由于日本援助中国官僚政府；（三）他们反对的是帝国主义的日本，如果知道还有和平主义的日本，必定愿意与后者提携。”因此，他觉得可以认为“邻邦青年运动潜在的精神之内，存在着真正产生日中亲善的种子”。“我们与他们在与军阀官僚战斗上，有着共同的精神与任务。”①

从这种认识出发，吉野作造在1919年6月5日的黎明会演讲会上，首先建议邀请北京的教授一名、学生二三名，来日本东京进行恳谈。6月15日北京《晨报》在题为《中日国立大学交换教授说》的东京消息中，报道了吉野作造自述的具体交流计划：“余个人今年秋天必赴中国一游，届时当访问北京大学，陈述吾侪意见，一面亦拜听北京识者之主张。日前黎明会开会时，余曾谈及欲调和中日两国间之纠纷，宜聘请北京大学教授来日演说，互相交换意见，以谋疏通之道，在座者咸首肯此议。目下正在准备一切费用，需千金左右，起居力求俭朴，不必居住贵族的生活之大饭店，即下榻寒舍亦无不可。余于日前曾将此意函告北京大学某教授，若其复函赞成斯举，并允偕同学生来日，则日本亦可派有志大学生联合开演说大会，如其结果甚佳，则将来日本教授亦当偕同大学生赴华也。法科在学中之宫崎龙介拟今夏赴华游历，一切当托其与北京大学交涉也。”吉野所说函告北大某教授即李大钊，不久就接到李大钊的回信，积极响应吉野的建议并热情邀请他访华。吉野作造的前述文章中曾引用李大钊回信的如下内容：“北京学界甚望君之来游。即使大学交换教授的计划一时不能实现，民间的学会、报社也可以聘君来讲演。若君能于今年夏天或秋天枉驾来华，在数月之间将日本国民之真意及民主精神告知敝国人民，则与东亚黎明运动的前途关系甚大。”② 可见，李大钊对吉野访华寄予很大期望。在前面介绍过的宫崎家收藏的李大钊1919年6月15日给吉野作造的信中也谈到了这个问题。信中说：“尊议两国大学

① ［日］吉野作造：《中国朝鲜论》，第230—243页。

② 《中日国立大学交换教授说》，《晨报》1920年6月15日。

的教授、学生间应开一交通的道路，甚善甚善。顷商之敝校教授连（即教授会），均极赞成。惟详细办法，须俟蔡校长回校后，始能议定，至时当详函以告。”

1919年7月中旬，吉野作造的学生、东京大学毕业生、新人会会员、当时在满铁工作的冈上守道，拿着吉野的介绍信拜访了李大钊。根据他给吉野的信中报告，李大钊对他谈到最近曾收到吉野先生的来信，了解先生的意向和具有新思想的日本青年学生的情况。关于互访问题，李大钊说目前因北京大学蔡元培校长不在有困难，待他下月回北京后，估计十有八九能答应。至于派遣了解新思潮的青年教授访日之事，教授会也表赞成，等校长回京后尽快请示。李大钊还认为自己有责任劝说学生即使为了了解日本进步团体的状况也应该去日本。冈上守道也表示欢迎中国的教授和学生们访日。

吉野作造还大声呼吁：日中青年交流的计划，不仅是我们少数同志的事，希望今后能成为广大国民的工作。然而，由于日本政府的阻挠，吉野作造访问中国以及东京大学教授学生代表团访华的计划始终未能实现。可是，仍有个别东京大学的学生和亚细亚学生会等日本学生团体访问了中国，他们都受到了李大钊和中国进步人士、学生的热情接待。

1919年秋天，吉野的学生、宫崎滔天之子、东京大学新人会的发起人之一宫崎龙介访华，到过北京和上海。他在北京时曾与李大钊、陈独秀及其他进步人士会面交流。当时李大钊写给宫崎龙介的两封亲笔短笺至今还珍藏在宫崎家中。笔者看到一封是邀请宫崎龙介7日中午到六味斋与同志们聚谈。信封上写“北京新开路共同通讯社转宫崎龙介殿快信”。信中写道：“拜启十月七日午十一时，假座香厂六味斋与同志一谈，乞光临为幸！宫崎龙介兄小弟李大钊”。[①] 另一封是邀请宫崎龙介9日来自己家中面谈。信上写：“拜启九日晚八时顷，请来弟处一谈，为祷！宫崎兄李大钊七日晚。”[②] 可见，李大钊

① 李大钊致宫崎龙介信，见宫崎滔天故居藏原件。

② 李大钊致宫崎龙介信，见宫崎滔天故居藏原件。

对宫崎龙介的访华甚为重视。宫崎龙介后来又到上海，原打算在上海举行的全国学联大会上演说，但是遭到了日本驻上海领事馆的阻挠。

1920 年 8 月，由早稻田大学、庆应大学等日本私立大学学生组织的日本亚细亚学生会旅行团来北京访问。他们也首先与李大钊联系，然后经李大钊介绍与北京学生联合会接洽。8 月 20 日下午，北京学联在北京大学二院举行欢迎日本学生访华团的茶话会。中日学生双方坦率交换意见，促进了互相理解与思想沟通。读一下当时报纸上对这次恳谈会的报道也是很有意思的。北京学联林宝慈致欢迎词指出："中日两国感情素来颇好，因为军阀所扰，两国国民多有隔阂。今得此机会，彼此交换意见，从前猜疑，当能冰释。"日方代表早稻田大学学生诸富一郎在答词中说："两国国民应以诚意的接洽为排除障碍的起点。"座谈中，中国学生坦率地批评了日方提倡的亚细亚主义。高尚德发言说："中日两国青年相聚谈话不必客气，亚细亚学生会不适合于世界潮流，既称该会有改造世界之意，当联合全世界之青年而为全世界之改造。"曾参加北大访日团的孟寿椿也在会上说："中日两国因有许多误会，致国民颇有隔阂，上次游历贵国是敝国国民自动地与贵国国民联络的第一个机会。""误会之原因甚多，其中最重要的就是日本军阀财阀的对外侵略的观念。贵国国民如果觉悟，宜取直接行动，不宜徒尚空谈。"[①] 双方又讨论了许多问题，彼此相谈甚欢，最后合影留念散会。

四 学生访日
——北京大学学生访日团在日本

由吉野作造倡议、李大钊大力支持的北京大学学生对日本的访问，终于在 1920 年 5 月实现。以往中外论著对北京大学生访日团此行，很少有具体叙述。现根据各种资料，对此次访日的成员、经过和

① 《中日学生之谈话会》，《晨报》1920 年 8 月 24 日。

影响，作比较详细的介绍。

据日本报纸报道吉野作造所述，这次北京大学访日团主要是由北大教授李大钊、陈启修和晨报记者陈溥贤等组织推动，并得到了在北京的日本牧师清水安三的帮助。吉野原来估计这个访日团可能由北京大学教授陈独秀和胡适率领。[①] 实际上赴日的是北京大学学生黄日葵、康白情、方豪、徐彦之、孟寿椿等5人。其中黄日葵、康白情、徐彦之、孟寿椿都是少年中国学会的会员与干部。据少年中国学会第一届职员名单，黄日葵是文牍股主任，孟寿椿为会计股主任，徐彦之是交际股主任，康白情则是《少年中国》月刊编辑副主任（主任是李大钊）。[②] 同时，黄日葵、孟寿椿又是《国民》杂志社的编辑，而康白情、徐彦之、孟寿椿则是新潮社的干事。另外，黄日葵、康白情、孟寿椿还是北京大学平民教育讲演团的团员，黄日葵又是北京大学马克思学说研究会的发起人之一。总之，他们基本上都是李大钊指导和支持的北京大学学生进步团体的积极分子。[③]

4月27日，即北大访日团出发前夕，李大钊特地与陈启修、陈溥贤联名写了一封介绍信给宫崎龙介。这封信现存宫崎故居，笔者访问时曾有幸获见原件。信封上写“面递宫崎龙介先生”，信纸是国立北京大学用笺，共3页，用毛笔书写，从笔迹来看确是李大钊亲笔。信的全文如下：“拜启久未通讯，至以为歉！新绿之际，敬祝新运动的隆盛与时俱进。敝校卒业生方豪、孟寿椿、黄日葵、康白情、徐彦之诸君，赴贵国观光，调查贵国诸大学的学制，并与贵国青年文化团体

---

① 《吉野博士谈日中亲善运动》，《大阪每日新闻》1920年5月1日。

② 《少年中国学会第一届职员名单》，《“五四”时期的社团》（一），生活·读书·新知三联书店1979年版，第224页。

③ 参看《“五四”时期的社团》（二）中关于国民杂志社、新潮社、北京大学平民教育讲演团、北京大学马克思学说研究会的有关资料、名单。关于北京大学访日团成员的情况补充介绍如下：黄日葵，生于1900年，广西桂平人，后任中共广西地委书记，曾参加南昌起义，1930年病逝于上海。康白情，生于1896年，四川安岳人，后为著名诗人，1945年去世。孟寿椿，1894年生，四川涪陵人，后任暨南大学文学院长。方豪，1894年生，浙江金华人，后任浙江金华中学校长，与台湾大学研究中西交通史的著名教授方豪（生于1910年）并非同一人。

中诸同学相握手，关于文化上的提携交换意见。诸君多是《新潮》、《少年中国》、《国民》诸杂志的关系者，乞介绍于贵国新派学者、社会运动者乃至各文化团体中的青年有志。不胜切盼！宫崎龙介兄陈启修陈溥贤李大钊九、四、二十七。"[①] 这封信说明了北大访日团学生的身份、思想倾向和赴日目的，他们希望通过宫崎龙介与日本各界进步人士开展广泛交流。

北京大学学生访日团（当时称"1920 年北京大学游日团"）于 1920 年 4 月 28 日离京，"赴日作宣传及视察之事业"。[②] 5 月 5 日抵达日本东京，就引起日本各界的注意，"或以为来此作排日之宣传者；或以为来此调查排货之影响者；或又以为系来此蛊惑日本青年者；或又以为系受日本新文化运动之感召而来，可以受日本之软化者。揣测纷纷，不一其词"。[③] 据报纸报道，北大访日团到日本后，"即从事与日本新思想之学者及大学生接洽交换文化上之意见。所接洽之团体有黎明会、新人会等学会、建设者同盟、友爱会、泠忍社、六日俱乐部及东京西京两帝国大学学生会、同志社大学学生会等。所会晤之学者有吉野作造、森户辰男、宫崎滔天、细川栉次郎、今井嘉幸、片上伸、谭新次郎、木村六一、大山郁夫、长谷川如是闲、栉田烟、麻生次藏、与谢野晶子、西川辉、荒烟胜之、河上肇、贺川丰彦等"。[④] 从这份名单可以看出，北大访日团接触面很广，包括当时日本大正民主运动中的许多进步团体、学生组织，著名的学者、作家、记者、社会主义者和工会活动家。

5 月 7 日，访日团参加了中国留日学生在东京大手町日本卫生会举行的"五七"国耻纪念会，与会者约 700 人。首先由留日学生闵景荣和荆巨佛致辞，然后由北京大学访日团的方豪、康白情、徐彦之三人登台报告北京学潮始末之详情，全场鼓掌。接着又有留日学生多人

---

① 李大钊致宫崎龙介信，见宫崎滔天故居藏原件。

② 《少年中国》第 1 卷第 11 期。

③ 《北大游日团与日本思想界》，《晨报》1920 年 6 月 15 日。

④ 《北大游日团与日本思想界》，《晨报》1920 年 6 月 15 日。

演说。最后通过决议要求山东由中国直接管理，废除中日军事协约，福州问题依民意解决，释放京津被捕之学生，承认俄国工农政府等。①

5月11日，新人会在东京大学山上御殿举行晚餐会，欢迎北大学生访日团。东京大学教授吉野作造、森户辰男等都出席并讲话。北京大学学生代表康白情、黄日葵也发表演说，论述扩大国民外交之必要，批判无诚意的中日亲善。最后新人会负责人、东京大学学生赤松克麿讲话提议加强新人会与少年中国学会之友谊。康白情立即代表少年中国学会致答词，表示今后要“互通声息和交换印刷品”。②

5月12日，北大访日团参观了东京的新村支部。支部负责人长岛介绍了新村主义（一种空想社会主义）的宗旨：“乃将以渐进的方法，诱致世界之大同。”③

5月13日，东京大学辩论部举办演说会，会上首先由北大访日团的康白情演说《大和魂与世界文化》。他指出“大和魂之精神在重名誉、尚廉耻，勇敢轻死”，但是“今日本人以此精神作利己国而损世界之事实”。他认为“此皆非正道，应发挥此种精神为人类谋求幸福，图示世界文化有所贡献”。然后由方豪演说《今日青年之责任》，他尖锐地指出：“中国青年之所以排日者，实由日本教育上采取军国民教育，致使日本国民有侵略的国民性。今后世界已由国家主义进入世界主义，改善这种不合世界新潮的旧教育，实为日本青年之责任。”④

5月17日，北大访日团出席由东京大学“十七日会”举办的演说会，到会者有中日人士各二三百人。正在日本参与北大访日团在东京活动的北京大学教师高一涵首先登台演说，题为《中日亲善之障碍》，指出中日亲善主要有三个障碍：“一为帝国主义，二为狭义的

---

① 《中国留日学生大会》，《东京朝日新闻》1920年5月8日。又见《留日学生与国耻》，《晨报》1920年5月12日。

② 《先驱》第5号，1920年6月。又见《晨报》1920年6月15日。

③ 《北大游日团与日本思想界》，《晨报》1920年6月15日。

④ 《北大游日团与日本思想界》，《晨报》1920年6月15日。

国家主义，三为以中日亲善为手段而图达他种目的。”“吾人须竭力排除此三种障碍。”[①] 其次由东京大学学生早阪二郎演讲《国际生活更新之一大暗示》，宣传今后外交“当由政府的而入于国民的”。再次是北大学生方豪演说《世界改造与思想之关系》，论述“中国排日乃基于世界主义的意义而非国家主义的意义”。接着东大学生田民演说《中日文化之结合》，认为“中国新文化运动与日本新文化运动实有共通之点，应结合以图共进”。然后北大学生康白情以《中日学生提携运动》为题演讲，指出中日学生“欲举提携之实，惟有互相扶助”。最后由吉野作造博士演说《日中亲善之文化的意义》，深刻揭露“中日不能亲善之罪责，全在于日本之军阀与财阀的侵华政策”。[②]

5 月 19 日，访日团出席早稻田大学学生团体建设者同盟举办的演说会。早稻田大学教授北泽新次郎博士致欢迎词，强调中日知识分子联络之必要。然后由北京大学代表康白情演说《东亚之新建设与中日文化同盟》。他认为“中日青年既皆有改造世界之志愿，而欲以新建设代替旧组织”，为排除旧势力的障碍，“不可不为文化同盟”。这种同盟“非形式的，乃精神的，非契约的，乃事实的”。接着由早大片上伸教授演讲，他把中日关系比喻成水，表面上虽结了冰，但冰下仍有国民交往之活水。最后由北大孟寿椿演说《最近中国思想之改革》。他分析中国思想由于五四运动而发生剧变，“即由国家的而变为世界的，由静的而变为动的，由个人的而变为自觉的”。[③]

5 月 22 日东京大学青年会举行晚餐会。席间北大代表方豪用英语演说青年会之世界意义，说明“吾人来日，非以国民之资格与政治家之手腕，而为国际运动，乃以人类之资格，在人类间友谊之往来也”。[④]

北京大学访日团离开东京后又访问了京都，与京都的教授、学生

---

① 高一涵是北京大学政治系教师，生于 1885 年，安徽六安人。他是李大钊的好友，并参加《新青年》编辑部和少年中国学会。当时正旅居日本，帮助接待和陪同北大访日团学生在东京的活动，有时也发表演说，但并非北大访日团正式成员。

② 《北大游日团与日本思想界》，《晨报》1920 年 6 月 15 日。

③ 《北大游日团与日本思想界》，《晨报》1920 年 6 月 15 日。

④ 《北大游日团与日本思想界》，《晨报》1920 年 6 月 15 日。

以及各界人士进行了交流。

5月29日，应京都同志社大学师生的邀请，在大学讲堂举行恳谈会。同志社大学校长海老名弹正致欢迎词，指出世界之创造事业要依靠青年。“今中国青年欲创造一新中国，而日本青年亦欲创造一新日本，两国青年须互相了解共同致力于世界文化之进运。”然后由北大康白情演讲《世界和平与吾人之使命》，他认为知识分子对世界的战争与和平负有重大责任。“吾人欲弭将来之兵端而谋世界之和平，舍打破帝国主义无他法。”①

5月30日，在京都大学，由民本主义团体六日俱乐部主办欢迎恳亲会。参加者除京都大学、同志社大学、三高、医专等校学生之外，还有工人团体劳学会、友爱会、织友会、印友会的成员。北京大学访日团黄日葵、康白情、方豪、徐彦之、孟寿椿等5人出席。会场上掌声雷动，大家互相握手，气氛热烈融洽。会上先由《每日新闻》记者西川百子代表六日俱乐部致欢迎词。然后由京都大学教授户田海市博士讲话。他指出，“今日之社会问题莫大于劳动问题”，希望访日的诸君在中国社会运动中应特别努力于知识的普及和大众化。接着北大访日团代表康白情演说《中国社会的改造》，认为中国的“辛亥革命只是政治上的改造，甚不彻底，此后当为社会的改造”。谈到抵制日货运动时，他也严厉批判了日本的侵略主义。然后京都大学教授末广重雄演讲《日中亲善的意义》，也抨击了日本政府对中国的侵略政策，阐述民本主义、和平主义思想，主张通过日中青年的提携，发展日中的亲善。②

北京大学师生访日团6月16日回到北京。7月1日，康白情等在少年中国学会会员大会上报告了访日经过以及与日本新人会接洽的情形。③这次访问在日本引起很大反响。访日团所到之处宣传中国青年运动真

① 《北大游日团与日本思想界》，《晨报》1920年6月15日。又见《京都日出新闻》1920年5月30日。

② 《北大游日团与日本思想界》，《晨报》1920年6月15日。又见《大阪每日新闻》1920年5月30日。松尾尊允：《大正民主运动的研究》，第301—302页。

③ 《少年中国》第2卷第2期。

相和反对帝国主义与本国军阀官僚的思想，表达了加强中日两国人民友好的愿望，赢得日本进步人士和广大日本青年学生的理解和同情。同时访日团耳闻目睹了日本民主运动的发展和社会主义思想的传播，促进了中日两国进步思想的交流和沟通，增强了两国人民的友谊。当然，访日团的活动也引起了日本政府的不满。外务省警告东京大学，“若与北京大学教授交换演讲或派代表访华，将有碍日中国交，应予停止”。与中国学生交流的日本教授、学生，有的甚至受到处分，如早稻田大学学生早阪二郎竟被拘役一日，其家亦被搜查。①

北大师生访日团回国以后，吉野作造即在《中央公论》1920 年 6 月号上发表了《日中学生提携运动》，对这次交流活动的意义给予很高的评价。他写道：“上个月（5 月）北京大学毕业生五名来东京访问我国学生及青年思想家。通过多次会见，实现重大的沟通和共鸣，将推动今后彼此的往来和亲善，并协力开发东洋文化。”文章认为：“中国青年憎恶本国的官僚军阀，反对日本官僚军阀的侵略主义，他们和我们的立场是一致的。”他指出：“现在日本和中国在精神上有很大隔阂，青年学生之间思想的沟通很有意义，是两国民族真正的亲善。可是日本政府却通知各大学，以妨碍国交为借口，阻止日本学生利用暑假访问中国，实际上，这才是真正有害国交。”②

五四时期的中日文化交流，尤其是李大钊的日本观、吉野作造的中国观以及中日青年互访交流等问题，在近代中日关系史上，都是值得进一步深入研究的课题。

五 五四运动在东京
——留日学生的斗争

看到题目，可能有人以为我是写错了字，五四运动明明是在中国北京，怎么会在日本东京呢？其实没错，本文要讲的正是五四运动期

---

① 《大阪每日新闻》1920 年 5 月 13 日，又见《晨报》1930 年 6 月 15 日。

② ［日］吉野作造：《中国朝鲜论》，第 243—248 页。

间中国留日学生在日本东京举行的游行示威斗争的史实。这一段鲜为人知的历史，应该成为五四运动史上值得记录的一页。

五四运动的爆发与日本侵华有着密切关系，巴黎和会上对山东问题的处理是五四运动的直接导火线。起因是第一次世界大战中，1914年8月日本对德宣战，派兵两万多人登陆中国山东，占领了胶州湾等地。1915年1月日本又向袁世凯政府提出了妄图把中国变成其殖民地的“二十一条”。1918年5月，日本还迫使段祺瑞政府签订《中日共同防敌协定》，进一步扩大对华侵略。

中国留日学生有着爱国、革命的传统，早在1918年5月，在东京的留日学生首先发动了反对《中日共同防敌协定》的斗争。协定还没有签字的时候，留日学生已获知消息。5月6日晚7时，各省各校中国留学生代表就在东京神田区一个叫作“维新号”的中国饭馆内举行秘密会议。到会代表有46人，另有回国先遣队10人整装待发，准备会议一结束就立刻出发回国宣传。会议主席首先指出：“此次日本借口共同出兵，提出二十一个条件，迫我政府承认，看密约的内容，凡军政、财政、警政的主权以至矿山采掘权铁路电信敷设权，都要送给他。”所以我们听此消息，“义愤填胸，力图挽救”。各省同乡会、各校同窗会联合会议已决议留学生全体归国，这次会就要进一步决定归国后的方针和归国的秩序等问题。主席还建议，“往上海的以唤醒国民，援助政府一致对外为主”；“往北京的则以哀恳政府不予签字为主”。[①] 这时，突然有日本警察数十人闯入，“不问情况，将在座诸人乱打，刀砍足踢，掀桌倒椅”。当时中国留学生与日警辩论，“你们无故凌辱我们学生，是何道理？”日本警察竟骂道：“你们亡国奴，还配讲什么文明！”并对学生拳打脚踢，然后押往警察署。当时居住在神田中华青年会的中国留学生王拱璧等亲眼看到日警押着被捕留学生代表由西而来，“两手皆被反缚，头无帽，足下靴不整，衣服大部撕破，破头烂额者约有半数，有面上血迹模糊者，有跛足者，有

① 王拱璧：《东游挥汗录》，《近代史资料》1955年第2期。

佝偻者，皆现咬牙忍痛之状，惟皆面无惧色，慷慨前行，恍如就义之士押赴刑场”。[①] 街上竟有日本人谩骂“豚尾奴，亡国奴，你也知道我帝国之威力吗?”而居住于青年会、上野馆等处的中国留学生则高呼“中华民国万岁!”“努力前进，勿忘今夕之耻!”被捕留学生在狱中受到种种虐待侮辱，“令人肺肝破裂!”甚至警察署长也动手殴打学生，并声称日本订约，纯粹是为了“保护中国”，实行“中日亲善”。留日学生则痛斥日本“保护其名，侵略其实”，还用“‘亲善’两字哄我政府、哄我国民，暗地里就实行侵略主义，真是口蜜腹剑!”[②] 经过一夜刑审直到清晨学生才被释放。

为反对日本政府的侵略暴行，唤起国民救亡图存，留日学生组织了“留日学生救国团”，纷纷罢课回国。1918 年 5 月至 8 月，已有大批留日学生回国，前往上海、北京和各省进行爱国宣传。回到上海的留日学生张有桐等人，首先向上海各报发表声明，阐述进行反对《中日共同防敌协定》的反帝爱国运动的重要意义，并派出代表到各校去联系和宣传。回到北京的留日学生如李达、阮湘、龚德柏、王希天等人，则和北大学生邓中夏、许德珩等人联系。5 月 20 日晚在北京大学西斋饭厅召开大会，有北大学生和各校代表参加。留日学生代表在会上痛陈了他们在东京遭受的种种屈辱事件，号召国内学生起来斗争，废除卖国协定。北京学生当场表示要同留日学生共同进行斗争，决定第二天举行请愿游行。1918 年 5 月 21 日，北京大学、北京高师、北京高工、北京法专等校两千多名学生，集中在新华门大总统府门前，要求取消《中日共同防敌协定》，还派出许德珩、段锡朋等 8 名代表，捧着请愿书去见北洋政府大总统冯国璋。这是在留日学生斗争影响下发生的中国近代史上第一次学生大规模请愿斗争，也可以说是 1919 年五四运动的一次预演和序幕。这以后回国的留日学生如彭湃等还分散到各地展开爱国宣传和联络活动。他们大声疾呼“头可断，

---

① 王拱璧：《东游挥汗录》，《近代史资料》1955 年第 2 期。

② 王拱璧：《东游挥汗录》，《近代史资料》1955 年第 2 期。

血可溅，此约不可认也！”[1] 一部分回国留日学生，迫于政府压力，不久又重渡日本复学，到1919年5月再次掀起爱国运动。

1919年五四运动爆发前，留日学生已对巴黎和会进展情况十分关注，他们在日本消息较灵通，对中国外交的失败深感担忧和愤慨。4月11日，以彭湃为首的三百多名留日学生在东京火车站狠狠教训了请假回国的北洋政府驻日公使章宗祥。彭湃给了他一拳，学生们还把写了“卖国贼”“祸国”的血旗扔入车中。这是爱国学生和亲日派官员的第一次面对面交锋。5月4日，留日学生救国团分别致电国内南北方政府，“山东青岛系我生死，国命危在旦夕，乞电专使严拒签字，决裂宁勿屈，生等誓死为后盾！”[2] 还通电全国：“外交失败，国势愈危，凡我国民，应同悲愤，共图挽救，此正其时。”又致电出席巴黎和会的中国专使：“祈勿签字，速退和会。”上年归国的留日学生黄日葵等，还参加了5月3日北大的集会和5月4日天安门的游行。

5月6日，日本《朝日新闻》等报纸纷纷报道了5月4日北京发生大规模学生游行并火烧赵家楼、痛打章宗祥以及许多学生被捕的新闻。东京留日学生也热血沸腾，群情愤慨，于当天在东京神田区中国青年会开会，决定5月7日举行集会和示威游行。但他们四处寻租会场，均被日本警方干预未成。最后决定改在永田町中国驻日使馆俱乐部集会。但到5月7日早晨，发现使馆四面路口已布满日本军警，东京赤坂宪兵队还出动了五六十名骑马宪兵。留日学生们无法进入使馆，便临时决定分两大组活动，一组从葵桥电车站下车，在附近小公园集合。另一组从三宅坂电车站下车，在德国大使馆门口集合。“每组分为5小队，每队设队长1人，交涉员1人，掌旗2人，排队进行，分别向各国驻日使馆投递宣言书，若我国使馆不准逗留，即于日比谷公园聚齐解散。”[3] 下午2时左右，留日学生赴两个电车站已各

---

① 上海《民国日报》1918年5月25日。

② 彭明：《五四运动史》，人民出版社1984年版，第359页。

③ ［日］实藤惠秀：《日中非友好の历史》（日文），日本朝日新闻社，昭和四十八年，第339—341页。

达千余人，“来者尚不绝于道”。三宅坂一组整队向各国使馆前进，打出白布大旗，上书“五七国耻纪念”“直接收回青岛”“打破军国主义”“保持永久和平”等口号。行到德国大使馆旁巷口时，日本军警突然袭击，向学生挥刀乱砍，马队也冲踏学生队伍，尽管不少学生受伤，仍整顿队伍继续前进。经过英国、法国使馆时，学生代表向英、法外交官递交了宣言书。走到大手町时，学生队伍又遭到大批军警的阻拦、殴打并被抢夺旗帜，又有不少学生受伤和被捕。最后“奋死力争，方脱重围”。

葵桥方向的中国留学生队伍经过美国、瑞士、俄国使馆，也向各国外交官递交了宣言书。然后走到中国公使馆附近，已有日本宪兵、警察六七百人，“荷戈林立”，封锁路口。学生派代表前去交涉，军警“忽作长蛇阵重围环攻”，刀枪齐下，马蹄纷沓，情景比大手町更为惨烈。一位山东学生杜中为保卫国旗被打得半死。还有一位湖南十来岁的小学生李敬安也惨遭日警毒手，受伤倒地，日警还用佩刀击其头部，经其他学生冒死抢救仍被抓走。当时又有一批学生被捕。日警还不准学生们乘车，他们只得忍痛步行回神田中华青年会。学生团干部决定首先调查学生受伤、被捕人数，设法营救。据不完全统计，此日受重伤者有 27 人，其中山东杜中生命垂危，广东彭湃、湖南龚德柏等都被打得头破血流。被捕者 35 人，其中湖南谭政、四川黄季陆等 23 人经严刑毒打后于次日晚上放出，而赵云章、杜中等 12 人则被关入东京监狱，被判 3 至 10 个月徒刑。1919 年 5 月 7 日东京留日学生的这场爱国运动就这样被日本帝国主义政府残酷镇压了。

回顾百年前东京三千中国留日学生这一幕轰轰烈烈、可歌可泣的反帝爱国运动，充分表现了留日学生的爱国主义和英勇献身精神，是对国内五四学生运动的有力响应和声援。同时也充分暴露了日本帝国主义政府对中国爱国学生运动的仇视和野蛮镇压。这一场斗争不应为历史所遗忘，在五四运动史和中日关系史上都是值得记述和研究的。

从甲午战争到抗日战争
——近现代两次中日战争的比较*

1895 年 4 月 17 日，在日本下关春帆楼上，清政府全权大臣李鸿章在丧权辱国的《马关条约》上签字，宣告第一次中日战争（中国称为甲午战争，日本称为日清战争）以中国失败而告终。

1945 年 9 月 2 日，在日本东京湾内美国军舰密苏里号上，日本外务大臣重光葵代表天皇和政府、陆军参谋总长梅津美治郎代表军部在投降书上签字，宣告第二次中日战争（中国称为抗日战争，日本称为日中战争或十五年战争）以日本帝国主义的彻底失败而结束。

相隔半个世纪的两次中日战争对于中日两国的历史发展及兴衰荣辱以至亚洲与世界国际关系的变化，都产生了十分巨大和深远的影响。

那么，这两次中日战争之间究竟存在怎样的联系，有着哪些相同点和不同点，并为中日两国乃至全世界留下了什么历史经验教训呢？

本文试图从两次中日战争比较研究的角度，着重对战争的性质、手段、成败因素以及两次战争之间的联系和历史教训等问题，进行初步的分析探讨。

一　两次中日战争性质、目的、手段的比较

两次中日战争最重要的相同点是其性质。从日本方面来说都是对

---

* 原载于《北京大学学报》1995 年第 4 期。

中国的侵略战争，从中国方面来说都是抵抗日本入侵的反侵略战争。如果要说差别的话，日本发动的第一次中日战争还包含了对朝鲜的侵略，而日本发动的第二次中日战争后期则扩大为对亚洲及太平洋地区侵略的太平洋战争。对于中国，第二次中日战争既是一场民族解放战争，又是世界反法西斯战争的一个重要组成部分。

两次中日战争是日本侵华战争的性质本来是无可置疑的，然而，从战争期间直至现在，日本一直有人企图对此加以否认和辩解。如声称发动甲午战争是为了“维护朝鲜独立”“保卫日本的利益线”；发动日中战争和太平洋战争则是为了“解放亚洲国家”“捍卫日本的生存权”，等等。这些宣扬侵略有理、侵略有功的论调完全是篡改历史，颠倒黑白。因此，我们有必要分析比较一下日本军国主义发动两次中日战争的目的、方式和手段。

首先，日本统治集团发动两次中日战争的目的都是侵略中国，称霸东亚。其方针明确，野心昭然，而且蓄谋已久。

早在德川幕府末年日本就流行“海外雄飞论”。如佐藤信渊声称“皇国日本之开辟异邦，必先肇始于吞并中国”，并主张“朝鲜中国次第可图也”①。吉田松阴也鼓吹“割取朝鲜、满洲，吞并中国，所失于俄美者，可取偿于朝鲜、满洲之地”②。1868 年明治天皇即位时发表的《御笔信》公开宣布要“开拓万里波涛，布国威于四方”。1874 年就发生了日军侵犯中国台湾南部高山族地区的事件。当时任陆军大辅的山县有朋曾向天皇“奏请率三万之兵，先蹂躏江苏，乘机攻天津，向中国要求城下之盟”③。接着日本加紧对朝鲜的侵略渗透，作为侵犯中国的桥头堡。明治政府以侵略中国和朝鲜、称霸东亚为既定国策，早就开始进行发动侵华战争的准备。在日本三浦梧楼家文书中发现的 1887 年日本参谋本部局长小川又次大佐起草的《清国征讨方案》就是一份未来中日战争的具体作战计划。他建议派出 8 个师团

① 佐藤信渊：《宇内混同秘策》，《日本思想大系》45，第 426 页。

② 吉田松阴：《幽囚录》，《日本思想大系》46，第 193 页。

③ 德富猪一郎：《公爵山县有朋传》中卷，第 259—359 页。

分别攻占京津和长江中下游，争取把辽东半岛、山东半岛、舟山群岛、澎湖列岛、台湾全岛以及长江沿岸划入日本版图。并要求每年支出军费1500万日元，5年完成扩军计划。[①] 1890年，日本内阁首相山县有朋在帝国议会公然提出不但要保卫国家的“主权线”，而且必须进而保卫领土外的“利益线”的侵略理论，并认为日本的“利益线之焦点在朝鲜”[②]。日本扩张的利益线不断向前推移，形成了吞并朝鲜、侵占满蒙、征服中国的大陆政策。1892年日本已提前完成海陆军扩军计划。1893年颁布《战时大本营条例》，决定设置由天皇直接统率的最高军事统帅部战时大本营，标志着日本军国主义已经做好了发动第一次中日战争的准备。与此同时，日本政府和军部还派遣大批间谍特务收集朝鲜和中国的政治军事情报，绘制军用地图，甚至对每一个村庄、每一条道路都标示得十分详尽。因此，欧洲人波尔纳在看到地图后评论道：“这份地图本身就是日本久已蓄意侵略中国的证据，它驳斥了日本当时是被迫作战的说法，相反地，那是一次有意图的、精心策划的侵略行动。”[③]

如果说日本统治集团发动甲午战争的目的主要是侵略中国、吞并朝鲜和称霸东亚的话，那么发动第二次中日战争的野心更大，则妄图灭亡中国、侵略亚洲和称霸世界。早在1907年，日本首次制定由天皇批准的《国防方针》，正式提出对外扩张采取攻势战略，强调日本的发展命运有赖于中国大陆，把中国作为侵略掠夺的主要对象，并把俄美等列强也列为假想敌国。1911年日本军部曾制定《对华作战方针与计划概要》，提出“在确实占领南满洲之同时，攻占北京，并占领浙江、福建”[④]。1926年日本军部又制定《大正十五年度作战计划》，计划动员16个师团兵力侵华，并把中国划分为满洲、华北、华

① 小川又次：《清国征讨方略》，《抗日战争研究》1995年第1期。

② 《山县有朋意见书》，第196—200页。

③ 丁名楠：《帝国主义侵华史》第1卷，第331页。

④ 《军事史学》（日本）1973年3月号。

中三个作战区域，而且选择了具体作战方向和登陆点①，这实际上就是第二次中日战争作战计划的蓝本。1927 年 6 月 27 日至 7 月 7 日，日本首相田中义一主持召开有内阁、军方、关东军首脑和驻华使领参加的东方会议，制定《对华政策纲领》，进一步明确侵占东北进而侵略中国与亚洲的大陆政策为日本国策。纲领特别强调日本为保护其在东三省的“重大利益关系”，将“及时采取适当措施”②。这预示将要发动对东北的武装侵略。外间流传的《田中奏折》宣称：“惟欲征服支那，必先征服满蒙，如欲征服世界，必先征服支那。”③ 不论有无此文件，是否原话，其与东方会议精神是完全一致的。第二次中日战争和太平洋战争正是沿着这一轨迹发展的。

1929 年开始的世界资本主义经济危机加速了战争的发动。1929 年 4 月，关东军作战参谋石原莞尔中佐提出《扭转国运的根本国策——满蒙问题解决案》，竭力鼓吹“为了消除国内的不安，需要对外战争”，“满蒙问题的解决是日本的唯一出路”④。1931 年，参谋本部制定了《解决满洲问题方案大纲》，规定以一年为期对中国东北采取军事行动，并把指令下达给关东军，终于发动了长达 15 年之久的第二次中日战争。在侵占东北之后，日本军国主义统治集团又把“利益线的焦点”逐步推向中国华北、华中、华南以至整个亚洲太平洋地区，妄图灭亡中国、称霸亚洲和世界。1936 年日本广田弘毅内阁就决定将“确保帝国在东亚大陆地位之同时，向南方海洋发展”的“北南并进”定为根本国策。⑤ 同年参谋本部制定《1937 年度对华作战计划》，具体规定动员 14 个师团进犯，其中 8 个师团在华北攻占京津；5 个师团在华中，占上海，进击武汉；1 个师团在华南，占广州、福州⑥，从而把第二次中日战争逐步扩大为全面侵华战争和太平洋战争。

① 日本防卫厅研究所：《战史丛书 · 大本营陆军部（一）》，第 30、276—277 页。
② 日本防卫厅研究所：《战史丛书 · 大本营陆军部（一）》，第 30、276—277 页。
③ 王芸生：《六十年来中国与日本》第 8 卷，第 377 页。
④ 日本国际政治学会《走向太平洋战争之路》别卷“资料篇”，第 86 页。
⑤ 广田内阁：《国策基准》，《日本外交年表与主要文书（下）》，第 344—345 页。
⑥ 《战史丛书 · 大本营陆军部（一）》，第 369 页。

其次，日本发动两次中日战争，都是采取制造事端、突然袭击的方式。

日本在甲午战争前做好扩军备战的充分准备后，便利用朝鲜发生东学农民起义、朝鲜政府向中日求援的机会，怂恿清政府与日本一起出兵。起义平息后又拒绝撤军，故意制造事端。1894 年 6 月 22 日，天皇主持的御前会议决定向朝鲜增兵，并向中国发出绝交书。同一天外务省训令驻朝公使大鸟圭介采取一切手段制造战争借口。17 日御前会议正式决定对华开战。23 日日军占领朝鲜王宫，囚禁国王，实际上已拉开甲午战争的序幕。7 月 25 日日本联合舰队在朝鲜丰岛附近海面突然袭击北洋舰队军舰济远、广乙号，击沉运兵船高升号，终于不宣而战，挑起了第一次中日战争。

丰岛海战后日本却贼喊捉贼、倒打一耙。外务大臣陆奥宗光在致各国公使照会中竟反诬“中国军舰在牙山附近轰击日军”。日本军方编的《二十七八年海战史》也写道：“七时五十二分，彼我相距约三千米之距离，济远首先向我发炮，旗舰吉野立即应战。”[①] 实际上早在 7 月 20 日，日本大本营接到北洋舰队船只将赴牙山增援的情报后，就密令海军军令部长桦山资纪到联合舰队基地佐世保传达了到朝鲜海面伺机袭击北洋舰队的命令。7 月 25 日早晨双方军舰在丰岛海面接近时，日舰已下达战斗命令。浪速号舰长东乡平八郎海军大佐在日记中证实：“午前七点二十分在丰岛海上远远望见清国军舰济远号和广乙号，即时下达战斗命令。”[②] 至于日舰发动突然袭击打响第一炮的确切时间，近年发现的《济远航海日志》上明确记载为，七时“四十五分，倭三舰同放真弹子轰击我船，我船即刻还炮”。[③]

第二次中日战争日本故伎重演，制造一系列事端，发动和扩大侵华战争。1931 年 9 月 18 日夜，日本独立守备队副中队长河本末守中尉以巡视铁路为名，在沈阳北郊柳条湖铁路路轨上点燃炸药包，炸断

① 日本海军军令部编：《二十七八年海战史》上卷，第 88 页。

② 《东乡平八郎日记》，《中日战争（六）》，第 32 页。

③ 《济远航海日志》，引自戚其章《甲午战争史》，第 54 页。

铁轨，以爆炸声为信号，日军开始向附近东北军营地发动突然袭击，这就是震惊中外的“九一八事变”。当时日军即向旅顺关东军司令部发电报，谎称中国军队破坏铁路，袭击日本守备队。关东军立即进攻沈阳，并在东北各地展开全面攻势。

紧接着1932年1月，日军又在上海制造事端，由日本特务指挥暴徒向中国工人挑衅。1月28日夜，日军突然袭击上海闸北中国十九路军，挑起了“一·二八事变”和淞沪战争。

1937年7月7日，驻北京丰台的日本驻屯军在卢沟桥制造事端，进攻宛平中国驻军，然后大举进攻北京和华北，这就是标志日本全面侵华战争开始的“七七事变”。当时日本宣传的所谓“一名士兵失踪”和“受到中国军队非法射击”等借口都是十分荒唐可笑的。原来所谓失踪士兵只是因大便暂时离队，20分钟后就已经归队。而宛平城的中国军队经过查证，在受到袭击前不仅从无开枪之事，而且“每人所带子弹并不短少一枚”。

正如当时日本驻华公使重光葵所言，只要“陆军在北方制造事件，在上海的海军也必然要挑起某些事端”。[①] 果然，8月13日，驻上海日本海军陆战队便以一名中尉在虹桥机场挑衅被打死为借口，向中国军队发动大举进攻，并对上海、南京等城市进行轰炸，制造了“八一三事变”，把战火从华北燃到华中。

最后，日本军国主义在两次中日战争中采取的战争手段都是极其野蛮残酷、惨无人道的。

在甲午战争中，日本侵略军于1894年11月21日攻占旅顺口以后，便接连四天大肆屠杀手无寸铁的无辜平民两万多人，制造了震惊中外的旅顺大屠杀惨案。日本政府却竭力掩盖暴行，外务大臣陆奥宗光竟向各国驻华公使谎称“在旅顺被杀的人大部分被证实是化装成平民的兵士”[②]。但是墨写的谎言终究掩盖不住血的事实，美国《纽约

---

① 重光葵：《日本侵华内幕（中译本）》，第130页。

② 《陆奥声明》，《中日战争（七）》，第460页。

世界》记者克里曼和英国《伦敦时报》记者柯文、《黑白画报》记者威利阿士等都是当时在旅顺惨案中的目击者。他们报道了大量日军滥杀平民、屠杀老人婴孩，以及剖腹挖心等暴行。英国法学家胡兰德博士在《关于中日战争的国际公法》一书中也指出，日军“一连四天，野蛮地屠杀非战斗人民和妇女儿童……在这次屠杀中，能够幸免于难的中国人，全市只剩三十六人。这三十六人完全是为驱使他们掩埋其同胞的尸体而被留下的”①。最近清理死难者万忠墓时，挖出与累累白骨在一起的有不少妇女、儿童的饰物，这是日军屠杀无辜居民老弱妇幼的铁证。

第二次中日战争日本侵略军的战争手段更加残忍，而且使用各种现代化杀人手段。日本法西斯军国主义实行烧光、杀光、抢光的三光政策，焚毁中国城镇和村庄，屠杀中国平民百姓，制造了许多起灭绝人性的大屠杀惨案，目前在中国已经发现的万人坑就有 80 余个。据统计，第二次中日战争中国军民伤亡达 3500 多万人，直接财产损失在 1000 亿美元以上。重大惨案如 1932 年 9 月 16 日抚顺平顶山惨案，日军把全镇男女老幼集中到洼地用机枪扫射后又用刺刀残杀伤者，共屠杀无辜居民 3000 多人，第二天又用 32 桶汽油焚尸灭迹②。1937 年 12 月，日军烧毁江阴房屋 2000 多间，杀死居民 1000 多人。1941 年 1 月 25 日，河北丰润县潘家峪惨案，日军包围该村后焚毁全村房屋，集中屠杀村民达千余人。最骇人听闻的是，1937 年 12 月日军攻占当时中国首都南京后，制造了震惊世界的南京大屠杀。在 6 个多星期中，屠杀了 30 余万无辜市民和放下武器的中国士兵，同时使全市 1/3 房屋化为灰烬。日本法西斯烧杀淫掠、无恶不作，除了枪杀以外，还用砍头、挖心、剖腹甚至进行杀人比赛等残暴手段。英国《曼彻斯特卫报》记者田伯烈在《外人目睹之日军暴行》中认为，这是“现代史上破天荒的残暴记录”，是“现代文明史上最黑暗的一天”③。

---

① 陆奥宗光：《蹇蹇录（中译本）》，第 63—64 页。

② 日本帝国主义侵华档案资料选编：《东北历次大惨案》，第 3—13 页。

③ 田伯烈：《外人目睹中之日军暴行》。

日本侵略军在第二次中日战争中还公然违背国际公法和人道主义，使用了细菌战、毒气战等现代化杀人手段，残害中国军民。如日军731部队、关东军100部队、第1855部队、荣字1644部队都是专门施行细菌战的机构，进行大规模的细菌研制、生产和散布，还惨无人道地用活人人体做细菌实验。日军还有化学毒气部队，各步兵联队有瓦斯中队，在中国各地施放毒气上千次。①

综上所述，日本军国主义发动的两次中日战争从性质和手段角度分析，具有侵略性、冒险性、掠夺性、野蛮性等共同特点。

二　两次中日战争胜败因素的比较

两次中日战争最大的不同点是战争的结局。甲午战争前中国官员普遍轻视日本。两江总督刘坤一曾说："以日本手掌之地，而又土瘠民贫，如欲与中国为难，多见其不知量矣！"② 北洋舰队访问长崎时曾震惊日本朝野。可是战争结果却是陆上几十万湘淮军连战连败，海上北洋舰队几十艘舰艇全军覆没。中国战败求和，被迫签订割地赔款的《马关条约》，给中华民族带来巨大民族灾难，而日本却通过甲午战争大发横财，加速工业和军事的现代化。

第二次中日战争时日本统治集团十分狂妄，认为中国军队一击即溃。参谋本部中国科高桥中佐狂言："军车通过山海关时中国方面就会屈服。"③ 然而，战争的结果却是，中国军民经过浴血抗战取得了百年来第一次反侵略战争的完全胜利，而日本帝国主义遭到了彻底的失败。

两次中日战争的结局胜败方发生了根本性的转化，其原因究竟何在呢？当然影响战争胜负的因素很多，涉及时代、国情，国内、国际和主观、客观各个方面。下面着重从中国方面在两次中日战争中的4

---

① 日本帝国主义侵华档案资料选编：《细菌战与毒气战》。

② 两江总督刘坤一奏折，见《洋务运动（二）》，第505页。

③ 《日本外交文书》第27卷第1册，第113页。

个重要因素的变化来加以比较分析。

第一是战争领导因素。掌握国家统治权和战争指挥权的集团或个人的表现，对战争的胜负起着非常关键的作用。

甲午战争时统治中国的是腐败的清政府，名义上的国家元首是光绪皇帝，但实际上的最高统治者却是慈禧太后，而军事外交大权和战争指挥权则掌握在北洋大臣李鸿章之手。1894 年正值慈禧六十大寿，清政府在一年前就开始筹办盛大庆典，庞大的开支除要各级官员捐纳外，还提用户部的饷需与边防经费，甚至挪用海军军费。11 月 7 日寿辰恰好是日军攻陷大连之日。重镇失守，慈禧太后却照样在宫中升殿受贺，大宴群臣，还让皇帝与大臣陪坐听戏三日，不问国事。指挥战争的李鸿章一方面迎合慈禧太后不希望因战争影响六旬庆典的心理，另一方面为了保存自己控制的北洋舰队和淮军的实力，总的指导思想是消极避战，积极求和。朝廷内后党与帝党钩心斗角，军队内湘系与淮系互相指责，海军中南洋水师袖手观望。前线清军将领有的贪生怕死、临阵脱逃，有的贪污腐化、克扣军饷。这样腐败的政府领导指挥战争，怎么可能不失败呢！

抗日战争期间中国实际上存在两个政权和两支军队，一个是国民党领导的中央政府和军队，另一个是共产党领导的局部政权（陕甘宁地区和各敌后抗日根据地）和八路军、新四军、游击队。国共两党是在中国近现代不同时期推动中国社会前进最有影响力的两大政党。国共第一次合作曾赢得反对北洋军阀的北伐战争胜利，以后两党关系破裂经历了近十年内战。日本帝国主义发动的第二次中日战争使中华民族处于生死存亡关头，中日民族矛盾成为中国社会主要矛盾。中国共产党及时提出停止内战，一致对外，建立抗日民族统一战线的主张。1936 年 12 月通过和平方式解决西安事变，终于迫使国民党同意停止内战，联共抗日。抗日战争中国共两支军队各自担负一定的战略任务，开辟了正面战场和敌后战场，分别牵制着大量日本侵略军，使它处于腹背受敌的境地，遭到重大伤亡和消耗。两个战场互相依存、互相配合、共同对敌，经过艰苦卓绝的奋斗，终于取得了抗日战争的最后胜利。

第二是民众动员因素。战争的伟力最深厚的根源存在于民众之中。甲午战争中清政府不但不发动和依靠人民群众进行反侵略战争，而且压制民众抗日热情，阻挠破坏民众的抗日斗争。如战争爆发不久，就有人建议在天津兴办团练，却遭到李鸿章的斥责。当台湾军民在极其艰苦的条件下与日本侵略军浴血奋战时，清政府竟借口“有碍和约”，不但不许接济饷械，连刘永福和台湾义军派人到大陆募集的捐款也被扣留，严重破坏了台湾军民的反割台斗争。

在抗日战争中，中华民族已经觉醒，除了少数汉奸以外，中国各阶级、阶层，各党派、团体，各民族、不同宗教信仰者，包括海外华侨华人，结成了最广泛的抗日民族统一战线，如广大农民积极参加抗日武装，成为抗战的主力军；还为抗日军队运送粮草、站岗放哨、抢救伤员、传递情报等。妇女也组织各种抗日救国团体，慰劳抗战将士。代表民族资产阶级、小资产阶级和知识分子的各爱国民主党派也是抗日民族统一战线的成员，1936 年组织了全国各界救国联合会。各少数民族也积极投入抗日斗争，仅东北抗日联军中就有朝鲜族、蒙古族、满族、鄂伦春族、锡伯族、赫哲族等族官兵。还有著名的冀中回民支队，海南岛黎族、苗族的琼崖纵队等。海外爱国华侨除了亲自回国投身抗战外，还大量捐款、捐物，筹赈伤兵难民。总之，中华民族都动员起来投入反侵略战争，使第二次中日战争成为一场真正的民族解放战争。

第三是战略战术因素。制定战略和运用战术正确与否，是决定战争胜负的重要因素。

甲午战争中清政府没有健全的军事指挥和参谋机构，战争的指挥大权基本上操于北洋大臣李鸿章一人之手。李鸿章缺乏积极抗战的战略思想，死守消极防御的战略方针，造成清军经常处于被动挨打的地位。陆路清军株守以待，坐失战机。北洋舰队始终执行保船避战方针，不敢主动出击，放弃制海权，最后被困威海刘公岛，坐以待毙，全军覆没。战略战术上也没有从海陆协同角度组织防御。辽东半岛和山东半岛的抗登陆作战，只是单纯守卫、分兵把口，忽视了在军港侧后方设防，以致旅顺、威海相继失守。另外忽视战略战役的侦察，对敌人战略意图和敌情缺乏了解分析，导致一系列战役的指挥错误和失败。

在抗日战争中，中国方面坚持了持久战的总战略方针。毛泽东还把抗日游击战争提高到战略地位，系统地提出了抗日游击战争的六点具体战略方针，即主动地、灵活地、有计划地执行防御战中的进攻战，持久战中的速决战和内线作战中的外线作战；和正规战争相配合；建立根据地；战略防御和战略进攻；向运动战发展；正确的指挥关系。在这些正确战略方针的指引下，中国共产党领导的武装力量，挺进华北、华中和华南敌后，建立根据地，发动群众，广泛开展游击战争，开辟敌后抗日战场，同国民党领导的正面战场互相配合、互相呼应，赢得抗日战争的最后胜利。

第四是国际环境因素，也对战争的胜负有重大的影响。

甲午战争时中国处于很不利的国际环境之中。西方列强都是从维护与扩大自己在中国和朝鲜的侵略利益和在东亚的势力出发，来制定其远东政策。当时远东地区成为西方列强激烈争夺角逐的重要场所，英、俄、美、法等列强的态度直接影响第一次中日战争的发生和发展。英国在中国、朝鲜有巨大经济利益，希望维持在远东的优势，害怕俄国势力南下，因此扶植日本以抵制俄国。战争前夕英日签订新约，使日本发动战争无所顾忌。因此，英国外交大臣金伯利在条约签字仪式上说，“此约之性质，对日本来说，远胜于打败清帝国大军”①。在整个甲午战争中，英国的基本态度是不愿战争损害自己的商业利益，同时偏袒日本，压迫清政府对日本作更大的让步。俄国虽然一方面不希望日本北进朝鲜和中国东北，以维持自己在东亚的利益范围；另一方面也试图讨好日本，避免把日本完全推入英国的怀抱。因此，俄国在战争中采取中立观望的态度，俄国外交大臣吉尔斯宣

① 《红档杂志中有关中国交涉史料选译》，第 67 页。

称："帝国政府所遵循的目标是不为远东敌对双方任何一国的一面之词所乘，也不被他们牵累而对此局势有偏袒的看法。"① 美国则企图利用日本作为其在东亚扩张和开放远东市场的工具，因此在整个甲午战争期间都支持日本，并单独操纵调停，敦促中国接受日本侵略要求。美前国务卿科士达甚至威胁清政府，如果拒绝批准《马关条约》，"将在文明世界面前失去体面"。

抗日战争时期的国际环境与甲午战争大不相同。虽然前期西方国家曾实行远东慕尼黑纵容日本侵华，但自 1939 年 9 月以后，英、法、苏、美先后参战，国际环境有所改善。尤其日本发动太平洋战争后，1942 年 1 月 1 日，美、英、苏、中等 26 国签署《联合国家宣言》，正式组成了国际反法西斯统一战线。中国军民的浴血奋战是抗日战争胜利的根本原因。但苏联红军出兵东北和美国在日本本土投掷两颗原子弹，也加速了日本法西斯的崩溃和投降。

中国人民的抗日战争博得各国人民的广泛同情和支持。1937 年 8 月，国际工会联合会号召各国工人抵制日货发起募捐。1938 年 7 月，共产国际执委会号召加强国际援华运动。国际友人还组织医疗队来华到抗日前线救治伤病员。还有斯诺、史沫特莱、斯特朗等美国进步记者向世界宣传中国的抗战事迹。

三 两次中日战争的联系和历史经验教训

相隔半个世纪的两次中日战争的不同结局之间实际上有着密切的内在联系。

一方面，日本虽然在甲午战争中取得了胜利，却促使军国主义恶性发展，埋下了第二次中日战争日本军国主义最终走向彻底失败的种子。

甲午战争使日本成为亚洲的暴发户，加速了日本的工业和军事近

① 丁名楠：《帝国主义侵华史》第 1 卷，第 369 页。

代化，实现了向帝国主义的过渡。《马关条约》中国赔款2亿两白银，加上赎还辽东费3000万两，威海驻兵费150万两，共23150万两，折合35000万日元，几乎相当于日本4年的财政收入。曾任日本外务大臣的井上馨说道："一想到现在有三亿五千万日元滚滚而来，无论政府或私人都顿觉无比地富裕。"① 日本明治政府将这批巨款的绝大部分用作扩充海陆军及扩大军事工业生产经费。据统计，其中用于陆军扩张费5680万日元，海军扩张费13926万，军舰水雷艇补充基金3000万，临时军事费7896万，合计已达3亿日元以上。此外，还用2000万为天皇皇室基金，1200万为台湾殖民经费，1000万为教育基金。日本还利用这笔巨款建立起金本位货币制度，把日本货币纳入国际货币金融体系，增强了日本的经济实力和商品输出、资本输出能力。日本政府又通过对朝鲜和中国台湾的殖民统治，掠夺大量财富和原料。台湾还成为日本帝国主义向东南亚扩张的基地。

甲午战争后军部的势力和地位大大增强，军人飞扬跋扈并直接干预国内国际政治。军阀山县有朋、桂太郎等先后担任首相。1900年还规定陆海军大臣必须由现役大将或中将担任。军部可以随时通过拒派陆海军大臣而推翻内阁，标志着日本的政治已向军国主义体制演变。日本政府还强化了军国主义奴化教育。在甲午战争期间和战后，出现了大量神化天皇、赞美战争、讴歌军国主义、宣扬武士道精神的小说、诗歌、歌曲、漫画等，甚至被编入中小学教科书。

总之，甲午战争使日本军国主义者尝到了侵略战争的甜头，刺激了它向外扩张的贪欲，其侵略野心越来越大。此后，参加八国联军侵华、在中国东北发动日俄战争、吞并朝鲜、向袁世凯提出灭亡中国的"二十一条"、出兵山东、侵占东三省，以至发动全面侵华战争，又与德国法西斯相呼应，挑起太平洋战争，妄图称霸世界，最终走向失败与毁灭。

另一方面，甲午战争中国的失败强烈刺激了中华民族的觉醒，推

---

① 石井宽治：《日清战后经营》，岩波讲座《日本历史（16）》，第54页。

动了中国人民的爱国救亡运动，加速了民主革命的进程，为最后赢得抗日战争的胜利准备了条件。

甲午战争在给中国带来巨大的历史灾难的同时，也唤起了中华民族的觉醒。正如梁启超所说："吾国四千余年大梦之唤醒，实自甲午战败割台湾、偿二百兆以后始也。"① 甲午之败、马关之辱以及接踵而来的瓜分狂潮，使中华民族的各阶级各阶层普遍产生了亡国灭种的危机感、大祸临头的紧迫感和难以立足世界民族之林的耻辱感。危机意识大大增强了中华民族的凝聚力，近代中国的志士仁人正是怀着强烈的危机意识和变革意识，历尽千辛万苦，不怕流血牺牲，去探索和寻找挽救中国的思想和道路。甲午战争以后发生的戊戌维新、辛亥革命、五四运动、北伐战争、抗日战争，以及兴中会、同盟会、中国国民党、中国共产党、抗日民族统一战线的诞生，都是在"救亡图存，振兴中华"这面爱国主义大旗下进行的。甲午战争以后中华民族的觉醒、进步和团结，成为中国最后取得抗日战争胜利的决定性因素。

通过对两次中日战争的比较研究，可以提供不少历史的借鉴和启示。

第一，历史的辩证法是无情的。

两次中日战争的成败得失深刻体现了历史的辩证法。甲午战争中中国的失败给中华民族带来巨大历史灾难。但正如恩格斯指出的，"没有哪一次巨大的历史灾难不是以历史的进步为补偿的"②。甲午战败激发了中国人民的觉醒和奋起，推动了中华民族的进步和团结，经过半个世纪的奋斗，终于赢得了抗日战争的胜利，迎来新中国的诞生。而甲午战争中日本的胜利使其大发横财，同时也促使其军国主义和侵略野心恶性膨胀，踏上走向毁灭的道路。然而，日本军国主义在日中战争和太平洋战争中的彻底失败，却又迎来日本民族的新生。

---

① 梁启超：《戊戌政变记》卷一，《戊戌变法（一）》，第249页。

② 《马克思恩格斯全集》第39卷，人民出版社1974年版，第149页。

第二，历史的经验教训需要总结吸取。

“前事不忘，后事之师”，对两次中日战争经验教训进行认真反思和科学总结，对于振奋民族精神、加强民族凝聚力、推动有中国特色的社会主义现代化建设以及促进中日友好都有很大意义。甲午战争中中国的失败说明落后就要挨打，腐败导致失败，愚昧必然落伍。而抗日战争中体现出来的中华民族的凝聚力和意志、勇气、智慧、力量、创造精神都是宝贵的历史遗产。认真吸取历史教训，也是中日两国人民世世代代和平友好的重要前提。

第三，历史不容篡改。

两次中日战争都是日本军国主义发动的侵略战争，给中国人民造成巨大的民族灾难，也给日本人民带来巨大的痛苦，这是用血和火以及无数死难者的生命和尸骨构成的历史事实。必须尊重历史、正视历史，并把历史的真相告诉广大人民和子子孙孙。如果有人想用谎言和狡辩歪曲篡改历史，企图为日本军国主义的侵略和暴行辩护，以至复活军国主义的幽灵，必将会引起世界人民的愤慨和谴责，也一定会遭到历史的惩罚。

第　三　编

以书为镜：从《日本日记》到《日本变政考》

罗森与《日本日记》*

一　近代赴日文化交流第一人

我们回顾近代中日文化交流史时，有必要探讨一下1840年鸦片战争以后近代第一位赴日本进行文化交流活动的中国人以及近代中国人的第一部日本游记。

过去一些中外著作曾把1877年首任驻日公使何如璋率使团赴日作为近代中日交流的开端，以何如璋的赴任日记《使东述略》作为近代中国的第一部日本游记。然而比他早一年，即1876年，已经有浙海关委员李圭在赴美参加费城万国博览会的途中访问了日本，所著《环游地球新录》的第四卷《东行日记》也是一部日本游记。

事实上，在何如璋和李圭访日20多年前的1854年，已经有一位中国知识分子访问日本，进行了许多中日文化交流活动，并写下了具有很高史学、文学价值的近代第一部日本游记《日本日记》。此人就是本文要论述的近代中日文化交流的先驱者罗森。

我最初对罗森产生兴趣是在20多年前为《历史研究》杂志撰写《太平天国对日本的影响》一文时，从日本学者增田涉的著作《西学东渐与中国事情》中看到罗森向日本人介绍太平天国情况的记载①。

---

* 原载于北京大学日本研究中心编《日本学》（第五辑），北京大学出版社1995年版。

① ［日］增田涉：《西学东渐与中国事情》，东京：岩波书店1979年版，第308页。

根据该书的线索，我在北京大学图书馆收藏的《大日本古文书》中看到了被称为《米国使节随行清国人罗森日本日记》的日文资料[①]。以后又承蒙日本东京大学教授小岛晋治先生寄赠《日本日记》的汉文抄本，并据此加以标点解说，编入《早期日本游记五种》一书[②]。后来又通过多年访寻，在友人刘蜀永的帮助下，终于得到了香港图书馆收藏的1854年香港中文月刊《遐迩贯珍》所刊《日本日记》原本的影印本[③]，并与各种抄本、刊本进行了校勘。

有趣的是，在《大日本古文书》收录的1854年日本开国史料中，有幕末津山藩著名画工锹形赤子画的《米利坚人应接之图》。我看到图上除画了许多美国官兵之外，还有一个圆脸、拖着长辫、戴着瓜皮帽、手持折扇的矮胖中国人，旁边写着"清朝人罗森"[④]，我才知道原来罗森是这个模样。以后又蒙日本北海道函馆市地方史研究家加藤昌市惠赠幕末日本珍贵史料《亚墨利加一条写》的复刻本。其中有幕末箱馆（即现北海道函馆市）画师小岛又次郎画的3幅罗森写生像。一幅打伞，注"广东人"。一幅摇扇，注"通理师"，即翻译，均戴瓜皮小帽，与锹形赤子所画形象相似。另一幅则是罗森脱帽伏在地上挥笔写字之态，甚至还可以看出他在纸上写的字是"吾广东人，亚墨"，书中说明"此图广东人罗森"，"姿态柔和"，"笔法可也"[⑤]。此外，樋烟翁辅画的《米国使节彼理提督来朝图绘》的第九图中，也有罗森站着写字的画像。后来，我在日本下田访问时，偶然的机会参观了下田了仙寺，寺庙住持又给我看了他珍藏的另一幅罗森在下田购物的画像原本。

---

① 《大日本古文书》，幕末外国关系文书附录之一：米国使节随行清国人罗森日本日记，东京帝国大学，1913年。

② 王晓秋标点解说：《早期日本游记五种》，湖南人民出版社1983年版。该书《日本日记》据小岛晋治先生提供日本汉文辑印本排印。

③ （清）罗森：《日本日记》，最初刊于《遐迩贯珍》1854年11月号、12月号及1855年1月号。

④ 《大日本古文书》，幕末外国关系文书之六。

⑤ 《亚墨利加一条写》（稿本），日本函馆市图书馆藏书。

我在日本各图书馆、博物馆查阅1854年参加美日谈判或接待美方代表的日本官员的各种笔记、日记及双方会谈记录也常常看到罗森的名字和记载。如《亚墨理驾船渡来日记》1854年2月13日记，“今度异船乘客之内有广东的罗森这样的异人”，“罗森又名向乔者，诗文之达者，书法之美笔也”①。幕府官员高川文鉴的《横滨纪事》中也写道：“席末有广东罗森，字向乔者，颇善书画。”②《金川游记》还记录了罗森与日本官员之间的大段笔谈③。此外，在《墨夷应接录》《随闻积草》《探边聊报》《北门史纲附录》以及《亚墨利加船箱馆碇泊中御用记》《箱馆入港亚米利加船应接书》等原始史料中，也都有关于罗森的记载。

那么，罗森究竟是个什么样的人物？他怎么会与美国培理舰队一起去日本的呢？

罗森，字向乔，广东南海人。作为地方儒生和乡绅，曾经在鸦片战争时参加当地的抗英斗争，但战后未受重用，反遭排斥，后到香港居住，曾与英美传教士有来往，会说一点英语。当时他的友人美国传教士卫三畏（Williams S. W.，汉译名又称卫廉士、威廉姆斯）担任美国东印度舰队司令培理海军准将（M. C. Perry，有的书译为佩理、柏利或裴利）率领的舰队日本之行的翻译官。卫三畏1833年来中国，曾在广州创办印刷所，懂得汉语和一点日语。后来当过美国代理驻华公使，回国后担任美国耶鲁大学汉学教授。

这里涉及日美交涉时使用的语言问题。当时日本与西方人打交道主要用荷兰语，因江户时代锁国日本与西方，只对荷兰一国在长崎一地通商，设有荷兰语通事，而日本会英语的人很少，因此美方带有荷兰语翻译。但日本人更熟悉的是汉文，江户时代官员文人一般都懂汉文，不少人还会写汉诗。因此，双方来往函件以及定约文件常常都用汉文本，更加容易表达准确。故而卫三畏虽然日语水平不高，尚可用

① ［日］石野瑛校正：《亚墨理驾船渡来日记》，内外社1932年版。

② ［日］高川文鉴：《横滨纪事》，日本早稻田大学图书馆藏书。

③ 《金川游记》，克堂生写本，日本关西大学图书馆藏书。

汉语、荷兰语来弥补。当然，他感到如果再请一个中国人作助手更为方便。因此，培理舰队1853年第一次赴日时，他先在广东雇了一位姓谢的中国译员，可是该人年龄偏大，已55岁，而且有吸食鸦片的习惯，身体虚弱，卫三畏又不许他在军舰上抽鸦片，结果经过琉球时，此人就烟瘾发作，一病不起，最后只好把他的尸体海葬。因此，1854年培理舰队第二次赴日本前，卫三畏便在香港物色并聘请自己的朋友中国文人罗森担任舰队的汉文翻译。罗森为什么愿意接受这个工作呢？因为他感到这是一个开阔眼界、施展抱负的机会。他说自己一向关心世界大事，曾组织乡民与英国侵略者战斗，但那些只顾贪污受贿的清政府官员并不肯定他的努力和贡献，为此他向往到海外旅行，增长见识。在日本下田的时候，曾有一个叫明笃的日本人问罗森："子乃中国之士，何归鴂舌之门?"即你是一个中国读书人，为何要给美国人当翻译呢？言中颇有惊讶、不理解甚至责难之意。罗森就写了一首诗回答他："日本遨游话旧因，不通言语倍伤神。从古英雄犹佩剑，当今豪杰亦埋轮。乘风破浪平生愿，万里遥遥若比邻。"①从这首诗中可以看出他有宽阔的胸怀和雄心壮志，同时也带有一点怀才不遇的情绪。

罗森随美国培理舰队到日本，参与了日美谈判缔约以及到下田、箱馆视察的全过程，因此他不仅是日本开国的目击者，也是日美交涉定约的参与者，获得日美两国人士的尊重和赞誉。日本文人美研次曾经写了一首诗，赞扬罗森在日美谈判中所起的作用："横滨相遇岂无因，和议均安仰赖君。远方鴂舌（指翻译）今朝会，喜观同文对语人"②。美国首席翻译官卫三畏也在自己的日记中写道："这次我邀请了一位姓罗的教师来当我的助手，他学识渊博，也不抽鸦片。有了他的帮助，我想我可以多腾出一些时间来进行学习和研究了。"他还在给夫人的信中说："现在许多事关重大的问题要我来处理，我只得求

① （清）罗森：《日本日记》。

② （清）罗森：《日本日记》。

助于罗先生。由于两种语言一起使用可以互为补充，我因此避免了不少失误。罗对工作很有热情，与当地人相处得也很融洽，在当地人看来，罗先生是他们见过的最博学的中国人。自从罗为他们的扇子题下优美的诗句以后，他们就更愿意与他切磋中文了。”[①] 罗森随美国培理舰队于1854年1月从香港出发，穿过台湾海峡，经过琉球群岛，2月11日进入日本江户湾。日本德川幕府命林大学头为首席代表与美方在神奈川谈判。在拥有7艘军舰、100多门大炮的美国舰队的武力威胁下，德川幕府被迫接受了培理提出的各项要求。3月31日双方签订了《日美亲善条约》（又称《神奈川条约》），日本向美国开放下田、箱馆等港口，标志着日本锁国的门户终于被敲开了。签约后罗森又随培理一行到下田、箱馆等地巡视，6月末离开日本，经琉球、浙江、福建，8月初才返回香港。

罗森在日本期间，除了参与美日交涉、翻译双方文件（有关条约、文件均有汉文本）外，还进行了大量的中日文化交流活动。他广交日本各界人士，除了负责接待美方的日本官员外，还与许多日本文人、学者、僧人接触。不少日本人士也主动与罗森交往、笔谈，并向他打听中国的情况，表达“景仰中国文物之邦之意”[②]。他发现日本人士“酷爱中国文字诗词”，很多人与他唱和汉诗，互赠书画，更多人请他题字、写扇面。据其日记所载，在横滨，“一月之间，从其所请，不下五百余柄”。在下田，“一月之间，所写其扇不下千余柄矣”。至于在箱馆，虽未有具体数字，估计也写了不少。至今在日本函馆市松前城资料馆里，还藏有当年罗森赠给松前藩家老松前勘解由的大扇面，上面还题了两首诗。罗森也向日本书法家请教，他听说下田的文人云松窝擅长口笔书法，也请他写了十多张，“但其字多大草，仍有龙飞凤舞之势，人罕识之”。

罗森还向日本人士介绍中国当时的政治形势，特别是日本人十分

① 卫斐利：《卫三畏生平及书信》，广西师范大学出版社2004年版，第125、136页。

② （清）罗森：《日本日记》。

关心的太平天国农民起义的情况。他把自己记述太平天国的著作《南京纪事》等书借给幕府官员平山谦二郎看。平山谦二郎借去后认真研读并加以抄录，在还书时还附信发表读后的感想。信上说："熟读数回，始审中国治乱之由，且知罗向乔之学术淳正，爱君忧国之志流离颠沛未尝忘，亦未尝不掩卷而叹也！"罗森写的《南京纪事》第一次向日本人提供了关于太平天国革命接近真相的详细介绍，比那些把太平天国农民起义说成是"明清战争"的传闻要可靠得多，因此引起日本人士的重视。《南京纪事》的抄本很快流传开来，不久就有了名为《满清纪事》的木活字本。维新志士吉田松阴又在狱中把它译成日文，题为《清国咸丰乱记》，刊行后得到更加广泛的传播。

1854 年 3 月 28 日，罗森在横滨宾馆与一位参加接待的日本官员、井户对马守的家医，用汉文进行了笔谈，回答了他提出的许多有关太平天国的问题。如日本官员问："太平王小刀会何姓名？"罗森答："洪秀全即太平王也，非小刀会。"问："其势如何？既取南京乎？"答："今既失去南京（指太平军已占领南京）。"问："闻清朝皇帝遁朝鲜，然乎否？"罗森反问："我尚未闻，你何闻也？"问："太平王得志，复衣冠之旧文物乎否？"答："能得志则复。"问："成败之势如何？"答："随天意。"问："中国过半随贼乎？"答："以仁义乃可使民服。"从这些笔谈中可以看出日本官员十分关心太平天国的情况，百般加以探询。而罗森的回答比较符合事实，纠正了不少误传，如指出洪秀全是太平王而不是小刀会，清帝未遁朝鲜等。罗森对太平天国的态度，并不是像一般地主阶级、知识分子那样咒骂农民起义，而是标榜中立并稍带同情，反映了当时同西方传教士和商人接近的某些下层知识分子的观点。在笔谈中，那个日本官员还问他去过美国没有？罗森回答："我在其船不过三阅日也，但我不管其事。倘我能言，我必教之以仁义。"又问："言语通乎否？"罗森答："我少言语，不过只能对答而已。"[①] 大概他只能说一些简单的英语日常会话。

---

① 《金川游记》，克堂生写本，日本关西大学图书馆藏书。

罗森与日本人士在笔谈、书信及诗文中，交流了对一些问题以及国际形势的看法。比较起来，罗森的思想要比当时某些日本人士更开明些、眼界更开阔些。例如平山谦二郎曾用汉文给罗森写过一封信，解释日本锁国的理由。他说："我祖宗绝交于外邦者，以其利以惑愚夫，究理之奇术以骗顽民。顽民相竞，唯利是趋，唯其是趋，骎骎乎至于忘忠孝廉耻，而无父无君之极也。""若夫贸易竞利以交焉，则争很狱讼所由起，宁不如无焉。是我祖宗所深虑者也。"故而，他主张与其通商争利，蛊惑百姓，不如闭关锁国，互不来往。平山还鼓吹万国交际要多讲义，少讲利，甚至希望罗森在周游四海时，"足迹到处，必以此道说各国君主"①。

许多日本官员、文人竞相与罗森唱和或互赠诗篇，这是处于同一文化圈的中日文化交流的一个特色。在罗森的《日本日记》中载录了不少诗作。如日本官员叨笃赠他《元旦试笔》，诗中写道："依依门外柳，青眼为谁开?"玉斧僧居中则送他一首《新阳咏》：

昨夜惜华窗下咏，今朝爱绿苑中吟。
人间何识天心意，已变红林作碧林。

罗森也立即吟诗酬答：

遥见春色偶为吟，日本山川雪尽侵。
古径茶花红满簇，群冈松树翠为阴。
沙鸥冒雨浮波面，海鸟随风逐浪心。
岸侧军营烟漠漠，湾中战舰雾沉沉。
横滨筑馆应非远，江户楼台望转深。
未识人家何处是，泛舟摇漾到前林。

---

① （清）罗森：《日本日记》。

另一位日本官员也赠诗曰：

君产广东我沽津，相逢萍水亦天缘。
火船直劈鲸涛至，看破五湖无限边。

罗森还为黑川嘉兵卫等赋诗一首并写于扇面，诗中赞赏日本风景、人物之秀美。

避乱夷船亦一奇，吴中鼙鼓不闻知。
翻将万里东来色，快睹芙蓉绝世姿。

离开日本临行之际，罗森与日本友人依依惜别。平山谦二郎以唐诗二句录扇以作纪念："劝君更尽一杯酒，西出阳关无故人。"罗森即吟诗相答，也书于扇面：

火船飞出粤之东，此日扬帆碧镜中。
历览螺峰情不尽，遥瞻蛟室兴无穷。
双轮拨浪如奔马，一舵分流若耿虹。
漫道骑鲸冲巨浪，休夸跨鹤振长风。
琉球乍别云方散，日本初临雪正融。
暂寄一身天地外，知音聊与诉离衷。①

19世纪50年代初，在中日两国之间交往十分稀少之际，罗森到达日本，进行了许多友好交流活动，不愧是近代中日文化交流的先驱者。

二　近代第一部日本游记

罗森乘美国军舰于1854年8月回到香港以后，就把自己在赴日

① 以上互赠诗均见罗森《日本日记》。最后一首与罗森书赠松前勘解由的扇面实物上的文字略有出入。

期间所写的《日本日记》交香港英华书院主办的中文月刊《遐迩贯珍》刊载。英华书院本是第一个来华传教的基督教新教传教士马礼逊1818年在马六甲创办的，1842年迁到香港。《遐迩贯珍》就是以英华书院名义发行之中文月刊，创刊于1843年。最初由麦都思主编，第二年由奚礼尔继任，1856年改由理雅各主编，不久即停刊。罗森的《日本日记》在《遐尔贯珍》的1854年11月号、12月号和1855年1月号上分三期连载。编者按说："今有一唐人，为余平素知己之友，去年搭花旗火船游至日本，以助立约之事。故将所见所闻，日逐详记编成一帙，归而授余。兹特著于《贯珍》之中，以广读者之闻记，庶几耳目为之一新。"①

罗森在《日本日记》中，以生动的文笔，描述了琉球、横滨、下田、箱馆等地的山水、人情、风俗、物产。对当时日本的社会和人民亦颇有好感和溢美之词，这与培理等美国官员在《日本远征记》等书中对日本人的轻视、责难态度大为不同。罗森在《日本日记》中赞扬当时日本的社会治安，"夫一方斯有一方之善政。日本虽国小于中华，然而抢掠暴劫之风，亦未尝见。彼其屋门虽以纸糊，亦无有鼠窃狗偷之弊。此见政治之略，各有其能矣"。对于日本的取士制度，罗森也表示赞赏，认为中国仅以八股文章取士，而日本则"文、武、艺、身、言皆取"。他看到日本"所谓读书而称士者，皆佩双剑"，不由赞叹："殆尚文而兼尚武欤！"在横滨，罗森兴致勃勃地观看了日本的相扑表演。见到日本的大力士们，一人一次竟能搬运两三包200余斤重的大米包，不禁赞不绝口："足见日本之多勇力人也！"在下田，他还看到一位日本侍童名叫桂正敏，"年纪虽小，身佩双剑，志气昂昂，善于应答。复能于公堂之上，描绘亚国（美国）各官之像，聪明俊秀，人多悦之"。

在《日本日记》中，罗森描绘了日本各地的山川风景、街道寺庙、物产货币和风俗人情，如写北海道箱馆，"其港垣局宽旷，海阔

① 《遐迩贯珍》1854年11月号编者按。

山朝。时当五月，尚有白雪于山巅。房屋较下田而壮丽，衣冠人物似富盛于下田。妇女羞见外方人，深闻屋内，而不出头露面。风俗尚正，人民鲜说淫辞”。

作为美国培理舰队的汉文翻译，罗森亲身参与了美日谈判签约的活动，《日本日记》中也记录了日本历史上这一重大事件的一些史实。例如，他写到培理舰队初到横滨时，日本幕府抱有疑惧心理，“两国未曾相交，各有猜疑。日本官艇亦有百数泊守远岸，皆是布帆，而军营器械各亦准备，以防人之不仁”。美舰驶入箱馆时，也引起惊慌，“人民不知何故，是先逃于远乡者过半。盖以温语安抚百姓，乃敢还港贸易”。培理舰队到达横滨第二天，有日本官艇两三只来窥探美国轮船，艇尾插一杆蓝白旗，上写“御用”二字。美国人招之上船以礼待之，“与其玩视船上之铁炮、轮机等物”，日本官员感到很新鲜。罗森还记录了订约以后，培理将军在美舰上举行盛大宴会，招待日本官员的场面，船上奏乐歌舞，“日暮方终”。

《神奈川条约》签订之后，美国方面把带来的一批近代化器械赠予日本政府，并在横滨郊外举行公开展览。这些西方机械不仅吸引了大量日本观众，也引起罗森的极大兴趣。他在日记中以惊异赞美的语气一一加以介绍。如“火轮车”（即火车），“旋转极快，人多称奇”。“电理机”（即电报机），“以铜线通于远处，能以此之音情立刻传达于彼，其应如响”。“日影像”（即照相机），“以镜向日绘照成像，毋庸笔描，历久不变”。“浮浪艇”（汽艇），“内有风箱，或风坏船，即以此能浮生保命”。“耕农具”（农业机械），“是亚国奇巧耕具，未劳而获者”。这些欧美新发明的近代化器械，不少都是中国人和日本人初次所见，因而倍加新奇。罗森的描述恐怕也是中国人对它们的最早记载之一。《日本日记》记录了罗森在访日期间进行的各种文化交流活动，如前面所述的与日本各界人士的交往、笔谈、题字、赠诗以及介绍中国太平天国的真相等，还收录了罗森与日本友人唱和的诗歌多首。凡此种种，都是研究近代初期中日文化交流的宝贵资料。

罗森以前虽也有一些中国人到过日本，其中大部分是商人、船员，偶尔也有文人、画师、和尚、医生等，却很少有人写出游记。清初以来，只有乾隆年间多次随商船赴日的画家汪鹏写的《袖海篇》可算是一篇较出色的日本游记①。但是汪鹏的活动限于长崎中国商馆，因此，观察见闻有限。而罗森则周游了日本的横滨、下田、箱馆等地，并接触了许多日本官员、文人、百姓，再加上他到日本之时正处在东亚历史的转折关头，因此，他的《日本日记》无论从观察日本的广度、深度以及文学、史学价值来说，都是《袖海篇》等游记所不能相比的。罗森的《日本日记》可以算是近代中国第一部有较高价值的日本游记。

三　罗森研究与中日学术交流

最后谈一下围绕罗森研究的中日学术交流。在研究罗森的过程中，我曾与好几位日本学者从各种角度开展了深入的学术交流，并得到他们的许多支持和帮助。

一位是东京大学名誉教授小岛晋治先生（东大退休后担任神奈川大学教授）。他是日本著名的太平天国史研究专家，早在十多年前，我们就曾经对罗森向日本人介绍太平天国情况的问题进行交流。小岛先生还热情地提供了罗森《日本日记》的日本汉文抄本。

另一位是北海道大学水产学部教授大石圭一先生，他是日本著名的昆布（即海带）研究专家。有趣的是，他是从中日海带交流史的角度研究罗森的。他认为罗森是近代最早到北海道箱馆的中国人，1854 年还在当地买了海带带回中国。据其考证，1859 年，广东商人陈玉松就是拿着罗森带回的样品，到箱馆来买海带的。大石先生听说我研究罗森，1983 年曾两次在北京特地和我见面交流，还在他的著作《昆布之道》中专门用一节谈到这件事②。

---

① 汪鹏：《袖海篇》，见《小方壶斋舆地丛钞》第十帙。

② ［日］大石圭一：《昆布之道》，第一书房 1987 年版，第 209 页。

还有北海道函馆市日中交流促进会会长加藤昌市先生，他是从函馆地方史和华侨史的角度研究罗森的。我们多次通信交流，加藤先生还惠赠了《亚墨利加一条写》复刻本等珍贵资料。1986 年，我在日本访问研究期间，加藤先生与大石先生盛情邀请我赴北海道函馆市访问，并在函馆市政府大厅作了关于罗森的讲演。他们还陪同我参观了函馆当年日美谈判地和罗森纪念柱，以及函馆华侨的中华会馆与中华山庄（墓地）。我们还在一起畅谈学术并到函馆市图书馆和函馆市博物馆查阅、复印一批史料。

后来，我又见到了东京大学教授斯波义信先生，他是著名的宋史和华侨史专家，他编的《函馆华侨关系资料集》中就收录了有关罗森的资料。特别是斯波先生通过在香港的友人找到了罗森的孙子罗延年。罗延年是香港一位著名人士，1889 年生，早年曾参加同盟会，赞助孙中山的革命活动，后来就职香港官署并经商。罗延年尚记得其祖父罗森的事迹，并向斯波、加藤两位先生表示希望能重印其祖父的遗著《日本日记》。大石圭一先生闻讯便决定利用北海道大学水产学部练习船赴香港的机会去拜访罗延年。1982 年 9 月下旬，当他踏进罗宅的时候，见到的竟是灵位和遗像，原来罗延年已于 9 月 15 日以 94 岁高龄去世，而罗家后人、族人都不知道罗森的情况和资料，不禁深感遗憾。大石先生在《昆布之道》一书中谈到这件事，并说中国出版了罗森的《日本日记》（指由我标点解说，湖南人民出版社 1983 年出版的《早期日本游记五种》）终于实现了罗延年先生的遗愿。①

还有日本关西大学研究日本政治思想史的陶德民教授，曾在美国耶鲁大学发现幕末维新志士吉田松阴的《投夷书》。他考证 1854 年 4 月 25 日，吉田松阴与同伴金子重辅划船到美方旗舰鲍丹号，要求见罗森，并企图登乘美舰偷渡海外。但卫三畏向其告知罗森正在睡觉，阻其见面，并担心收留他们会影响刚建交的日美关系，便加以拒绝。

① ［日］大石圭一：《昆布之道》，第一书房 1987 年版，第 204 页。

吉田与金子密航不成只得向幕府自首而被拘禁。我们就罗森与吉田松阴这段史实进行了交流和探讨。我们还设想：如果吉田松阴见到了罗森并登上了美舰，历史又将如何改写呢？

总之，我觉得对罗森研究的本身，也是中日友好与学术交流的一个缩影。

黄遵宪与《日本国志》*

在中国近代史学著作中，有一部书曾被“海内奉为瑰宝”,① 誉为几百年来少见的“奇作”,② 这就是黄遵宪的《日本国志》。

《日本国志》共40卷50万字，是中国近代一部深入系统地研究日本的巨著，也是近代中国人研究日本集大成的代表作。它大大加深了中国人对日本的了解和认识，在近代中日关系史上占有重要的地位。

《日本国志》又是中国近代维新思想的重要著作之一，它鼓吹学习西方，效法日本，主张以日本明治维新为榜样，在中国实行变法，成为戊戌维新的启蒙读物，在中国近代思想史上闪耀着异彩。

一 《日本国志》的写作过程

研究日本的历史使命为什么会落到黄遵宪的肩上，他又是如何克服种种困难写出《日本国志》这样一部巨著的?

这要从黄遵宪的经历谈起。黄遵宪，字公度，广东省嘉应州（今

---

* 原载于《近代史研究》1980年第3期。

① 狄葆贤：《平等阁诗话》，钱仲联笺注《人境庐诗草笺注》，古典文学出版社1957年版，第412页。

② 薛福成：《日本国志序》，陈铮编《黄遵宪全集》下册，中华书局2005年版，第818页。

梅县）人。1848 年（道光二十八年）生于一个封建地主家庭。他早在青少年时代就对科举八股制度不满，不愿关在书斋里用读经书、作八股、写小楷来消磨生命，而向往到广阔天地里去干一番轰轰烈烈的事业。他嘲笑那些只会死读古书、不懂天下大事的儒生，“乌知今日裨瀛大海还有大九洲？”① 黄遵宪满怀爱国热情，留心时务，注意外交，探求救国救民的道路。他到过广州、香港、天津、烟台等地，见识较广，眼界开阔。他还研究过外国人编的《万国公报》和江南制造局翻译的西文书。他曾与张荫垣等“抵掌当世务”，畅谈时事，感慨“国耻诚难雪”，主张革新变法，“到此法不变，终难兴英豪”②。他后来能写出《日本国志》，鼓吹效法日本明治维新，是有思想基础的。

1876 年（光绪二年），黄遵宪参加顺天乡试，中了举人。恰好也在这一年，他的同乡、翰林院侍讲何如璋被任命为第一任出使日本大臣。何如璋知道黄遵宪善谈时务并熟悉世界大势，便竭力邀他同行。黄遵宪不顾亲友们的阻拦和惋惜，毅然抛弃了科举仕途，选择到海外从事外交工作。1877 年（光绪三年），他由何如璋举荐为出使日本使团的参赞官。在寄给朋友的一张照片上，他豪迈而又风趣地题了这样一首诗：“如此头颅如此腹，此行万里亦奇哉。诸公未见靴尖趯，待我扶桑（指日本）濯足来。”③

1877 年 11 月，黄遵宪随何如璋到日本。作为一个外交官，他主张中日两国平等相待，友好相处，各求富强，共御外侮。他在诗中指出：中日两国“同在亚细亚，自昔邻封辑。譬若辅车依，譬若倚角立。所恃各富强，乃能相辅弼。同类争奋兴，外侮日潜匿。解甲歌太平，传之千万亿”④。并提醒日本要警惕沙俄的侵略，“王告汝多士，

---

①（清）黄遵宪：《和周郎山见赠之作》，《人境庐诗草》卷一，载《黄遵宪全集》上册，中华书局 2005 年版。

②（清）黄遵宪：《述怀再呈霭人樵野丈》，《人境庐诗草》卷二。

③（清）黄遵宪：《将之日本题半身写真寄诸友》，《人境庐诗草》卷二。

④（清）黄遵宪：《陆军士官学校开校礼成赋呈有栖川炽仁亲王》，《人境庐诗草》卷三。

豺虎在有北”。[①] 同时，他坚决反对日本统治集团种种破坏中日友好、侵犯中国主权的行动。在日期间，或代公使起草奏稿，或与日方据理力争。

黄遵宪作为一个友好的使者，风尘仆仆地漫游日本各地，参加各种集会，结交各方面人士，并与很多日本人结下了深厚的友情。在他的诗文中提到的日本朋友有数十人之多。在日本人大河内辉声整理的笔话中还保存了黄遵宪与日本友人的大量笔谈记录。[②] 他还写了大量反映日本政治、经济、文化、风俗、景色等方面的诗歌，并和日本诗人唱和相赠，这些诗主要收在他的《日本杂事诗》和《人境庐诗草》第三卷中。他把自己的一部分诗稿埋入日本的土地，至今日本琦玉县野火止平林寺内还有黄遵宪的《日本杂事诗最初稿冢》。因此，他博得了日本各界人士极大的尊敬和赞誉。据王韬说：“日本人士仰之如泰山北斗，执贽求见者，户外屐满。”“每一篇出群奉为金科玉律，日本开国以来所未有也。”[③] 这在中日文化交流史上谱写了动人的篇章。

可是，黄遵宪在日本的最大成绩，还是他通过深入系统的调查研究所撰写的巨著——《日本国志》。黄遵宪为什么要写这本书呢？首先，他认为这是一个参赞官的责任，是加强中日友好和开展对日外交的需要。他说：“古昔盛时已遣轮轩使者于四方，采其歌谣，询其风俗，又命小行人编之为书，俾外史氏掌之。”而今天的参赞官“即古之小行人、外史氏之职也”。出使大臣忙于大事，“若为之僚属者又不从事于采风俗，何以付朝廷咨询谋之意？”[④] 其次，他对当时中国对日本研究的状况很不满意，要提供日本真实详细的情况以改变中国人对日本模糊和错误的认识。他多次指出：“余观日本士夫类能谈中

---

① （清）黄遵宪：《陆军士官学校开校礼成赋呈有栖川炽仁亲王》，《人境庐诗草》卷三。

② 详见实藤惠秀、郑子瑜编校，早稻田大学东洋文学研究会出版的《黄遵宪与日本友人笔谈遗稿》，早稻田大学，1968 年。又见《黄遵宪全集》上册之第五编，中华书局 2005 年版。

③ 王韬：《日本杂事诗序》，《黄遵宪全集》上册，第 4 页。

④ （清）黄遵宪：《日本国志》自序，《黄遵宪全集》下册，第 819 页。

国之书，考中国之事。而中国士夫好谈古义足以自封，于外事不屑措意。无论泰西，即日本与我仅隔一衣带水，击柝相闻，朝发可以夕至，亦视之若海外三神山，可望而不可即。若邹衍之谈九州，一似六合之外，荒诞不足议论也者。可不谓狭隘欤!"① 中国的士大夫大多未到过日本，又无史书可凭借，狭隘也不足怪。自己身为驻日参赞官，承担这个任务是责无旁贷的。更为重要的是，黄遵宪到日本已是明治维新9年之后，他亲眼看到日本通过一系列资产阶级改革所发生的巨大变化。日本变法后日益富强的现象和国内外对明治维新的种种分歧，促使他下决心重点考察明治维新后日本的制度及其利弊得失。他刚到日本时，曾听到各种议论，以致对维新尚有怀疑："时值明治维新之始，百度草创，规模尚未大定，论者或谓日本外强中干……纷纭无定论。余所交多旧学家，微言刺讥，咨嗟太息，充溢于吾耳。"② 但是，日本学习西方的成效和变法自强的事实使他转变了认识："及阅历日深，闻见之日拓，颇悉穷变通久之理。乃信其改从西法，革故取新，卓然能自树立。"③ 日本明治维新之成功更加坚定了黄遵宪的改良主义变法思想。他曾对何如璋说："中国必变从西法。其变法也，或如日本之自强，或如埃及之被逼，或如印度之受辖，或如波兰之瓜分，则我不敢知。"④ 因此，他编写以介绍制度为主的《日本国志》，大力宣传日本明治维新的目的是为"质之当世士夫之留心时务者"⑤，就是要供国内有志维新之士借鉴，推动中国的变法自强。

《日本国志》究竟何时开始写作？我认为收集材料工作从1878年（光绪四年）起已在进行。在《黄遵宪与日本友人笔谈遗稿》"戊寅（1878）笔话"中，可看到黄遵宪多次向日本友人询问、寻找日本典章、史籍："仆急急欲得如史志诸书览之，恨其不知也。"⑥ 并请日本

① （清）黄遵宪：《日本国志》自序，《黄遵宪全集》下册，第819页。

② （清）黄遵宪：《日本杂事诗定稿本自序》，《黄遵宪全集》上册，第6页。

③ （清）黄遵宪：《日本杂事诗定稿本自序》，《黄遵宪全集》上册，第6页。

④ （清）黄遵宪：《己亥杂诗自注》，《人境庐诗草》卷九。

⑤ （清）黄遵宪：《日本国志》自序。

⑥ 《黄遵宪与日本友人笔谈遗稿》，第154页。

人石川英替他翻译日文书《国史略》中的“政体”等部分。还表示“是书译毕，他尚有烦君者”。[①] 他正式动手编写约在1879年（光绪五年）。在《己卯（1879）笔话》中，他曾说：“近来方编《日本国志》，恐至明年此时方能脱稿。”[②] 同年，他又写了100多首“日本杂事诗”。后来，他在《日本杂事诗定稿本自序》中说：“余于丁丑（即1877年）之冬，奉使随槎。既居东二年，稍与其士大夫游，读其书，习其事，拟草《日本国志》一书。网罗旧闻，参考新政，辄取其杂事衍为小注，串之以为诗，即今所行杂事诗是也。”所以，也可以说《日本杂事诗》是《日本国志》的编写草本和诗歌版。日本人石川英在为《日本杂事诗》所作的跋中赞扬道：“上自神代，下及近世，其间时世沿革，政体殊异，山川风土，服饰技艺之微，悉网罗无遗。而词彩绚烂，咀英嚼华，字字征实，无一假借。”他对黄遵宪推崇备至：“公度来日本未及两年，而三千年之史，八大州之事，详确如此，自非读书十行具下能如此乎?”[③] 日本杂事诗每首都是七言绝句，或一诗记一事，或数事合一诗，内容短小生动，富有特色。每首诗后面还附有长短不等的自注，以解释或补充诗意之不足。有的很长，自成一篇小文章。后来，黄遵宪将自注的不少段落稍加修改或原封不动地写进了《日本国志》。

黄遵宪写作《日本国志》经历了艰难曲折的过程。他在1879年开始写草稿时，原打算一年左右脱稿。但到了1880年，他又说：“有志焉，而恐力未速，至速亦须明年乃能脱草。”“此事大难，恐不成书。”[④] 黄遵宪把写作中遇到的困难归纳为“三难”。第一是“采辑之难”。“日本古无志书，近世源光国作大日本史，仅成兵刑二志，蒲生秀实欲作氏族、食货诸志，有志而未就。新井君美集中有田制、货

① 《黄遵宪与日本友人笔谈遗稿》，第255页。

② 《黄遵宪与日本友人笔谈遗稿》，第284页。

③ ［日］石川英：《日本杂事诗·跋》，长沙富文党本，1898年。

④ 《黄遵宪与日本友人笔谈遗稿》，第321页。

币考诸叙，亦有目而无书，此皆汉文之史而残阙不完。”[①] 由于史料缺乏，考证日本古代制度很困难。同时搞清当代制度也不容易，各种文件、布告、章程、年报数量很大，又都是日文，“不可胜译”。第二是“编纂之难”。由于语言障碍，询访困难。同时，“以外国之地，襄助乏人，浏览所及，缮录为劳”。第三是“校雠之难”。“既非耳目经见之书，又多名称僻异之处。”而其中名词，有从日文译汉文的，也有从英文译日文再译成汉文的，或同字而异义，或有音而无义，所以校勘起来很麻烦。

虽然困难重重，有时甚至使他“搁笔仰屋，时欲中辍”，但黄遵宪用顽强的毅力、辛勤的劳动克服了这些困难。他采集了二百多种参考文献，其中有中国史书、日本史书，还有明治维新以来日本政府各机关的大量文件。他还利用各种机会向日本学者询问、请教，有时还请他们帮助提供和翻译日文资料。1882 年（光绪八年）春，他经过几度春秋寒暑的努力，刚写出草稿，却又奉命调任驻美国旧金山总领事，只得暂时放下《日本国志》的编写工作。他在离开日本之际，作诗留别日本友人，其中写道：“海外偏留文字缘，新诗脱口每争传。草完明治维新史，吟到中华以外天。”[②] 日本人宫岛诚一郎也写诗唱和云：“佳篇上梓人争诵，新史盈箱手自满”，“期君早遂经时志，海陆兼营两火轮”[③]，表达了对黄遵宪的仰慕和期望之情。

黄遵宪离开日本后，当了三年半旧金山总领事，1885 年（光绪十一年）8 月由美请假回国，回到了故乡嘉应州。同年，张荫桓新任驻美公使，希望黄遵宪回旧金山，另外两广总督张之洞也请他巡察南洋群岛。黄遵宪一心要完成《日本国志》的写作，均辞谢不往，“乃闭门发箧，重事编纂”。这样又辛勤写作了两年，终于在 1887 年（光

① 《日本国志》凡例。

② （清）黄遵宪：《奉命为美国三富兰西士果总领事留别日本诸君子》，《人境庐诗草》卷四。

③ ［日］宫岛诚一郎：《黄参赞公度君将辞京有留别作七律五篇》，见钱仲联《人境庐诗草笺注》，第 121 页。

绪十三年）夏季完成了全书。他怀着激动的心情写了一首诗，题为《日本国志书成志感》。诗云：“湖海归来气未除，忧天热血几时摅？千秋鉴借吾妻镜，四壁图悬人境庐。改制世方遵白统，罪言我窃比‘黄书’。频年风雨鸡鸣夕，洒泪挑灯自卷舒。”① 黄遵宪怀着忧国忧民的满腔热情，在人境庐书斋中埋头著述。以日本明治维新当镜子，为祖国改革作借鉴。他把自己的《日本国志》比作明末清初进步思想家王夫之的《黄书》。在那风雨鸡鸣的岁月里，挑灯独坐，睁开熬夜发红流泪的眼睛，摊开稿纸挥笔疾书。黄遵宪前后花了八九年的时间，才完成了这部40卷50万字的巨著。他把书稿抄写成四份，除自存一份外，分送总理衙门、李鸿章和张之洞。但是，这部书的出版问世还要经过一番曲折。1890年（光绪十六年）书稿交给广州富文斋，却迟迟没有刻成。1894年他又把稿本邮到巴黎，请出使英、法、意、比四国的大臣薛福成作序。直到1895年（光绪二十一年），《日本国志》才刻成正式出版，这时离他写完此书又有八年之久了。这个“光绪十六年羊城富文斋刊本”是《日本国志》的初刻本。以后的“光绪二十四年浙江书局重刊本”，也是初刻本的重刊本。1896年，黄遵宪又对《日本国志》加以修订，增删数千字，并撤去原书前面的李鸿章批文和张之洞咨文，而加上了梁启超的后序，于1898年（光绪二十四年）又出了改刻本，而同年上海图书集成局铅印本、汇文书局木刻本与1901年上海书局石印本都是改刻本的重刊本。

二 《日本国志》的内容和特色

黄遵宪的《日本国志》作为一部史学著作在写作上有些什么特色呢？

第一，黄遵宪摒弃了以往中国文人写史书时那种以“天朝上国”自居的妄自尊大态度，采取实事求是、尊重日本民族、两国平等相待

① （清）黄遵宪：《日本国志书成志感》，《人境庐诗草》卷五。

的态度来写作。他尖锐地批评过去史臣们只尊本国，对其他国家则“北称索虏，南号岛夷”，自以为“崇国体”，实际上是一种“狭陋之见”。他主张“史家记述务从实录”，反对无端把别国君臣“易其名号”。他按照“名从主人”的原则，对《日本国志》中写到的官名、地名、事物名，“皆以日本为主，不假别称”，“曰皇曰帝概从旧称”。[①] 他希望中日两国平等相待，睦邻友好。他指出：“史家旧习尊己侮人，索虏岛夷互相嘲骂。中国列日本于东夷传，日本史亦列隋唐为元蕃传。中国称为倭王，彼亦书隋主、唐主，譬如乡邻交骂，于事何益?”因此，他在书中“谨遵条约睦邻国书称帝之意，参采中国、日本诸书，纪事务实，不为偏袒，曰皇曰帝，亦不贬损，所以破儒者拘虚之见，祛文人浮夸之习也”。[②]

第二，黄遵宪的《日本国志》既区别于以前那种摘引古书烦琐考据日本历史的著作，又不同于当时一些仅仅浮光掠影记录日本风俗、人情、景色的游记。他采取了史书中“志”的体裁，着重研究日本明治维新后的典章制度。他特别强调“检昨日之历以用之今日则妄，执古方以药今病则谬，故杰俊贵识时”[③]。因此，《日本国志》体现了“厚今薄古”、为中国改革提供借鉴的精神。他在书的凡例中声明：“日本变法以来革故鼎新，旧日政令，百不存一。今所撰录皆详今略古，详近略远，凡牵涉西法，尤加详备，期适用也。”虽然明治维新以来日本的制度、政令变化频繁，甚至“朝令夕改，月异而岁不同”，但他仍不厌其烦，旁征博引，详细加以研究比较。书中所收资料一直编到他离开日本的前夕1883年（明治十三年），以便供中国有志于维新变法之士参考。

第三，黄遵宪反对那种粗枝大叶、人云亦云的写作态度。他认为：“不出户庭而论天下事则浮，坐云雾而观人之国则暗。”[④] 所以，

---

① 《日本国志》凡例，《黄遵宪全集》下册，第819—820页。

② 《日本国志》凡例，《黄遵宪全集》下册，第819—820页。

③ 《日本国志》卷四，邻交志。

④ 《日本国志》凡例。

他很重视亲自做实地调查研究，尤其注意收集第一手原始材料。他在《日本国志》中大量引用了日本政府各机关、各地方发布的各种公报、法令、统计数字。他认为“事非表则不详”，因此在书中列举了一大批各种类型的统计表，用清晰的表格和精确的数字来说明问题，使人印象深刻，一目了然。例如在“地理志”中，就附有府县沿革表、周围里数表、经纬度表、广袤及寒暖表、郡区町村表、名邑表、河川表、湖沼表、岛屿表、港湾表、开港场及居留地坪数租额表、官林个数表、官林段别表、官林段别及木竹表、民有耕地宅地段数表、地租改正未完民用耕宅地表、开拓使设置前北海道开垦地表、开拓使设置后北海道开垦地表等共 18 个统计表。这就远远胜过了那些对日本地理进行模糊笼统描述的著作，为中国人了解和研究日本提供了丰富、具体、可靠的材料。

第四，黄遵宪在书中不仅对日本的地理、历史、政治、经济、文化等各方面进行详细的介绍叙述，而且联系中国的实际进行深入的分析评论，可以说是“史论结合”。他模仿司马迁作《史记》加“太史公曰”的形式，在《日本国志》的每个志的前后或中间，以“外史氏曰”的形式来发表自己的见解和议论，几乎每段都是一篇小论文。另外在正文之中也常常加以小注，有长有短，对正文加以补充、考证或分析。他着重对于日本明治维新后的各种政策措施进行剖析，总结明治维新的经验教训，并常常结合中国的情况加以对比、评论，能给人以很大的启发和帮助。这些论说比较集中地反映了黄遵宪的资产阶级改良主义思想。《日本国志》的内容十分丰富，它包括卷首中东年表和国统志、邻交志、天文志、地理志、职官志、食货志、兵志、刑法志、学术志、礼俗志、物产志、工艺志等 12 种志。全书 40 卷，从各个角度深入系统地研究了日本的历史和现状，特别是明治维新后所实行的各项制度。同时也从各方面阐述了学习西方，效法日本，要求在中国实现变法维新、发展资本主义的改革思想。黄遵宪的《日本国志》作为 19 世纪七八十年代中国早期改革思想家的一部重要著作，与王韬的《弢园文录外编》、薛福成的《庸盦全集》、郑观应的《盛世危言》等书中表达的改革思想有很多共同点，但他是以写日本历史来阐发思想的，因此又具有自己的特点和风格，并有不少独到的见解。

下面试从几个方面，对《日本国志》的思想内容进行初步分析。①

第一，政治思想方面，主张变革，要求仿效日本变法自强。这是贯穿《日本国志》全书的一个中心思想。从开宗明义第一卷到最后第四十卷，始终反复强调"夫物穷则变，变则通"的观点。

在"国统志"中，黄遵宪研究了日本历史演变的特点，总结出四条"日本治乱之由"。即"外戚擅权，移太政于关白"；"将门擅权，变郡县为封建"；"处士横议，变封建为郡县"；"庶人议政，倡国主为共和"。说明"物极必反，事穷必变"，历史总是在不断变革前进这样一条规律。他认为日本明治维新正是在"霸政久窃，民心积厌，外侮纷乘，内讧交作"这样一种历史背景下发生的。他在分析明治维新成功的主客观原因时，特别突出维新志士在变革中所起的作用。他说："日本今日之兴，始仆幕府，终立国会，固天时人事相生相激相摩相荡而成此局也。然二三豪杰，遭时之变，因势利导，奋勉图功，卒能定国是而固国本。"言外之意，中国也需要这样的志士仁人来倡导变法。黄遵宪在书中热情歌颂日本维新志士们虽然遭到幕府残酷镇压，"而人心益愤，士气益张"，"一往不顾，视死如归"，真是"何其烈也！"他还专门写了《近世爱国志士歌》12 首，宣扬日本维新志士的事迹，"以兴起吾党爱国志士"。②

在"地理志"中，黄遵宪指出日本地处海中岛国，过去也像中国一样"绝门自守，无见无闻，朦然未之知也。直至坚船巨炮环伺于门，乃始如梦之方觉，醉之甫醒"。在西方资本主义列强的侵略下，亚洲多国先后沦为殖民地半殖民地，唯有日本尚能保持独立地位。这

① 以下引文除特别注明者外，都出自《日本国志》，故不再一一加注。

② （清）黄遵宪：《近世爱国志士歌》，《人境庐诗草》卷三。

是什么缘故呢？就是因为日本举国上下能够革新变法，“营筹画卒”，“亟亟力图自强”。结果，日本不但能自立于世界民族之林，而且还要“以英之三岛为比”，挤入世界强国之列，这难道还不值得中国的爱国志士们深思吗！

针对中国顽固派所谓“祖宗之法不可变”的理论，黄遵宪认为社会越发展，法律制度应该越严密，必须根据形势，因时制宜地加以变革。他说：“积世愈多，即立法愈密”，这是历史发展的必然趋势，即使圣君贤相也“不能不因时而增益”。他在“刑法志”里还讲述了自己的思想转变过程：“余读历代史西域北狄诸传，每称其刑简令行、上下一心，妄意今之泰西诸国亦当如是。既而居日本，见其学习西法如此之详。既而居美国，见其用法施政，乃至特设议律一官，朝令夕改，以时颁布，其详更加十百倍焉，乃始叹向日所见之浅也。”这种现身说法的宣传很有说服力。

那么，黄遵宪所向往追求的是一种什么样的制度呢？他在“学术志”中描绘了一幅比其他改良思想家著作更加全面具体的资本主义社会理想图。他说：“余闻东西之人，盛称泰西者，莫不曰其国大政事大征伐皆举国会议，询谋合同而后行。其荐贤授能，拜爵叙官，皆以公选。其君臣上下，无疾苦不达之隐，无壅遏不宣之情。其人皆乐善好施，若医院，若义学，若孤独园林，立于国中。其器用也，务以巧便胜。其学问也，实事求是，日进而不已。其君子小人，皆敬上帝，怵祸福。其法律详而必行，其武备修而不轻言战。”这一大段描写描绘出一个美妙的“乌托邦”，集中体现了黄遵宪对西方资本主义制度的向往和美化。他希望用资产阶级的政治、经济、法律、文化教育制度来代替封建主义的制度，这在当时是一种进步的思想。当然，由于其所处时代、阶级的局限，他根本不可能认识到资本主义制度的本质。

黄遵宪尤其羡慕西方资产阶级国家的法制，认为这是治国的根本。他说：“余观欧美大小诸国，无论君主、君民共主，一言以蔽之曰以法治国而已矣！”他受到了西方资产阶级“天赋人权”观念的影响，主张保护公民的权利，人人都应受到法律的约束，“人无论尊卑，事无论大小，悉予之权，以使之无抑；复立之限，以使之无纵。胥全国上下同受治于法律之中”。为此，他在“刑法志”中详细介绍了日本明治维新后仿照西法制定的法律制度，几乎全文抄录了日本1881年颁布的“治罪法”（即刑法），并加以提要说明，以供中国立法时参考。

黄遵宪主张学习西方官制，认为西方设官立政，“其分职施治，有条不紊，极之至细至悉，无所不到”，“举一国之财，治一国之事，仍散之一国之民。故上无壅财，国无废政，而民亦无游手”，很值得中国仿效。在“职官志”中，他在具体介绍了日本仿西法所订的各种官制后，也批评了日本少数巨藩把持政府的现象。并指出当时日本“副岛、坂垣之请起民撰议院也，谓方今政权，上不在帝室，下不在人民，而独归于有司”。“此论一倡，众口嚣嚣。群欲仿西法以开国会，或斥为巨藩政府，或指为封建余威。”他还特地列了一张“明治维新以来大臣参议更替表”，证明多数高级官员都出自萨摩、长门、肥前、土佐等几个强藩之中。可见，黄遵宪在书中对于日本明治维新的不彻底性也给予了一定程度的批评。

在谈到日本社会状况时，黄遵宪很重视联合和团体的作用，这是其他改良思想家很少提到的。他说：“社会者，合众人之才力，众人之名望，众人之技艺，众人之声气，以期遂其志者也。”他认为人们联合起来力量最大，“凡世间物力皆有尽，独联合力无尽，故最巨也”。“余观西人行事类似联合力为之，自国家行政逮于商贾营业，举凡排山倒海之险，轮舶电线之奇，无不借众人之力以成其事。”他在“礼俗志”中列举了日本各种政党、团体、学会，指出日本人几乎“无事不有会，无人不入会”。并重点介绍了几个主张改革政体的政党，如自由会（即自由党）“自由者不为人所拘束之义也，其意谓人各有身，身各自由，为上者不能压抑之束缚之也”；共和党、立宪党、改进党“皆主改革政体为君民共主者”；渐进党“意亦主改革政体，但以渐进为义”。他还说明了政党团体的组织方法和活动形式，如推举总理、副理、干事。开会时，“总理举其立会之主义以告于众，众人者亦依次演述其所见”。“会中或论时事驳政体，刊之新闻纸，苟他党有不合者摘发而论之，则必往复辩论，务伸其说而后已。”当时中国尚无近代政党和政治团体，也缺乏这方面的知识。黄遵宪的介绍使中国知识分子耳目一新，对其以后开展政治活动、开办学会、组织团体以至政党，有一定的启发帮助。

黄遵宪通过研究日本历史和西方思想，对于日本要求兴民权、开国会、立宪法的自由民权运动表示同情。他认为过去日本老百姓没有地位，受压太重，“上之于下，压制极矣。此郁极必伸者，势也”。明治维新时，天皇为了结民心，在五条誓文中宣布“万机决于公论”。“论者曰此一时权宜之策，适授民以议政之柄而不可夺。数年以来，叩阍求请，促开国会者，纷然竞起，又有甚于前日尊王之说。”他觉得这个要求是合理的。“维新以来，悉从西法。更定租税，用西法以取民膏矣；下令征兵，用西法以收血税矣；编制刑律，用西法以禁民非矣；设立学校，用西法以启民智矣。独于泰西最重视之国会，则迟迟未行，曰国体不同也，曰民智未开也”，自然人民不满意了。政府“今日令甲，明日令乙，苟有不便于民，则间执民口，曰西法西法”。人民也同样可以以牙还牙，“亦取其最便于己者，促进国会，亦曰西法西法”。他认为这是“牵连而并及者，亦势也”。既然学习西方资本主义制度，就必然要立宪法、开国会。他列举了当时日本社会的两种舆论：一种为“守旧之说”，“曰以国家二千余载，一姓相承之统绪，苟创为共和，不知将置主上于何地?”另一种为“调停之说”，“曰天生民而立之君，使司牧之，非为一人。苟专为一人，有兴必有废，有得必有失，正唯分其权于举国之臣民，君上垂拱仰成，乃可为万世不坠之业”。他表面上似乎并没有表态，只说“十年以来，朝野上下之二说者，纷纭各执”，实际上从字里行间可以看出他是倾向于后一说的。他在另一处讲得更明白些，“近日民心渐染西法，竟有倡民权自由之说者。中兴之初，曾有万机决于公论之诏，而百姓执此说以要君，遂联名上书，环阙陈诉，请开国会而伸民权，而国家仅以迟迟有待约之，终不能深闭固绝而不许。前此已开府县会矣。”他预料“窃计十年之间必又开国会也”，日本这个“二千五百余岁君主之国”，终将会变成一个“君民共主”或者“民主”的国家。历史事实果然不出黄遵宪所料，在各阶层群众斗争的压力和推动下，日本政府终于在1889年（明治二十二年）颁布宪法，1890年正式召开帝国议会，成为一个君主立宪制国家。黄遵宪对日本开议会、定宪法和自由民权运动的态度，反映了他要为中国民族资产阶级和开明士绅争取政治权利的愿望。这种思想的产生也是受到西方资产阶级民主启蒙学说影响的结果。黄遵宪后来曾经回忆说：自己在日期间，民权之说正盛，“初闻颇惊怪，既而取卢梭、孟德斯鸠之说读之，心志为之一变，知太平世必在民主也”。[①] 对于日本当时已设立之府县会（即地方议会制度），黄遵宪在“职官志”中也作了详细的介绍和评论，从议员选举一直讲到议会的职能、开会的方式。他一方面赞扬“府县会议之制仿于泰西，以公国是而伸民权，意甚美也”。这使资产阶级和地方士绅可以取得一部分参政权。但另一方面，他又注意到日本府县会议制度规定会议议决之后，仍要经知事允可才能施行，而且内务卿可依知事之请，解散议会，改选议员。他在研究了明治十二年“府县议事录”之后，表示怀疑，“未知其果胜于官吏否也?”他认为虽然人民自以为通过府县会议“分官之权，谋己之利”，但实际上官吏仍能“操纵取舍于其间”，“以公济私”，“故议会者设法之至巧者也”。可见，黄遵宪的眼光还是比较敏锐深刻的。

对国际政治问题，黄遵宪提倡加强国际交流，“艺术以相摩而善，武备以相竞而强，物产以有无相通，得以尽地利而夺人巧”。他在“邻交志”中赞扬日本善于学习外国长处的优良传统。同时，他坚决反对西方资本主义列强对东方弱小民族的侵略，因此他非常支持日本明治维新后为维护国家主权而进行的外交斗争。他指出：“其全国君臣上下所最注意者在改正条约”，赞赏日本政府把修改不平等条约、

① 钱仲联：《人境庐诗草笺证》，第26页。

废除治外法权、收回关税自主权作为头等重大外交课题，认为值得中国仿效。他联系中国情况，痛陈治外法权“为天下不均不平之政”，是使一个国家丧失独立主权的重要标志。

鉴于“今日之列国，弱肉强食，眈眈虎视”。黄遵宪认为必须加强武备，巩固国防。他强调“弛备者必弱，忘战者必危”。“今日之事，苟要禁暴戢兵，保大定功，安民和众丰财，非讲武不可矣！非讲武不可矣！”他在“兵志”中提到“日本维新以来，颇汲汲于武事”，其兵制全取法西方，实力不断增强，甚至“虽艰难拮据，亦复费二千万之金银，竭蹶经营”，建成一支海军。他提醒清政府提高警惕，赶快抓紧海军建设。针对中国军事制度的弱点，他总结了英国发展海军的经验，认为除不断更新舰船、装备、武器之外，还要“兵权统于将”，“将才出于学”，“器用储于国”，才能制胜。他强调军事制度和技术必须经常改革，如果英国“苟泥守其旧制，乌能强盛如此矣！”

黄遵宪在宣传西方资产阶级思想的同时，囿于资产阶级改良派的软弱性和局限性，对资本主义社会的所谓民主尚存顾忌。如在前面提到过的那段描写资本主义社会理想图的话的后面，他又说这都是用了墨子的“尚同兼爱之说”，“其流弊不可胜言”。他声称如果按尚同兼爱学说推论下去，“则谓君民同权，父子同权”，“无尊卑，无亲疏，无上下”，“必有欲行均贫富，均贵贱，均劳逸之说”，这是他所绝对不能接受的。他甚至断言：“吾观欧罗巴诸国，不百年必大乱。”“当其乱时视君如弈棋”，“伏尸百万，流血千里”。实际上表现了他对阶级斗争、暴力革命和社会主义学说的反对和恐惧。黄遵宪一边要改革封建制度，为民族资产阶级争取权利；一边又要保存封建统治，反对实现彻底的民主改革。出于这种矛盾心理，他对自己主张的改革也有所限制和保留。他在最后一卷中说道：“吾不可得而变革者，君臣也，父子也，夫妇也，凡关于伦常纲纪者皆是也。吾可得而变革者，轮舟也，铁道也，电信也，凡可以务财、训农、通商、惠工者皆是也。”所以，黄遵宪只能属于资产阶级改良派中间的温和派，不及谭嗣同等人那样激进。

第二，经济思想方面，黄遵宪主张学习西方和日本，发展资本主义的生产力和生产关系，保护和促进民族工商业，这是《日本国志》全书的一个重点。他在食货、职官、物产、工艺等志中，用了很大的篇幅加以阐述。他强烈呼吁改革旧制度，学习新技术，大力发展近代资本主义工业，“兴自古未兴之利”。他主张“山林薮泽不能封，矿穴宝藏不能秘，奇技淫巧不能禁，即其贸迁流散四出于海外者亦不能止”，表达了新兴的中国民族资产阶级的迫切要求。并指出这是历史发展的需要，“时势之所趋”。并痛斥那些顽固派“犹拘泥古制，借口于生聚之谋，休养之德，亦未尝考古而准今，而欲匠人以栈为楹、以枘容凿也”。

黄遵宪极力宣传“矿山之利”，驳斥了封建顽固派所谓开矿破坏风水影响国体、聚众难散等等谬论。他大声疾呼：“惟此造化自然之利，又有泰西开掘之方，使其利可不劳而获，操券而得。转移富强之机不在此乎？”他鼓吹像日本那样保护和鼓励民族资本开矿，“借区开坑之法，皆听民为之，官特为设法以保护，派员以经理，岁课者税十一二而已”。或者“使官倡其利，召募豪商，纠集资本，明示大信，与民共之……不必官为开采也”。为了说明如何保护本国矿产利权，他特别介绍了日本政府的规定：“凡本国坑物不许外国人干预。有私与外人联合会社从事开掘者，查悉将所有物入官，并禁止营业。其延请外国矿学家襄助者必先以草约呈本局（指工部省矿山局），经本局验其学术，验其履历，方许雇入开坑人。乏资借金，外国不得指坑物抵押，所订私约，视为废纸。”《日本国志》中所谈到的这些都反映了中国民族资产阶级反对洋务派依赖洋人，出卖权利，压制民办，侵吞资本等恶劣行径的要求。

谈到铁路时，黄遵宪盛赞“铁道之便民生兴国产，盖利之尤大者。西法之有利无弊莫铁路若！”并指出“西人之觇国势编政表者，每比较铁路之长短以衡论国计民生之盛衰”。因此，各国政府争先设法兴造铁路，同时也大力支持民间合资修筑。在日本也有“民间联合会社以铁道经营者”，由政府铁道局加以监督。黄遵宪还列表比较日本铁道建筑之费用与岁入之利息，说明中国如果修铁路必可获大利。他认为如果鼓励中国商民经营铁路事业，相信“如是数十年，铁道交遍于国中，可计日待也”。

黄遵宪非常欣赏日本明治政府推行的“殖物产、兴商务”（即“殖产兴业”）的经济政策，盼望中国也能这样做。这种政策，就是运用国家政权的力量，动用国库资金，来加紧推行资本原始积累过程，并以国营军工企业为主导，大力扶植资本主义。他指出明治政府在广开国营企业（如千住制绒所、爱知纺绩所、横须贺造船所、唐津石炭所等）、“招集群工，日事兴作”、用国家资本带头实现资本主义工业化的同时，还大力扶助私营企业，如“举国所有轮舶付之三菱会社，发给资金，使争内外航海之利”。“以官工所开炭山付之长崎商社，以劝民人开矿之业。”他十分羡慕西方和日本政府对本国私人资本的支持和扶植。“商民创建轮船铁路，国家有以官船给之者；有以官地付之者；有岁出官金以资助之者；有借给经费，免收利息，以助之转运者；甚有与商人订约，岁得四分五分利，苟经营不足此数，筹款以弥补之者。”对比中国现状，他万分感慨地说：“各国皆有，而我国独无，则利权尽为外人占据。”他强烈呼吁：“但使创立一轮船商会，无论其得利与否，此商会中有十余艘轮船，每岁所得转运之资及一百万，则此一百万金仍归吾民，不至为外人夺去，国家安得不设法保护乎！”他还指出：“凡创办之事根本甫立，外人争揽利权者，又往往倾资以争竞，设策以摇撼，故得利甚难。国家出资助之亦势之不得不然者也。”这些都是从中国民族资产阶级经济利益出发提出的建议和要求。

黄遵宪还提倡发展科学研究和革新工艺技术。他指出：“今欧美诸国崇尚工艺，专门之学，布于寰区”，“富国也以此，强兵也以此”。他在“工艺志”“食货志”中叙述日本重视科技工艺，政府派官员、专家前往世界各国考察新技术，归以教人。并设立专门学校，培养技术人才，还举办博览会，奖励技术革新。他以日本农业为例，说“日本农家向来惟墨守旧习，胶执成法，相沿千数百载。维新之后，国家既开劝农局，复设植物园，时以新法刊告于众，风气为之一变”。他批评中国“于工艺一事，不屑讲求，所作器物不过依样葫芦，沿袭旧式”，认为这都是“士大夫喜言空理、不求实事之过”。

关于财政改革方面，黄遵宪也有一套看法。他在“食货志”中指出：“余观西人治国非必师古……其于理财之道尤竞竞致意极之，至细至悉，莫不有册，借以征其实数。其权衡上下，囊括内外，以酌盈剂虚，莫不有法。”他认为主要是抓六个方面，即审户口，核租税，筹国计，考国债，权货币，稽商务，“六者兼得，则理财之道得而国富矣；六者交失，则理财之道失而国贫矣。”

他介绍了日本仿照西方，每年作预算决算，“书之于表，普示以民”的做法。建议中国也实行此法，每年公布预算决算，“既公且明，上下孚信”，“此理财之法最善也”。黄遵宪一针见血地揭露中国官吏不愿意这样做，是因为“得以上下其手，百端侵渔阳。利其用之不敷，得以推诿敷衍，无所事事，坐视政事之弛废、国家之贫乏、小民之困穷而漠然不顾”。

黄遵宪还着重指出借外债应当慎重。因为外债往往“利在一时，而害贻于他日。且利在邻国，而害中于本邦”。他严厉批判那种所谓弱国负债越重，就越能得到债权强国的保护而赖以不亡的谬论，认为这简直是“自暴自弃”的卖国理论。另外，他还以日本的教训警告清政府要防止滥发纸币和金银外流，避免造成“纸币日贱，物价日昂，贫民之谋生者，日难于一日”的后果。

黄遵宪从爱国主义立场和中国民族资产阶级利益出发，深刻地揭露了西方资本主义采用商品输出形式进行经济侵略，“但求取他人之财以供我用”，“以有尽之财填无穷之欲”，实际上比割地赔款危害还要严重。因此，他竭力鼓吹收回关税自主权，以保护本国民族工商业。他称赞日本维新以来“竞竞以殖产为亟务”，所以工农业生产和对外贸易发展很快。如生丝出口英法，茶叶远销美国，海产输入中国，“竭精敝神以求之者，可不谓所先务欤!”明治十二年，日本政府还宣布对本国棉丝织品等一概免税输出。总之，“凡有可以拓商业、揽利权之法，皆依仿采择举行”，这正是中国民族资产阶级梦寐以求的愿望啊。

第三，文化思想方面，最突出的是黄遵宪提倡学习西学的思想，这在“学术志”中被阐述得淋漓尽致。他研究了日本学习西学的过程，特别指出：明治初年，日本政府曾派出重要官员访问欧美各国，“目睹其事物之美、学术之精，益以西学为意”。此后更加积极输入西方文化，并设立文部省，颁布学制，兴办各级学校，确立近代教育制度，还创办报纸，建立图书馆博物馆，“由是西学有蒸蒸日上之势”，取得了很大的成效。为了提倡西学，黄遵宪也采取了近代中国改良思想家们常用的“西学东源说”，牵强附会地考证西学即“墨翟之法”，而西法源于申韩，设官类乎周礼，行政近似管子，连近代西方化学、物理、数学的来源，也能从周秦诸书中找到。他企图论证西学与西法都是中国古代早就有的，只是后人把祖先的学问荒废了，反而被西方人传去博采广用，得到发展。因此，现在应该把它再学回来。“譬之家有秘方，再传而失之邻人，久而迹所在，或不惮千金以购还之。”他认为“百年以来，西国日益强，学日益盛，若轮舶，若电线，日出奇无穷”。“今轮舶往来目击其精能如此，切实如此，正当考求古制，参取新法，借其推阐之妙，以收古人制器利用之助。”他批判那些反对西学的中国封建顽固派“不耻术之失其传，他人之发明吾术者，反恶而拒之，指为他人之学，以效之法之为可耻。实在是既不达事变之甚，抑亦数典而忘古人实学、本朝之掌故也”。他嘲讽那些顽固派，难道直到今日还不知道“弓矢不可敌大炮，桨橹不可敌轮舶”吗？他说：“彼西人以器用之巧、艺术之精，资以务财、训农，资以通商、惠工，资以练兵，遂得纵横倔强于四海之中。”如果中国依然守旧不变，西方列强“挟其所强，日以欺侮我，凌逼我”，连国家独立都难保，恐怕你们“簪笔雍容，坐而论道”的日子也不会长了。所以，就是为了维护国家的独立和民族的尊严，也应该学习西法、西学，“以为之辅”。他相信“以中土之才智，迟之数年，即当远驾其上”，“收效无穷矣”。黄遵宪不敢公开鲜明地宣传西学的优越性和西方资产阶级的学说，而采用这种曲折隐晦的论证方法，一方面是为了减少变法的阻力，另一方面也反映了他思想上的软弱性和理论上的落后性。

黄遵宪主张发展资产阶级文化教育事业。他尤其赞扬报纸“论列内外事情，以启人智慧”的重要作用。如在日本明治四年废藩立县改革过程中“新闻论说颇感动人心”。到明治十一年，东京及各府县报纸已达231种，售数3618万份，“乃至僻村荒野亦争传诵，皆谓知古知今、益人智慧，莫如新闻”。他着重介绍了日本教育事业的发展，详细叙述了日本的教育制度、教育方法以及课程、经费等问题。还谈到学校设有生物、化学、物理、考古等实验室，以供学生“实地考验之用”。此外，译西书为学生“分科学习之用”，图书馆汇聚古今图书“以纵人观览”，博物馆陈列欧亚器物“以供人考证”。黄遵宪介绍得如此具体细致，正是为了促进中国近代教育事业的发展。

在“学术志”中，黄遵宪还考察了日本的文字、语言的演变和特点，肯定日本创造假名，使文字与语言相合，“有裨于东方文教者多矣”。他主张中国的文字和文体也要改革。文字应该“愈趋于简，愈趋于便”。文体应该“明白晓畅，务期达意”，“适用于今，通行于俗”。他还希望能创造一种简易之法，“令天下之农工商贾妇女幼稚，皆能通文字之用”。

在19世纪八九十年代中国资产阶级改良维新思潮中，黄遵宪的《日本国志》以其鲜明的特色闪耀着异彩。他以日本明治维新成功的经验来指点中国革新变法的道路，用日本资产阶级取得的权益来表达中国民族资产阶级的要求，给予中国知识分子很多新鲜的启迪。然而，正是这个特点也暴露了他的弱点，他不敢正面抨击中国封建制度、直言不讳地发出中国民族资产阶级的呼声，只能含蓄地托日本以言改制，希望清政府能以日本为榜样，实现中国式的明治维新。

三 《日本国志》的意义和影响

黄遵宪的《日本国志》在中外引起了很大的震动和反响。1894年（光绪二十年）春，黄遵宪把书稿寄到法国巴黎的中国公使馆，出使英、法、意、比四国的大臣薛福成接到后，迫不及待地浏览全书，不禁拍案叫绝，连声赞叹："此奇作也，数百年来鲜有为之者。"[①] 并欣然为此书写了序言。狄葆贤在《平等阁诗话》中也称誉《日本国志》一书，"海内奉为瑰宝"，"由是通说之士，抵掌而道域外之观，不致如堕五里雾中，厥功洵伟矣哉"。1900年，新加坡林文庆博士在一篇关于中国维新之先导者的文章中，把黄遵宪的《日本国志》称为"关于日本的维新运动历史的经典性文献"。并认为此书与康有为的著作"对于中国所产生的影响，正如福楼梯尔（即伏尔泰）的史论之于法国一样"，它们为中国的维新党人"开启道路"。[②]

《日本国志》为什么能引起如此轰动，获得这样高的评价呢？

首先，它大大加深了中国人对日本的认识。薛福成在序言中说：中日两国自明末以来，"虽同在一洲，情谊乖违，音向隔绝"。近代以来研究外国的学者如徐继畬、魏源"于西洋绝远之国尚能志其崖略，独于日本考证阙如。或稍述之而惝恍疏阔，竟不能稽其世系疆域，犹似古之所谓三神山之可望不可至也"，唯有黄遵宪的《日本国志》才第一次对日本作了全面深入的介绍。而更重要的是，咸丰、同治以来，日本迫于外患，"廓然更张，废群侯，尊一主，斥霸府，联邦交，百务并修，气象一新，慕效西法，罔遗余力"。"富强之机转移颇捷，循是不辍，当有可与西国争衡之势，其创制立法亦颇炳焉可观。"[③] 因此，中国更需要迫切了解明治维新后的日本，探讨其能迅速

① 薛福成：《日本国志序》。

② 吴天任：《黄公度先生传稿》，香港中文大学，1972年，第371页。福楼梯尔即18世纪法国著名启蒙思想家伏尔泰（Voltaire）。

③ 薛福成：《日本国志序》。

富强的原因。而且中日建交后，两国关系微妙并日趋紧张。薛福成预料“自今以后，或因同壤而世为仇雠，有吴越相倾之势；或因同盟而互为唇齿，有吴蜀相援之形”。然而，中国对日本了解太少，“稽其制而阙焉弗详，觇其政而瞢然罔省，此究心时务、闳览劬学之士所深耻也”。正是黄遵宪的《日本国志》回答了这些问题。所以，薛福成认为应该“他日者家置一编验日本之兴衰，以卜公度之言之当否可也”。①

果然，不久就发生了中日甲午战争，老大的中国竟然被日本一举击败，以致屈辱求和、割地赔款。中国的知识分子在痛感“奇耻大辱”的同时，也更渴望知道日本是怎么强大起来的？为什么竟能打败中国？1895 年中日《马关条约》签订后，袁昶到南京见张之洞时，随身带了《日本国志》，并对黄遵宪说：“这部书如果早发表的话，可以省去我们对日赔款 2 万万两银子呢！”② 1896 年，梁启超为《日本国志》写的后序中也指出：“中国人寡知日本者也。黄公度撰《日本国志》，梁启超读之欣怿咏叹：黄子乃今知日本、知日本之所以强，赖黄子也。又懑愤责黄子曰：乃今知中国、知中国之所以弱，在黄子成书十年久，谦让不流通，令中国人寡知日本，不鉴，不备，不患，不悚，以至今日也。”把甲午中国战败归结于没有看到黄遵宪的书，这当然是夸大之言。但是也反映了《日本国志》不但加深了中国人对日本的认识，而且还激起人们进一步研究日本，总结经验教训，发奋图强的决心。黄遵宪的《日本国志》不愧是近代对日研究的集大成代表作，在相当长的一段时期内成为中国人了解日本的必读参考书。张之洞曾把它称为出使日本者必不可少之书。20 世纪初涌向日本的大批中国留日学生更是从中得益匪浅，直到 20 年代还有人说，10 万留日学生了解日本主要靠的是 30 年前黄公度《日本国志》一书。③

《日本国志》的写作和出版也进一步推动了中国对日本的研究。虽然它正式问世的时间较晚，但黄遵宪在驻日期间开始写作此书早已

① 薛福成：《日本国志序》。

② （清）黄遵宪：《〈三哀诗·哀袁爽秋京卿〉自注》，《人境庐诗草》卷一〇。

③ 戴季陶：《日本论》，九州出版社 2005 年版，第 1 页。

为许多中外人士知晓。19 世纪 80 年代一些驻日或旅日官员因形势需要和受到黄遵宪的影响纷纷研究日本问题，写出了一批新著作。如曾任使馆随员的姚文栋 1883 年写了《日本地理兵要》和《东槎杂著》。他还收集了日本预算、决算、收入、支出、国债等统计数字，编了一本《日本会计录》。在日本使馆工作过的陈家麟也想像黄遵宪那样编一部日本通志，但因语言文字等方面的困难，未能遂愿，只是把在日本的所见所闻分为几十个条目写出来，称为《东槎闻见录》（1887）。影响比较大的是刑部主事顾厚焜的《日本新政考》，他奉命游历日、美等国，专门考察了日本明治维新后的新政，1888 年编成此书，内容分为洋务、财用、陆军、海军、考工、治法、纪年、爵禄、舆地等九部。与他同去日本考察的兵部郎中傅云龙也于 1889 年编成《日本游历图经》30 卷，以叙述日本地理为主，附有各府县的地图，并有天文、地理、食货等类 100 多目。这些书向中国人介绍了日本明治维新后的种种情况，各有特色。但从内容的丰富、研究的深入，尤其是分析的深刻方面还是比不上《日本国志》的。《日本国志》出版后，常为各种研究日本的著作所引用，如王先谦作《日本源流考》22 卷，不仅大量引用《日本国志》的史实，而且还整段抄录黄遵宪用“外史氏曰”形式发表的评论。

至于 19 世纪 90 年代戊戌变法前夕维新派研究日本，主要是为维新运动制造舆论，这在一定程度上也受了黄遵宪《日本国志》的影响。最著名的就是康有为的《日本变政考》，还有其女儿康同薇写的《日本变法由游侠义愤考》等书。

黄遵宪的《日本国志》最重要的意义和影响还是宣传了资产阶级变法维新思想，推动了戊戌维新运动。“要救国，只有维新，要维新，只有学外国。那时的外国只有西方资本主义国家是进步的，他们成功地建设了资产阶级的现代国家。日本人向西方学习有成效，中国人也想向日本人学。”① 这是当时进步中国人的普遍想法。黄遵宪正是为

① 《毛泽东选集》第 4 卷，人民出版社 1960 年版，第 139 页。

中国人树起了日本这面镜子和榜样。《日本国志》详细介绍了日本通过明治维新走上资本主义近代化道路的具体历程，来作为中国实行维新变法的活生生的教材。日本原来和中国一样也是个闭关自守的封建国家，文化风俗也相近，同样遭到西方列强的侵略，都处于沦为半殖民地的危险境地。但是日本通过学习西方，维新变法，不但摆脱了半殖民地处境，而且日益富强，甚至能与西方强国争衡，这不是最有力地说明了变法维新的好处吗？日本学习西方有成效，中国为什么不能学呢？日本能变法自强，中国为什么不能做呢？这比一般的维新宣传更具有说服力和吸引力。黄遵宪在《日本国志》中还详细介绍了日本明治维新以来在各个方面自上而下所实行的改革措施及实践效果，并分析其利弊得失、经验教训，进一步为中国的变法维新提供了具体的方法和步骤。总之，《日本国志》使中国要求维新救国的知识分子大开眼界，大受鼓舞，增强了变法的决心与信心，明确了方向和方法，即以日本为榜样，走明治维新的道路。因此，也可以说它是一部维新变法的启蒙读物。

《日本国志》对戊戌维新的影响推动，从维新派的领袖康有为、梁启超以及光绪皇帝身上也可以反映出来。

康有为与黄遵宪是1895年在上海办强学会时认识的。黄遵宪登门拜访，“昂首加足于膝，纵谈天下事”。两人谈得十分投机，“自是朝夕过从，无所不语”。[①] 康有为几乎每次给光绪上书都要提到日本。百日维新期间，康有为向光绪皇帝进呈了《日本变政考》13卷，以日本明治维新的历史作为中国维新变法的教科书，希望光绪成为第二个明治天皇。他关于变法的各种具体措施的奏议，内容也大多是师法日本，有的就是参考黄遵宪的《日本国志》，甚至直接从其原文抄录过来的。例如1898年8月2日康有为上的“条陈商务折”中，关于日本政府派人往中西各国考察、归以教人，以及开农场、设学校、举行共进会等等100多字，就与《日本国志》“食货志”中的一段话几

① （清）康有为：《黄公度诗集序》，《人境庐诗草笺注》，第2页。

乎完全一样。可见，《日本国志》对康有为的影响是非常之大的。

梁启超与黄遵宪是好友，两人过往通信甚密。梁启超还亲自为《日本国志》写后序，对黄遵宪及其著作十分推崇。他指出《日本国志》对于日本的政事、人民、土地及维新变政之由，简直像进其家门数柴米油盐一样清楚，“其言十年以前之言也，其于今日之事，若烛照而数计也”。他强调《日本国志》一书“其志深，其旨远”。因此，读这本书应该“论其遇，审其志，知所戒备，因以为治。无使后世咨嗟而累欷也”。梁启超还在为学习西学而作的《西学书目表》中把《日本国志》定为必读之书，并列入长沙时务学堂的课程表和参考书目之中。

《日本国志》也引起了光绪皇帝和帝党大臣们的重视。1892 年 2 月，在变法前夕，光绪为了吸取日本明治维新的经验，急切地要参考黄遵宪的《日本国志》，亲自命令大臣立刻进呈，并先后索取二部。大臣没有及时送上，还遭到他的责备。帝党的主要人物翁同龢在日记上有这样的记载：“上向臣索黄遵宪《日本国志》，臣对未洽，颇致诘难。”① 可以看出，光绪对此书的重视程度。

黄遵宪不仅通过《日本国志》竭力宣传维新变法思想，而且身体力行，积极投入戊戌变法运动。1897 年（光绪二十三年）6 月，他被任命为湖南长宝盐法道，并署理湖南按察使。他到了湖南后便和湖南巡抚陈宝箴以及梁启超、谭嗣同等人一起，在湖南试行变法新政。他参与创办南学会、时务学堂、湘报、不缠足会，提倡发展商办矿务、机器垦殖、内河轮船等。他经常在南学会发表演说，在《湘报》上刊登文章，议论中外大势，鼓吹地方自治，还效法日本警察局设立保卫局，整顿司法、监狱，使得“湖南之治称天下”。他希望把湖南建设成像日本萨摩、长门藩那样的维新基地。所以，梁启超曾颂扬“凡湖南一切新政，皆赖其力”。② 而湖南的顽固派则抱怨“自黄公度

① 《翁同龢日记》第六册，光绪二十四年正月二十三日，中华书局 1998 年版，第 3093 页。

② （清）梁启超：《戊戌政变记》，《饮冰室合集》第 6 册专集之一，中华书局 1989 年版。

观察来而有主张民权之说”，“我省民心顿为一变”。[①] 8 月 11 日，光绪任命黄遵宪为出使日本大臣，并多次饬令催促他“迅速来京”，希望通过他争取日本支持中国变法。但是黄遵宪到了上海就病倒了，未能赴任。9 月 21 日，慈禧太后发动政变，重新垂帘听政。黄遵宪在上海也被拘留于洋务局，软禁二日，方许回乡。黄遵宪想要在中国实现日本明治维新那样变法的希望破灭了，他哀叹：“忍言赤县神州祸，更觉黄人捧日难。”[②] 他不懂得中国当时的形势和条件都与日本明治维新时大不一样了，帝国主义和中国的封建顽固派决不允许、中国软弱的民族资产阶级也没有能力通过自上而下的变法，使中国走上一条独立富强、发展资本主义的道路。

总之，黄遵宪是中国近代著名的政治家、思想家、外交家和杰出的爱国主义诗人，也是近代中日关系史上很有影响的重要人物。他的《日本国志》是近代研究日本的集大成的代表作，又是提倡仿效日本变法维新的重要著作，在近代中日关系史上是值得大书特书、深入研究的。

---

① （清）宾凤阳等：《上王益吾院长书》，见《翼教丛编》卷五，武昌刻本，1898 年。

② （清）黄遵宪：《感事》，《人境庐诗草》卷九。

傅云龙与《游历日本图经》*

提起中国晚清时期（指 1840 年鸦片战争到 1911 年辛亥革命时期）对日本的研究及名著，人们自然首先会想到黄遵宪和他的 40 卷 50 万字的巨著《日本国志》。可是，对于晚清时期从史学价值和卷数上仅次于《日本国志》的另一部日本研究的重要著作，即傅云龙的 30 卷《游历日本图经》（还有 3 卷《游历日本图经余纪》），却很少有比较系统的研究成果。中国学者武安隆、熊达云的专著《中国人的日本研究史》认为《游历日本图经》标志着“中国人日本研究质量的提高”，“对认识明治二十年代的日本有很大价值”，但对该书的具体叙述只有数百字的简介。[①] 日本学者佐藤三郎在其著作《近代日中交涉史研究》中，曾两次简要介绍傅云龙和《游历日本图经》，并评价这是一部在日本研究方面倾注了惊人努力的“详密的日本百科事典”[②]。日本学者佐佐木杨的论文《洋务运动时期清朝的外国事情调查》，论述了 1887 年傅云龙等游历官的派遣经过，认为傅云龙是其中成绩最好、成果最多的一位。[③] 木村晟的论文《论〈游历日本图经〉

* 原载于《北京大学学报》日本研究中心成立十周年特辑，1998 年 10 月。

① 武安隆、熊达云：《中国人的日本研究史》，东京六兴出版社 1989 年版，第 139 页。

② 佐藤三郎：《近代日中交涉史研究》，东京吉川宏文馆，昭和 59 年（1984 年），第 153、19—21 页。

③ 佐佐木杨：《洋务运动にゐける清朝的外国事情调查——一八八七年的游历官派遣》，《东アジアにゐける生产ア流通の历史社会学の研究》，福冈中国书店，平成五年（1992 年）。

的日本语汇》和大友信一的论文《〈游历日本图经〉〈方言〉所载的语汇》两文，则主要从语言学的角度对该书卷十日本风俗的“方言”（日本语汇）部分加以详细剖析[1]。杭州大学王宝平的《傅云龙日本研究的周边》一文，着重利用浙江图书馆藏书，叙述考证了傅云龙的著述情况。虽然未对《游历日本图经》作专论，但也提供了一些有价值的史料和线索。[2] 笔者曾在30多年前标点解说了傅云龙的《游历日本图经余纪》，收入《早期日本游记五种》一书（湖南人民出版社1983年版）。并在拙著《近代中日启示录》（北京出版社1987年版）和《近代中日文化交流史》（中华书局1992年版）中，对傅云龙及其《游历日本图经》作过简要论述。本文试图进一步对傅云龙的生平业绩和他的《游历日本图经》《游历日本图经余纪》的写作背景、写作过程、内容与特色，进行较系统深入的研究探讨，并与黄遵宪的《日本国志》作一些比较分析。

一　傅云龙的生平及其生卒年代、派遣海外游历经过的考证

《游历日本图经》的作者傅云龙是晚清时期一位阅历非凡、著述丰富的官员兼学者，可是却很难查到他的传记资料，甚至连其生卒年代也未见明确记载。不仅《清史稿》《清史列传》无其传，而且《清代碑传文通检》《清代三十三种传记引得》中也无其名。只有在其故乡的地方志《德清县新志》上有程森所撰的一篇简短小传，直到2003年才有傅云龙后人傅祖熙、傅训或、傅训淳合著的《傅云龙传》，由浙江古籍出版社出版。本文乃该书出版前根据傅云龙本人著

---

① 木村晟：《〈游历日本图经〉的日本语汇について》，《驹泽大学文学部研究纪要》31号，1973年。大友信一：《〈游历日本图经〉〈方言〉所载的语汇》，见《国语学》108号，1977年。

② 王宝平：《傅云龙日本研究的周边》，《浙江と日本》，大阪关西大学，平成九年（1997年）。

述并参考小传及各种史料记载加以梳理考证，述其生平尤其是出国游历前后的经历。

傅云龙，初名云鄞，字懋元，号醒夫，室名籑喜庐、不易介斋、味腴山馆等，浙江省德清县人。其生年连《德清县新志》的小传中也无记载。据《申报》光绪十三年（1887 年）九月十二日载《考取游历人员名单》中记："傅云龙，浙江监生，兵部候补郎中，年四十六岁"[①]，生年似为 1842 年。但又据杭州图书馆藏《籑喜庐文二集》内贴有傅云龙照片，并有本人亲笔说明是光绪十四年（1888 年）49 岁时在美国旧金山游历时所摄[②]，则推算生年似应为 1840 年。现据傅氏后人所著《傅云龙传》证实，傅云龙生于道光二十四年四月初四日，即公元 1840 年 5 月 5 日。

傅云龙自幼熟读经史，又喜好地理金石。青年时代曾在国内游历云南、贵州、四川、湖南、河南、江苏、山东、河北诸省，后到北京担任小京官多年，出国游历前任兵部武选司兼车驾司郎中。他在公务之余，好学不倦，勤于著述，自称"于经嗜小学，于史嗜地理兵制"。曾辑《字学三种》3 卷（同治十三年味腴山馆傅氏刊本），《续汇刻书目》12 卷（光绪二年刊本），撰《说文古语考补正》2 卷（光绪十一年红余籀室刊本）等书。并参加《光绪顺天府志》的编纂工作。该书为李鸿章等监修，周家楣等为总裁，张之洞、缪荃孙为总纂，傅云龙、鲍恩绶等 15 人为分纂，光绪五年至十一年经过六年编成，共 130 卷，光绪十二年刊行。傅云龙承担了《光绪顺天府志》中的食货志、政经志、地理志、河渠志等方面 45 卷的编纂工作。

如果没有 1887 年的一次考试，傅云龙恐怕始终只是一位埋头钻研传统学问的普通士大夫。正如他自己所说："郎署二十年，碌碌无所短长。"[③] 然而这次考试却改变了他的人生道路，增添了奇特的经历。此事起源于光绪十年（1884 年）御史谢祖源（直隶承德府丰宁

① 《考取游历人员名单》，《申报》光绪十三年九月十二日。

② 据王宝平《傅云龙日本研究的周边》一文介绍。

③ 傅云龙：《游历日本图经》卷三十，自叙。

县人，光绪二年进士）向皇帝的上奏，名为“时局多艰，请广收奇杰之士游历外洋”。他建议“今翰詹部属中不无抱负非常者，可否令出使大臣，每国酌带二员，给以护照，俾资游历。一年后许其更替，愿留者听。其才识出众者，由出使大臣密保，既备他日使臣之选，亦可多数员熟悉洋务之人”[①]。光绪十一年二月十一日（1885 年 3 月 27 日），总理衙门大臣奕劻等议复谢祖源奏疏中，也认为“今外务日繁，诚宜广为储材，以收群策群力之效”，“是以欲周知中外之情，势必自游历始”。针对谢的建议，认为“查出使各国大臣不乏差遣之员”，可以“随时分饬属员游历境内，考核记载”。至于“翰詹部属中，如实有制器、通算、测地、知兵之选、坚朴耐劳、志节超近，可备出洋游历者，可否请旨饬下翰林院六部，核实保荐，并资送总理各国事务衙门考核，再行奏请发往各国游历，由出使大臣就近照料”[②]。这个建议虽然得到皇帝同意，并通知翰林院六部及驻外使馆，但具体执行却一直拖了下来。直到光绪十二年十二月初十（1887 年 1 月 3 日），光绪皇帝传旨命各部迅速保荐属下官员。光绪十三年四月十六日（1887 年 5 月 18 日），总理衙门起草《出洋游历章程》十四条，制订了派遣游历官的具体计划。即由五品以下官员 10 至 12 名，到海外进行 1 年半至 2 年的游历考察，月薪是每人 200 两。每位游历官还可带一名同文馆等处选拔的翻译生随行，总经费约 1 年 4 万余两。游历官的选拔考试由总理衙门负责。游历官的任务是“详细记载各处的地形要隘、防守大势及远近里数、风俗、政治、水师、炮台、制造厂局、火轮舟车、水雷、炮弹，以备查考”，回国后应向总理衙门提出游历报告书，优秀者予以奖励[③]。这个章程得到皇帝的批准，朱批

① 奕劻等:《议复谢祖源奏请练习洋务人才疏》，葛士濬编《皇朝经世文续编》卷一二〇。

② 奕劻等:《议复谢祖源奏请练习洋务人才疏》，葛士濬编《皇朝经世文续编》卷一二〇。谢祖源原奏内容见此疏第一段“伏查该御史原奏内称”所引。而《皇朝经世文三编》所收所谓谢祖源《请派员游历外洋疏》，实际上是总理衙门大臣奕劻等议复谢祖源奏疏中的一段。

③ 《清季外交史料》卷七十一。

“依议”[①]。

于是，1887年6月12日至13日（光绪十三年闰四月二十一日至二十二日），在北京清政府的总理各国事务衙门里，举行了一场别开生面的考试，这就是中国近代史上破天荒第一次选拔出国游历官员的考试。与以往的科举考试不同，这次既不考四书五经，也不试八股诗文，而只做边防、史地、外交的策论，由总理衙门大臣曾纪泽等出题、阅卷。第一天考吏、户、礼三部保送之游历官员。人数据曾纪泽日记记载“送三十二人，到者二十人”[②]。试题据《游历日本图经余记》所载为“海防边防论”与“通商口岸记”。次日考兵、刑、工三部保荐官员，保送44人，到场34人，试题为《铁道论》与《记明代以来与西洋各国交涉大略》[③]。傅云龙在试卷中叙述了古代以来中西文化交流及鸦片战争后中西交涉订约的简要历史。考试结果共录取28人，傅云龙名列第一。《申报》还特地将他的试卷“照登报首，愿与留心世事者共击节赏之”[④]。晚清著名学者李慈铭在其《越缦堂日记》中也写道：“近日通商衙门分日考试六部所举游历人员，闻取者28人，兵部傅懋元第一。”“又闻懋元此次试自明代以来中外交涉论，引证甚博，推原化学、重学、汽学之法，实本于墨子。”他感叹社会风气的变化，“国家考试，至有出洋游历一途，而应之者不乏考据之才，亦近日风尚使然也”[⑤]。考试录取的28名六部官员，先由总理衙门大臣接见，面试以观其“器识”，然后又向皇帝引见。最后由光绪皇帝亲自用朱笔圈定兵部郎中傅云龙、刑部主事顾厚焜、户部主事缪祐孙、刑部主事李瀛瑞、兵部主事刘启彤、礼部主事李秉瑞、工部主事陈爔唐、刑部主事孔昭乾、户部主事洪勳、户部员外郎徐宗培、兵

① 《大清德宗景皇帝实录》卷二四一。

② 曾纪泽：《曾惠敏公手写日记》，光绪十三年间四月二十一日。

③ 傅云龙：《游历日本图经余纪》，前编上。

④ 傅云龙：《记中国自明代以来与西洋交涉大略》，《申报》光绪十三年九月十二日。

⑤ 李慈铭：《越缓堂日记》，光绪十三年四月二十四日，又见金梁《近世人物志》第268页所载。

部主事程绍祖、户部主事金鹏等 12 人为正式游历使[1]，派遣他们分别游历亚洲、欧洲与南北美洲各国。其中傅云龙与顾厚焜奉命游历日本、美国、加拿大、秘鲁、古巴、巴西等国。当时中国虽已派遣公使长驻日本与欧美主要国家，但一下子派遣这么多官员分赴欧亚美各国游历考察，这也是有史以来第一次。

傅云龙一行于 1887 年 11 月 12 日（光绪十三年九月二十七日）自上海出发，至 1889 年 10 月 21 日（光绪十五年九月二十七日）回到上海，出国游历差不多整整两年时间。其游历路线为从中国上海到日本，然后从日本横渡太平洋到北美洲美国，再由美国到加拿大，又沿海路到中美洲古巴，经尼加拉瓜、厄瓜多尔到南美洲秘鲁，再经智利到巴西，最后又经美国、日本回到中国上海，全程 120844 里。

傅云龙本来就喜好史地又胸怀大志，这次能以钦派游历使身份赴各国考察，正是他观察世界、施展抱负的好机会。因此，他不像一般游历官员那样只是走马看花以记录一些异邦风情为满足，而是深入调查研究，认真考察各国国情。他每到一个国家，即搜集该国地理、历史、政治、经济、民俗等各方面资料，并亲自察访，实地踏勘，绘制各种地图、统计表，又配以文字说明，编为“图经”。正如当时的驻日公使黎庶昌赞扬所说：“夫游历，官事也。懋元不肯视为官事，直以千秋著书之业，寓乎其间”[2]。傅云龙不愿把游历看成一般例行公事，应付差事，而是把它作为调查研究、著书立说并帮助国人认识世界、借鉴外国的千秋大业。因此，在这批游历使中，傅云龙最为勤奋，成果也最为卓著。仅他一个人在游历期间及以后就撰写了《游历日本图经》30 卷（光绪十五年刊）、《游历美利加合众国图经》32 卷（约光绪十五年刊）、《游历英属加纳大图经》8 卷（光绪二十八年刊）、《游历古巴图经》2 卷（光绪十五年刊）、《游历秘鲁图经》4 卷（光绪二十八年刊）、《游历巴西图经》10 卷（光绪二十八年刊），

① 据《考取游历人员名单》，《申报》光绪十三年九月十二日。

② 黎庶昌：《游历日本图经》卷末题识。

共六种86卷。同时，在游历各国的过程中又写了编年体的游记，称为《游历图经余纪》（约光绪十七年刊，收入《实学丛书》子部载记类）。其中，包括《游历地球图》1卷、《游历天时地理合表》1卷，《游历日本图经余纪》3卷，《游历美利加图经余纪》4卷，《游历加纳大图经余纪》1卷，《游历古巴图经余纪》1卷，《游历秘鲁图经余纪》2卷，《游历巴西图经余纪》1卷。此外，他在海外游历期间还写了大量的诗篇，据浙江图书馆收藏的《不易介集诗稿》所载，傅云龙还写了《游古巴诗董》1卷（光绪十五年刊），《游秘鲁诗鉴》1卷（光绪十五年刊），《游巴西诗志》1卷光绪十五年刊），《游日本诗变》4卷（约光绪十七年刊），《游美利加诗权》1卷，《游加纳大诗隅》1卷（刊年不明）。以上傅云龙所写游历各国的图经、图经余纪和诗集总数共达110卷之巨。傅云龙在日本期间还千方百计访寻中国古籍逸书，编辑刊印了《籑喜庐丛书》（光绪十五年傅氏日本东京刊本）。其中，包括《论语》10卷附录1卷，《新修本草》残本11卷，《文选》残本1卷，《归去来辞》1卷。傅云龙的著述受到皇帝和官僚学者们的赞赏。翁同稣在日记中记载："傅云龙从日本游历归，所著书甚夥"。还称赞"此人笔下极好"①。前驻英公使郭嵩焘在日记中也赞扬："傅懋元则奉使游历各国者也，诗文均有奇气"②。1890年7月26日（光绪十六年六月十日）总理衙门在《为游历人员先后回华拟请分别给奖》的上奏中，也表扬"傅云龙所著游历日本等国图经八十六卷，纂述较多，征引尚博，实属留心蒐辑，坚忍耐劳"，并请旨"免补知府，以道员分发省分即补，并赏加二品衔"，"发往北洋大臣差遣委用"③。据说光绪皇帝曾亲自赏宴，并称赞傅云龙进呈的各国图经"书甚详"④。

---

① 翁同稣：《翁文恭公日记》，光绪十五年十一月十一日、光绪十九年十一月二十四日。

② 郭嵩焘：《郭嵩焘日记》卷四，光绪十六年三月十三日。

③ 《光绪政要》卷十六，光绪十六年六月。

④ 程森：《傅云龙传》，《德清县新志》卷七，1923年修，1932年铅印本。

可惜，傅云龙这位海外阅历丰富、著述见识超群的游历使，回国后却未能在外交上发挥更大作用。他回国后以道员分发直隶，由直隶总督兼北洋大臣李鸿章委派为北洋机器局会办，不久升总办。1892年（光绪十八年）又由李鸿章保荐兼任海军衙门帮总办章京，他是担任这个职务的第一个汉人①。后来，他还兼任神机营机器局总办。傅云龙在主持北洋机器局期间还编写了一些介绍西方科技工艺方面的书籍，如《绘图比例尺图说》《考空气炮工记》《考化白金工记》（均为光绪二十一年石印本）。他的《籑喜庐文二集》2卷（光绪十九年刊），有各国图经的摘要和一些诗集序文、金石跋文等。此外，还编辑了《实学文导》2卷（光绪二十一年刊），收录了他自己关于地理、海防、天文、数学、化学等方面的文章39篇及他人的经世时文15篇。

1900年发生义和团运动和八国联军入侵北京，慈禧太后与光绪皇帝仓皇出逃。傅云龙还想护驾效忠，可是患病在身，已经力不从心了，只得由其子傅范初从天津接回南方，次年病逝于上海。关于傅云龙的卒年，《德清县新志》卷七的程森《傅云龙传》中说得较含糊，"值庚子（1900年）蒙尘，云龙束装拟驰赴行在，以疾卒于沪"②。但在同书卷八的《傅范初传》中，更具体地叙述了庚子年傅云龙的儿子傅范初如何冒险北上，接父归沪，"次年父卒"③。可见，傅云龙卒年应在1901年。据传氏后人所著《傅云龙传》证实，傅云龙死于1901年4月12日，终年62岁。

傅云龙之父名傅爔梅，乃浙江德清县乡绅。其妻李端临也能读书识字兼通医学，常为丈夫著述时检书研墨。有子4人，傅范初毕业于同文馆，曾帮助父亲校勘出国游历图经进呈本，自己撰有《算学进阶》《电化理解》等科技著作，其他儿子傅范翔、傅范钜、傅范冕也

① 王家俭：《清季的海军衙门》，《中国近代海军史论集》，台湾文史哲出版社1984年版，第218页。

② 程森：《傅云龙传》，《德清县新志》卷七。

③ 《傅范初传》，《德清县新志》卷八。

曾帮助父亲编书和整理遗稿。长女傅范淑也能文工诗，曾著《小红榴室吟草》2卷[①]。傅云龙能完成这么多著述，与他家属子女的支持协助也是分不开的。

二 《游历日本图经》的写作刊印过程

傅云龙奉派担任游历使出国考察，曾前后两次游历日本。第一次是1887年11月12日（明治十九年，光绪十三年九月二十七日），从上海乘日本邮船公司的轮船东京丸出发，两天后抵日本长崎。在日本游历6个多月后，于1888年5月29日（明治二十年，光绪十四年四月十九日）离开日本赴美国。在游历了南北美洲诸国之后，又于1889年5月27日（明治二十一年，光绪十五年四月二十八日）再次抵日本。游历近5个月，同年10月15日（阴历九月二十一日）从横滨登日本轮船西京丸回国，经神户、马关、长崎，于10月21日（阴历九月二十七日）回到上海。在日本停留共一年左右，几乎占全部出国游历时间的一半。

傅云龙在游历日本期间写的日记为《游历日本图经余纪》，共3卷。前编2卷是从北京出发至第一次访日的日记，后编一卷则是归国前第二次访日的日记，详细记载了傅云龙赴日本游历考察和撰写《游历日本图经》的全过程。

从《游历日本图经余纪》中我们可以看到傅云龙曾奔波于日本各地，交往日本各界人士，参观日本各机关、工厂、学校，出席各种宴会，游览名胜古迹，唱和诗文，访购日本图书和中国古籍逸佚，活动非常繁忙。他会见了当时日本的首相伊藤博文、陆军大臣大山岩、海军大臣西乡从道、递信大臣榎本武扬、农商大臣黑田清隆、宫内大臣土方久元等日本政界要人。他又参观了日本三菱造船厂、三菱煤矿、千住制绒所、海军造船所、炮兵工厂、硫酸工厂、纺织厂、铁工厂、

① 见《德清县新志》卷八对李端临、傅范初、傅范冕、傅范淑的介绍。

酒厂等日本工矿企业，还访问了日本的大学、中学、小学、师范学校、军事学校、盲哑院、博物院、兵营、监狱、寺庙等。傅云龙在日本进行了广泛的调查研究，获得了许多感性知识，掌握了大量第一手资料，这对他撰写《游历日本图经》十分重要。

在中日文化交流活动方面，傅云龙曾和许多日本文人学者交往，与他们唱和诗文，并为他们题字、作诗、写序。仅在爱知县，日本人士“求文若诗无虑数百，濡墨达旦”，临行时，“倚车犹补数纸”①。他在日本还到处访寻中国古典珍籍逸书，如他找到了在中国国内已佚失近千年的唐卷子本《新修本草》等珍本，并题了序跋进行考证评论，而且就在东京加以刊印，收入《籑喜庐丛书》。

尽管傅云龙在日本的活动如此繁忙，但他始终把编撰《游历日本图经》作为自己的主要任务。据其日记所载，他在出国前一周已经初步确定了编写《游历图经》的体例。为了知己知彼并作中外比较，他在出国之前考察了国内天津的北洋机器局、电报局、海关、炮台、开平煤矿、天津至开平铁路与天津武备学堂，以及上海的海关、江南制造局、公和缫丝局等。到了日本后，他一方面到处参观访问，实地考察，另一方面竭力搜集、购买日本书籍地图，为编写图经积累资料。其日记中多次记载“搜罗日本书图”；“游新桥书肆，访图籍”；“游书肆搜海图”；“游书坊，获日本人所绘万国全图”等。有的书虽然价格很贵，但他仍毫不犹豫地买下来，以“归证所闻”。

从傅云龙的日记中可以发现，他于 1888 年 3 月 6 日（光绪十四年正月二十四日）正式开始撰写《游历日本图经》，当天先撰凡例，次日撰经纬表，第三天撰中国、日本月朔表。从 1888 年 3 月到 4 月，除了参与和黎庶昌公使参观皇宫等重要活动外，他几乎集中精力天天伏案撰写《游历日本图经》。有时一天写出一个表，有的表比较复杂需要考订推敲，如疆域表、日本沿革表、府县分疆表等，则需两三天才能完成。即使 4 月 29 日东京发生较强地震，他仍照常写作。因此，

① 以下引文均见傅云龙《游历日本图经余纪》。

至5月初，只用了两个多月的时间，就基本上完成了该书的26卷草稿。虽因他将赴美国未能修改定稿，但驻日公使黎庶昌阅后已称赞“体例甚善”，并欣然为其作序。

1889年5月27日（光绪十五年四月二十八日），傅云龙结束南北美洲之行再次来到日本，便以撰写图经为主要工作。“昔以游为主，今以纪游为主。”他下船抵东京的第二天就开始补写《游历美利加合众国图经》的大事编年表。然后用了一两个月的时间，大体完成了美国图经的初稿。接着，又全力以赴修订续写《游历日本图经》。到8月初开始用铜版刻印地图并陆续补述和付印诸表。9月底，基本完成全书，然后开始校对印出的清样。10月上旬，亲自到筑地等处督催印刷完毕，最后检点行李告别日本友人后，于10月15日（阴历九月二十目）到横滨乘西京丸起程回国。

回国后，傅云龙又请李鸿章、俞樾等人为书稿作序，并交总理衙门进呈光绪皇帝御览。与黄遵宪的《日本国志》相比，傅云龙的《游历日本图经》写作和成书稍晚（1888—1889年），但刊印快，1889年8月（光绪十五年）在日本东京开始付印，10月就已印刷完毕正式出版，故该书封内题“光绪十五年夏六月印于日本”。《游历日本图经》的部分内容还被分别收入1891年刊行的《小方壶斋舆地丛钞》的第十帙与再补编第十帙内。如第十帙的日本沿革、日本疆域险要是该书卷二地理二，日本山表说是卷五地理五，日本河渠志是卷七河渠志，而再补编第十帙的日本风俗则是该书卷十风俗部分[①]。这样又扩大了影响。黄遵宪的《日本国志》写作的时间长（1879—1887年），成书稍早（1887年），但是付刊晚，1890年即光绪十六年才付刊广州富文斋，而印刷更慢，正式印完出版已是1895年（光绪二十一年）了。

由于时间紧迫，又在他国异乡，傅云龙写作和刊印《游历日本图经》的过程中困难重重。他在该书的自序中，曾列举编写刊印中所遇

---

① 王锡祺、王锡祁编（小方壶斋典地丛钞》，上海著易堂，光绪十七年（1891年）。

到的种种困难。首先是语言文字方面，日本“古籍争学汉文，而晚出之地理、海志、兵法、商学、艺术诸籍，半杂片假平假之字，译文译义难”。“西字依声无定文，日本句读颠之倒之，一字辄三四音行之，而本字未可借音。”再加上“日本抄胥动搀俗体”等，麻烦很多。其次是制图、排版、校对、印刷方面的困难。“图非镂铜不精，铁道电线非别之以朱不易指掌，而疵辄毛举。”“活字可代写官，然非一再录稿无以定也。”“勘校人尠而期迫”，“排印工寡非以铅版匡其未逮，不能刻日成也”，以致常使他“心急如焚”。此外，再加上是在旅行途中写作，“以行路之岁月倍于闭户著书，汽船才泊，笔不得停，一纸未终，火车复上”①。

遇到这么多困难，傅云龙仍以顽强的毅力坚持写作，以致每至“墨枯笔秃，力难可支，辄自责曰‘期逼矣’，自是四鼓辄起伏案”②。有的旁观者劝他何必自讨苦吃，还有的旁观者嘲笑这部书“恐非三十年不成也”。而他毫不动摇，“有进无退”，勉力不已。傅云龙以这样短的时间，完成了全书30卷的编写、制表、绘图、印刷、校对等大量工作，其紧张劳累可想而知。他说编印过程中，“即疑即问，即译即笔，于是录者、图者、排字者、镂铅者、刊铅者、石印者、萃厥诸艺，期于成书”。为此，他常常工作到深夜，甚至通宵达旦。在他的日记中常有这样的记载：“是夜四鼓，笔不得休。是夜鸡鸣，草犹未脱。脱稿，鸡再鸣也。”傅云龙终于以自己废寝忘食的辛勤努力在访日结束前，全部编成并印完这部30卷的巨著，同时还用铜版精刻了47幅日本最新地图，其速度之快、效率之高，确是惊人的。怪不得当时大力支持他的工作并深知其甘苦的驻日公使黎庶昌如此描写傅云龙写作的辛劳：“舟行车息，文酒谈宴，钳纸稿笔，叩擿不休。夜则篝灯赓续，指茧目眵，勤亦至矣！”并感慨地说：“推是以治天下事，则亦何适而不办哉！”③

---

① 傅云龙：《游历日本图经》卷三十，自叙。
② 傅云龙：《游历日本图经》卷三十，自叙。
③ 黎庶昌：《游历日本图经》卷首序、卷末识。

三 《游历日本图经》的写作特色

傅云龙编写《游历日本图经》最突出的特点就是求实、求真。早在1885年3月总理衙门议复御史谢祖源奏折时就曾指出："就目前而论，我之所亟，唯在察敌情，通洋律，谙制造、测绘之要，习水师陆战之法，讲求税务、界务、茶、商、牧、矿诸事宜，虽未能遽底于精深，亦当先得其大要。"① 而1887年5月总理衙门制定的《出洋游历章程》中，更明确规定游历官的任务，应详细记载各处的地形要隘、防守大势及远近里数、风俗、政治、水师、炮台、制造厂局、火轮舟车、水雷、炮弹，"以备查考"。因此，傅云龙在游历六国期间，勤奋撰写《游历图经》和《游历图经余纪》，并非单纯的学术研究，而是带有强烈的使命感，为了向中国政府和士大夫们提供日本、美国等国各方面的实况和大要，以备查考与取鉴。他在《游历图经余纪》的自序中表白：撰写图经，"未敢云事事借参，悉关国计。然使旷一分光阴，将毋虚一日跋涉，何以副志？何以对君？"所以他"昼游夜记，既揭全体之大要，入于图经，复探致远之知几，著于余纪，而不欲以浮闻杂，并不敢以肤词饰"②。他在写作中处处体现实事求是的精神，强调"丽文绮语无所取也，以纪实为主。非稽国计，即鉴民生，非烛军政，即研学术，非测天度，即诹地险，它若山水之奇次之，习俗之异又次之，而风景翻新则略"③。他还宣布："妄诞之说与其滥收，曷若阙如之？稗史小说家言亦不采也"④。

傅云龙采用了中国史地书籍中图经的体裁，即以地图、表格为主体，配以简要的文字叙述评论。他既吸收了古代学者如司马迁作《史记》之表、班固撰《汉书》之志、郦道元写《水经注》之注等优秀

① 奕劻等：《议复谢祖源奏请练习洋务人才疏》。

② 傅云龙：《游历图经余纪》卷十五，自叙。

③ 傅云龙：《游历图经余纪》卷十五，专例。

④ 傅云龙：《游历日本图经》卷三十凡例，自叙。

治学传统和写作技法，但又不是完全承袭古人体例。故傅云龙自称："此图经者，文不袭古，惟其时也"[①]。他在《游历日本图经》中力图用精确清晰的地图和具体的统计表格，向中国人提供日本的真实国情资料。与黄遵宪编写《日本国志》采用典志的体例，既有异曲同工之妙，又有各自特色。黄遵宪着重调查研究介绍日本明治维新后的典章制度。《日本国志》以文字叙述为主，并夹以不少小注，还以"外史氏曰"的形式发表议论，评析日本新政的利弊得失的经验教训，并提出自己的变法主张，史论结合是该书之特长。而傅云龙撰《游历日本图经》则以罗列事实和统计数字的图表为主，很少加以评论。他认为："文不必为己出，唯其是而已"，"据事直书，公是非于天下也"[②]，主张客观地提供日本明治时代的国情和各方面实况，让中国政府和士大夫们自己去判断是非曲直，决定借鉴取舍。

为了体现求实精神，傅云龙十分重视图和表的作用。他强调"欲知利害，舍图奚自？而况日本为唇齿国欤！"[③] 即想要知道外国的地理形势离开地图怎么行？所以，他在日本精心用铜板绘制了日本全国的计里总图，为了清楚表示日本的电线和铁道线的路线，又不厌其烦地用木版套色，以红色单线表示电线，以红色双线表示铁道线，并把许多铁路沿线停车站和沿海港湾淀泊地以至沿海暗礁险滩一一标明。其精细程度甚至超过了一般日本国内编的地图，书中另有46幅地方府、县、厅分图。实际上，黄遵宪也很重视图表，曾在《日本国志》凡例中指出："盖物非图则不明，事非表则不详"，与傅云龙的主张可谓不谋而合。黄遵宪在日本编撰《日本国志》时，本来也想附地图，曾出钱委托日本陆军参谋本部原地图课长木村信卿少佐绘制日本地图，但后来木村被人告发向清公使馆泄露军事秘密而入狱受到军法审判，此事只得作罢，成为《日本国志》一大缺憾。傅云龙还在《游历日本图经》中制作了大量表格，全书共有150个表，而《日本

① 傅云龙：《游历日本图经》卷三十凡例，自叙。

② 傅云龙：《游历日本图经》卷三十凡例，自叙。

③ 傅云龙：《游历日本图经》卷二。

国志》只有123个表。

傅云龙撰写《游历日本图经》在处理中日关系和日本的人名、地名、官名、年号时，也主张尊重历史事实，摒弃以往中国文人写史书那种以天朝上国自居擅改他国官名、国号的傲慢态度。他指出："国名、地名与夫书爵书官，不以古饰今，纪实也"。对外国官名，"或据同文而直书，或译音释义"，"不敢以中国官强名之也"。而对外国地名则"译音不译义"[①]。这也类似黄遵宪写《日本国志》时主张的"史家记述，务以实录，无端取前古之人，他国之君，而易其名号，求之人情，奚当于理?"[②]

傅云龙写作《游历日本图经》特别重视实地考察与收集第一手原始资料。如为了作海军图表，他亲自"实测要隘，躬历目驼，非臆说也"。为了撰铁道表，他不惜往返十几里，两次亲自访问铁道会社。在考察兵库县炮台时，他特地让人实地测量炮台的内外长度和面积。在调查日本粮食价格时，他详细记录了各地生产的各种稻米、小麦、糯米、大豆、小豆的具体价格。值得注意的是，傅云龙还力求搜集最新统计资料，并和前一年的数字相比较。许多统计数字都是他编写的《游历日本图经》当年，即明治二十一年（1888年）或明治二十二年（1889年）的日本最新资料，反映了明治20年代初日本的国情实况。相比之下，黄遵宪因驻日本和写作《日本国志》的时间较早，该书所收资料基本上只到他离开日本前夕即明治十四年（1881年）为止，而以后日本的许多大事，如成立日本银行、制定地税条例、组织政党、成立内阁、颁布宪法等，在《日本国志》中未及写入而在《游历日本图经》中均有反映。傅云龙甚至在该书印刷过程中，还在补充最新资料。如他得知香川县刚从爱媛县中分出，立刻加以补记，并补绘一张香川县图，"限铜工即日镂之"，表现了他一丝不苟的严谨治学态度。

---

① 傅云龙：《游历图经余纪》卷十五，专例。

② 黄遵宪：《日本国志》凡例。

傅云龙既撰《游历日本图经》，又写《游历日本图经余纪》，他是把这两者“相表里”，互为补充。图经为纪事体，图经余纪为编年体。“图经以地为主，余纪以日为主”。“图经以所游之国为范围，而余纪就一日之见闻，不囿一地之甄录也”[①]。这也是一种新颖有趣的写作方式，因此我们也应该把这两种书互相结合和参照起来研究。尤其是《游历日本图经余纪》生动地记载了傅云龙的旅程、在日本的行踪、与日本人的交往及具体编书经过，还发表了一些感想和议论，均可补充《游历日本图经》之不足，也是研究分析《游历日本图经》的重要根据。

四 《游历日本图经》的内容分析

傅云龙的《游历日本图经》共 30 卷，内容包括 15 大类，183 个子目，约 40 多万字。这 15 类是天文、地理、河渠、国纪、风俗、食货、考工、兵制、职官、外交、政事、文学、艺文、金石、文征。与黄遵宪《日本国志》的 12 个志（国统、邻交、天文、地理、职官、食货、兵、刑法、学术、礼俗、物产、工艺）涵盖面大致相近，只是侧重点有些不同。如《游历日本图经》地理加河渠共 7 卷，而《日本国志》地理志仅 2 卷；《游历日本图经》的文学、艺文、金石、文征共 11 卷，而《日本国志》在这方面只有学术志 2 卷。相反，《日本国志》有邻交志 5 卷、兵志 6 卷和刑法志 5 卷，而《游历日本图经》的外交、兵制却仅各 1 卷，刑法只在政事上占一小目。

下面分别就《游历日本图经》和《游历日本图经余纪》中关于对日本的总体认识和明治维新观、日本地理、历史政治、外交与中日关系、经济、军事教育、风俗、文化艺术、文字语言等 10 个方面的内容，进行简要的介绍和剖析。

首先是对于日本的总体认识和明治维新观。傅云龙在游历考察了

---

① 傅云龙：《游历图经余纪》卷十五，专例。

亚洲和南北美洲六国以后，得出的总的印象是："以美利加为富国之翘楚，而不得不以日本为中外之枢纽。"① 即认为美国是世界上最富有的国家，而日本则处于东西方交往枢纽的地位，因此对中国来说，都是至关重要且必须认真了解研究的国家。他还指出："地背以相反而鉴，日本正以相因而观"②，认为地球背面的美国因为与中国文化传统制度风俗相异，而值得比较借鉴；而东邻日本却正由于与中国文化传统相似，也值得考察借鉴。他对日本明治维新的看法是："以彼学唐而后至今，已一千二百年有奇，事事以中国为宗。同治七年（即1868年明治维新）效西如不及，当变而变，不当变亦变"，③ "今兹之效西维新可也，诋旧不可也。"④ 傅云龙肯定日本学习西方的科学技术，批评日本历法风俗的变化和抛弃汉学，基本上没有跳出洋务派"中体西用"的维新观，与黄遵宪的明治维新观有一定的思想差距，但是又比同时游历的顾厚焜要进步一些。刑部主事顾厚焜在游历日本期间也编了一部《日本新政考》共2卷，着重介绍了日本明治维新后造船、制炮等各项新政建设，但得出结论却对日本维新大加指责挖苦，他认为："日人乃好异矜奇，竟一变而无不变也，是诚何道也?""一旦举法度典章一一弃若弁髦，岂得谓是邦之福哉!"⑤ 明确反对日本政治法律制度的变革。而傅云龙对日本君主立宪这样的重大政治改革不仅不加批评，而且详加介绍。他在叙述日本政事的大事年表开头就抄录了1889年（明治二十二年）2月21日明治天皇颁布宪法的敕语和日本帝国宪法的全文，并归纳道："宪法之大要，首立君权，次为大臣之权，次为民人之权，以此三者为君民共治例也。"⑥

关于日本地理的内容是《游历日本图经》最出色的部分。如前所述，他精心绘制了47幅铜板日本地图，在总图上还用红色单双线标

① 傅云龙：《游历日本图经余纪》。
② 傅云龙：《游历日本图经余纪》。
③ 傅云龙：《游历日本图经余纪》。
④ 傅云龙：《游历日本图经》卷十八。
⑤ 顾厚焜：《日本新政考》序。
⑥ 傅云龙：《游历日本图经》卷十九。

出电线和铁道线，并详注沿海暗礁与险滩，其精确程度不仅远远超过了其他中国人日本研究著作的附图，甚至还胜过某些日本人自己绘制的地图。他在疆域目中，对日本地理形势作了极其生动的描述，对每个地区都有形象的比喻，如武藏如木叶、安房如鸭喙、伊豆如巨镞、甲斐如瓜、萨摩如虾、陆中如牛首、越后如蝙蝠等。而整个日本列岛则像条蛟龙，“本州岛为身，南颔四国，西首九州，北海道腰也，千岛尾也”①。他还作府县分疆表、四至八到表、沿革表等，把日本各府县的地域、面积、位置、沿革一一列表说明。为了突出展现日本岛国的特点和沿海形势，他又特地制作了海道险要表、港湾测深表，甚至对海岸灯塔、信号标志也详细调查列表。同时，对日本的首都、城市、港口、道路以及岛屿、山脉、火山等也列表介绍。地理方面，还有2卷日本河渠志也是傅云龙的独创。当时日本尚无河渠方面的专书，而他曾编过《顺天府志》的河渠志，依其体例，“以水道为纲领，以分合为条目”，列表把日本1000多条大小河川的名称、分合、流域讲得清清楚楚。此外，他还作了东京神奈川引用水道表和矿泉、湖沼、瀑布、桥梁等表。与地理有关的天文方面，也重点列了经纬表、中日月朔表、中日时差表、晴雨寒暑表，以及沿海气候表、沿海偏盛风表、潮流表等。这些表对中日航海交通也有一定的实用价值。

关于日本的历史和政治，《游历日本图经》在卷九日本国纪中，首先列了日本天皇世系表，自神武天皇至明治天皇的名字、年号、在位年，并有中日年号对照。其次是权臣柄政年表，即幕府将军执政年表，从镰仓幕府的赖源朝到德川幕府的末代将军德川庆喜，共676年。最后是藩国表，各大名藩主的姓名、领地、官位、士卒及废藩后的府县名称。这三个表对了解日本历史很有帮助。在卷十九日本政事中又编了日本历史大事年表，即从神武元年到明治二十二年（1889年）的大事记和中日年代对照，最后一直记到1889年2月11日颁布宪法并抄录了日本宪法全文。在卷十七日本职官中，叙述了明治前后

① 傅云龙：《游历日本图经》卷二。

的官制及其变化沿革，直至明治二十一年新增设的枢密院。值得注意的是，卷十日本风俗中有一个党目，涉及日本政党问题。傅云龙把日本政治派别分成六党，即反对维新的守旧党，主张西化革新的改进党，主张渐进的渐进党，主张调和的大同团结党，服从政令的顺政党和主张自由的自由党。这种分法虽然不太确切和过于简单化，实际上当时日本政党有自由党、立宪改进党、立宪帝政党等，政治主张也很复杂，但是他已经看出这些党派之争，“彼亦一是非，此亦一是非，恐聚讼之难平免也”，“出奴入主，伐异之风不其炽”①。

傅云龙在卷十八日本外交中重点是谈中日关系。他认为中日交往历史悠久，来往使节不绝。元代以前基本上是和平相处，“正史使不绝书，未闻一矢西指”。后来，元军征日和倭寇犯明是穷兵黩武招致失败的历史教训。前事不忘，“亦后事鉴也”。因此，他主张中日友好合作，共同抵御西方列强，一言蔽之曰近交”。他在书中还列了中日交涉大事年表，又附录了中国史籍中记载中日关系的文献篇目及有关中日交往的诗文。此外，他还叙述了日本与西洋各国订约通商的过程，作了中国使臣表、别国使日本表、日本使别国表、中国流寓表别国人在日本表、日本人在别国表、互受勋章员表等。有的颇有参考价值，如中国使臣表中包括了何如璋、黎庶昌（两任）、徐承祖四届中国驻日使团的几乎全体人员的名单。在中国流寓表中则列举了自徐福以来历代中国渡日流寓的一部分人物的资料。

关于日本经济的介绍，包括食货四卷和考工一卷，涉及到经济的各个方面，如户口、土地、物产、货币、贸易、关税、银行财政、国债、保险以及工业、农业、渔业、商业、矿业、交通运输业等。傅云龙对日本货币考察的很细致，亲自到大阪造币局等处调查，对日本货币的质地、重量、形状、铸文、图案、发行年代以及造币机器的名称、马力、数量等都详加介绍。他对日本进出口贸易也很重视，列表统计进出口货物的数量、价值、每年增减数及主要输出输入国家与物

---

① 傅云龙：《游历日本图经》卷十。

品。书中还分类统计了日本的商社、银行的数量和资本额。还作了商标表和专卖表，指出“西法国给专凭，法至善也，日本效之”[①]。傅云龙特别重视日本的矿业和铁道运输业，而且分别对官营、民营加以统计；尤其赞扬日本民营的铁道会社得到了政府的支持保护，“民立铁道亦官为护”。他还指出铁道之利有两方面：一是可得利润，二是便利农工商。并且强调“本大道长则滋利易，公司宜合不宜分”[②]。

关于日本军事虽仅有兵制一卷，但调查得也很细，共有 18 个表。傅云龙叙述了日本兵制的沿革，着重介绍明治以后日本的新兵制和征兵制度。对征兵的兵种、地区、人数、职业以至身高及推迟入伍者的各种原因都分别详加统计。他作为兵部郎中，对日本陆军和海军的建制、驻地人员、武器等都作了调查，并“以游历得实”。他统计得出日本陆海军人数在不断增加，但对日本军事力量仍估计不足，认为海军“无第一等兵船”，更没料到日本会在明治 20 年代以惊人的速度扩军备战，到明治二十七年（1894 年）就悍然对中国发动了甲午战争。

关于日本教育也是傅云龙考察的重点之一，共列有 15 个表。他把日本的学校分为大、中、小学及师范、专门学校、女学校、杂学等 9 类。先作合表，又列各类学校分表。另外，还有幼稚园表、图书馆表、出国留学表和学费表等。从统计数字可以充分看出，日本明治政府如何重视发展教育，学校总数在明治六年只有 12597 所，到明治十九年已增加到 30388 所，入学学生达 306 万人。他还介绍日本的所谓杂学，“比犹之中国义学也，或府县官立，或町村合资，或家塾自设”[③]。这也是日本采取多种渠道办教育的一种形式，杂学校的教学内容和科目则汉学西学兼有。

关于日本风俗在该书卷十，写法颇有特色。先讲人情，列举日本各地区人情性格之差异，如“东海道之人疏通慧敏，就中甲斐人强而

① 傅云龙：《游历日本图经》卷十三。
② 傅云龙：《游历日本图经》卷十五。
③ 傅云龙：《游历日本图经》卷二十。

险，东京府人侠而浮”，“畿内之人心匠精密，就中京都人雅而约，大阪人达而俗”①。然后，分别叙述日本人的形体、姓氏、服饰、饮食、居处、俗礼、歌舞、岁时等等。

关于日本的文化艺术在《游历日本图经》中占有很大比重，包括文学1卷、艺文2卷、金石5卷和文征2卷。谈到学派源流时，傅云龙先批评了日本学术界有人学了西学便哗众取宠诋毁儒学。他认为西学中的天文学、算学、化学、气学、光学、力学、电学、动植物学等都来源于中国古代诸子的格致学。这种“西学中源说”是当时中国学术界流行的观点，连黄遵宪也在《日本国志》中说过西学源于墨子。傅云龙还论证了日本的儒学、诗学、书学（书法）、医学、兵学、神道教佛教等追根溯源也都“传自中国也”。他强调“尧舜禹汤文武周公孔子之道”是“菽粟也，布帛也，不可须臾离也，而岂有穷乎！”②

该书艺文志2卷著录了中国人记日本事之文献书目、中国逸书目录和日本人著述的经史子集各类书目。傅云龙认为：“云龙所游言之同文国，独此耳。或道分东鲁，或文译西书，舍短取长，未始不可。以见圣王之道之无不贯，而欲通万方之略，或亦有取于斯。”③可见，他还是主张取长补短、兼收并蓄的。在晚清中国人记日本事的书目中，傅云龙列举了在他游历前出版的几部日本研究著作和游记、诗文集。如：何如璋的《使东述略》，黄遵宪的《日本杂事诗》，黎庶昌的《使东奏议》《使东文牍》（均写本），姚文栋的《日本地理兵要》，王韬的《扶桑游记》，陈家麟的《东槎闻见录》和俞樾的《东瀛诗选》《东瀛诗纪》。而黄遵宪的《日本国志》虽已完稿成书但尚未刊印，傅云龙没有见到，故未列其中。

由于傅云龙本人是位金石学家，并认为考证金石文物可以补史籍记载之不足，因此在《游历日本图经》中专门撰金石志5卷，占全书

① 傅云龙：《游历日本图经》卷十。
② 傅云龙：《游历日本图经》卷二十。
③ 傅云龙：《游历日本图经》卷二十。

卷数的六分之一。他介绍了日本的碑刻、钟铭、壶铭、镜识、印章、刀剑等大量金石文物，还附有图像或拓本，并加上他写的评述或考证的按语，具有很高的学术价值和艺术价值。其中，有日本传国神器 3 种。天玺瑞宝 10 种、法隆寺释迦佛造像记、鉴真和尚墓志、汉委奴国王印、亲魏倭王印、弘法大师印、遣唐使印、天皇御玺、太政官印等等珍贵文物图像。最后，还列有金石年表，共收金石 890 余种，加上各种印文和刀剑款识共达 4800 余种。“其质有金、有银、有铜、有石、有瓦、有磁；其文有篆、有隶、有飞白、有行、有正、有梵、有日本文。”[①] 傅云龙在极其紧张繁忙的游历和写作过程中，还能下如此大功夫收集考证这么多金石文物，真是令人叹为观止。

在日本文征两卷中，傅云龙从各种文集里选录了一些文章，其中有中国人记日本事之文，也有日本人记事之文，还有别国人论日本事之文。他认为这些文章涉及时务，各抒其见，不少是“药石之盲”，可以加以比较采鉴。文征所收的文章虽然并不能代表他的观点，但在一定程度上也可看出他的思想倾向。在中国人记日本事之文中，傅云龙收集了朱子瑜与孙男毓仁书、梅曾亮记日本国事、黎庶昌在日本教育会的演说及其游日光山记、刻古逸丛书序等 11 篇。其中，如黎庶昌在日本教育会的演说，盛赞日本维新后重视发展文化教育，“其学力之专精，人才之奋起，实为环地球各国所杪见，昌明国运有足多者”[②]。在日本人记事文中，傅云龙选了僧空海献书表等日本古代，近代文章 100 多篇。其中，既有许多汉学家的作品，也有维新志士吉田松阴及明治时代政治家本户孝允、大久保利通等人的文章。如大久保利通在《英国议院章程序》一文中认为“公天下之道莫善于议院”。同时也选了汉学家长尾慎太郎的《儒学本论叙论》，主张在日本西学盛行的形势下，仍应该有人继续研究儒学，“所谓文明何独在西洋?”有的论者举出文征所收藤野正启《与人论汉洋二学得失书》

---

① 傅云龙：《游历日本图经》卷二十六。
② 傅云龙：《游历日本图经》卷二十八。

里的一段话，认为这是“傅云龙在书中借一日本汉学家之口愤愤不平地指责日本对汉学的批评”，并把该文作为傅云龙竭力维护“汉学正统”的证据。[①] 正如前面所述，傅云龙在文征中所选文章并不等于就是他的观点。他也选了一些提倡西学批判儒学的文章，如蒲生重章在《岩崎弥太郎传》中一开头就批评“儒生俗吏，不知时务，知时务在俊杰，其弥太郎（三菱会社创办人）之谓耶”。还有中岛雄《拟米利坚人上书》，建议清政府当务之急是“取他邦之长，兴日新之学，以变其俗”。即使是藤野正启的那篇文章，一开始就声明：“于某公席上见足下摈斥洋学生，力主张汉学，如欲使彼辈改辙者，某以为足下之见亦谬矣！”并承认有些汉学家的弊病，“讲理学者病空疏事，考据者病迂腐，修辞章者近游戏，宜为彼辈嘲笑，以为无用也”。因此，藤野主张汉学西学“譬车两轮，不可偏废”[②]。

最后关于日本文字语言的介绍研究，也是《游历日本图经》的一大特色。在卷二十日本文学部分有日本文表，叙述了日本语言文字的沿革变化，列了日本假名文字五十音图、五声十五韵新谱和日本异字表。尤其值得注意的是，在该书卷十日本风俗中有方言一目，效仿西汉扬雄《方言》及《说文解字》等书体例，列举中日语汇读音对照表。表中既有日本古语，用“谓之”表示，又有日本现代语，用“语若”表示。如“雨谓之阿女，语若阿梅；岛谓之之万，语若喜马；石谓之以之，语若以西；海谓之字美，语若伍米”[③]。书中共介绍了421组中日语汇读音对照。据日本学者木村晟、大友信一等的研究，其中约343例参考了日本书籍《笺注倭名类聚抄》[④]。明代中国人的日本研究著作如薛俊《日本考略》的寄语略收了中日语汇对音350个，被称为“最早的中日辞典”。李言恭、郝杰著的《日本考》

① 盛邦和：《黄道宪史学思想研究》，江苏古籍出版社1987年版，第6061页。

② 傅云龙：《游历日本图经》卷二十八。

③ 傅云龙：《游历日本图经》卷十。

④ 详见木村晟《〈游历日本图经〉の日本语汇につて》与大友信一：《〈游历日本图经〉の〈方言〉所载の语汇》。

收日本单词1186个。郑舜功的《日本一鉴》更是收入3401个。清代中叶翁广平编的《吾妻镜补》中的国语解部分也收日本语汇1000多个。然而，晚清时期的日本研究著作如黄遵宪《日本国志》与何如璋《使东述略》、王之春《谈瀛录》、陈家麟《东槎闻见录》等书就没有这方面的内容了。傅云龙的《游历日本图经》不仅继承了明清时代的著作研究日本寄语的传统，而且有所发展，增加了古日本语和现代日本语的对照，对于研究日本语言发展史很有价值，因此受到日本语言学家的重视。

结　语

通过上述对傅云龙及其《游历日本图经》《游历日本图经余纪》的初步研究，我们可以发现名不见经传的兵部郎中傅云龙实际上是中国晚清历史上一个值得重视的人物。他是中国近代第一次选拔出国官员考试的“状元”，也是近代第一批奉派周游日本、美国、加拿大、巴西、秘鲁、古巴六国的官员之一，又是多卷研究外国著作《游历图经》和《游历图经余纪》的作者。他在促进近代中国人认识世界和中外文化交流以及古籍逸书、金石文物的收集整理等方面，都做出了不少贡献。

傅云龙的30卷《游历日本图经》和3卷《游历日本图经余纪》，内容丰富，统计精细，条理清楚，图表明晰，是反映日本地理、历史、文化及明治20年代初日本政治、经济、社会概况的百科全书，具有很高的学术价值，远远胜过那些仅对日本风土人情进行一般性介绍描述的著作和游记。因此，当时的驻日公使黎庶昌在该书卷末题识中赞叹道：“余虽不敢谓东倭事迹遂已囊括无遗，而巨细精粗条理灿秩，亦极著书之能矣！”①

总之，傅云龙的《游历日本图经》是晚清中国人对日本研究的又

① 黎庶昌：《游历日本图经》卷末题识。

一部力作，应该在中国人的日本研究史上占有重要的地位。它的史学价值和思想水平尽管总体上比不上黄遵宪的《日本国志》，但它所收资料比《日本国志》新，刊印年代又比《日本国志》早，有些方面如介绍日本地理、金石、语言等部分内容还胜过《日本国志》，不愧是中国人研究日本的一部名著，值得我们作深入研究。另外，傅云龙撰写《游历日本图经》过程中那种勤奋刻苦的精神和求实严谨的态度，也是值得我们继承和发扬的。

康有为与《日本变政考》*

日本明治维新对中国的影响与中国维新派仿效日本明治维新进行戊戌变法的主张，最集中地反映在一部书中，那就是中国资产阶级改良派领袖康有为所著的《日本变政考》。这部在中国近代史和中日关系史上都极为重要的著作，由于长期密藏宫中，难于睹其真面目。本文从介绍笔者所见故宫进呈本的版本谈起，进而对其写作与进呈的过程加以考证，澄清一些疑点，然后着重对此书的内容，即康有为效法日本改制的思想及其议会观，进行初步的探讨。

一　故宫藏《日本变政考》进呈本考证

康有为在其《康南海自编年谱》中曾多次提到他编写并向光绪皇帝进呈的一部书，名曰《日本变政考》。据云此书“凡日本事，自明治元年至二十四年，共十二卷。”他还声称：“每日本一新政，皆借发一义于案语中。凡中国变法之曲折条理，无不借此书发之，兼赅详尽，网罗宏大。”① 可惜的是，由于此书长期秘藏宫中，未曾刊印，以致过去学术界在列举康有为的代表作时，几乎都未提这部书。在研究康有为戊戌维新期间的思想时，也大多根据其奏稿、年谱、书信、

---

* 原载于《历史研究》1980 年第 2 期。

① 康有为：《康南海自编年谱》，中国近代史资料丛刊《戊戌变法》（三），上海神州国光社 1953 年版。又见《康有为全集》第五集，中国人民大学出版社 2007 年版，第 96 页。

诗文和其他论著，而很少利用这部系统表达其变法主张的重要著作。由于张伯桢《万木草堂丛书目录》以及康门弟子陆乃翔等著《康南海先生传（上编）》所附南海先生所著书目，均称此书已在戊戌八月抄没，因此学术界也大都以为这部书在戊戌政变后已被抄没、销毁或遗失了。

台北“中研院”黄彰健曾利用院藏美国人玛丽·赖特（Mary C. Wright）1947 年所摄的《日本变政考》显微胶卷，整理编入《康有为戊戌真奏议》（台北“中研院”，1974 年）一书，并称此书“实为研究戊戌四月光绪召见康有为以后康的主张最可信的原始资料”。黄彰健并未见到《日本变政考》的原本，但他断言“微卷所据底本有增注涂改，则此底本非戊戌年进呈正本，而系康氏自存之稿本”。究竟《日本变政考》进呈正本的真面目是什么样的呢？此书曾录目于1933 年刊行的《故宫博物院殿本书库现存目》中。1980 年初，笔者在故宫博物院工作人员的热情帮助下，终于见到了这部珍贵的资料。原来它在清代皇宫专放皇家藏书的昭仁殿里一直默默地躺了几十年。这部书共两大函，磁青色的绢面书套，左上角粘黄绫签题着“日本变政考上函（下函）”等字。两函内共有 12 卷，分订为 12 册，每册书均是磁青色绢面，白丝线装订。书宽为 15.5 厘米，高为 23 厘米。每半页 8 行，一行最多为 22 个字，12 册，共 540 页，全书 15 万字左右。后来，在故宫博物院书库里又找到了此书的一卷附表，即第 13 卷《日本变政表》，又称《日本新政表》，共 37 页，与上述 12 卷正文不放在一起。

引人注目的是每册书的左上角书名处都贴着黄绫做的“黄签”，无字，书背的上下角还包着一层黄绢做的“黄角”。每一函还附有写着书名的黄纸条。只有宫中呈给皇帝御览的书和皇室藏书才有这种规格。书内还发现挂有“清室善后委员会”的条子。因此，可以证实此书确是康有为戊戌年（光绪二十四年，1898 年）进呈给光绪皇帝后留存宫内的正本。书内白纸无界格，用墨笔抄写，字迹工整，但看来不是一个人的笔迹，有可能是康有为请几个人分别帮助誊写的。写错的字或修改之处，只有细心贴补并无随意增注涂改之迹，也说明这是进呈皇帝的正本，而非康有为自存之底稿本。

二 《日本变政考》编写与进呈的经过

在评述《日本变政考》的内容之前，有必要先考察一下康有为写作和向皇帝进呈此书的经过，澄清其中的某些疑点。

康有为开始注意日本明治维新是什么时候呢？他曾回忆说："昔在圣明御极之时，琉球被灭之际，臣有乡人，商于日本，携示书目，臣托购求，且读且骇，知其变政之勇猛，而成效之已著也。臣在民间，募开书局以译之，人皆不信，事不克成。"[①] 这就是说早在19世纪70年代末，康有为就开始读到日本书，了解日本明治维新的成效，并产生仰慕之心，主张翻译日本书籍了。

那么，康有为又是什么时候开始动手编写的呢？他在《康南海自编年谱》光绪二十二年（1896）丙申条内写道："自丙戌年（光绪十二年，1886）编日本变政记，披罗事迹，至今十年。至是年所得日本书甚多，乃令长女同薇译之，稿乃具，又撰日本书目志。"故宫本《日本变政考》的序言中也说："乙未和议成，大搜日本群书，臣女同薇，粗通东文，译而集成。"可见，他早在1886年已有意并着手抄录积累资料，开始编书，但那时条件尚不具备。1895年至1896年，他又得到了一大批日本书，这时，他的大女儿康同薇已十七八岁了，懂得些日文，帮他翻译编辑，终于完成了初稿。在1897年（光绪二十三年）刻成的《日本书目志》中，康有为列举了当时得到的一批日本近代史籍，如指原安三的《明治政史》、坪谷善四郎的《明治历史》、木村芥舟的《三十年史》等，都是他编写《日本变政考》的重要参考书。他说这些书"皆变政之迹存焉。吾既别为日本改制考以发明其故，而著其近世史之用。以告吾开新之士焉"。

---

① 康有为：《康南海自编年谱》。

1896年康有为写成此书初稿之后并没有立即刊印，而是等待机会进呈给光绪皇帝。1897年冬，他在给光绪的第5次上书中表白："职尚有日本变政之次第，若承垂采，当写进呈。"并希望这部书能发生巨大作用，"皇上劳精厉意讲之于上，枢译诸大臣各授一册讲之于下，权衡在握，施行自易，起衰振靡，警聩发聋"。[①] 1898年（光绪二十四年）初，这个机会终于到来了。正月初三，光绪命总理衙门王大臣约见康有为。康有为在应答时，竭力鼓吹效仿日本变法："日本维新，仿效西法，法制甚备，与我相近，最易仿摹。"并说明自己"近来编辑有日本变政考及俄大彼得变政记，可以采鉴焉"。[②] 总理衙门大臣向皇帝汇报后，光绪"乃令条陈所见，并进呈日本变政考及俄彼得变政记"。于是，康有为"昼夜缮写日本变政考、俄彼得变政记二书，忙甚"。[③]

《俄彼得变政记》是二月进呈的，已收入光绪二十二年（1896）三月上海大同译书局出版的《南海先生七上书记》之中。至于这本关于日本变法的书究竟是何时进呈的，康有为自己也有不同说法。在故宫本《日本变政考》前面的识语中说："是书经于二月恭进。"在《康南海自编年谱》中又具体说是三月初八（即公历3月29日），"是时以旅大事，朝廷震悚，不遑及内政，故写书已成不进，至初八日进呈"。实际上他把书交给总理衙门的日期根据《杰士上书汇录》应该是三月二十日（即公历4月10日）。《翁同龢日记》中记下了总署呈交光绪的确切日期，"光绪二十四年三月二十三日（即公历4月13日）……总署代康有为条陈折，变法；片一件，岁科试改去八股：并书三部：《日本变政记》、《泰西新政摘要》、《各国振兴记》"。

需要指出的是，戊戌三月进呈的并不是我们今天看到的这部《日

① 康有为：《上清帝第五书》，《康有为全集》第四集，中国人民大学出版社2007年版，第6页。

② 康有为：《康南海自编年谱》。

③ 康有为：《康南海自编年谱》。

本变政考》，而是《日本变政考》十卷初次进呈本。这两部书既有联系又有区别，人们常常容易混淆和产生疑问。甚至在康有为本人的记载中提法也很混乱，他在《康南海自编年谱》中对三月进呈的这个本子，就先后用过《日本变政记》《日本变政考》《日本变法考》《日本变政纪》等名字。而《戊戌奏稿》所收这部书的序文又称《进呈日本明治变政考序》，使后人难以捉摸。其体例大致与《俄彼得变政记》相似，主要是从日本史籍摘编明治维新事迹而成，未加按语评论，分量也比较小。

光绪读到《日本变政考》初进本后就被吸引住了，明治天皇变法的决心和成效对他有很大的启发。康有为记道："上读日本变政考而善之，而催总署议覆……上时决意变法。"1898 年 6 月 11 日（阴历四月二十三日），光绪皇帝接受康有为等维新派的建议，下诏定国是，开始了中国近代史上有名的"百日维新"。6 月 16 日（阴历四月二十八日），光绪正式召见康有为。在召见过程中，康有为又提到"臣于变法之事，尝辑考各国变法之故，曲折之宜；择其可施行于中国者，斟酌而损益之，令其可施行，章程条理皆已备具，若皇上决意变法，可备采择，但待推行耳"。光绪欣然说道："然，汝条理甚详。"6 月 21 日（阴历五月初三），光绪又命总理衙门大臣廖寿恒传令康有为："即将所著日本变政考、波兰分灭记、法国变政考、德国变政考、英国变政考，立即抄写进呈。"①

既然康有为已经进呈了《日本变政考》，为什么光绪还要他再一次进呈《日本变政考》呢？这是因为当时已宣布开始变法维新，光绪希望康有为送来经过补充润色，特别是加上案语，具体提出中国应该如何变法的《日本变政考》，以备参考采择。康有为在《日本变政考》书前识语中也说明："是书经于二月恭进，顷奉旨宣取。原本所译日文太奥，顷加润色，令文从字顺，并附表注，以便阅看。"另一个原因可能是前次进呈的《日本变政考》已被西太后拿走，所以要

① 康有为：《康南海自编年谱》。

康有为再次进书。《翁同龢日记》提供了一条线索，他在记载了总理衙门代康有为条陈折片及进呈《日本变政考》等书之后，又写道：皇帝“命将康折并书及前两次折并《俄彼得变政记》皆呈（太后）慈览”。另外，康有为的门生陆乃翔、陆敦骙所编的《康南海先生传（上编）》中也说“昔所进呈之日本变政考为西后取去。上复追原本，乃按照日本变法之次第，对乎中国应变之法，每条加议，博深切明，可立施行”。

那么，这部《日本变政考》又是在什么时候、用什么方式进呈的呢？据《康南海自编年谱》记载，自从1898年6月21日康有为奉旨要将《日本变政考》等书“立即抄写进呈”后，即把这件事作为自己头等重大任务，日夜赶写。当时，他已被任命在总理衙门章京上行走，“乃片陈谨当昼夜编书，不能赴总署当差”。“时上频命枢臣催所著各国变政书，乃昼夜将日本变政考加案语于其上。”他基本上是将原来的《日本变政考》加上案语，增补润色改编而成。由于全书分量较大，光绪催得又急，因此进呈的方式并非全部写完再送，而是采取分卷陆续进呈的方法：“一卷甫成，即进上。上复催，又进一卷。”① 梁启超在《戊戌政变记》中也说：“有为进呈之日本变政考，连日被促，一册甫上，阅日即催”，反映出光绪的迫切心情。这部13卷十几万字的著作，差不多用了一个多月的时间才陆续进呈完毕。因此，从阴历六月底（即公历8月中旬）起，康有为开始进《波兰分灭记》《列国比较表》，七月进《法国变政考》。德、英两国变政考是八月进呈的，这时，政变发生了。② 光绪二十四年七月初三（即公历8月19日）协办大学士孙家鼐的奏折曾提到：“查康有为编成俄彼得变政考、日本变政考、列国比较表、日本书目志，业已进呈御览。其各国变政之书，亦拟陆续写呈。”③ 这说明至迟到阴历七月初，康有为已将《日本变政考》全部进呈光绪御览了。

---

① 康有为：《康南海自编年谱》。

② 康有为：《康南海自编年谱》。

③ 《戊戌变法档案史料》，中华书局1958年版，第455页。

三 《日本变政考》内容分析

康有为的《日本变政考》是一部编年体的史书，从明治元年（1868）起，至明治二十三年（1890）止。按时间顺序，分条记载日本明治维新以后发生的大事。每卷记一年或数年。重点是日本明治政府所实行的各项维新变法措施，有时甚至大段摘译其法令、条例、章程或演说的原文。康有为在书前有序，书末有跋，还在很多条正文之后，以“臣有为谨案”的形式加上长短不等的按语。这些按语一方面分析日本政府采取此项改革措施的原因、方法意义，论述其成效、利弊；另一方面，则结合中国实际情况，提出中国变法维新的具体建议，集中体现了康有为的变法主张。全书的序、跋、按语等加起来有3万多字，几乎占全书近四分之一的篇幅。其附录（即第13卷《日本变政表》）的前面也有序。表上题为“日本新政表”，分类罗列自明治元年至明治二十三年（1868—1890）十一月日本明治政府实行的改革措施。此表分为以下栏目：年，月，诏令，奏议，职官，文学，游历，农事，工政，商业，矿务，邮电，航海，土地，户口，财赋，礼律，兵制，社会，交涉，杂事。查检颇为方便。

为了论证中国维新变法的必要与可能，宣传自己的变法主张，康有为深感仅仅借助“托古改制”以造舆论，是很不够的，还需要树立起一个现实的活生生的榜样，来劝说皇帝和说服群臣，这只有从世界各国的变法中去寻找。而日本的明治维新，在他看来就是最理想的样板。因此，康有为在《日本变政考》中断然宣称：“我朝变法，但采鉴于日本，一切已足。”[①] 这部书反映了康有为效法日本改制的强烈要求。

如果说，康有为以往上书提到效法日本，主要是为劝说光绪变法

---

① 康有为：《日本变政考》跋，北京故宫博物院藏进呈本。以下凡引自《日本变政考》一书者，不再注书名，只在引文后注明卷数或序、跋。

的话，“百日维新”开始后，他进呈《日本变政考》的目的则是要通过进一步介绍明治维新的具体过程和措施，为中国变法提供借鉴康有为在《日本变政考》里指出“变法之道，必有总纲，有次第”（卷九）。他说：“恨旧日言日本事者，不详其次第变革之理”，因此“无以窥其先后更化之宜”（序）。他在该书的跋里归纳了日本明治维新改革的要点，认为“其条理虽多，其大端则不外于：大誓群臣以定国是，立制度局以议宪法，超擢草茅以备顾问，纡尊降贵以通下情，多派游学以通新学，改朔易服以易人心数者。其余自令行若流水矣”。这正是康有为叙述日本变法措施的重点，又是他建议光绪实行变法的总纲。下面我们不妨就沿着这条线索，分析康有为在《日本变政考》中阐述的效法日本改制的具体主张。

康有为认为日本明治维新之所以成功，“是皆在日主发愤之一心，而成今日富强之大业也”（卷一）。“日本所以能自强者，皆由日皇能采维新诸臣之言，排守旧诸臣之议故也。”（卷二）因此，中国实现变法的关键是要依靠光绪皇帝“乾纲独断，以君权雷厉风行”（卷一），他鼓励光绪坚持维新，不因顽固守旧势力的反对而动摇。他以明治维新史实为例，告诉光绪“天下无不变之法”（卷六）。日本变法改制连废藩这样的难事“卒能毅然行”，可见“天下无难事，全在持之以定力耳。若瞻前顾后，委曲迁就，则无一事可办矣”（卷二）。他还指出：“新旧不两立”，“宜用一刀两断之法。否则新旧并存，骑墙不下，其终法必不变，而国亦不能自强也”（卷一）。康有为主张“维新之始，宜频有大举动，以震耸之”（卷一）。“盖国是不定，则令天下无所适从，故必御门大誓群臣，以维新之宗旨，布告天下，然后诸事有下手处矣。”（卷三）为了证明这一点，他把日本明治天皇于明治元年四月十四日发布“五条誓文”一事，说成明治元年正月元日之事，写在第一卷开头，并且改动了日皇誓文的内容和顺序，把原来第四条“破除旧习”放在第一条，以示突出，还加上了“咸与维新，与天下更始”这句原文中没有的话。又把第五条原文“求知识于世界”也改为“采万国之良法”，以符合其写各国变政考的宗旨。接下去所录明治天皇元年正月元日的敕书，本来也是三月十四日发布的，敕书的内容也有改动，最明显的是添上了原文中没有的“失权削地”四个字，实际上是针对当时甲午战后中国被迫割台澎、租港湾而言，以激励光绪加速变法。这也可以说是康有为“托日本改制”的一种策略吧。①

康有为还在书中反复劝说光绪要纡尊降贵、广结民心。他说：“日本维新之功，成于睦仁（即明治天皇）能以明诏激励忠义。而推其自来，孝明天皇优礼处士，召见慰抚，以得人心。故人人愿效图报，以收倾幕之功。人主欲转移天下，收揽大权，不过稍纡尊贵，假词色，即可得之，亦至易矣。”（卷一）他尖锐地指出：“人君身处亿兆之上，日理万机之繁，而高拱深宫，见闻狭隘，于天下之大势，国中之盛衰，乃瞢然无知，曰善亦善，曰恶亦恶，于形不审，于事岂能当哉?”（卷四）他劝光绪效法明治天皇亲临各地视察，使“上下之情通，则百事易举矣”（卷一）。他指出：“日本君位最尊，颇嫌亵近，少露面目。而新主陆仁，力矫昔习，用古巡狩之典，数巡览国中，几乎比日阅军操，视学艺，吊忠魂，问疾苦。凡议院、学校、工局、铁道、博物院、作工厂落成，皆亲莅之，谆淳戒谕。以人主垂意，人人感激，无不尽心，不敢欺隐，故学术蒸蒸，工械技巧日新月异也。”（卷四）

康有为从维新派的立场出发，呼呼光绪广集公议，任用新人。特别是破格提拔重用像他这样的“草茅之士”，掌握新政大权。他强调“变法之始，首贵得人，君臣相得，有非常之任，然后有非常之功”（卷九）。他举了古今中外的例子：“昔先主得诸葛如鱼得水，苻坚得王猛以为之子房，军国内外之务，莫不归之，故卒立大功。”他特别介绍日本明治天皇对伊藤博文“亦可谓知而能任，任而勿贰者矣”（卷九）。他说：“变政全在典章宪法，参采中外而斟酌其宜，草定章

① 关于明治天皇发布五条誓文和敕书的时间、内容，可对照光绪二十八年广智书局出版、日本博文馆编、罗孝高译的《日本维新三十年史》第1编第1页和第2编第2页。

程，然后推行天下。事关重大，每事当请上命核议，然后敢行，故非在宫中日日面议不可。”“日本选伊藤为之，至今典章皆其所定。”接着他马上表白自己，“臣已尽采日本一切法制章程，待举而斟酌施行耳”（卷九）。康有为把自己比作诸葛亮、王猛、伊藤博文，想进宫主持制度局，充当光绪的变法总顾问，恳望光绪重用之情，跃然纸上。他在书中还多次叙述了明治天皇如何破除常格，重用维新志士：“一时公卿宰执，皆拔自下僚起自处士，归从外国游学，尽秉大政。即嘉彰亲王亦以贤用，无一以资地用者。”（卷一）他从切身体会出发，认为“盖破除资格勋藩之旧，采用草茅才俊之言，此事最难。日本维新之始，乃能行之”（卷一）。他还故意说：“三条实美、岩仓具视二人，首倡变法者，为开新元功，从草茅拔用者，为日本名相第一。”（卷一）实际上，三条、岩仓都是出身于贵族大臣家庭，维新前已任高官，均非草茅之士。他之所以这样说给光绪听，显然是为自己和其他维新志士将来能以草茅之士出而为相制造舆论。在附录《日本变政表》的序中，康有为特别强调日本明治天皇“用人之始，即得三条实美、大久保、伊藤、大隈数人，数十年专信倚任之，其用人不杂也如此”（卷十三），也是要求光绪皇帝始终信任和重用自己。

在《日本变政考》中，叙述最详细、所用篇幅最多的是关于日本官制的改革，康有为结合中国的实际情况做了很多精辟的分析和论述。他认为变官制是变法之本，“日本变法之始，先正定官制，可谓知本矣。盖一切事皆待官而办，苟官制不改，以数千年积弊之衙门，只能舞弊，而必不能兴利”。“日本变法，所以能有成者，以其变官制其立法之制相因，此亦为夏葛冬裘，各也。”（卷二）变法还必须大变、常变。“官者所以行其法也，其立官之制皆与有其宜，苟易其时，皆宜全变，不能中立两存者也。日本变法即大变官制，且日日议变之，务求美善。我今亦日日议变法矣，而官制未变，以旧人任旧官，据旧例而行新法，其所谓方凿而圆枘、欲行而求及前也。”（卷三）在官制改革中，康有为最重视的是设立制度局。他认为“专立此局，更新乃有头脑，尤为变政下手之法”（卷一）。他甚至认为开制度局是日本变法之一大关键："日本所以能骤强之故，或以为由于练兵也，由于开矿也，由于讲商务也，由于兴工艺也，由于广学校也，由于联外交也，固也，然皆非其本也。其本维何？曰：开制度局，重修会典，大改律例而已。盖执旧例以行新政，任旧人以行新法，此必不可得当者也。故惟此事为存亡强弱第一关键矣。"（卷二）康有为还具体叙述了日本从开对策所到立宪法、设议院的逐步演变过程。他把设民选议院说成是"维新之始基"、变法之"大纲领"（卷六）。因此，在书中大力宣传"三权鼎立"的主张，反复鼓吹立宪法、设议院的必要。

作为中国民族资产阶级上层的政治代表，康有为还大声疾呼，为民族资产阶级争权利、谋利益，这在《日本变政考》中也是一项十分突出的内容。他反复强调"民为邦本"的观点，认为"民富斯国富，民强斯国强"（卷二）。他主张"民事不可缓"，"日本变法之始，不先买枪炮，不先置轮船，不先练洋操，而先留意于户籍、地图、备荒、赏罚、学校、商业等事，此皆孟子所谓民事不可缓也。盖国者积民而成者也，未有不讲民事而国能富强者也"（卷二）。他极力推崇日本明治政府以国家力量鼓励发展资本主义工商业的"殖产兴业"政策："观其所以保商人，兴商利，除商害，助商本，一切推行，意美法良无遗憾矣。自古能致富强，未有无其本者也。"（卷六）他认为"植产惠工，辅商补业乃是富国之根"（卷十）。并称赞日本举行劝业博览会是"富国智民之大政"（卷八）。他大力鼓吹仿效日本发展工业、铁路、造船、银行，还主张废除阻碍民间工商业发展的苛捐杂税。康有为在为资产阶级争取经济利益的同时争取政治权利，他特地介绍日本"各府县富有土地或工业商业纳国税多额者"，可以担任贵族院议员。并评论说："今欲筹款，必使民心所自愿者，道乃易行。故选富民为州县各省议局，诚不可不行也。"（卷十一）

康有为还注意提倡文化教育方面的改革，他在书中指出："日本之骤强，由兴学之极盛。其道有学制，有书器，有译书，有游学，有学会，五者皆以智其民者也，五者缺一不可。”（卷五）谈到教育时，他说：“泰西之强由于人才，人才出于学校。日人变法，注意于是，大聘外国专门教习至数十人，小学有五万余所，其余各学皆兼教五洲之事，又大派游学之士，归而用之，数年之间，成效如此。”（卷四）他很赞赏日本天皇和政府注重教育，甚至以亲王邸作校舍，加案语曰：“日本变法，汲汲于开学集才，尚虑筑室迟迟，玩时愒日，乃假亲藩之邸，出梶井之宫，以为学舍，集天下之才而讲之，其兴学之速如此！”（卷一）关于派人出国留学问题，他认为变法要“取资各国”，“非派亲贵游学为之先导，以朝臣从之，并多派朝士游学”（卷二）。他指责清政府：“吾同治十二年，但派学童出洋数岁，其业未就而返，故成就无几。”（卷二）如果中国也多派大臣、士大夫“出学外国，分习诸科，则归来执政，人才不可胜用矣！”（卷二）康有为还推崇日本的新闻出版事业，甚至杜撰了一个由副岛种臣主持编书局并携带书局归野的故事，企望光绪同样命其设局编书。至于日本改朔易服，康有为认为这是“欲借变其外服以变易其心，不得已而行之也”（卷一）。中国如果能够“定心一意，雷厉风行以变之”，也可以不必这样做。

总之，《日本变政考》描述了日本明治维新变法改革的整个过程，也涉及中国戊戌维新所需的各个方面的变革。康有为把效法日本改制的主张、建议，有时寓意于记载日本变政之史实之间，有时则直接发表于自己所写的案语之中，很多看法比黄遵宪的《日本国志》又进了一步，更加具体、明确。他把此书进呈于光绪，希望成为光绪皇帝变法的指南。因此，他在该书的跋语中，踌躇满志地宣称：“右日本变政，即于此矣。其变法之次第，条理之详明，皆在此书。其由弱而强者，即在此矣。”“臣愚所考万国书，无及此书之备者。虽使管葛复生，为今日计，无以易此。我皇上阅之，采鉴而自强在此。若弃之而不采，亦更无自强之法矣。”（跋）口气之大，真有欲以一部书救中国之气概。

《日本变政考》进呈后的效果如何呢？光绪皇帝果然如获至宝，

“阅之甚喜”，一卷刚进，又催下卷，“日置左右，次第择而行之”。[①]光绪的有些上谕、朱批也采用了《日本变政考》中的内容，因而引起朝臣们的惊讶，以为光绪的上谕是康有为代拟的。康有为在《康南海自编年谱》中十分得意地写道：“新政之旨有自上特出者，每一旨下，多出奏折之外，枢臣及朝士皆茫然不知所自来，于是疑上谕皆我所议拟。然本朝安有是事？惟间日进书，上采案语以为谕旨。”说光绪谕旨尽采自进呈书案语，那是康有为的自我吹嘘，然而，《日本变政考》对光绪的影响和在戊戌变法中所起的作用，无疑是不容低估的。

可是，由于帝国主义和中国封建守旧势力的阻挠和镇压，维新变法失败了。事实证明，康有为企图依靠一个没有实权的光绪皇帝，参考一部《日本变政考》，就能实现变法大业，只能是幻想。

四　重评康有为的戊戌议会观

立宪法、设议会历来是资产阶级为了推翻或限制封建君主专制、实现资产阶级民主政治的根本性要求，因此它也是中国资产阶级改良派的重要政治主张之一。过去研究康有为关于议会问题的思想、观点，总感到材料不多。尤其是分析康有为戊戌变法期间的议会观，仅从其上书奏折还不足以窥其全貌。以前各家论著引为主要根据的康有为代阔普通武所作《请定立宪开国会折》，我认为也是不太可靠的。此折辛亥年（1911）被收入康有为的《戊戌奏稿》，下注：“代内阁学士阔普通武，六月。”可是，查明清档案馆所编《戊戌变法档案史料》，录有从军机处档案中找到的《内阁学士阔普通武折》，日期却是光绪二十四年七月初三日，内容虽也是请开国会，但是提法行文、词句与《戊戌奏稿》上的大有出入，几乎无一处相同。如此折原文中不称“国会”而称“议院”，并且丝毫没有“三权鼎立”“人主尊

① 陆乃翔、陆敦骙：《新镌康南海先生传（上编）》，万木草堂刊本，1929 年，第 14 页。

为神圣，不受责任”等意思。即使是代拟草稿，与定稿相差也不会如此之大。若认为是阔普通武的前后两折，则用词如此不一致，也不大可能。因此，《戊戌奏稿》里代阔普通武作的《请定立宪开国会折》是值得存疑的。特别是这次研究《日本变政考》，看到康有为当时竭力主张缓开议会，“以君权雷厉风行”，根本与阔普通武开上下议院的建议相违，更与《请定立宪开国会折》中所谓“立定宪法，大开国会”，“人主尊为神圣，不受责任”的提法相对立。而且，《康南海自编年谱》中还有这样一段记载：“内阁学士阔普通武尝上疏请开议院，上本欲用之。吾于日本变政考中，力发议院为泰西第一政，而今守旧盈朝，万不可行，上然之。”由此可以证明，阔普通武请开议院折不是康有为所代拟，自然也就不宜用它作为研究康有为议会思想的根据了。

康有为关于议会、宪法的思想集中体现在《日本变政考》之中。这部书里不但详细深入地阐述了他对议会问题的观点，而且还谈到他对三权分立、君权与民权的关系以及自由民权运动等问题的看法，反映了戊戌变法期间康有为在开议会与尊君权主张之间的重大变化，为我们研究康有为的“议会观”，提供了大量丰富可靠的资料。

康有为在《日本变政考》中认为设立民选议院是变法的纲领，“夫人主之为治，以为民耳。以民所乐举乐选者，使之议国政、治人民，其事至公，其理至顺”（卷六）。他甚至还鼓吹“天之生人，并皆平等，故孔子谓四海之内皆兄弟也”（卷五）。这种认识带有西方“天赋人权”的资产阶级民主思想色彩，并反映了他为中国资产阶级争取政治地位的要求。康有为又从古代历史中找寻设立议院、君民共主的根据。他说：“昔先王治天下，无不与民共之。传言文王与国人交，洪范云谋及庶人，虞廷之明白达聪皆由辟门，周礼之询谋询迁皆会大众，凡此皆民选议院之开端也。”（卷六）可是，“三代之下，其君日尊，其民日卑，上下不交，于易为否。天下多乱而少治，难存而易亡，皆古义不明，驯至之弊”（卷六）。他尖锐地揭露批判：“遂至君尊极而无权，民卑极而愚鲁。外国来争，干戈不已，由是大权不失于内，则失于外。亚洲诸国，莫不皆然。夫近世民智日开，岂能复以循故以治之，但高拱深宫，不达外情乎？”（卷一）他认为设议院可使君民相亲相爱：“君之保民如保其子女，民之爱君如爱其父母，互相爱也，互相保也，虽万年长存而不亡可也。”（卷六）他十分向往这种所谓“君民共治”的君主立宪政体，竭力称颂：“此民选议院之良制，泰西各国之成法，而日本维新之始基也。”（卷六）因此，康有为认为只有“改定国宪”，即立宪法、设议院，改君主专制为君主立宪，才叫作真正的变法。他强调：“购船置械，可谓之变器，不可谓之变事。设邮便，开矿务，可谓之变事矣，未可谓之变政。改官制，变选举，可谓之变政矣，未可谓之变法。日本改定国宪，变法之全体也。总摄百千万亿政事之条理，范围百千万亿臣民之心志。建斗运枢，提纲挈领，使天下戢戢从风，故为政不劳而易举。”（卷七）所以，他的《日本变政考》最后写到明治二十三年（1890）十一月二十九日天皇亲临国会开幕典礼，正式实行君主立宪，以此作为日本变法完全成功的标志。康有为总结道：“日本变法二十四年，而后宪法大成，民气大和，人士知学，上下情通。而后议院立，礼乐莘莘，其君亦日益尊，其国日益安，此日本变法已成之效也。”（卷十二）像日本那样保留天皇很大权力的君主立宪制度和资产阶级议会政治，正是康有为倡导变法运动的根本纲领，也是他孜孜以求的奋斗目标。

为了论证议院之必要，康有为还大力宣传“三权鼎立”的西方资产阶级政治学说。他认为西方和日本之所以富强就在于“政体之善”，而最根本的就是立法、行政、司法三权分立。“三官立而政体立，三官不相侵而政事举。”（卷一）他批评中国官制三权不分，弊端丛生：“今吾中国百司，皆行政之官，无立法之官也。维新之际，由旧必蹶。而一切新政，交部议之，是以行法官为立法官，犹以手足而兼心思，虽竭蹶从事，而手足之愚，岂能思乎？惟有乱败而已”（卷一）。他称赞日本“变法之始，即知此义，定三权之官，无互用之害……故其政日新月异，而愈能通变宜民，盖得泰西立政之本故也”。因此，他声称“今欲行新法，非定三权，未可行也”（卷一）。

康有为接受了孟德斯鸠“三权分立”的学说，主张立法与行政、司法分离，并进一步设议会为立法机构，这是他的资产阶级政治思想的重要内容之一。

为了消除光绪对立宪法、开议会及三权分立的顾虑，康有为又详细引用了日本宪法公布后，枢密院议长伊藤博文的一篇演说。在这篇演说中，伊藤解释制定宪法“不但无减君权，且益增助君权而壮国威也”。而三权分立也有助于加强君权。伊藤把君比作脑，把行政、司法比作四肢、五官，各有专司，“无分于脑之权，且益脑之权”。又把议院比作心，“脑有所欲为必经心，心斟酌合度，然后复于脑，发令于五官、四肢也。苟脑欲为一事，不经心议决，而率然行之，未有不失过也”。“然则民有议权之无减君之权，明矣。即心有裁酌之权，无减脑之权也。”伊藤指出：“此列国已行之政，宪法至公至深之理也。唯诸君无惑流言，一心以成一国之权，即辅弼君权也。”（卷十）康有为在伊藤这一席话后面加上小注，赞曰：“论议法、行法、司法三权之故最透矣。”这篇经过康有为精心取舍的伊藤博文的演说，正是表达了康有为对君主立宪的认识。事实上，立宪法、开议会必然会限制君主专制、削弱君权，但他却把君权与国权联系起来，并用脑与心做比喻解释给光绪听，以图打消光绪对立宪法、开议会的疑虑。

在《日本变政考》里，康有为对日本要求立宪法、开议会的自由民权运动也表示了同情，他在书中叙述了日本自由民权运动进行集会、演说、请愿结社和组织学会、政党的情况，认为“其谓国家之行政，与人之会进步相并而行，则为至理。国家新政多行一分，人民才识长一分，而议论增长。议论增长，国家政治亦随议论而增长”（卷十）。他写到日本坂垣退助等创设立志会，主张民选议院，“天下地方之士族皆奋志而起矣”，“一时会者甚盛，讨论新政施立自张之法”，大大推动了日本的维新改革。因此，他认为日本变法“不二十年，而致富强，抗衡欧墨大国，则岂非士气之昌，而立志会有以激发砥砺之耶？使日本而禁制其士民之会，虽至今以弱亡，可以”（卷六）。他把日本创办立志会、开展自由民权运动提高到关系国家兴亡的高度，这也是为其创办强学会、保国会，开展维新运动张目。康有为在书中还提倡办学会："若各学会则合大众之聪明才力，同讲一艺，精益求精。合大众之心思才力，同举一事，则尽善尽美。"（卷五）并以日本为例驳斥了中国顽固派对维新派办学会的污蔑。针对光绪对集会结社的顾虑，康有为说："日本会党至盛，然其士民益智，其国益强，其主益尊，未闻有一酝乱之事，亦可以鉴矣。益民智则安处善，乐循理，忠君爱国之心益固，虽诲之为乱，亦所不愿。《传》所谓有耻且格，岂待鳃鳃然为之防制哉?"（卷十二）

特别值得注意的是，康有为在书中既强调开议会十分重要，又认为中国还不能马上开议会，而只能"以君权雷厉风行"（卷一）。他说："惟中国风气未开，内外大小，多未通达中外之故，惟有乾纲独断，以君权雷厉风行，自无不变者。但当妙选通才，以备顾问，若各省贡士，聊广见闻而通下情，其用人议政，仍操之自上，则两得之矣。"（卷一）他看不起也不相信人民群众，认为"民智未开，蚩蚩自愚，不通古今中外之故，而遽使之议政，适增其阻挠而已"（卷六）。他非常强调变法之次第，必须循序渐进，指出日本从变法开始到开议院经历了20多年，"吾今于开国会，尚非其时也"（卷六）。因此，他着重介绍日本在这个过程中所设的一些具有议政作用的机构，如对策所、公议所、议政局、制度局、集议院以及地方府县议会，认为中国可以先设这些机构，逐步向议会过渡。他说："今日最急之务，当仿日本成法，设集议院以备顾问，然后一切新政皆有主脑矣。"（卷二）他还认为："国议院未可先开，若州县村乡议会则诚不可不开，以达民情也。"康有为反复论述了兴学校与开议会的关系，认为"民智不开，遽用民权，则举国聋瞽，守旧愈甚，取乱之道也。故立国必以议院为本，议院又必以学校为本"（卷十一）。

从康有为在《日本变政考》中表达的思想来分析，他对开议会是非常重视的，把它看成变法的纲领、维新之始基、变法成败的标志，甚至是立国之本。因为它关系到这次资产阶级改革运动的目标能否实现和中国资产阶级能否取得政治权力的根本问题，所以他认为议会最终是必定要开的。但是，他为什么又认为中国当时还不能马上开议会，尚要“以君权雷厉风行”呢？这比起他在1897年底上清帝第五书中主张的“自兹国事付国会议行”，“定宪法公私之分”，看起来似乎是倒退了。笔者认为可能有以下几种原因：第一，他觉得当时中国赞成变法维新的势力，特别是民族资产阶级和资产阶级化的知识分子、开明士绅的力量还太薄弱，如果开起议会来，有可能被守旧顽固势力所把持，反而对变法不利。第二，他认为中国学校教育尚未普及，民智未开，如果马上开议会、兴民权，就会造成混乱甚至发生内乱。而且操之过急，反而会被守旧派找到反对的借口，增加阻力。因此，在开议会条件尚未成熟的情况下，宁可以“尊君权”来实现自上而下的变法。第三，尤其是1898年6月11日光绪下诏明定国是以后，康有为了解到光绪变法的决心和对他的信任，便把全部希望寄托在光绪皇帝身上，更加相信必须“乾纲独断，以君权雷厉风行”来实行变法。第四，康有为个人还有很大的政治抱负，他希望通过尊君权和进入议政局、制度局这类机构，充当光绪变法维新的主要顾问，掌握新政实权，将来可以成为中国维新的元老、首相或第一任总理。总之，在康有为戊戌年间的“议会观”里，兴民权和尊君权，开议会与乾纲独断，是既矛盾又统一的。这种矛盾统一，也充分反映了中国民族资产阶级改良派的软弱性与两面性。

康有为的《日本变政考》内容相当丰富，本文只是一个初步的介绍。这部书是研究康有为的政治思想和戊戌维新历史，以及近代中日关系史的珍贵资料，值得我们认真加以研究。

日本《革命评论》与中国同盟会*

同盟会1905年8月20日在日本东京举行成立大会，其骨干和成员大部分是中国留日学生。一贯支持中国革命的日本人士宫崎寅藏（号白浪庵滔天，故又称宫崎滔天）等也参加了成立大会，并被破例吸收为中国同盟会外籍会员。1905年11月，同盟会机关报《民报》创刊，宫崎寅藏把自己的住宅提供给《民报》作为发行所所址，并在门口挂上“《民报》社”牌子。他还积极联络同志创办了一份日文刊物《革命评论》，与《民报》相呼应，大力宣传与支持中国革命。

笔者最近又重新查阅了《革命评论》原刊从创刊号到最后第十号的全部内容，以及《宫崎滔天全集》《萱野长知研究》等有关日文资料，并考证了《革命评论》所刊文章各位日本作者的笔名和原名。本文着重论述《革命评论》各号如何宣传和支持中国革命，以及《革命评论》社日本人士与同盟会、《民报》社的中国革命者之间的关系。

1906年8月12日，宫崎寅藏邀集萱野长知、清藤幸三郎、和田三郎、池亨吉、青梅敏雄等人商议，决定创办一份日文刊物《革命评论》。9月1日设《革命评论》社事务所于东京神田区美士代町的萱野长知住宅。发行所是设于东京府多摩郡内藤新宿番集町的宫崎住宅。印刷所是位于东京神田区中猿乐町的秀光社。《革命评论》杂志的编辑人（即主编）是宫崎寅藏，发行兼印刷人为青梅敏雄。该刊

---

* 原载于《北大史学》第12辑，北京大学出版社2007年版。

为半月刊，1906 年 9 月 5 日正式发行创刊号，至 1907 年 3 月停刊，共出了十期。①

创办《革命评论》的宗旨是什么呢？创办者之一的萱野长知自述："当时我们参加中国同盟会的同志间，认为中国和俄国为世界两大专制国，欲图世界和平与文明的发展，必须在这两大专制国实行革命。因此为了助成中国和俄国改变政体的革命，发行每月两次的杂志《革命评论》与中国同盟会的机关报《民报》相呼应，大力鼓吹革命主义。"② 因此，该刊以宣传和支持中国与俄国的革命为中心，辟有"欧洲革命大势""中国革命大势""东亚纪事""志士风骨""革命风流"等专栏。每期 8 页，另有附录 2 页，专登宫崎寅藏之兄宫崎民藏等编的《土地复权同志会纪事》。

《革命评论》第一号于 1906 年（明治三十九年）9 月 5 日发行。第一版上刊登了《发刊辞》，文章虽未署名，但据《宫崎滔天全集》的编者断定"毫无疑问"是宫崎寅藏的手笔，并把它收入《宫崎滔天全集》第 2 卷。发刊辞是篇充满激情的革命颂歌。作者首先指出："余辈热望完全之和平，故而欢迎彻底之革命。欲破坏社会沉滞腐败之要素，欲开拓清新之新天地，唯有革命才能毕其功。"接着追溯了自法国大革命以来的欧洲资产阶级革命发展的历程，并对 1905 年俄国革命给予高度评价。文章对于中国革命思想的传播和革命运动的发展寄予热切的期望。作者认为目前中国"思想之革命兴，革命之崇拜兴，革命领域方以一泻千里之势恢宏扩大，其主张又与俄国革命党所提倡者一致无二。料想其革命爆发期之到来，恐将超出世人所预想之快也"。③ 这一期上还刊登了未署名可能也是宫崎写的《关于中国留学生》一文，赞扬中国留日学生"已怀激烈的革命思想，他们的两

---

① 《革命评论》全部影印本，见日本劳动运动史研究会编《明治社会主义史料集》第 8 卷，明治文献资料刊行会刊印，1960—1963 年。

② ［日］萱野长知：《中华民国秘籍》，日本帝国地方行政学会，1940 年，第 85 页。又见崎村义郎著、久保田文次编《萱野长知研究》，日本高知市民图书馆，1996 年，第 47 页。

③ 《发刊辞》，《革命评论》第 1 号，1906 年 9 月 5 日。又见宫崎龙介、小野川秀美编《宫崎滔天全集》第 2 卷，日本东京平凡社，1971 年，第 595—596 页。

大主义是建设共和政府与平均土地，实行政治革命与社会革命”。作者认为“中国已经觉醒，中国留学生将是新中国的建设者”，所以他劝告日本当局和各界人士不要轻侮和嘲笑中国留学生。该期“东亚纪事”专栏里报道了当年七、八月内中国浙江、江西、江苏、安徽、湖南等地人民的反帝反封建斗争。作者写道：“黑云压空，疾风卷地，雷雨来临，中国已如在火山口上，不知何时就会爆发。”

1906 年 9 月 20 日出版发行的《革命评论》第二号上刊登了宫崎寅藏署名“火海渔郎”的《中国留学生的责任》一文。他指出：“国无论东西，世不问古今，凡一国之元气者，惟赖青年以维持以发挥”，因此，青年是“一国之生命也”。现在中国青年的一部分已经觉醒，“吸收新知识最多者是留学生也”，故而“建设新中国也是留学生之责任也”。以此鼓励中国留日学生积极投身革命。同期宫崎还以火海渔郎笔名写了一篇《中国立宪同题》，通过对比中日两国国情的差异，批判清政府的预备立宪计划难以实现，不可能制止革命。这一期上还有和田三郎以怀仁笔名写的《帝王暗杀的时代》和《欧洲革命大势》，主要介绍俄国的革命形势。

《革命评论》第三号发行于同年 10 月 5 日，该期上又有宫崎寅藏以火海笔名所写的《中国革命与列国》一文，着重揭露帝国主义对中国的侵略，同时指出帝国主义侵华也给本国人民带来了痛苦。他说：“所谓帝国主义在某种意义上，是一种吞并主义。伴之而来的是扩张军备，而扩张军备又需要金钱。谁负担这些金钱？是人民群众。谁在战场上牺牲？又是人民群众。人民群众从征服别国得到什么好处？除重税之外，一无所得。”宫崎还认为中国革命将会影响全世界的命运。如果列强来干涉，则可能引发世界革命。因此，“中国前途大有希望”。这一期上还刊登了和田三郎以怀仁笔名写的《俄国革命党的使命》和《俄国暗杀事件》，以及池亨吉以断水楼主人笔名写的小说《俄皇之犬》。

1906 年 10 月 20 日出版的《革命评论》第四号上，刊登了“中国革命党首领孙逸仙”即孙中山的照片和宫崎寅藏署名火海的《孙逸仙》一文，热情宣传孙中山的革命事迹。宫崎赞扬孙中山是“据理义而建立主义，以救苍生于危困之中为己任之革命真英雄”。“彼乃身着自由、平等、博爱甲胄之革命化身也。”他还说：“熟知孙逸仙之部分日本人士曾云：彼为中国人之卓越者也。试问，超乎孙逸仙以上之人日本何处有之？余辈不幸，实未曾见。孙逸仙堪称旷世之才也。”该期还开始连载署名二楸庵可能是平山周写的长文《中国的秘密会社》，首先介绍了哥老会。而在11月10日出版的第五号上则着重宣传了兴中会，还刊登了《兴中会章程》全文和清政府悬赏捉拿孙中山等革命党人的告示。11月25日出版的第六号上刊登了署名二楸庵的《清国的官吏社会》一文，深刻揭露了清政府官僚制度的腐败和黑暗，并指出“清朝的命运，历数已尽”。

1907年（明治四十年）1月1日出版的《革命评论》第七号，即1907年新年号，被命名为“支那（中国）革命号”。和田三郎以怀仁笔名写的《迎接革命的新年》一文，宣告“丁未之年（即1907)，实为世界革命之年也。欧洲之俄国，革命运动将益增其势。东亚之中国将倾覆满洲朝廷，创立基于正义人道原则之自由新国体，以竭其全力期能贡献于世界之文明。世界之视听将悉集于此两国矣”。“我们从人道大义出发，应该帮助中国和俄国的革命。”在“中国革命大势”专栏中则发表了池亨吉署名断水楼主人的《清朝之末路》，也公开断言清王朝必然覆灭。“丙午之岁既逝，清朝之末路既近。起哉，我所热爱之中国革命党诸君！奋哉，我所同情之汉种之民！”这一期的第一页还在显著位置刊登了发动长沙起义而牺牲的湖南会党首领马福益就义时的照片，称之为“中国革命之先驱”，并有专文介绍其事迹。该期还以《中国革命殉难者小传》的通栏标题，用整整两个版面篇幅刊登了史坚如、邹容、陈天华和吴樾四位烈士的照片和小传。同时还登载了萱野长知用凤梨笔名写的关于民报一周年纪念大会的报道和孙中山在会上演说的全文。

《革命评论》第八号发行于1907年1月25日，刊登了俄国革命领袖列宁的照片和关于中国萍浏醴起义的通讯，并发表了起义军的檄文和告示。还有署名长安可能是平山周写的《清朝排斥新学》和《张之洞的密信》两文。并有萱野长知署名凤梨的《思想界的暗斗》，指出日本思想界出现了各种思潮的激烈斗争。2月25日出版的第九号头版刊登了署名葭湖可能是池亨吉或者是和田三郎写的《中国革命的过去、现在及将来》一文，认为孙中山是中国革命“集大成”的人物，将“在亚洲创立唯一的共和民主国”。另外，宫崎寅藏以火海笔名写的《中国革命之大势》，也认为中国革命已经出现曙光，各地人民纷纷起义，“以天时人事观之，都是清朝末路的征兆”。该期还发表了署名龙云的《中国革命之管见》和署名长安的《滑稽的中国立宪问题》。最后一期即1907年3月25日出版的第十号上刊登了宫崎寅藏署名火海的《革命问答》，答复读者对革命的疑问，说明革命并非就是无政府主义、社会主义或共产主义，而是追求四海兄弟自然自由的境界。该期还有署名南窗可能是清藤幸三郎写的关于中国革命形势的报道和评论，以及和田三郎署名怀仁的《天诛主义》，并刊登了章炳麟撰写的《邹容传》。

《革命评论》与同盟会机关报《民报》不仅互相呼应，而且两社同人之间有着深厚的友谊。《革命评论》的刊头四个字就是由《民报》主编章炳麟（号太炎）亲笔所题。《民报》第十二、十三期和临时增刊《天讨》，都曾为《革命评论》刊登大幅广告，并给予高度评价。“此种杂志，实活跃于地球表面之革命时运所生出。请观今日露西亚革命之现状，支那革命之暗流，独（德）、佛（法）社会党员之活动，伊（意）、西无政府党员之努力，英、米各国最显著之人权之发达，以及印度、南洋、亚非利加各民族，皆稍能反抗蹶起，谁云二十世纪，非世界革命社会改造之时代耶！”[①]《民报》第十期刊登的关于刘成禺编、孙中山作序的《太平天国战史》的广告上，也特别说明该书有“日本志士、《革命评论》杂志编辑人白浪庵滔天题词”。《革命评论》也经常为《民报》刊登广告，在它的创刊号上就刊登了

① 革命评论广告，《民报》第12期，1907年3月。

《民报》的六大纲领，并向日本各界人士推荐："《民报》乃中国革命党之机关报也，故欲知中国之新思想、中国民间之实情乃至革命党人之精神意气，不可不读《民报》也。"[①] 从《革命评论》刊登的"编辑日志"中还可以看到孙中山、黄兴、宋教仁、章太炎等同盟会领导人与《革命评论》社同人互相往来拜访、宴请欢聚的热烈情景。1906 年 12 月 2 日，《民报》社在东京锦辉馆举行创刊一周年庆祝大会，《革命评论》社全体成员都到会祝贺。会上黄兴请宫崎寅藏讲话，并介绍说"君赞助我国革命事业，备尝艰难险阻，百折犹不挠其志"，会场上"欢呼声如潮"。宫崎也当场慷慨陈词："仆牺牲此身以赞助支那革命，数十年来饮食梦寐歌思哭怀胥不忘此。"当时"听者慷慨泪下"，[②] 会上洋溢着中日两国人民之间的深厚情谊，场面极其热烈动人。《民报》和《革命评论》都对这次盛会作了详细报道。

《革命评论》鼓吹革命思想，激励革命意志，宣扬中国和俄国的革命事迹，因此深受中日两国革命志士和进步人士的欢迎和赞赏。在该刊"飞雁纷纷"专栏里，刊登了许多热情的来信，如日本著名社会主义者幸德秋水来信称读后"痛快无比"，石川三四郎赞颂该刊"雄姿飒爽"。《民报》《新世纪》《万朝报》等中日报刊也来函祝贺。一些同盟会员和留日学生写信或作诗表达其感情。宋教仁在来信中说："读了贵报第二号，革命主义的真理和革命运动的实况，得到充分发挥，慷慨淋漓，至极同感。《中国留学生的责任》一文最感痛快适切，吾人举双手表同情感谢之意。"[③] 另一封署名支那宋练氏的来信道："昨日承惠赐贵报一份，拜读之下，不禁无限热血奋起，三呼万岁。今而后东亚天地其为有云收雾散日暖风和之兆乎"。还有的读者赞扬"贵社所编评论，惊天地，泣鬼神，令人不忍释手"。在第六号的"革命风流"专栏中，刊登了同盟会员田桐、陈家鼎等人《读革命评论有感》的诗歌。陈家鼎共写了十二首诗，《革命评论》节录

---

① 民报广告，《革命评论》第一号，1906 年 9 月 5 日。

② 民意：《纪十二月二日本报纪元节庆祝大会事及演说辞》，《民报》第 10 号。

③ 《"飞雁纷纷"，〈支那宋教仁函〉》，《革命评论》第三号，1906 年 10 月 5 日。

了如下两首：

> 地狱沉沉是夜叉，阿谁苦口托词家。
> 昨宵梦见卢梭笔，生出枝枝革命花。
>
> 专制千年是亚东，平权从此唱欧风。
> 只教文章点点血，流作樱花一片红。①

《革命评论》对日本进步青年也有所激励。有一位名叫过润的日本青年在二十年后回忆当年拜访革命评论社和见到宫崎滔天时的情景说："从评论社出来时，我已变得颇为激动，怀里还揣着二十几部刚出版的《革命评论》第一期。" "确实，我那天真的青年人的热血，那时刚被点燃，如今回想起来，还不胜感动。"②

尽管《革命评论》只出了十期，1907 年 3 月，因资金和内部分歧以及日本政府打压等原因停刊，然而此后，宫崎寅藏等仍不遗余力地支持中国革命，因此，孙中山对宫崎滔天十分信任，1907 年 9 月 13 日亲自签发委任状，委任他"在日本全权办理筹资购械，接济革命军。所有与货主交涉条件，悉便宜行事"。③ 宫崎为同盟会的多次武装起义购买军火，不辞辛苦、贫困和危险。有一次，日本东京神乐坂警察署的署长设宴招待宫崎，企图收买他，要他提供中国革命者的情况，宫崎滔天义正词严地拒绝。孙中山闻讯以后特地写信向他表示感谢与敬佩，赞誉宫崎滔天是"血性男子，固穷不滥，廉节可风"。信中还说："足下为他人国事，坚贞自操，艰苦备尝如此，吾人自问，惭愧何如！弟以此事宣之同志，人人皆为感激奋励。"④

---

① 陈家鼎：《读〈革命评论〉有感》，《革命评论》第六号，1906 年 11 月 25 日。

② 过润：《忆宫崎滔天》，原载《自由评论》昭和二年十月号，引自近藤秀树编《宫崎滔天年谱稿》，见《辛亥革命丛刊》第 1 辑，第 142 页。

③ 孙中山：《给宫崎滔天的委任状》，1907 年 9 月 13 日，《孙中山全集》第 1 卷，中华书局 1961 年版，第 343 页。

④ 孙中山：《致宫崎寅藏函》，1909 年 3 月 2 日，《孙中山全集》第 1 卷，第 403 页。

1908 年 10 月，日本政府借违反《新闻纸条例》为名，禁止《民报》第二十四号发行，并以不申报发行所地址变更为由，起诉《民报》主编章炳麟。宫崎滔天闻讯后立即为之奔走声援，并请日本律师花井卓藏、后藤德太郎等人出庭辩护。他还亲自把法庭指责《民报》所刊的汤增壁《革命之心理》译成日文，供辩护律师参考。孙中山曾为宫崎滔天书赠横幅“推心置腹”，表达了与这位中国人民的真诚朋友的深情厚谊。笔者 1987 年访日期间，曾拜访了位于东京丰岛区西池袋的宫崎滔天的故居。承蒙滔天孙女宫崎蕗苳女士及其丈夫宫崎智雄教授的热情接待，得见孙中山书赠宫崎滔天的横幅、题字与委任状原件，以及宫崎与孙中山和其他中国革命党人之间的大批书信、笔谈手迹、照片等珍贵文物，深受感动。《革命评论》与同盟会的关系是日本友好人士宣传和支持中国革命的生动事例，宫崎滔天等日本朋友与中国革命者之间的战斗友谊，将永远铭记在中日两国人民的心中。

第　四　编

以人为镜：
从梁启超到鹿地亘

梁启超对中日文化交流的贡献*

翻开近代中日文化交流的历史，从黄遵宪、王韬到鲁迅、郭沫若，名家荟萃，星光灿烂，而梁启超也是其中一颗耀眼的明星。梁启超是中国近代著名的政治家、思想家和学者，被后人誉为维新领袖、启蒙先驱、舆论骄子、文化巨人、学术大师。对于他的生平和思想，中外学者已有不少研究论著，出版了好多种传记，日本京都大学人文科学研究所的梁启超研究班，经过4年的共同研究，也发表了出色的研究成果。①然而，对于梁启超在近代中日文化交流史上的地位和贡献，似乎尚很少有人作过系统的论述。本文试图从以下十个方面加以梳理和概述。

由于篇幅关系，每个方面的论述和史料不能展开，如果对梁启超流亡日本的经过和在日本活动的具体细节感兴趣，可参看拙著《近代中日文化交流史》（中华书局1992年初版，2000年再版）。

一　戊戌维新期间，大力鼓吹仿效日本变法和翻译日文书籍，倡导中日文化交流

梁启超在宣传维新变法时，常常号召仿效日本“明治维新，改弦

* 原载于《亚太研究论丛》第二辑，北京大学出版社2005年版。

① 关于梁启超的传记，如孟祥才：《梁启超传》，李喜所、元青：《梁启超传》，耿云志、崔志海：《梁启超》，沈大德、吴廷嘉：《梁启超评传》，董方奎：《旷世奇才梁启超》等。日本京都大学梁启超研究班的成果见狭间直树编：《共同研究、梁启超、西洋近代思想受容与明治日本》，みすず书店，1999年。中译本《梁启超·明治日本·西方》，社会科学文献出版社2001年版。

更张”，“因变致强”①。他认为中国只要“取之至近之日本，察其变法之条理先后，则吾之治效，可三年而成，尤为捷疾也”②。也竭力鼓吹通过效法日本，学习西方，借鉴日本模式，作为中国变法图强的捷径。

梁启超特别强调翻译日文书籍的重要性，认为译书是变法的“本原之本原也”③，“今不速译书，则所谓变法者，尽成空言”④。他指出凡西人有用之书，日本都有译本，“故其变法灼见本原，一发即中，遂成雄国”⑤。所以，他大力提倡译日文书以“事半功倍”，甚至把译书比喻为“泰西为牛，日本为农夫，而吾坐而食之”⑥。

梁启超还身体力行，1897 年秋冬间，在上海创办大同译书局。他拟定宗旨为“以东文（即日文）为主，而辅以西文。以政学为先，而次以艺学”。“首译各国变法之事及将变未变之际一切情形之书，以备今日取法。”⑦ 该局虽然只维持了一年，但已出版康有为《日本书目志》《孔子改制考》《新学伪经考》等重要著作，并翻译出版《瑞士变政记》《意大利侠士传》《俄土战纪》等书，在维新运动中发挥了重要作用。梁启超在《读〈日本书目志〉书后》一文中，期望中国人读了日文译书后产生这样的效果：农民、工人读农学、工学之书而精农艺、制造；商人读商业学之书而促贸易；士人读哲学、社会学诸书“深思而研精”；官员“读政治、宪法、行政学之书”而改良政治，“君后读明治之维新书”而厉行新政。⑧

1898 年 7 月 3 日，光绪皇帝召见梁启超，命以六品衔办理译书局事务。梁启超很快拟出译书局章程 10 条，并建议设立编译学堂，还

① 梁启超《论不变法之害》，见《饮冰室文集之一》，第 3、6 页。载《饮冰室合集》，中华书局 1989 年版。

② 梁启超：《读〈日本书目志〉书后》，《饮冰室文集之二》，第 53 页。

③ 梁启超：《论译书》，载《饮冰室文集之一》，第 66 页。

④ 梁启超：《大同译书局叙例》，载《饮冰室文集之二》，第 57 页。

⑤ 梁启超：《论译书》，载《饮冰室文集之一》，第 67 页。

⑥ 梁启超：《读〈日本书目志〉书后》，《饮冰室文集之二》，第 54 页。

⑦ 梁启超：《大同译书局叙例》，载《饮冰室文集之二》，第 58 页。

⑧ 梁启超：《读〈日本书目志〉书后》，《饮冰室文集之二》，第 55 页。

准备为京师大学堂编译教科书，可惜不久就发生了政变，戊戌变法以失败告终。

二　变法失败流亡日本途中，吟诗《去国行》，立志以日本维新志士为榜样，并开始阅读和翻译日本小说

1898 年 9 月 21 日，慈禧太后发动政变，首先下令通缉维新派首领康有为、梁启超。梁启超逃到日本公使馆避难，在使馆人员掩护下，化装逃到天津，再乘小船到塘沽。清政府派汽艇追赶，他途中转乘日本军舰大岛号，才脱险赴日。

梁启超在流亡日本途中，感慨万千，提笔写了长诗《去国行》以表心迹。诗中借鉴日本明治维新的历史，以幕末维新志士的事迹来激励自己，决心以日本志士为榜样，献身变法事业。“男儿三十无奇功，誓把区区七尺还天公，不幸则为僧月照（幕府追捕时投海而死），幸则为南洲（西乡隆盛），不然高山（高山正之）、蒲生（蒲生君平）、象山（佐久间象山）、松阴（吉田松阴）之间占一席，守此松筠涉严冬，坐待春回终当有东风。”[①] 该诗慷慨激昂，气势磅礴，抒发了梁启超强烈的爱国情怀和救国抱负。

在赴日途中大岛号舰长为了给他遣闷，送他一部柴四郎写的政治小说《佳人奇遇》。梁启超很快被这部小说吸引，并边看边试着翻译，后来译文在《清议报》连载，成为中国翻译日本政治小说的肇始。

梁启超于 1898 年 10 月 16 日抵日本吴港，20 日到达东京。他给自己起了个日本名字叫吉田晋，表示仰慕日本维新志士吉田松阴和高杉晋作之意。其女儿梁思顺入小学时则起名为吉田静子。

---

① 梁启超：《去国行》，载《饮冰室文集之四十五（下）》，第 2 页。

三　抵日本不久，创办神户同文学校和东京高等大同学校，聘请中日两国教师，培养中国留日学生和华侨子弟

梁启超一贯重视教育，曾在湖南时务学堂任主讲，培养了不少维新人才。日本华侨1897年创办横滨大同学校时，曾特邀他去主持，但他因忙于主编《时务报》离不开。梁启超抵达日本不久，1899年5月便在神户创办同文学校，招收华侨子弟100多人。聘请日本政治家犬养毅为名誉校长，并聘用中日两国教师。1899年9月，又在东京创办高等大同学校，目的是为留学日本的中国有志青年和华侨子弟提供一个深造的场所，尤其是为继续进行维新事业培养人才。梁启超自任校长，日本人柏原文太郎为总干事。校内除中国教师外，还聘请了6名日本教师，教授世界文明史、政治史、日本语等课程。一些过去湖南时务学堂的弟子也追随梁启超来到日本，继续求学。其中有后来参与自立军起义或辛亥革命和反袁斗争的风云人物，如秦力山、林圭、唐才常、蔡锷等人。还有原横滨大同学校学生冯自由、郑贯一等人。学校注重教授西洋和日本文化之精华，弥漫自由革命空气。据冯自由回忆，该校“所取教材多采用英法名儒之自由、平等、天赋人权诸学说。诸生由是高谈革命，各以卢骚、福禄特尔、丹顿、罗伯斯比尔、华盛顿相期许”①。

四　流亡日本十余年间，大量阅读日本书刊，提倡国人学习日文，推广日文速成学习法、吸收日语文体词汇，推动中日文化交流

梁启超自1898年出逃日本到1912年回国，在海外流亡14年期

① 冯自由：《革命逸史》初集，中华书局1981年版，第73页。

间，除短期访问美国、加拿大、东南亚、澳大利亚外，绝大部分时间都在日本。他广泛阅读日文书报，如饥似渴地吸收日本新思想、新文化。正如他自己所说“自居东以来，广搜日本书而读之，若行山阴道上应接不暇。脑质为之改易，思想言论与前者若出两人。每日阅日本报纸，于日本政界学界之事，相习相忘几于如己国然”①。

因此，梁启超向国人大力提倡学习日文。他写了《论学日本文之益》，以亲身感受现身说法。“既旅日本数月，肆日本之文，读日本之书”，见昔所未见之籍、未穷之理，“如幽室见日、枯腹得酒，沾沾自喜，而不敢自私，乃大声疾呼以告同志曰，我国人之有志新学者，盖亦学日本文哉。日本自维新三十年来，广求智识于寰宇，其所译所著有用之书不下数千种”。“今者余日汲汲将译之以饷我同人，然待译而读之缓而少，不若学文而读之速而多也，此余所以普劝我国人之学日本文也。”② 1899 年 2 月，梁启超在给妻子的一封家信中也谈到读日本书的目的是将来中国变法改革之用。他写道：“我等读日本书所得之益极多极多，他日中国万不能不变法，今日正当多读些书，以待用也。”③

梁启超把学日文看得太容易。他说，“学英文者经五六年而始成”，“而学日本文者，数日而小成，数月而大成，日本之学已尽为我有矣！天下之事，孰有快于此者?”④ 为了使中国人更快学会日文，他还推广日文速成学习法。1899 年初，他与在早稻田大学学习的罗孝高一起赴箱根，住在塔之泽环翠楼读书。梁启超便向罗孝高请教日语语法，两人还合编了《和文汉读法》一书，对比中日两国语法，找出共同点与不同点，然后“订有若干通例，使初习日文径以中国文法颠倒读之，十可通其八九”。这种简便的方法“虽未美备，然学者得此，亦可粗读日本书，其收效颇大”⑤。该书出版后甚为畅销，

① 梁启超：《夏威夷游记》，载《饮冰室专集之二十二》，第 186 页。
② 梁启超：《论学日本文之益》，载《饮冰室文集之四》，第 80—81 页。
③ 梁启超：《与蕙仙书》，见《梁启超年谱长编》，上海人民出版社 1983 年版，第 177 页。
④ 梁启超：《论学日本文之益》，载《饮冰室文集之四》，第 81 页。
⑤ 罗孝高：《任公轶事》，见《梁启超年谱长编》，第 175 页。

以致多次再版。实际上，梁启超与清末民初的不少中国知识分子和一部分中国留日学生，正是以这种方法粗读甚至翻译了大量日文书籍。这促进了中日文化交流，但是同时也带来了有时曲解或误解日文书原意的弊病。

梁启超还受到日本作家如德富苏峰等的影响，并吸收日文文体文风及日语中的新汉字词汇，适应时代的需求，创造了一种通俗流畅、热情奔放的新文体，人称“启超体”，很受中国青年知识分子的欢迎。

五　在日本办《清议报》《新民丛报》等报刊，广泛传播日本新思想、新文化，对当时中国知识分子产生了巨大的影响

1898 年 12 月，梁启超刚到日本不久，就创办了《清议报》，其宗旨除激发中国国民之正气，增加学识以外，还有交流中日文化，“联其情谊”，及“发明东亚学术以保存亚粹”。报上辟有专栏刊登《日本及泰西人论说》与《万国近事》[①] 等。梁启超亲自在报上撰文 100 篇以上，包括《论学日本文之益》和介绍日本各学科基础入门书籍的《东籍月旦》等。《清议报》为旬刊，每期在中、日发行三四千份，共出了 100 期。又编成分类汇编的《清议报全编》，其中包括介绍日文书籍言论的“新书译丛”“外论汇译”“群报撷华”等。

1902 年 2 月，梁启超在《清议报》停刊后又创办了影响更大的《新民丛报》，为半月刊，到 1907 年 11 月共出 96 号。每期发行量达 1 万多份，行销中日以至欧美。《新民丛报》前期大力鼓吹思想启蒙，梁启超除了发表《新民说》等重要文章外，还撰文广泛介绍西方和日本的各种哲学、政治、社会科学、自然科学学说，传播在日本获得的新知识、新思想。梁启超的文章观点新颖，内容丰富，语言生动，笔端常带感情，对当时中国知识分子产生了巨大影响。正如郭沫若所

① 梁启超：《清议报叙例》，载《饮冰室文集之三》，第 30—31 页。

说，当时中国知识青年，“可以说没有一个没有受过他的思想或文字的洗礼的”①。

六　以日译西书为桥梁媒介，介绍西方政治、思想文化、学术，体现了近代中日文化交流的一大特色

近代中日文化交流的重要特点之一，就是充当了传播西方文化的媒介。许多中国知识分子通过阅读翻译日译西书来了解和吸收西方文化，梁启超就是其中杰出的代表。他不懂英文，不能直接阅读西方原著，因此他接收西方文化的主要途径就是通过日本人翻译的西书和严复及传教士汉译的西书，经过自己消化吸收后再撰文加以介绍、传播。故而，在他对西方思想文化的理解和介绍中，不免常常带有日本思想家诠释的痕迹。

梁启超在《清议报》上开辟了“政治学案”一栏，先后刊载了《霍布士学案》《斯片挪莎学案》《卢梭学案》等文，较系统地介绍了他们的哲学、政治、社会学说。其中，很多资料是参考了日本学者中江兆民的《理学沿革史》一书。在《新民丛报》上，梁启超更广泛地介绍西方新思想、新文化，涉及哲学、政治、经济、法律、教育、历史、地理、文学及自然科学等各个领域，论及西方学者及其思想从古代希腊罗马到近代欧美，至少百人。其中如苏格拉底、柏拉图、亚里士多德、培根、笛卡儿、康德的哲学以及达尔文和颉德的进化论，约翰·穆勒的自由论，孟德斯鸠的法理，卢梭的民约论，亚当·斯密和李嘉图的经济学说，圣西门与傅立叶的空想社会主义，直至马克思学说。他在一篇文章中把马克思译为麦喀士，并称他为“社会主义之泰斗也”②，这大概是中国人最早提及马克思和社会主义的文章之一。

---

① 郭沫若：《少年时代》，人民文学出版社 1979 年版，第 112 页。

② 梁启超：《进化论革命者颉德之学说》，载《饮冰室文集之十二》，第 79 页。

七 翻译日本政治小说，创办《新小说报》，发起“小说界革命”

梁启超在《清议报》第一期上发表了《译印政治小说序》，竭力鼓吹翻译日本与西方的政治小说，用以传播自己的政治主张。他认为“小说为国民之魂”，“彼美英德法奥意日本各国政界之日进，则政治小说为功最高焉”①。1898年12月至1900年2月，《清议报》连载了梁启超在赴日途中开始翻译的柴四郎的政治小说《佳人奇遇》。接着，又连载了周逵翻译的矢野文雄的政治小说《经国美谈》。在他的带动下，留日学生们纷纷翻译日本及西方的政治小说。

1902年，梁启超还在日本创办了中国第一份专门刊登小说的杂志《新小说》月刊。他特别强调小说在启迪民智中的特殊作用。“欲新一国之民，不可不先新一国之小说”，欲新道德、宗教、政治、风俗、学艺、人心、人格，也必新小说，因为“小说有不可思议之力支配人道故”。“故今日欲改良群治必自小说界革命始”。② 因此，梁启超大力提倡“小说界革命”，《新小说》月刊发表了他创作的政治小说《新中国未来记》、吴趼人的谴责小说《二十年目睹之怪现状》、岭南羽衣女士的历史小说《东欧女豪杰》和顾琐的社会小说《黄绣球》等有影响的作品。

八 介绍日本历史和人物，接受日本文明史观的影响，提倡“新史学”

梁启超很重视史学，认为史学是“国民之明镜也，爱国心之源泉也”③。早在戊戌维新时期，他就常用日本幕末维新的历史和维新志

---

① 梁启超：《译印政治小说序》，载《饮冰室文集之三》，第35页。

② 梁启超：《论小说与群治之关系》，载《饮冰室文集之十》，第6、10页。

③ 梁启超：《新史学》，载《饮冰室文集之九》，第1页。

士的事迹来宣传变法、发动群众。他曾写《记东侠》一文，介绍了日本幕末维新志士僧月性、僧月照、西乡隆盛、浦野望东、驹井跻庵等人的事迹，指出日本倒幕维新“其始乃不过起于数藩士之论议，一夫倡，百夫和”[①]。

赴日后，梁启超读了许多日本历史书，在《东藉月旦》一文中，他详细介绍了日本学者关于世界史、东洋史和日本史的重要著作，并加以评论。他还表示要参考日本学者浮田之上古史、坪内之中古史、松平之近世史、酒井之今世外交史等书，撰写一部世界通史。

梁启超在日本受到福泽谕吉、田口卯吉等人的文明史观的影响，提倡新史学。他赞扬福泽谕吉“专以输入泰西文明思想为主义，日本人之知有西学，自福泽始也”[②]。并认为田口卯吉的《日本开化小史》，“议论常多独到处”。他在《新史学》一文中批判中国旧史学“知有朝廷不知有国家”，史书成为帝王之家谱。与福泽谕吉在《文明论概略》中批判日本旧史学“大都不外乎说明王室的世系”等观点，有许多相似之处。

九　通过交往、笔谈、诗文、通信等方式，与日本各界人士直接进行文化教育交流活动，建立友谊

梁启超抵日后，即与许多日本人密切交往，据他自己说，当时“与日本人订交，形神俱亲谊等骨肉者数人，其余隶友籍者数十”[③]。与他交往较深的有古城贞吉、陆实等人。初到东京时与犬养毅、高田早苗、柏原文太郎、中西正树等也常有来往，他们还为他讲解日本文法。另外，还通过平山周、宫崎寅藏等人与孙中山、陈少白等革命派来往。在日本外交史料馆收藏的外务省档案中，有不少日本警察和地

① 梁启超：《记东侠》，载《饮冰室文集之二》，第29页。
② 梁启超：《论学术之势力左右世界》，载《饮冰室文集之六》，第115—116页。
③ 梁启超：《汗漫录》，《清议报》第35册，1900年2月。

方官监视梁启超及其与日本人交往的报告。

1898 年 10 月 26 日，梁启超曾与日本外务大臣大隈重信的代表志贺重昂进行了一次长时间的笔谈。志贺重昂是日本著名的地理学家、汉文学家，有《日本风景论》等名作，当时任外务省参事官。两人笔谈互表仰慕之情，并畅谈中国形势。① 梁启超还曾给伊藤博文、大隈重信等人写过信。

从梁启超收入《饮冰室合集》的诗篇中，也可看到他与日本人士的友情，如写过《羯南湖村，招饮上野莺亭作诗为令》《雷庵行赠湖村小隐》《游日本京都岛津制作所，赠所主岛津源藏》等赠日本友人的诗篇。

十 受日本国粹主义思潮影响，提倡国学研究，并开展中日学术交流

最后要提到的是梁启超在流亡日本期间还受到日本国粹主义思潮的影响，开始提倡国学研究。1902 年，他在给黄遵宪的信中就提出想办一份《国学报》，目的是“养成国民，当以保国粹为主义”。这是近代中国最早提出国学概念的人之一。当时与他交往密切的日本学者如陆实、古城贞吉、志贺重昂，都是反对欧化主张国粹的。陆实曾对梁启超批评日本当局欧化主义，指出国家独立自重则应以国粹为本。日本的国粹主义者在鼓吹保存日本传统学术文化时，不称汉学而称国学。梁启超受此启发，也主张提倡国学，保存中国国粹，但受到黄遵宪的批评，指出中日国情不同，中国先要“大开门户、容纳新学”，待数年后新学盛行，再倡国学不晚。②

流亡日本期间，梁启超曾与日本学者开展学术交流，如 1899 年 5 月出席日本哲学会春季例会并作演讲。在会上与日本著名学者加藤弘

① 《梁启超与志贺重昂笔谈记录》，《日本外交文书》第 31 卷，第 1 册。

② 光绪二十八年八月，黄公度《致饮冰室主人书》，见《梁启超年谱长编》，第 292 页。

之、汉学家重野安绎、佛学家井上圆了、史学家三宅米吉等见面交谈。

梁启超晚年大力鼓吹保存和复兴东方传统文化艺术，致力于国学研究，同时也主张中西文化的融合交流。曾接待过来华访问的田中莘一郎、今关春磨、桥川时雄等日本学者。据说梁启超晚年私人藏书中有日文书籍 300 余部，但其中关于佛学的书占了 1/3，他的佛学思想也受到日本井上圆了等佛学家著作的影响。

梁启超一生著作等身，贡献卓著，但难免仍要受到时代环境及个人学识、精力等的局限。如他的思想波动多变，以政治带动学术，学问广博而不够专深，翻译粗糙而不够精细，著述引文不加注解出处，本人创新与前人成果混淆，凭记忆著述多有疏误等，因此也遭到不少批评，包括受到一些日本学者的非议。尽管如此，梁启超在近代中日文化交流史上的地位贡献和影响，无论如何也是不能低估的。

吴汝纶对日本教育的考察*

20 世纪初，清政府为形势所迫，不得不实行废科举、兴学校、派留学、改官制、练新军以至预备立宪等一系列新政措施。为此亟须借鉴日本的经验，因而不少中国官员、学者与各界人士竞相东渡，赴日本取经。其中有的是由政府大吏派遣考察，有的则是个人自费游历访问。他们考察的内容很广泛，从宪政、军事、工业、农业、教育，到警察、监狱、卫生等各个方面。尽管他们考察的时间有长有短，收获有大有小，认识有深有浅，然而很多人都写了考察报告或游记，留下了中日文化交流的记录，并对清末的新政改革和中国的近代化建设起了一定的推动作用。笔者曾浏览了几十部东游日记及考察记，将另作专书研究。本文着重介绍 20 世纪初中国人对日本教育的考察，特别以京师大学堂（北京大学的前身）总教习吴汝纶的访日为中心。

一

早在中日甲午战争之后，中国爱国知识分子就大声疾呼教育救国。康有为指出："近者日本胜我，亦非其将相兵士能胜我也，其国遍设各学，才艺足用，实能胜我也。"并主张"请远法德国，近采日

---

* 原载于王晓秋《近代中日文化交流史人物研究》，昆仑出版社 2015 年版。

本，以定学制”①。严复也反复强调必须向西方和日本学习，废科举，兴学校，育人才，“救亡之道在此自强之谋亦在此”②。

1899年，湖北自强学堂监督姚锡光奉湖广总督张之洞之命，到日本专门考察教育2个月，参观了各类学校，归国后出版了《日本各学校章程》（1898年夏浙江书局刊本），后增订为《东瀛学校举概》（1899年京师刊本）。书中介绍了日本教育的概况，建议首先仿行日本中小学之法，“循之有途，举之甚易，苟能变通，不待十年必焕然易观，是又贵速为振作者也”③。

同年，江西经济学堂教习朱绶自费赴日考察教育。他“向闻东校私建为多，意欲选其规则，劝设学堂，使吾乡人获造就成材，备国家疆圉之需”④。他的《东游纪程》一书中还附有日本学校的系统图。

1901年，湖北农务局总办罗振玉由两江总督刘坤一与湖广总督张之洞奏派赴日本考察教育。罗振玉，字叔言，浙江上虞人，曾创办《农学报》、上海东文学社和《教育世界》杂志，后来又研究甲骨文、青铜器，是清末一位颇有名气的学者。《扶桑两月记》就是他在日本游历考察的记录。罗振玉在书中认为日本强盛的关键，“首在便交通，继在兴工业，三在改军制”。“军政修明又加之以兴教育，国力乃日臻强盛，此固我国先路之导也。”他参观了各类学校，从幼稚园、小学、中学、师范一直到大学，购买了日本的各种教科书、理科实验设备和生物标本。罗振玉还会见了嘉纳治五郎等日本教育家，询问日本教育方法和经验。他称嘉纳治五郎“为日本教育家之山斗，近担任中国留学生事务，于东方教育极留意，可敬也”。罗振玉还详细收集了有关日本教育制度的各种章程和反映教育发展的各种统计数字。他根据日本文部省的报告，指出明治三十二年（1899年），日本全国学校比上年增加206所，学生增加26万多人，惊叹：“一年之内，其进步

① 《康有为政论集》（上册），中华书局1981年版，第306页。

② 严复：《救亡决论》，《严复集》第一册，中华书局1986年版，第50页。

③ 姚锡光：《东瀛学校举概》，1899年京师刊本，第13页。

④ 朱绶：《东游纪程》，鸿宝堂刊，1899年。

之速如此！”而学龄儿童入学比例，在日本岛根地方已达85%以上，福冈地方也达80%以上，不由赞叹：“其教育之进步，洵可惊矣！”他还认为日本明治初年派大臣视察欧美，遣亲王留学欧洲，“此举极得教育枢要”。

罗振玉还指出日本之所以迅速富强，主要是善于学习各国先进经验和科学技术，并加以革新发展，以致后来居上，青出于蓝而胜于蓝。他举印刷技术为例，活字印刷最早是中国人发明，后来才传到日本。日本最初的铅字印刷机器也是从上海采购来的西洋机器。可是，今天日本的印刷技术，不但“精出中国之上矣”，而且“几不让欧美矣”！因此，他批判那种因循守旧不愿向外国学习的保守思想，“冰寒青胜，前事可师，我邦人其勉旃勿耻学步也”①。

1901年奉命赴日本考察教育的还有湖北候补道李宗棠，他在访日期间，通过发信征求等方式，精心收集了日本各类学校的章程规则136种。1901年出版了《考察日本学校记》共16册，收录了东京帝国大学、学习院、庆应义塾、高等师范学校、陆军士官学校、东京专门学校、华族女学校等136所日本学校的章程、规则、科目、学生人数统计等资料。李宗棠在该书序言中认为日本之富强，“有本有原，学校是也。学校者人化材所从出，而国家所恃以为竞胜之具也”②。李宗棠自1901年至1908年奉命考察学务和警务、矿务等曾先后9次赴日而且每次都写了游历考察日记，后来合编为《东游纪念》6册。

二

对日本教育进行更加全面深入考察研究并对清末中国教育改革产生重大影响的，是1902年京师大学堂总教习吴汝纶的日本之行及其所著的《东游丛录》。吴汝纶，字挚甫，安徽桐城人，生于1840年，

---

① 罗振玉：《扶桑两月记》，教育世界社，1902年。

② 李宗棠：《考察日本学校记》自序，1902年。

自幼刻苦读书，才华横溢。1865年中进士，为曾国藩的门生、幕僚，后又任李鸿章之幕僚，曾、李不少奏疏出自其手。曾任深州知州和冀州知州，主讲保定莲池书院。1901年，吏部尚书张百熙任管学大臣，奏荐吴汝纶为京师大学堂总教习，说他“学问纯粹，时事洞明，淹贯古今，详悉中外，足当大学堂总教习之任”①。吴汝纶推辞不掉，便要求先赴日本考察教育，“一求要领”。

1902年5月15日，吴汝纶从日本长崎港登岸，立即开始考察工作，奔赴长崎高等中学校医学堂，认真参观教室、图书馆、实验室和解剖标本室、病理解剖室。以后几乎天天参观访问，有时甚至一天马不停蹄地考察两三所学校。他不顾自己年老体弱，路途劳累，一丝不苟地亲自详细询问各校的章程、教学、教材，以至教室的建筑、图书、仪器设备等。有时陪同人员劝他休息，他也不肯，并说：“我为了国家来到这里，殚精竭虑，正在此时，不可不敦促自己！”在访日的4个多月内，吴汝纶先后实地考察了三四十所学校，从幼稚园、小学、中学、高等学校（高中）、师范学校、职业学校、音乐学校、美术学校、女子学校、华族学校、聋哑学校、士官学校、私立大学，一直到东京和京都的帝国大学。他多次到日本文部省听取官员介绍日本教育制度、学校沿革和管理，并收集大量文件、资料和图表。他还广泛会见日本教育家与社会各界人士，深入探讨日本教育改革的经验教训，为中国教育的发展提供借鉴。其认真、负责、勤奋的精神，令人钦佩。因此，在吴汝纶9月29日离日之际，日本的《朝日新闻》发表文章称赞，“中国来游官吏学生至多，如吴先生之豪俊者，殆绝无有”②。

吴汝纶对日本的各类学校作了生动的介绍，同时联系中国的状况，加以比较分析。如他参观神户幼稚园，看到教师教幼儿唱歌跳舞，做游戏手工，感到此情此景令人羡慕，认为“吾国若仿行此，当不甚难”③，主要的问题是缺乏幼儿教师。参观东京富士见小学校时，

① 张百熙：《举大学堂总教习折》，北京大学档案室藏件。

② 吴汝纶：《东游日报译编》，三省堂，1902年。

③ 吴汝纶：《东游丛录》，三省堂，1902年。

见到该校“房屋甚狭隘”，却又听说许多著名人士都毕业于这个学校，他认为应归功于“教法善也”。访问京都聋哑盲人学校，见“其哑可医者，已能作中国语”，感慨“吾辈不能作日本语者，不知谁哑谁不哑”？当聋哑学生作画、盲人学生作诗相赠时，他更赞叹不已：“此等教育可以弥补天地之所憾矣！”吴汝纶参观日本著名女教育家下田歌子创办的华族女子学校，听到女学生演奏古筝，不禁深表惊讶。筝这种中国古代乐器，现在连中国也很少有人会弹了，不料“日本乃习之于女学校”，“吾甚愧赧”！而且这些筝曲的歌词都是下田歌子自己创作的，更是“尤难之难者也”！在京都帝国大学，吴汝纶参观了校舍后，特地请求校长木下广次博士把京都大学的校舍作一个木制模型寄到北京以作借鉴，“工料价格照付”。木下校长说：“不须付价，作为西京大学奉赠北京大学之物可也。”在东京帝国大学，他听取了山川健次郎校长的介绍，参观了法科、工科、理科，还出席了学生的毕业典礼。他特地访问了嘉纳治五郎专门为中国留学生开办的弘文书院，对“中国留学诸生各以数语勉励之”。

吴汝纶会见了不少日本教育家，虚心请教日本教育改革与发展的经验，得到不少启发。他有时还与日本学者相互笔谈或来往书信，探讨共同关心的教育问题。6 月 30 日，日本教育家古城贞吉在静养轩宴请吴汝纶，在座的还有 8 位日本文人学者。吴汝纶在席间“请各以一言相赠”。古城贞吉曰：“劝勿废经史百家之学。欧西诸国学堂必以国学为中坚。”阪上忠之介认为“不必关怀教本与教育方略之良否，但先使子弟勉学，取范日本三十年前即可”。坂本嘉治马建议“打破旧弊”。岸田吟香也鼓吹“扫除锢蔽”。小村弘贞指出：“教育之要陶冶品性。”小林俊三郎则认为：“变法必先变俗，变法属政事，变俗关教学。”这些话对吴汝纶均有一定启示。7 月 23 日与高岛张辅交谈时，高岛说：“中国之教育有益于心，西国教育有益于身，不可舍己从人，当取长补短。”吴汝纶问西国所长是什么？“我当取者皆何事？”高岛言五事：一医，二兵，三理化，四矿学，五机械学。吴汝纶认为“吾国士夫知学此五者，可以自立矣”。

8 月 2 日，吴汝纶拜访前文部大臣滨尾新，“谈教育甚久，多切要语”。滨尾指出：“处万国交通时，非一国之学所能独立，必兼各国之长，与之角胜，乃能与列强并立于世界。”他追述日本维新前对外交涉，“屡战屡败，自知不敌欧美，人人欲取彼长以益己短。又见内国权利，尽为外人侵夺，不讲西学不能收回”，故大力习西学。他认为中国今日之情形与“吾日本三十年前之境遇仿佛”，建议“先宜设立医科、工科，二者皆实业，有速效，足使国人信向”。滨尾还提醒中国在聘请外国教师时应吸取日本的教训，如明治初年“医学用德国之书，而教师为法国人，又以英语讲授，自迂其途，中国宜改此弊”。他还认为“今改西学，其旧有之善者，自可留而不改。至普通国民教育，不可置而后图，欲与列强争长，但有专门学无益也”。最后滨尾还劝告吴汝纶应从中国实际出发，不要照搬日本的制度。他说：“阁下来敝邦视察教育制度，甚善。但归国后，不可依敝国之制度而行。宜自出心裁，求一对峙各国之法，以为制度，察天下之变迁，而随时增改，否则无益也。”

吴汝纶曾应邀访问日本帝国教育会，感叹教育会“为日本最大之会，足以见其兴学之盛也”。帝国教育会会长迁新次也对他强调国家之兴亡强弱，系乎国民教育之盛衰，日本朝野上下“亦莫不以此为急务”。从中国今日之情势，“非急兴国民教育，尤不足以抗列国”。

访日期间，吴汝纶曾多次与日本学者讨论东西文化与古今文化关系问题。当他询问日本教育之精神时，井上哲次郎回答：“敝邦教育以融合调和东西洋之思想为目的。”并认为教育精神“在知实现理想之重要”，“宜取东西文明之粹，打为一块，以立理想”。当前要提倡“崇人格之观念”，“重个人之权利”和“自由平等之精神”。吴汝纶还问他如何处理古今文化，“逐新仍兼尚古乎？抑去古就新乎？”井上答道：“去古就新之意也，然非慢古又非弃古，驾古而上，故不畏古也。”他主张“打破从来尚古之风，而取东西文明之粹，打为一治，以立理想，则国家经营之方针，始可成耳”。在研经会笔谈时，吴汝纶也问：“贵国前辈似皆以汉学为根柢，后进之士则唾弃汉学，一奉西文，究竟人才后进与前辈风气孰胜？”日本学者答道：“吾国前之奉西学者，以汉文为根柢，加之以西学，是以多有为之士。”他们主张“东洋道德，西洋工技，合之始成，贤者当合并东西，陶熔一冶”。这是明治时期日本不少学者对东西文化关系的基本观点。

对于中国如何发展教育，日本各界人士也向吴汝纶提了不少建议和意见。文部大臣菊池认为“中国兴学方针当注意国民教育”，“医科工科最宜先讲”，“法科亦要，国无法，学不能治也”。司法大臣清浦奎吾则建议多派学生出国留学。大隈重信指出中国的“经史诗文之学，止宜用之大学专门，不宜用之普遍”。日户胜郎来信主张“下手之第一着莫急于先起师范学校，养成教员者是教育上最先最大之急务也”。山阳女子学校校长望月兴三郎来信还鼓吹“国家百年之大计在女子教育”。日本体育会体操学校松井次郎兵卫宣扬“养国力则在养元气，养元气之法，则莫善于劝课体操矣”。东京《朝日新闻》刊登文章主张尽快废除科举制度，“吾以为北京大学固官学之制，当先为官吏之养成所，以其卒业生，代科举出身之进士，科举制度可以全废”。这些意见从不同侧面指出了中国兴办新教育应该重视的问题，吴汝纶都一一记录下来，以备参考。

吴汝纶把这次赴日本考察教育的收获汇编为《东游丛录》一书，在 1902 年 9 月考察结束之时就交付东京三省堂刊行。《东游丛录》全书共 4 卷，第一卷文部听讲，是他亲自到文部省听取官员介绍日本教育情况，共 18 次听讲的记录（日本文部省官员讲课时，由留日学生章宗祥、吴振麟等当场口译，吴汝纶亲自记录）。第二卷摘抄日记，是其 1902 年 5 月 15 日至 9 月 6 日访问日本期间日记的摘录。第三卷为学校图表，包括东京大学员数度支表、东京高等商业学校日课表等 19 份图表。第四卷函札笔谈，是他与日本各界人士会面座谈笔谈记录和来往信件共 28 篇。该书全面详细地介绍了日本的教育制度、教育思想和发展教育的具体方法措施，为中国借鉴日本建立新学制、发展近代教育，提供了翔实、丰富、具体的资料。连日本《朝日新闻》

也赞扬这部书“于吾学制次第集录极佳，在吾国人亦极有用”[1]。吴汝纶一回国就把《东游丛录》一书交给管学大臣张伯熙，“以备采择”，为1904年1月由张之洞、张百熙、荣庆制定《奏定学堂章程》提供了重要依据。《奏定学堂章程》所规定的中国学制（史称“癸卯学制”）基本上就是模仿日本近代学制订立的。

吴汝纶精心考察日本教育，目的是回国推动中国教育改革并整顿京师大学堂。他认为教育改革一定会遭到旧势力的反对和阻挠，因此曾多次询问日本人士如何处理新旧之间的冲突。日本贵族院议员伊泽修二答道：新旧冲突难免，“维新者定大志，结大力，披艰排险，百折不回，任旧者之如何抵抗，曾不顾之”[2]。这番话对他是很大的鼓舞。可是正当他胸怀大志，准备回国干一番事业时，旧势力已向他发动攻击，流言蜚语四起。甚至有某御史向朝廷劾奏吴汝纶，说他东游以来，意气扬扬，在宴会席上必赞同自由之说，接来客常谈民权之主义，彼若久在日本，归来必唱邪说难测，不如急召还云云。慈禧太后还特地为此召荣禄询问。吴汝纶遭到诽谤，归国后尚未到京师大学堂述职，先乞假回乡省墓，在家乡创办了桐城中学。不料不久即一病不起，于1903年初溘然辞世，竟未能实践其访日所得酬其壮志，中日两国人士无不为之惋惜。然而，吴汝纶对发展中国近代教育事业和中日文化交流所做的贡献，必将永彪史册。

---

① 吴汝纶：《东游日报译编》，三省堂，1902年。

② 吴汝纶：《东游丛录》，三省堂，1902年。

张謇对日本的认识和考察*

张謇（1853—1926），字季直，江苏海门人，是中国近代著名的实业家、教育家、政治家，也是中国早期现代化的一位先驱者、开拓者。1894 年（光绪二十年）他曾考中状元，但看到国事日非，官场腐败，因此不愿以此求官，而另走一条兴办实业和教育的道路。1899 年（光绪二十五年），他在南通创办了中国近代最早的民间股份制企业大生纱厂，1900 年又创办了中国第一家近代农垦企业通海垦牧公司，1902 年还创办了国内第一所师范学校通州师范学校，成为中国早期民族资产阶级的代表人物。1903 年（光绪二十九年），他应日本大阪博览会之邀赴日本参观访问并将其访日见闻写成了一部《癸卯东游日记》，曾有单行本刊行，后收入《张季子九录》第 23 册，专录第四，现经校订又收入《张謇全集》第 6 卷第 479 页至第 515 页（江苏古籍出版社 1994 年版），本文中凡出于该书之引文，不再一一加注。

张謇 1903 年访日的历史背景是清末新政刚刚开始，他的实业和教育事业正在兴办，以及中国的士大夫纷纷赴日游历考察。其实张謇也早有东游考察之意，但因帝后之争，为避嫌而止。这次访日的契机是 1903 年日本举行大阪博览会（日本全称为第五次内国劝业博览会），日本政府大肆宣传并广泛邀请中国官、绅、商、学界人士赴会。据说日本驻华使馆和领事馆共发出 4000 多封邀请信，而清政府则派出了贝子

* 原载于《亚太研究论丛》第七辑，北京大学出版社 2010 年版。

载振、户部侍郎那桐为特使，中央各机关和地方各省也派出了大批考察官员，还有大量自费前往参观的官员和绅商，共约300多人①。

张謇正是接到日本驻南京领事天野恭太郎通过三江师范教习徐乃昌转来的大阪博览会邀请信而决定自费访日的。但是他并非仅仅只是去参观一个博览会，而是想充分利用这两个月的时间认真调查、考察日本的教育和实业，深入地对比和思考中日之间的差异，总结日本改革发展的经验教训，这些都成为他归国后推动中国近代化实践活动的重要借鉴。

那么，他经过实地考察后对日本的认识即其日本观，以及他对日本考察调研的方法和态度，究竟与其他中国访日人士有什么不同呢？

张謇在《东游日记》中有一段话总结日本明治维新的经验道："自维新变法三十余年，教育、实业、政治、法律、军政一意规仿欧美，朝野上下，孜孜矻矻，心慕力追，其用意最当处在上定方针，下明大义。"他还指出："凡事入手有次第，未有不奏成绩者，其命脉在政府有知识能定趣向，士大夫能担任赞成，故上下同心以有今日。"他赞扬日本明治政府能够下定决心，变法维新，励精图治，上下同心，开拓进取。而对比中国，他批评清政府变法决心不大，新政措施摇摆不定，延误中国改革时机。"一室之中，胡越异怀，一日之中，朝暮异趣者，徒误国民有为之时日也。"②

对于日本的富强之道，当时访日的中国人有各种看法。如1898年访日的刘学洵主张"富国必振兴商务为本"③。1901年访日的罗振玉认为日本强盛的关键，"首在便交通，继在兴工业，三在改军制"④。而张謇则强调教育和实业，他认为根据日本维新的经验，如果按重要性排列次序的话，应该是"教育第一，工第二，兵第三，农

① 菅野正：《大阪博览会（1903年）与中国》（日文），《奈良史学》第13号，1995年。

② 张謇：《癸卯东游日记》，见《张謇全集》第6卷，江苏古籍出版社1994年版，第490—491页。

③ 刘学洵：《游历日本考察商务日记》。

④ 罗振玉：《扶桑两月记》。

第四，商最下”。因此，他认为中国要“图存教亡，舍教育无由，而非广兴实业，何所取资以为挹注”①。日本枢密顾问官田中不二麿也告诉他：“国之强不在兵而在教育”，“教育为开亿万人普通之识，非为储数人非常之才”。他非常赞成这个普及国民教育的观点，说“此宜为我政府所平心而听者也”。

张謇在日本考察的中心正是教育和实业，但是他考察的重点、次序也与众不同。一般人大多重点参观大学和中学，如 1902 年访日专门考察教育的吴汝纶重点是考察东京大学、京都大学和高等学校。而张謇则从中国首先需要普及教育的实际出发，确定自己参观考察的次序是“先幼稚园，次寻常高等小学，次中学，次高等，徐及工厂”，竟要从最不为人注意的学前教育幼儿园开始。他曾认真参观了大阪爱珠幼稚园，并题词“成人在始”，还要从日本聘请幼稚园保姆即幼儿教师到中国任教。爱珠幼稚园是 1880 年创办的日本近代最早最有名的幼儿园之一。笔者在日本访问研究时曾去参观过，对挂在墙上张謇的题词印象很深。园长田边美惠子女士还给我看了当时的参观者题名录，上面有张謇的姓名，职务是通州师范学校校长，其他还有京师大学堂总教习吴汝纶、直隶大学总长胡景桂等。

张謇在考察日本教育的方法、态度上，也同别人不一样。他对日本教育家嘉纳治五郎说明自己调查日本教育的宗旨时说：“学校形式不请观大者，请观小者。教科书不请观新者，请观旧者。学风不请询都城者，请询市町村者。经济不请询政府及地方官优给补助者，请询地方人民拮据自立者。”这段话很有意思，一般人都是去参观大城市，条件好有名的学校，而张謇从中国国情出发，却偏偏要去参观城乡条件差的民办学校，认为这才是中国当时普及教育最需要吸取的经验。因此，日本报纸《大阪朝日新闻》在当时报道张謇访日的消息时写道：“这是位与通常一般的悠闲的浏览客完全不同的观光者，他名望学识兼而有之，具有务实之勇。所以希望大阪的学校与工厂等处，对

① 张謇：《癸卯东游日记》。

其考察予以郑重的接待。”①

下面再看看张謇在考察日本教育和实业时的一些具体的活动和感想。他在参加大阪市小学校创立30周年纪念会时亲眼看到4万小学生在恶劣天气下保持队形纪律，十分震撼，感叹“风雨交作，而学生行列不乱，三十年之成效也!”他深入考察日本农村的小学，赞叹日本农村小学师生的刻苦、俭朴。张謇特别重视师范教育，认为“师范者，兴学之本”。他在日本参观了东京高等师范学校、大阪府立师范学校、桃山女子师范学校等，观其教室、实验室、体操室，甚至细致到丈量课桌的尺寸。另外，他还着重考察了日本的职业教育，参观了工业学校、农业学校及各类职业学校。在农业学校参观了学校的试验田、畜牧场、兽医解剖室等。他很欣赏农校学生毕业不入高等学校，而是回乡务农，“听其散而归，各治其乡”。他认为这是“我通州所最宜法者”。他也赞成学校饮食节俭，“当使学生知为学不求饱而敏于所事，不可使饱食而无所用心。可谓知本。中国学校以饮食滋讼者多矣，惜不令一游其校以参观之也”。张謇也很关注学校教科书的编写使用。他发现明治初年日本文部省审定的教科书中“除了理化学用欧书，修身杂引我六经诸子语”，史地也用《十七史略》《瀛寰志略》，农学用《农政全书》等中国书。而如今日本教科书中都言必谈欧美，弃用中国古籍了。他不禁感叹，“国势弱则前古人与后来人并受其累”。他还关心中国留日学生的学习，看望了弘文学院和成城学校的江苏籍留日学生，并对他们寄予厚望。但他主张应多学农工实业，认为“中国目前兴学之要，普通重于专门，实业亟于名哲”。而“世人渐有响应者，留学生之志于实业亦日多，是可喜也”。张謇认为中国目前尚处于教育与实业的初兴阶段，类似日本明治初年，因此他希望向日本的教育家和实业家请教“维新时实业、教育经验之艰难委曲”，以便吸取日本发展教育和实业的经验和教训。

张謇访日考察的另一个重要方面是调查日本的实业即工农业。他

---

① 《大阪朝日新闻》，明治三十六年5月31日。

在参观了一些日本工厂以后，认为“日人治工业，其最得要在知以予为取，而导源于欧，畅流于华，遂足分欧之利，而兴其国”。日本明治政府大力支持民间企业模仿西方科学技术，改进工艺，并鼓励出口甚至给予补助，“国家劝工之勤如是”。但由于日本地少粮贵，“工资与制作之业并增均长，而言工业者犹务进不已也”。这是因为日本人懂得“与世界竞争文明，不进则退，更无中立”。他认为如果是中国政府有意通商惠工，利润可以超过日本，其原因有五点：一是原料丰富；二是粮食充足，劳动力价廉；三是仿造各国之长，利不外泄；四是适应中国民生之需，不买外货；五是可与世界争进文明。而其关键是，清政府能否实行“以予为取”政策，“一语赅之”。

他十分羡慕日本明治政府提倡“殖产兴业”，扶助民间工商业的政策。“官为民倡，有利则付之商，不止不夺也，而维护之，以是知其官智之程度高矣。”而中国则正相反，清政府及各级官僚对民间企业不但不予维护，反而千方百计予以压制排挤，甚至吞并。即使名为官商合办，仍然是获利属官，亏本则归商。官僚还利用其职权实行垄断。如李鸿章办了上海机器织布局后，竟然规定10年内不许民间再办纺织厂。张謇看到日本工厂的效率之高，再对比中国的洋务企业，“我思上海制造局规模之大，经费之宏，几几十倍于此”，然而效果怎么样呢？“曾未有农工实业造一船，制一械，以市于民而收其利，以助农商之业而分人之利。”他不禁长叹“彼此相较何如也？”

张謇参观日本大阪博览会看到北海道垦殖成果的展览，不禁想起自己办的通海垦牧公司。同样是有规划、有雄心，不同的是，北海道有森林、无堤防；而通海垦牧场地止荒滩，非堤不可。然而，最根本的是，北海道垦殖得到日本政府的支持，“国家以全力图之，何施不可”。而自己创办通海垦牧公司时，“有排抑之人，有玩弄之人，有疑谤之人，有抵抗扰乱之人。消弭捍圉，艰苦尤甚！”在半殖民地半封建的旧中国，要办一家民族资本的农工企业，会遭到巨大的阻力，是何等的不易啊！为了深入考察日本北海道开发的实况，他特地亲自赴北海道实地调查10天左右，到了函馆、室兰、札幌、茨户、岩内等地。他在日记中描写北海道“濒海皆砂碛，地颇劣，入内山，平原豁然，极望无际，土尽黄壤，形势远在东西京之上。德川氏有之而不能垦，宜其覆矣。现有之民不过百万，不足垦此土，更得三百万人，二十年庶几无旷土欤”。札幌农学校校长佐藤昌介告诉他：“北海道未垦地十分之九，今岁计鱼业、农业、林业、矿业所产值四千万元。”日本政府规定北海道垦熟之地20年不征税，只交郡村町税，供地方警察、学校、卫生之用。张謇感叹中国土地广阔，“合我二十二行省计之，如北海道者，何止百倍，人民之可募而移者，何止千倍，使尽如此经营，于富强乎何者。抉其病根，则有权位而昏惰者当之矣”。说到底，还是清政府当权者腐败昏庸无能的缘故。

张謇在日记中对日本也有批判，在赴大阪途中经过马关，曾赋诗希望国人不忘国耻。他还揭露日本有的商人，“甚无信义，十余年来，中人之受诳者，指不胜屈”。他本人也曾因购矿井机器图被日人森村诈骗。因此，他批评“日人谋教育三十年，春间教科书狱发，旁连校长、教谕等近百人。今察其工商业中私德之腐溃又如此，以是见教育真实普及之难”。“然以不信不义之国人，而冀商业前途之发达”，是不走正道也。在大阪博览会上，他发现日本人做的台湾地理模型，竟然把福建诸海口也绘入并涂上同样黄色，混同于当时还是日本殖民地的台湾。这引起了他对日本侵略野心的警觉和愤怒，可是清政府前来参观的王公贵族、达官贵人们却置若罔闻，他气愤地责问道：“振贝子（载振）、那侍郎（那桐）或未见之耶！”这次大阪博览会上还曾发生台湾馆与人类馆事件，即日方把福建展品移入台湾馆，并在人类馆中展示中国人缠小脚和抽鸦片陋俗，遭到中国留日学生和爱国士绅的强烈抗议而被迫移出和撤销。①

总之，张謇的这次日本之行及其日本观，充分表达了作为一位中国民族资产阶级代表人物在游历考察日本时的认知和心态。

① 冯自由：《大阪博览会侮辱中国事件》，见《革命逸史》初集，中华书局1981年版，第130—131页。

鲁迅与藤野先生的师生情谊[*]

伟大的文学家、中国现代新文学的开拓者鲁迅与日本也有着密切的关系。他在风华正茂的青年时代东渡留学，曾在日本学习、生活多年，结交了众多的日本朋友，并为中日两国的友好和交流做出了重大贡献，是中日文化交流的杰出代表人物之一。1931 年 12 月 2 日，鲁迅给特地来上海向他学习的日本青年学者增田涉赠诗一首《送增田涉君归国》。

扶桑正是秋光好，枫叶如丹照嫩寒。
却折垂杨送归客，心随东棹忆华年。①

这短短的四句诗，表达了鲁迅对其青年时代留学日本时的情景追忆，也抒发了他对日本和日本人民难以忘怀的真挚感情。鲁迅从 1902 年到 1909 年，即 22 岁到 29 岁期间，在日本留学、生活达 7 年又 4 个月之久，可以说他的大部分青年时代是在日本度过的，从东京到仙台，都留下了他的足迹。

鲁迅，原名周树人，字豫才，1918 年在《新青年》杂志发表小说《狂人日记》时始用笔名鲁迅。他 1881 年生于浙江绍兴，1902 年以优秀成绩从南京江南陆师学堂附设矿路学堂毕业，作为南洋官费

---

* 原载于王晓秋《近代中日文化交流史人物研究》，昆仑出版社 2015 年版。

① 《鲁迅全集》第 7 卷，人民文学出版社 1973 年版，第 864 页。

生，由江南督练公所派往日本留学。鲁迅于1902年3月24日乘日本轮船大贞丸从南京出发，经上海东渡，同行的还有后来成为著名画家的陈师曾等人。4月4日抵日本横滨，7日到东京，投宿于麴町区平河町四丁目三桥旅馆。鲁迅在日本7年多的留学生活大致可以分为三个阶段。

第一阶段是弘文学院时期。1902年4月20日他进入日本著名教育家嘉纳治五郎创办的中国留学生预备学校弘文学院（后因避讳改为宏文学院）学习，编入速成普通科的江南班，主要学习日语和普通学科（即中学数理化史地）。入学不久他就拍了一张穿弘文学院制服的照片寄给弟弟周作人，背后的题词十分幽默风趣："会稽山下之平民，日出国中之游子，弘文学院之制服，铃木真一之摄影，二十余龄之青年，四月中旬之吉日，走五千余里之邮筒，达星杓仲弟之英盼。兄树仁顿首。"① 鲁迅在弘文学院刻苦攻读，据当时同宿舍的同学沈祖绵（字瓞民）回忆，尽管当时弘文学院条件并不好，8个学生挤住一间寝室（另有一间自习室），夏天8人合用一顶日本式大蚊帐，但鲁迅"顽强苦学，毅力惊人，每每工作到深夜才睡"。同学们赞叹"斯诚越人也，有卧薪尝胆之遗风"②。因此，他的日语和科学基础都学得很扎实，这对他以后利用日语翻译各国文学作品、接触马克思主义理论和形成科学的世界观方法论都有帮助。

然而，鲁迅也并非只顾埋头读书，他除了学习之外，"就赴会馆，跑书店，往集会，听讲演"③。1903年1月29日正值中国农历春节，鲁迅参加了在中国留学生会馆举行的团拜大会，听到不少激昂慷慨的革命讲演。他还常去神田一带的旧书店，尽管囊中空虚，也总要省吃俭用，节余几元钱买上几本喜欢的日文书。他还曾到校长嘉纳治五郎设立的讲道馆（牛込分场），穿上白色的柔道衣练习过柔道。1903年讲道馆的入门登记簿上有他的名字。1903年春，鲁迅不顾留学生监

---

① 《鲁迅生平史料汇编》（第2辑），天津人民出版社1982年版，第16—17页。

② 沈瓞民：《回忆鲁迅早年在弘文学院的片断》，《文汇报》1961年9月23日。

③ 《鲁迅全集》第6卷，第451页。

督停发公费的威胁，毅然在弘文学院江南班第一个剪掉了自己的辫子，表示与腐败卖国的清政府决裂。他照了一张剪辫后的相片送给好友许寿裳，并在背后挥笔题诗：

> 灵台无计逃神矢，风雨如磐暗故园。
> 寄意寒星荃不察，我以我血荐轩辕。①

诗句表达了他强烈的爱国热情和为祖国和人民献身的决心。在弘文学院学习期间，他就积极参与留日学生的爱国革命活动，秘密加入了江浙革命团体光复会，并经常与友人探讨如何改造中国社会和国民性等问题。1903 年 6 月开始为浙江留日学生的革命刊物《浙江潮》写稿。首先在该刊第 5 期上发表了两篇翻译小说《斯巴达之魂》与雨果的《哀尘》。在 10 月的第 8 期上又发表了两篇科学论文《说钼（镭）》和《中国地质略论》。同月，东京进化社还出版了他翻译的法国作家凡尔纳的科学幻想小说《月界旅行》。1904 年 4 月鲁迅在弘文学院就读两年后毕业，领到了由校长嘉纳治五郎签署的毕业证书。

第二阶段是仙台医专时期。1904 年鲁迅从弘文学院毕业以后，没有听从留学生监督让他上高等师范学校的劝告而决定学医。学医的动机“据他自己说，第一，恨得中医耽误了他的父亲的病；第二，确知日本明治维新是大半发端于西医的事实”②。此外，还有“救济中国女子的小脚”，以及在革命或战争时可以充当军医等因素。他还要求到离东京较远尚未有中国留学生的仙台医学专门学校（1901 年创办，1912 年改为东北大学医学部，1918 年医学部停办）。仙台是日本东北地方的一个风景优美的城市，当时只有 9 万多人口。鲁迅在仙台留学的情况，过去记载较少。仙台的日本朋友于 1973 年专门成立了鲁迅在仙台的记录调查会，经过四年多调查，搜访了大量文物资料，

---

① 《鲁迅全集》第 7 卷，第 861 页。

② 许寿裳：《我所认识的鲁迅》，见《鲁迅生平史料汇编》第 2 辑，第 173 页。

最后编成了包括170多幅照片图表和470多件文字资料的《鲁迅在仙台的记录》资料集，再现了70多年前鲁迅在仙台学习生活的真实风貌。资料反映出鲁迅作为仙台医专第一个中国留学生，得到了不少日本老师、同学和仙台市民的热情关心和帮助，特别是仙台医专解剖学教授藤野严九郎与鲁迅真挚感人的师生情谊。此外，他先后租住的两家公寓的房东佐藤喜东治夫妇和宫川信哉夫妇也曾热心照料过他的生活。宫川保存着鲁迅和5名住宿生给他的合影，10年之后的1913年，他用墨给他们都添上了“想象中的胡子”①。

藤野严九郎先生（1874—1945），1874年生于福井县，1896年在爱知医学校毕业，后来曾在东京帝国大学医科大学研究解剖学。1901年赴仙台医学专科学校任教，主要担任解剖学课程。1904年，鲁迅（当时的名字是周树人）到仙台医专时藤野刚升为教授，还担任了鲁迅所在的一年级副级长（即副班主任）。鲁迅曾在《藤野先生》一文中生动地描写了他第一次见到藤野时的印象：“其时进来的是一个黑瘦的先生，八字须，戴着眼镜，挟着一叠大大小小的书。一将书放在讲台上，便用了缓慢而很有顿挫的声调，向学生介绍自己道：‘我就是叫作藤野严九郎的……’后面有几个人笑起来了。”藤野先生教学非常认真负责，对学生要求十分严格。但他对班上唯一的中国留学生鲁迅很关心，“对其对同学之交往、公寓生活之安排、用功之方法、日语之说法、笔记之写法等”，都经常给予指导，提供便利。藤野先生曾回忆说：“周君身体不太高，圆脸、很聪明的样子，但看来气色有些不太健康，由于语言关系，学习上也有困难。”他看到鲁迅上课记笔记有些吃力，就在课后检查他的笔记，耐心细致地修改、补充他听错记错的地方。据鲁迅回忆：解剖学课程开始一月后的一个星期六，藤野先生派助手叫他去，并要走了他的听课笔记。过两三天后还给了他。鲁迅这样描述他翻阅送回来的笔记时的感动心情：“我拿下来打开看时，很吃了一惊，同时也感到一种不安和感激。原

① 《鲁迅在仙台的记录》，见《鲁迅生平史料汇编》第2辑，第118—120页。

来我的讲义已经从头到末都用红笔添改过了，不但增加了许多脱漏的地方，连文法的错误，也都一一订正。”从那以后，藤野先生每周都让鲁迅送来笔记，进行修改，一直继续到自己所担任的课程结束。鲁迅回国以后，把藤野先生改正过的笔记装订成三厚册，精心保存。这些笔记至今仍收藏在北京的鲁迅博物馆中。

藤野严九郎教授为什么能在当时日本社会普遍轻视中国人的情况下这样关怀爱护中国留学生呢？这与他热爱和尊崇中国文化分不开。藤野先生后来在《忆周树人君》的文章中写道：“我年幼时在毕业于福井藩校的野坂先生那里学过汉学，所以有一种在尊敬中国圣贤的同时，也应当爱护那个国家的人们的心情。”

在仙台医专时期，有两件事使鲁迅很受刺激，对他的思想变化很有影响。鲁迅在仙台医专由于自己的刻苦努力和藤野先生的帮助，克服了许多困难，取得中等的学习成绩。据东北大学教务部保存的当时的成绩表，他的考试成绩是解剖学 59.3 分，组织学 72.7 分，生理学 63.3 分，伦理学 83 分，德文 60 分，物理学 60 分，化学 60 分，在全年级 142 名学生中居第 68 位。仙台医专的考试非常严格，这对于一个异国留学生来说已是很不容易的了。而这成绩却引起一些受军国主义宣传影响而对中国人持有偏见的日本学生的嫉妒，竟造谣说解剖学试题是藤野先生预先在他的讲义上做了记号。对此，鲁迅在《藤野先生》一文中愤慨地写道：“中国是弱国，所以中国人当然是低能儿，分数在六十分以上，便不是自己的能力了，也无怪他们疑惑。”① 而使鲁迅更受刺激的是二年级时，在细菌学课上放映的关于日俄战争的幻灯片。其中竟有中国人给俄国人当探子，被日军捕获将要处死，而一群中国人却在四周围观的画面，受军国主义影响的日本学生看了还鼓掌欢呼万岁。这给鲁迅极大的震动，原来以为学医可以医治中国人的疾病，现在才认识到一个国家的人民，如果没有思想上的觉醒，即使身体再健壮，也只能成为杀头示众的材料和麻木不仁的看客。所

① 《鲁迅全集》第 2 卷，第 415 页。

以，鲁迅决定放弃学医，而用文学来启发中华民族的觉醒，改造国民的思想。1906 年春第二学年结束后，鲁迅便毅然从仙台医专退学。

鲁迅离开仙台前，铃木、杉村等同班同学为他开了送别会，并合影留念。藤野严九郎先生也特地请他到自己家里去并送他一张照片，在背面题上“惜别”两字。鲁迅在东京从事革命文学活动 3 年后，于 1909 年 8 月回国。他始终珍藏着藤野先生的照片，而且把这张照片挂在自己书桌对面的墙上，“每当夜间疲倦，正想偷懒时，仰面在灯光中瞥见他黑瘦的面孔，似乎正要说出抑扬顿挫的话来，便使我忽又良心发现，而且增加勇气了”。这张照片现在也保存在北京鲁迅博物馆里。鲁迅还写了《藤野先生》一文，高度评价藤野先生的高贵品质，文中写道：“在我所认为我师的之中，他是最使我感激，给我鼓励的一个”，“他的性格，在我的眼里和心里是伟大的”。该文收入《鲁迅全集》第 2 卷。

鲁迅和藤野先生自仙台分别后，未见过面也未通过信，但是彼此都没有忘记，都在想念对方。鲁迅晚年向日本朋友写信时，曾多次打听藤野先生的下落，可是一直杳无音信。而藤野先生也直到 1936 年鲁迅逝世后才知道自己学生的消息。在他写的《谨忆周树人君》的文章中说道：“我对周君的一点帮助，他就那么感动，把我写在书里，称我为恩师，把我的照片挂在自己的房间里，至死还想知道我的消息。那时我要是知道鲁迅即周树人，是位有名的大文豪，我给他去封信，他该多么高兴啊！现在是没有办法了，实在遗憾！我因为住在农村，社会上的事一点也不知道，前几天在报纸上读到了鲁迅逝世消息，深感悲痛。……在此谨对因我的一点点照顾那样感恩不尽的周君之灵，表示深切的哀悼，同时祝他家属身体健康。”藤野严九郎先生于 1945 年 8 月去世。

1960 年，日本人民为了永远纪念鲁迅这位曾在仙台留学过的中国文豪，在广濑川畔青叶山下风景秀美的地方，建立了一座鲁迅纪念碑。1964 年，日本朋友又在藤野先生的故乡福井市足羽山山巅上建立了一座藤野先生纪念碑。把藤野先生赠给鲁迅的那张照片头像和“惜别”两字放大后刻在石碑上，碑文“藤野严九郎碑”六字乃是鲁迅夫人许广平女士所题。这两座纪念碑，既是记载着中日两国人民友谊的珍贵的纪念碑，也是两国人民世世代代友好下去的里程碑。

第三阶段是德语学校时期。1906 年 3 月，鲁迅从仙台回到东京，住在本乡区汤岛町二丁目一个叫伏见馆的公寓里。他把学籍列在东京的独逸学协会学校，这是 1883 年创立的私立德语学校（日本称德国为独逸）。他在那里学些德文，同时有个学籍，可以继续领公费，因此在该校一直挂名到回国。实际上这个时期鲁迅的主要精力却放在文学创作和翻译方面。他经常到旧书店收购日文、德文文学书刊，特别是俄国和东欧被压迫民族的革命文艺作品的德、日文译本，阅读并翻译其中的优秀作品。1906 年暑假时，曾奉母命回家结婚，数日后携弟周作人再赴日本。1906 年秋冬之交，鲁迅因转交东西的一个偶然机会，结识了宫崎寅藏，两人谈得很投机。宫崎又约他两天后在神田区小川町的《平民新闻》社再见面，并介绍日本著名的社会主义者、《平民新闻》主编堺利彦相见。鲁迅还买了一套堺利彦主编的杂志《社会主义研究》回来。据周作人回忆该刊是“红色纸面，很是鲜艳”，“内容已记不清，只记得其中的一册是《共产党宣言》的日译本。这书在东京时一直保存着，但似不曾带回中国来”。[①]《社会主义研究》是 1906 年 3 月至 8 月，由堺利彦编辑发行的日本最早的专门研究社会主义的理论刊物，共出了五期，其中第一期就刊有堺利彦翻译的《共产党宣言》日译全文。同期还有李卜克内西的《马克思传》、考茨基的《恩格斯传》等译文。第四期则全文译载了恩格斯的《社会主义从空想到科学的发展》，这大概是鲁迅与马克思主义理论最早的接触。鲁迅与宫崎寅藏以后仍有交往，并曾到宫崎主编的《革命评论》社拜访。笔者查《革命评论》第 4 号的编辑日志记载，1906 年 10 月 1 日曾有“支那人周氏来访”。据近藤秀树编《宫崎滔

① 周遐寿：《鲁迅的故家》，见《鲁迅生平史料汇编》第 2 辑，第 218 页。

天年谱稿》，这个“周氏”就是周树人即鲁迅。①

1907 年春，鲁迅兄弟移居本乡区东竹町的中越馆，这里环境比较安静，适于写作和从事革命活动。鲁迅经常白天到旧书店访书，晚上写作翻译到深夜，一度晚上还与许寿裳等向亡命日本的俄国女革命家玛利亚孔特学习俄文。光复会的骨干陶成章等也常来谈天开会。这年夏天，鲁迅与几个志同道合的人打算创办一个文艺杂志，定名《新生》，但因经费缘故没有办成。冬天，他开始给河南留日学生的革命刊物《河南》写文章。从 1907 年 12 月至 1908 年 12 月，鲁迅在《河南》上共发表《摩罗诗力说》等 7 篇论文与译文。1908 年 4 月鲁迅应许寿裳之邀搬到本乡区西片町十四番地居住，他们经常同去民报社听章太炎讲学，或去神田旧书店买书。鲁迅千方百计收集并与周作人一起翻译了许多篇欧洲的进步小说，编成《域外小说集》两册，在东京印刷，分别在 1909 年 3 月和 7 月发行并向国内寄售。鲁迅可以说是中国最早向国内介绍欧洲新文学的人之一，为中外文化交流做出了贡献。《域外小说集》第一册发行仅两个月之后，1909 年 5 月 1 日东京出版的《日本与日本人》杂志第 508 期的文艺杂事栏内，就发表了如下述评：“在日本等地，欧洲小说是大量被人们购买的。中国人好像并不受此影响。但在青年中还是常常有人在读着。住在本乡的周某，年仅二十五六岁的中国人兄弟，大量地阅读英、德两国语言的欧洲作品。而且他们计划在东京完成一本名叫《城外小说集》的卖三十钱的书，寄回本国出售。已经出版了第一册，当然译文是汉语。一般中国留学生爱读的是俄国的革命的虚无的作品，其次是德国、波兰那里的作品，单纯的法国作品之类好像不太受欢迎。”② 日本学者藤井省三认为，这是日本介绍鲁迅文学活动最早的文字。他估计是鲁迅赠送《域外小说集》给宫崎寅藏，宫崎又把消息提供给《日本与日本人》杂志了。

---

① ［日］近藤秀树：《宫崎滔天年谱稿》，见《辛亥革命史丛刊》第 1 辑，中华书局 1980 年版，第 142 页。

② 藤井省三：《日本介绍鲁迅文学活动最早的文字》，《复旦学报》1980 年第 2 期。

1908年8月，由于经济等原因，鲁迅决定回国谋事，终于结束了7年多的留日生活。一般以为此后鲁迅再没有去过日本，其实他在1911年5月间，为催促周作人夫妇回国，曾经短期赴日半个月。据鲁迅给许寿裳的信中说，这次东渡主要为办事，“不访一友，亦不一游览”。但是，他还是抽出时间到东京丸善书店看书、购书，“一看丸善所陈书，咸非故有，所欲得者极多”①。

鲁迅一生对中日文化交流做出巨大贡献，他翻译的日本小说、诗歌、论文有60多篇。鲁迅与日本学者增田涉、内山书店主人内山完造及其弟美术家内山嘉吉，以及日本女诗人山本初枝等人都有着深厚的友谊。他一生写了61首旧体诗，其中赠给日本友人的就有24首之多，占1/3强。即使在日本帝国主义发动侵略战争期间，1933年6月21日，鲁迅还应日本友人生物学家西村真琴博士的要求，为他死去的鸽子写了首名为《题三义塔》的诗：

奔霆飞熛歼人手，败井颓垣剩饿鸠。
偶值大心离火宅，终遗高塔念瀛洲。
精禽梦觉仍衔石，斗士诚坚共抗流。
度尽劫波兄弟在，相逢一笑泯恩仇。②

这首诗愤怒控诉了日本侵略军侵占中国土地、屠杀中国人民的暴行，热情地赞颂了中日两国人民共抗军国主义侵华逆流的战斗情谊，并预言度过漫长的苦难岁月，兄弟般的中日两国一定会恢复友好关系。

---

① 《鲁迅致许寿裳信》，1911年7月31日，《鲁迅书信集》上卷，人民文学出版社1976年版，第11页。

② 《鲁迅全集》第7卷，第511—512页。

黄兴、宋教仁与宫崎滔天*

中国资产阶级革命的领袖人物之中有不少是留学生，其中最重要的一位是黄兴，他是20世纪初与孙中山齐名的资产阶级革命家，在领导辛亥革命的斗争中立下了丰功伟绩。黄兴与宫崎滔天等日本友人也有着动人的革命情谊。黄兴原名轸，字廑午，后改名兴，号克强，湖南善化（今长沙）人。他于1898年进入湖北武昌两湖书院学习，初步接触到西方资产阶级革命思想。1902年被两湖书院选派赴日本官费留学。6月抵东京，入嘉纳治五郎创办的弘文学院速成师范科。他经常与留日学生倾谈反清革命，课余还去参观日本士官联队的军事操练，并常常到神乐坂武术会参加射击比赛。同年11月，他与湖南留日学生杨毓麟等创办了《游学译编》杂志，该刊以翻译日文论著为主，内容丰富，深得留日学界好评。黄兴担任教育栏的译员，翻译了日本教育家山田邦彦所著《学校行政法论》，连载于该刊第二至第四期上。1903年黄兴参加留日学生的拒俄爱国运动，5月回国发动起义，年底在长沙发起组织革命团体华兴会。1904年11月因万福华刺王之春案被捕，获释后再次东渡日本。

黄兴最初见到宫崎滔天的时间究竟在哪一年？宫崎自己说："我第一次见到黄兴是惠州事件失败之后的明治三十三年"，① 即1900年。见面地点是在东京相住町（爱住町）宫崎的临时寓所。可是

---

* 原载于王晓秋《近代中日文化交流史人物研究》，昆仑出版社2015年版。

① 《宫崎滔天全集》第4卷，平凡社1972年版，第299页。

1900年黄兴尚未到日本，是绝对不会见到宫崎的。有的著作推测黄兴拜访宫崎“当在1902年下半年或1903年上半年”[①]，可是也缺乏史料根据。据日本学者近藤秀树所编《宫崎滔天年谱稿》记载，1904年10月宫崎滔天移住四谷区爱住町的一个大杂院，与中国留学生来往频繁。11月16日，宫崎先后在东京的神田广市场亭、麴町青柳亭等处演出新浪花节（曲艺）。“十一月下旬，黄兴到广市场亭后台来访。”[②]可能正是黄兴第二次赴日刚到东京之时，才与宫崎滔天初次见面的，以后两人成了亲密的朋友。

至于黄兴与孙中山的初次见面是否由宫崎滔天介绍也有待进一步考证。据宫崎在《清国革命军谈》中说，1905年孙中山到日本后，曾向他询问中国留学生中“有无杰出人物”。宫崎就向他推荐“有一个叫黄兴的，是个非常的人物”。然后就陪孙中山去找黄兴，并一起在风乐园餐馆喝酒畅谈。宫崎滔天回忆当时的情景说：“寒暄过后，彼此不拘礼节，有一见如故之感。他们很快就开始谈起国家大事来。我不大懂中国话，不知道他们讲些什么。但是，中国的革命豪杰在此欢聚一堂，畅所欲言，使我们感到高兴。我和末永节互相频频干杯。约有两小时，孙、黄两人一直商议国家大事，却酒肴少沾。直到最后，两人才举杯祝贺。”[③]时间是1905年7月下旬。一般关于辛亥革命和孙中山、黄兴、宫崎滔天的论著均引用此说。然而，章士钊在其回忆录《与黄克强相交始末》中，却说孙、黄日初次会晤是由杨度介绍，在东京牛込区和宫町章士钊的住处见面的。[④]当时杨度与孙中

① 毛注青：《黄兴年谱》，湖南人民出版社1980年版，第21页。又见毛注青《黄兴与宫崎寅藏》一文。

② 近藤秀树：《宫崎滔天年谱稿》，见《宫崎滔天全集》第5卷。中译文见《辛亥革命史丛刊》第1辑，第138页。

③ 宫崎滔天：《清国革命军谈》，见《宫崎滔天全集》第1卷，平凡社1971年版，第282—283页。

④ 章士钊：《与黄克强相交始末》，见《辛亥革命回忆录》（二），中华书局1981年版，第141页。左舜生《黄兴评传》，何汉文、杜迈之《杨度传》也持此说。日本学者中村义也提出疑问，见《滔天是孙文和黄兴初次会见的介绍者吗?》，见日本《辛亥革命研究》第3号。

山、黄兴都很熟悉，由他首先介绍也是有可能的。但是不管是谁先介绍，宫崎滔天对于促成孙黄联合和筹组同盟会都是有贡献的。

1905 年 8 月 20 日中国同盟会在东京成立，推举孙中山为总理，黄兴为执行部庶务（即协理），孙不在时有权代理总理主持会务。宫崎滔天也参加了成立大会并被破例吸收入会。以后黄兴与宫崎交往更为密切，经常在一起饮酒畅谈。黄兴父子与宫崎一家建立了深厚的友谊。1907 年和 1910 年黄兴回国进行革命活动之时，都把长子黄一欧寄托在宫崎家。黄一欧回忆宫崎滔天“待人谦和，对晚辈从无疾言厉色。我那时才十四五岁，他对我有时谑称‘少爷’，或称我的乳名‘菊儿’，有时也直呼‘一欧’，就像对待自己的亲子侄一样”①。1908 年，黄兴父子为躲避高利贷者之逼，也一度匿居东京小石川区宫崎家中，宫崎一家虽然自己生活亦相当困难，仍竭力招待他们。当东京神乐坂警察署长设宴引诱宫崎提供有关中国革命党人情报时，宫崎愤然拒绝，并立即退席。黄兴赞扬宫崎是“血性男子，困穷不滥，廉节可风”，并请孙中山“作书慰谢”②。

1910 年初，黄兴自日本赴香港主持策划广州新军起义。同年 5 月，宫崎滔天也来到香港，与黄兴畅谈革命形势。回日本后，5 月 24 日即在《万朝报》上发表《革命党领袖黄兴在热带地方》一文，后来又转载于《日本与日本人》杂志，改题为《与革命党领袖黄兴的谈话》，热情宣扬黄兴等中国革命党人的活动。他在文中写道：“会谈数日，我听了许多关于过去、现在和未来的事，尤其见到从西方、南方，万里迢迢不约而同地来的跟我交往多年的革命志士，更觉革命运动之澎湃。我们围着桌子，高谈畅论，蔚然成为文明世界的另一处梁山泊，令人热血沸腾，斗志昂扬。”③ 宫崎在香港临行时，黄兴还赠他七律一首，表达革命豪情。诗云：

---

① 黄一欧的回忆，引自毛注青《黄兴与宫崎滔天》，见《辛亥革命史丛刊》第二辑，第 118 页。

② 孙中山致宫崎寅藏函，《孙中山全集》第 1 卷，第 403 页。

③ 宫崎滔天：《与革命党领袖黄兴的谈话》，见《宫崎滔天全集》第 1 卷，第 517 页。

妖云弥漫岭南天，凄绝燕塘碧血鲜。
穷图又见判卿苦，脱剑今逢季札贤。
七日沦秦终有救，十年兴越岂徒然。
会须劫到金蛇日，百万雄师直抵燕。①

1911年10月武昌起义爆发，11月，黄兴任总司令指挥革命军进行汉阳保卫战。在戎马战火的空隙时，他还挥毫为驻汉口的日本三菱公司职员内田顾一书赠条幅，上写："海上三神山，可望不可即。今则群仙高会，飞觞醉月，大非昔比。"② 11月28日，黄兴离开武汉乘船东下，在镇江又与老朋友宫崎滔天相遇，遂同船赴上海，并吟诗相赠：

独立苍茫自咏诗，江湖侠气有谁知。
千金结客浑闲事，一笑逢君在此时。
浪把文章震流俗，果然意气是男儿。
关山满目斜旧暮，匹马秋风何所之。③

在上海，宫崎赞誉黄兴为革命操劳，"晚间三时才睡，清早六时就起床，而不感觉疲劳，真是精力绝伦"④。

1913年，黄兴参与反对袁世凯的二次革命失败，被袁通缉，又流亡日本。年底，黄兴得知宫崎滔天穷困潦倒，慨赠200日元，次年又赠1000日元帮助宫崎营造新居于北丰岛郡高田村字巢鸭（现东京丰岛区西池袋二丁目），并为之题名"韬园"。⑤ 黄兴还为宫崎夫妇题横匾"儒侠者流"，笔者1987年去拜访时，还见此匾高悬于宫崎故居

① 黄兴：《为宫崎寅藏书条幅》（1910年5月12日），《黄兴集》，中华书局1981年版，第16页。

② 黄兴：《为内田先生书赠条幅》（1911年11月），《黄兴集》，第91页。

③ 黄兴：《赠宫崎寅藏》（1911年11月末），《黄兴集》，第91—92页。

④ 《宫崎滔天全集》第5卷，第379页。

⑤ 近藤秀树：《宫崎滔天年谱稿》，见《辛亥革命史丛刊》第一辑，第162页。

正厅之上。

黄兴还曾经为其他一些日本友人赠诗题词，如书赠为中国革命献身的山田良政之弟山田纯三郎：“岂是前身释道安，遇人不著鹿皮冠。接罗漉酒科头坐，只作先生醉里看。”[①] 给秋山定辅的题词共有三首，其中之一是“湘中老人读黄老，手缓紫藟坐碧草，春至不知湘水深，日暮忘却巴陵道”[②]。又有赠近藤先生（可能是任中国兴业公司顾问的近藤廉平）之诗“沧海横流漫几洲，同群谁与证盟鸥？而今濯足扶桑后，要到昆仑顶上头”[③]。他还为老朋友萱野长知写过两副对联，其一为：“满目云山俱是乐，一毫荣辱不须惊。”其二为：“雪后园林方半树，水边篱落忽横枝。”[④]

黄兴在1914年至1915年离日游美期间，还常与宫崎滔天通信，并托他探听日本外交动向。1916年5月9日，黄兴由美抵日时，宫崎等日本友人为防止袁世凯的爪牙进行暗杀，亲自乘小船迎接于横滨港外，“另航至横须贺登陆”[⑤]。7月4日，黄兴由日本回国，归国前夕曾在酒席上和涩泽荣一七绝一首，诗云：

> 莽莽神州付劫灰，红羊苍狗不为媒。
> 挥戈未必能沉日，薄海风云盖地来。[⑥]

9月30日，宫崎滔天也来到上海。10月10日，黄兴胃出血病复发，在他患病期间，宫崎经常到寓所探视，并介绍日本医生佐佐木金次郎为其检查诊断。至今宫崎故居还保存着黄兴病危时黄一欧写给宫崎的短笺：“家严病危急万分，请宫崎先生偕佐佐木来救命，万急！”[⑦]

---

① 《黄兴集》，第460页。
② 《黄兴集》，第459页。
③ 《黄兴集》，第462页。
④ 《黄兴集》，第464页。
⑤ 李云汉：《黄克强先生年谱》，台北，国民党党史委员会出版1973年，第400页。
⑥ 引自《黄一欧抄件》，《黄兴年谱》，湖南人民出版社1980年版，第284页。
⑦ 黄一欧致宫崎滔天信，笔者亲见宫崎故居所藏原件。

1916年10月31日，黄兴病逝，宫崎在上海参加吊唁活动后回国。11月17日，日本各界人士在东京芝区青松寺举行了黄兴追悼大会，“到会者数千人，不能入而立于门外者数万人”，① 表现了日本各界人士对黄兴的崇敬与哀悼之情。1917年1月，黄兴灵柩由上海运抵长沙，4月15日国葬岳麓山。宫崎滔天特地从日本赶来送葬。宫崎与黄兴的真挚友情深深打动了当时身为湖南省立第一师范学校学生的毛泽东和萧植藩（萧三），他们为此联名写信给宫崎滔天，全文如下：“白浪滔天先生阁下：久钦高谊，觌面无缘，远道闻风，令人兴起。先生之于黄公，生以精神助之，死以涕泪吊之。今将葬矣，波涛万里，又复临穴送棺。高谊贯于日月，精诚动乎鬼神，此天下所希闻，古今所未有也。植藩，泽东，湘之学生，尝读诗书，颇立志气。今者愿一望见丰采，聆取宏教，惟先生实赐容接。幸甚！幸甚！”② 道出了对中国人民的真诚朋友宫崎滔天的仰慕感激之情。

中国资产阶级革命派另一位重要领导人宋教仁，也是留日学生，而且是黄兴和宫崎滔天的好友。宋教仁，字钝初，号渔父，湖南桃源人。1903年与黄兴一起创建华兴会，1904年因策划起义事败，逃往日本留学，先后就读于东京法政大学和早稻田大学。1905年为同盟会发起人与领导人之一。辛亥革命后同盟会改组为国民党，担任代理理事长，准备以议会多数党领袖出任内阁总理，1913年3月被袁世凯手下暗杀于上海火车站。

下面重点介绍的是宋教仁在日本留学期间所写之日记，即1904年至1907年的日记，原题为《我之历史》。这些日记中不仅有中国留学生在日本从事革命活动的重要记载，也有不少中日文化交流的珍贵实录。1904年12月8日，宋教仁乘船东渡抵达长崎，他在日记中写道：“舟将入长崎港，遥望之，群山耸立，海水湾环，其秀逸之状，

---

① 驻日公使章宗祥东京来电，载长沙《大公报》1916年11月27日，引自《黄兴年谱》，第292页。

② 萧植藩、毛泽东致宫崎滔天信，《宫崎滔天全集》第一卷卷首新印墨迹，笔者见原件于宫崎故居。

令人神往焉”[①]。12 月 10 日经过神户，上岸游览，“过其兵库县立小学校时，正下课，女学生数十为群自校出，手提书，于于而行，觉其有弦歌景象也”。这是他到日本后的最初观感。抵达东京不久正值 1905 年元旦，他去浅草公园参观，见其“陈列百物”，有各种动植物以及人物模型等，“皆足发人美术之精神，鼓人爱国之思想者也”。

宋教仁十分关心世界大势和祖国的命运，并努力追求新文化、新思想，因此他一到东京便到处订报、买书，首先订购了上海的《警钟报》（即蔡元培主编的《警钟日报》，宣传爱国革命，1904 年创刊，1905 年 3 月被查封停刊）和东京的《二六新闻》（当时日本发行量最大的报纸之一，社长秋山定辅曾与孙中山有交往）。1905 年 2 月 3 日是除夕，他与友人到神保町书店买了日文书籍《万国大年表》《世界十伟人》《东西二十四杰》各册，以及《太阳》《教育界》等日本杂志。他在日记中感慨地写道：“是日为吾国之除日，一年已尽，此身犹昔，缅想祖国，凄然者久之。”宋教仁积极投入留日学生的各种爱国革命活动，参加了秋瑾发起的演说练习会，并担任留学生革命刊物《二十世纪之支那》的编辑，以后又参与同盟会的筹备、组织和领导工作，曾担任同盟会司法部检事长和湖南省主盟人之一。

宋教仁在日本留学期间先后就读于法政大学与早稻田大学，这在他的日记中均有记载。1905 年 6 月 12 日记：“已初，至申锦章寓，邀锦章偕至法政大学报名。至其会计室，彼言公使馆信已到，余遂写履历书，交与五月份学费八元，购听讲券。”6 月 15 日记：“至法政大学上课。是日所讲为《经济学》，教师山崎觉次郎也。”19 日记：“至法政大学上课，是日讲《民法》。”20 日又记：“上法政大学，自是每日上课，皆不记。”宋教仁上的是法政大学校长梅谦次郎创办的清国留学生法政速成科，陈天华、胡汉民、汪精卫等也曾在此留学。[②] 1906 年初，宋教仁又转到早稻田大学学习，1 月 31 日日记上写道：

---

① 《宋教仁日记》，湖南人民出版社 1980 年版。以下日记引文均见此书，不再一一加注。

② 《法政大学百年史》，法政大学出版部 1980 年版，第 168—177 页。

“至早稻田大学报名。拟明日上学焉”。2 月 1 日记：“至早稻田大学上课。余所上之班，为其留学生部预科之壬班，已开课三月余者也。余于是时初来，各科学皆须补习。初讲者为数学，余不甚了了也。已正，上日语课，程度甚浅，余解之尚有余焉。年初，讲理科，矿物也。午正，回。未初，复至学校上历史课，西洋史也。未正，复读日语。申初，休息。尚有申正一时，亦为日语，余以欲急归补习他项功课，遂回。”这天日记上还抄录了学校课程表一份，他当时上的是早稻田大学于 1905 年秋新开设的清国留学生部预科，“修业年限为一年，专教日本语及普通各学，以为予备进习本科地步”①。早大清国留学生部的教务主任是青柳笃恒，学监是高田早苗。宋教仁是在开学三个月后入学的，但他学习很用功，并在 3 月 1 日第二学期开课后增学英语，上特别预科。7 月份，他通过了各门课程的考试，从早稻田大学清国留学生部预科毕业。7 月 20 日参加了毕业典礼，该天日记写道：“上八时，至学校举行卒业式。八时半入场，校长鸠山和夫氏授予证书，讫，学监高田早苗氏乃演说训辞语，大约谓言语学之必要及学问不可徒用记忆力云云。十时式毕，回。”早稻田大学清国留学生部预科第一期毕业生共 327 名，毕业典礼上，中国留学生代表胡文滨和中国驻日公使杨枢也讲了话。宋教仁从预科毕业后因全力投入革命活动，所以没有继续进本科学习。

在《宋教仁日记》中还记录了他与宫崎滔天的友谊。1905 年 7 月 17 日记“得程润生来片，言宫崎滔天约于十九日上午九时与余会见”。7 月 19 日“与润生同赴宫崎滔天之约”。在宫崎家等候时，见“一伟丈夫，美髯椎髻，自外昂然入。视之，则滔天君也”。当时孙中山刚从欧洲抵日到横滨，尚未来东京与黄兴、宋教仁等会面。宫崎便向宋教仁表示：待孙中山来时，余当为介绍君等。宫崎滔天鼓励他：“君等生于支那，有好机会，有好舞台，君等须好为之，余日本

① 早稻田大学清国留学生部章程，见《早稻田大学百年史》第 2 卷，早稻田大学出版社 1982 年版，第 165 页。

不敢望其肩，余深恨余之为日本人也。”他还赞扬孙中山之为人，“志趣清洁，心地光明，现今东西洋殆无其人焉”。这番话增加了宋教仁对孙中山的好感。7 月 28 日宫崎滔天又特地陪孙中山到二十世纪之支那社，与宋教仁、陈天华会面，商谈革命形势、方法与革命派的联合问题。以后宋教仁常与宫崎滔天来往，在日记中有不少记载，如 1906 年元旦去宫崎滔天家拜年，还见到了其兄宫崎民藏。2 月 6 日至宫崎滔天家，叙谈共饮。“申初，始兴尽而散。余微醉，为滔天书横轴一纸，题‘致良知’三字，滔天甚赞之。”4 月 18 日又赴宫崎家，“得晤滔天及其兄民藏。民藏氏言，明日当离京往各处游说，广布社会主义云。余坐谈良久”。9 月 6 日他看到《革命评论》创刊号，知道“此报为宫崎兄弟等所组织，不胜欣慰之至者久之”。读到其中宫崎滔天写的《中国留学生论》一文，“言中国革命主义之盛及留学生之不可侮，中有论及吴樾、陈天华、史坚如为国捐躯、慷慨就义之处，余心亦感动，不觉泪下良久也”。后来他还写信给《革命评论》社表示衷心感谢。[①] 1906 年 10 月，宋教仁患头痛病，住进东京脑医院也不见好转，宫崎滔天便主动提出接他到自己家中休养，10 月 15 日日记叙述黄兴到医院探望，并告宋教仁“现宫崎氏已赞成劝君速去院至伊家居之，谢绝世事，而日以爽快活泼之事自适。伊处亦无他人往来，且其家中自由，饮食皆可随意”。宋教仁遂于 11 月 5 日住到宫崎家养病，受到宫崎滔天一家的殷勤招待。“宫崎之夫人即为余扫拾房间。……夫人前田氏，和坦可亲，其家庭之乐甚足羡。”休养期间，他还帮助宫崎修订《孙逸仙传》等书。12 月 2 日，宋教仁曾陪同宫崎滔天出席《民报》一周年纪念大会，据其日记记载，他们到神田锦辉馆会场时，“来者已满，门口立者约有千余人。余等不能入，自其旁一窗内蛇行而入。至会场侧望之，满场已无隙地，欲入场竟不可得。乃复出，徘徊良久，余忽思得一法，遂引宫崎氏自大门排挤而入，余在前大呼：‘有特延之来宾一人来，请少让勿却客’云云。则

① 见《革命评论》第 3 号，宋教仁氏函。

诸人皆偏身让出路，遂得入场。”亦可谓一则趣闻。直到1907年1月5日因黄兴要回国，宋教仁才离开宫崎家搬进黄兴寓所。此后，他仍常去宫崎家，1月17日、2月12日、3月4日等日记中都有与宫崎滔天“坐谈良久”的记载。1907年3月，宋教仁决定回国赴东北发动武装起义。3月21日，宫崎滔天设晚宴招待宋教仁、黄兴、章太炎，并为宋教仁东北之行饯行。宋连夜赶写出《黄兴传》文稿交宫崎。次日，宋教仁“遣人往宫崎滔天家迎滔天及其夫人并民藏氏于十二时来凤乐园饮酒”，实际上是举行告别宴会，并邀请黄兴、张继作陪，“遂入座共饮，皆有醉意”。3月23日，宋教仁离开东京，宫崎滔天等都到新桥车站送行。他坐火车经神户到马关，然后从门司乘船经朝鲜半岛仁川，4月初抵辽宁安东县。他的日记也就到此为止。宋教仁的这部留学日记（原题为《我之历史》）虽然只记了1904年秋至1907年春的两年多时间，却相当具体生动地反映了20世纪初中国留日学生学习、生活和进行革命活动之一斑，同时也记录了中国革命者与日本人民的交流和友谊。

孙中山与南方熊楠*

"海外逢知音"，这是1897年6月27日孙中山在英国伦敦应日本科学家南方熊楠的要求，在他的日记本上的亲笔题词。[①] 南方熊楠是孙中山最早认识的日本朋友之一，两人在伦敦有过一段密切的交往和真挚的友情，后来还有过生物学方面的学术交流。但以往研究孙中山与日本人士的交往，大多偏重于革命及政治、外交等方面的关系，以至孙中山与日本科学家南方熊楠的友谊与学术交流较少有人关注，其事迹亦往往鲜为人知。笔者依据《南方熊楠全集》《南方熊楠日记》《南方熊楠与孙文书简》《南方熊楠年谱》及《孙中山全集》等日文、中文原始材料，试图对这一段近代中日关系史上的动人友好交流佳话，加以考察与论述。

南方熊楠是日本近代杰出的生物学家、民俗学家，1867年出生在日本关西地区的和歌山县，比孙中山小一岁。他自幼聪明好学，12岁就读过《本草纲目》等汉文书籍。中学时代就开始对植物学产生浓厚兴趣，到野外收集各种菌类标本。1886年20岁时赴美国留学，曾就读于密歇根州立农业大学。1892年26岁时赴英国伦敦，在大英博物馆协助整理工作，并从事生物学、民俗学、考古学与宗教学的研究。1900年归国，潜心进行科学研究，直到1941年去世。他一生收

---

* 原载于《纪念孙中山诞辰140周年国际研讨会论文集》，社会科学文献出版社2009年版。

① 《南方熊楠日记》第2卷，东京：八坂书房1987年版，第26页。

集了各种菌类标本和图谱4500多种、15000多枚，还撰写了大量论文和随笔。在生物学、民俗学、人类学、考古学、社会学、文学等领域均有建树。其著作有《南方熊楠全集》12卷和《南方熊楠日记》4卷等。孙中山曾盛赞南方熊楠是日本的一位“奇人”。在给犬养毅的一封信中高度评价南方熊楠，“君游学欧美将廿年，博通数国语言文字，其哲学理学之精深，虽泰西专门名家每为惊倒，而为植物学一门尤为造诣。君无心名利，苦志于学，独立独行，十余年如一日，诚非人可及也”①。

那么，孙中山与南方熊楠究竟是什么时候、在什么地方初次见面和认识的呢?《国父与日本友人》一书中说：“国父（即孙中山）与南方氏的交友关系开始于古巴。事在西历1892……”② 这完全是子虚乌有的天方夜谭。虽然1892年南方熊楠的确去过古巴，可是那一年孙中山还在香港西医书院读书，暑假毕业后则往澳门行医，根本没去过古巴，更谈不上在古巴与南方熊楠见面了。实际上南方熊楠在自己的日记里写得清清楚楚，是1897年3月16日在大英博物馆东方部主任道格拉斯的办公室里第一次见到孙中山的。③ 后来他在自己的《履历书》中又重申：“我是在道格拉斯的办公室里初次认识孙逸仙的。”④

这是孙中山在伦敦蒙难获救以后不久，他经常到大英博物馆看书，因此得以与南方熊楠邂逅。两人一见如故，谈得非常投机。南方熊楠后来在给日本著名民俗学家柳田国男的一封信中回忆道：“我在道格拉斯办公室初次见到孙逸仙时，他问我‘一生所期是什么?’我答道‘但愿我们东洋人能一举把西洋人都驱逐出国境之外”。⑤ 此言不仅令孙中山肃然起敬，而南方也对曾在伦敦蒙难的孙中山寄予同情与敬佩。从此两人成了莫逆之交，经常见面并相约在大英博物馆或寓

① 《孙中山全集》第1卷，中华书局1981年版，第207页。又见《南方熊楠日记》第2卷，第492页。

② 陈固亭：《国父与日本友人》，台北：幼狮文化事业公司1977年版，第103页。

③ 《南方熊楠日记》第2卷，第11页。

④ 《南方熊楠全集》第7卷，东京：平凡社1971年版，第15页。

⑤ 《南方熊楠全集》第8卷，东京：平凡社1972年版，第196页。

所、餐馆、公园等处会面畅谈，有时还一起去参观自然科学博物馆和植物园。在南方熊楠 1897 年 3 月到 6 月的日记中，仅仅 3 个月内有关与孙中山交往的记事就有 30 多条。如 3 月 18 日记“与孙文在博物馆正面前的椅子上闲谈”。3 月 19 日日记写：“与孙文到餐馆晚餐，然后到海德公园里聊天，又乘公共汽车至其公寓，谈至十点始告辞而归。”① 两人都是博学多识的有志之士，因而上至天文地理、政治经济，下到历史、文学、科学等，几乎无所不谈。而且孙中山学过医，南方熊楠研究生物，更有专业上的共同语言。他们有时还在一起交流探讨生物学、医学以至天文历法方面的学术问题。孙中山还送给南方熊楠明末思想家黄宗羲的著作《原君原臣》和自己的译作《红十字会救伤第一法》等书。② 1897 年 6 月 27 日，孙中山在离开英国前夕，应南方的要求，在他的日记本上亲笔题词：“海外逢知音　南方学长属书　香山孙文拜言”③，表达了他们之间深厚的友谊和离别之情。

孙中山和南方熊楠在伦敦的交往中，有一点特别值得注意，就是南方熊楠曾向孙中山介绍日本情况与日本人士，这对于孙中山以后在日本开展革命活动有一定的帮助。当时孙中山感到在欧洲中国留学生和华侨太少，缺乏鼓吹革命的对象，“故不欲久处欧洲，旷费革命之时日。遂往日本，以其地与中国相近，消息易通，便于筹划也”④。在《南方熊楠日记》中，可以看到南方熊楠利用各种机会主动热心地为孙中山介绍日本关心亚洲问题的人士。如陪孙中山登上正在英国港口的日本军舰富士号参观，并与水雷长津田及副长斋藤等交谈。又利用其同乡纪州侯世子德川赖伦和后来任文部大臣的镰田荣吉等人参观大英博物馆的机会，介绍孙中山与他们认识和交谈。他还请镰田为孙中山写了给大陆浪人首领冈本柳之助的介绍信。另外，又请曾任和歌山县议会会长的田岛担为孙中山介绍热心亚洲问题的新闻记者菊池

① 《南方熊楠日记》第 2 卷，第 11 页。
② 《南方熊楠日记》第 2 卷，第 25 页。
③ 《南方熊楠日记》第 2 卷，第 26 页。
④ 《孙中山全集》第 6 卷，第 232 页。

谦让及与犬养毅关系密切、后来当过大隈内阁文部大臣的尾崎行雄等人（6月27日、29日日记）。他自己还亲自给后来任众议院议员的朋友佐藤寅次郎写了介绍孙中山的信。这些介绍信究竟起了多大作用很难考证清楚，但是，日本华人学者伊原泽周认为孙中山赴日本活动“如果事前不得到日本当局的谅解与默认，恐怕是很难办到的。而日本当局的谅解与默认，又与南方在伦敦给中山先生所介绍的日本友人们的直接或间接的协助是分不开的”[①]。他推测也许是南方熊楠托田岛担介绍的尾崎行雄，通过外务省及与犬养毅的关系进行了疏通，为孙中山在日本居留和开展活动创造了条件。

南方熊楠性格刚强豪爽，后来因不堪忍受英国职员的歧视和侮辱，挥拳反击，而被大英博物馆免职。1900年10月他回到日本，但因无博士学位，未受日本政府和大学的重用，便回到故乡和歌山县潜心研究科学。后来当他听说孙中山住在横滨时，便写信相邀。孙中山立刻回信道：“亲爱的南方先生：昨日于横滨收到来函，获悉你已重返故国，甚为欣喜。我盼望早日与你会晤，彼此得以倾叙近数年的情况。上月我刚由台湾返回，恐不久又要再次离开。启程前你如仍未能来东京，则我定将先行造访。谨致此深挚的敬意，非常忠实于你的孙逸仙，1900年12月11日于东京。”[②] 于是，孙中山在1901年2月13日亲往和歌山与南方熊楠叙旧，两人“相见甚欢，流连忘返”。孙中山下榻“富士屋”旅馆，南方特地在“芦边屋”酒馆设宴款待孙中山。席上谈到了西乡从道等人物和各种话题。孙中山还与其全家合影留念，临别时把自己最爱戴的一顶飞行帽送给南方作纪念。2月16日孙中山回到横滨，即写信给南方，表示“和歌山叙旧，欢洽生平，独惜时日所限，不能久留多聆教益，为可憾耳”[③]。并告知已遵嘱给犬养毅写了封推荐信，给予南方前面提到“奇人”等高度评价。并说“先生见之，

① 彭泽周：《近代中日关系研究论集》，台湾艺文印书馆1978年版，第358页。

② 孙中山：《致南方熊楠函》，《孙中山全集》第1卷，第204页。原文是英文，《南方熊楠日记》第2卷，第489—490页。

③ 《孙中山全集》第1卷，第206页。

想必有相见恨晚之慨也”①。不久，他又收到南方熊楠从和歌山捎来的土产糖酱佛手柑一盒，孙中山也立即回赠了一本《南洋的风云》。

还应提到的是，孙中山与南方熊楠进行生物学学术交流的事迹。1901 年 4 月 16 日，孙中山在赴夏威夷期间，曾在布哇岛上发现一颗八英寸大小的石菌（地衣），特地把它采摘下来，写上名字，寄给南方熊楠作为研究标本，“聊以志思慕之忱耳”②。南方熊楠得到这份珍贵礼物，不禁喜出望外，作为一位认真严谨的科学家，他立即写信询问所采石菌生长环境的状况。孙中山在从事革命活动的百忙之中，为帮助友人的科学研究，马上回信把自己所采石菌的地理环境详细告诉南方。信中说：“关于采集石菌的地点，此物乃生长于山谷小河边岩石之上，岩石为茂密的热带植物所覆盖。山谷两旁峭壁高耸，其间雨量充沛，各种植物均得迅猛生长。该地周围尚有不少较所寄赠者大得多的石菌，但其形状甚不规则，难于整块摘取而不裂为小片。所寄奉的那一片，其大小在同类中仅属中等，但我见其形状较好，且易于从石上采摘，故选取它。关于石菌，我所能奉告者大致如此。”信的最后署名和时间是“非常忠实于你的孙逸仙，1901 年 7 月 1 日于东京”③。

在 1901 年和歌山欢聚以后，南方熊楠与孙中山再也没有见过面，但他仍十分关心孙中山从事的中国革命事业。1911 年 10 月 14 日，当他听说中国爆发武昌起义，革命军取得胜利的消息时，非常高兴。他兴奋地写信给自己的朋友、著名的民俗学家柳田国男说：“报上所载的黄兴起兵，大乱爆发的电文我已看到。我与孙文曾有默契，要是革命情势能一天一天地稳定下来的话，我打算前往中国去慰问革命军。”④ 一个月以后，他又写信告诉柳田国男，他过去在和歌山与孙文欢谈时，还达成一个默契，“那就是他的革命一旦成功的话，将在广州的罗浮

① 《孙中山全集》第 1 卷，第 207 页。

② 《孙中山全集》第 1 卷，第 212 页。

③ 《孙中山全集》第 1 卷，第 212 页。原文是英文，《南方熊楠日记》第 2 卷，第 494—495 页。

④ 南方熊楠：《致柳田国男书》（明治四十四年 10 月 14 日），《南方熊楠全集》第 8 卷，第 180 页。

山开设一个植物园”。他表示愿意到中国去做科学研究。① 1913 年 2 月至 3 月，孙中山访问日本时，尽管日程安排很满，但他仍想与阔别多年的老友南方熊楠再见面叙旧，并通过伊东知也转告南方熊楠若能到和歌山的话，可以特地赶到其地与他见面。可惜当时因南方熊楠患严重眼病而且交通不便未能实现。南方只得让其弟向孙中山转达了“不能前往的歉意”。② 1924 年孙中山最后一次访问日本时，11 月 28 日曾在神户高等女子学校以《大亚细亚主义》为题作演讲，用王道与霸道批评日本的对华政策，责问日本政府“究竟是做西方霸道的鹰犬，或是做东方王道的干城?”南方熊楠看到报上的报道后，曾发表感想：“在神户什么地方演讲王道时，谈到中国的德望亦为今日的印度所仰慕。这是我与孙文曾经仔细谈过的问题。”③

1941 年 9 月 22 日，即南方熊楠逝世前几个月，虽然当时中日两国正处于敌对战争状态，他仍写信给民俗学家中山太郎，表示“我已年达七十五岁的高龄，不希望发财致富。自己在生物学上研究的成果，为答谢诸君赞助我的盛意，多已出版。其未出版的部分，以及所有的图书及标本等物，为纪念旧知孙文与我的友情，以学校的常备品赠送给中山大学，以加深中日两国的亲善”④，充分表达了这位日本科学家对孙中山及中国人民真挚热忱的感情。至今在日本和歌山县由滨町的南方熊楠纪念馆里还陈列着孙中山写给南方熊楠的几封信，孙中山赠送的几本书和一顶飞行帽、一幅合影照片及一个地衣研究标本，这些珍贵的文物也是中日友好和交流的见证。

孙中山与南方熊楠之间的友谊体现了中日两国人民之间发自内心的纯洁、真挚、诚信、朴实的君子之谊。

---

① 南方熊楠：《致柳田国男书》（明治四十四年 11 月），《南方熊楠全集》第 8 卷，第 239 页。

② 南方熊楠：《致高木敏雄书》（大正二年 2 月 20 日），《南方熊楠全集》第 8 卷，第 554 页。

③ 南方熊楠：《履历书》，见《南方熊楠全集》第 7 卷，第 15 页。

④ 笠井清：《孙文与南方熊楠——熊楠归国后的交往》，转引自彭泽周《近代中日关系研究论集》，第 383 页。

孙中山夫妇与梅屋庄吉夫妇的友谊*

2008年5月6日，中国国家主席胡锦涛访日的“暖春之旅”抵达日本的第一天，日本首相福田康夫在东京日比谷的松本楼餐馆宴请胡主席。福田首相为什么要选择在松本楼请胡主席吃“第一餐”呢?原来这里有着一段中日友好历史的佳话。松本楼的经营者小坂主和子的外祖父就是孙中山和宋庆龄最亲密的日本朋友梅屋庄吉。因此，胡锦涛主席在宴会前特地会见了小坂主和子及其丈夫小坂哲瑯，并参观了有关梅屋庄吉与孙中山交往的珍贵文物与图片。笔者20年前在日本做访问学者时，曾访问过梅屋庄吉的故居，深为梅屋庄吉夫妇与孙中山夫妇的真挚友情所感动。

一　一见如故，倾力相助

梅屋庄吉1868年出生在日本长崎。原姓本田，因从小过继给商人梅屋吉五郎做养子，改姓梅屋。他自幼活泼好动，10岁时便独自离家去大阪、京都等地漫游，14岁时又瞒着父母偷偷混上运煤商船只身来到中国上海，流浪打工半年后才返回长崎。18岁搭乘美国货船，准备去美国留学，但途中船只遭海难，漂到菲律宾遇救，道经香港回国。后因经营采矿和粮食贸易失败，又到新加坡学习摄影，开了

---

* 原载于《纵横》2008年第6期。

一家小型照相馆。1894 年 10 月，梅屋庄吉从新加坡迁至中国香港，仍以开照相馆为业。由于他服务热情，摄影技术高超，又性格豪爽、善于交际、乐于助人，因此生意兴隆，结交了许多朋友，如孙中山的老师、香港西医书院教务长英国人康德黎等。

1895 年 1 月，孙中山从檀香山回到香港筹划反清起义，由于经费武器困难，希望得到援助，康德黎便向他介绍了侠义的梅屋庄吉。一天，孙中山来到香港中环大马路 28 号梅屋照相馆拜访，梅屋放下工作热情招待。两人一见如故，纵论天下大事，许多见解不谋而合。孙中山的革命热情和雄图，深深打动了梅屋，当孙中山谈到准备发动反清武装起义，但缺少经费、军械时，梅屋庄吉当即爽快承诺："君若举兵，我将以财政相助。"从此，梅屋庄吉便秘密投身于援助孙中山的中国革命事业，倾力为其筹款、购械。1895 年 10 月，孙中山筹划广州起义前，他曾筹集资金从横滨、新加坡等地购置军械，但起义因事泄而流产，军械也被海关扣留，孙中山被迫流亡海外。1896 年当孙中山在英国伦敦被清政府驻英公使馆诱禁蒙难得救后，梅屋又去信劝他到日本避难。1900 年孙中山筹划发动惠州起义，梅屋在香港出资购买了一批枪支弹药，秘密运往起义地点，使起义军得到军械支援，士气大振。但后来因遭到清军围攻，起义不幸失败。1902 年 12 月，孙中山曾在赴南洋途中秘密抵香港，在梅屋照相馆小住，老友重逢，促膝长谈。1903 年梅屋庄吉与妻子德子完婚，继续在香港经营照相馆，一方面为孙中山的革命事业拓展财源，筹集资金；另一方面把照相馆作为中国革命党人和日本志士的"联络点"和"接待站"。梅屋夫人热情地为他们安排食宿。1904 年因有日本人告密，检举梅屋庄吉帮助革命党等购军械密谋叛乱，广东当局企图勾结香港警方逮捕他。梅屋庄吉得到消息后连夜带夫人和徒弟登上一艘菲律宾商船，逃往新加坡，在那里开设照相馆和电影院。积累了一些财产后，他决定回日本开办电影公司。1905 年他在东京筑地的影富座剧院举行了归国首映式，获得成功。

1905 年 8 月 20 日，孙中山在日本发起成立中国同盟会，梅屋庄吉便联合支持中国革命的日本友人，在东京有乐町设立“中国同盟会后援事务所”，主要任务是从经济上支援同盟会。梅屋庄吉还慷慨资助孙中山出版同盟会机关刊物《民报》所需费用。1909 年梅屋庄吉投资创建了日本第二家电影制片厂 M—百代商会，并在东京浅草开设了专用电影院，并拍摄了日本第一部国产科技片和第一部儿童影片。1911 年 4 月，黄兴等在广州发动黄花岗起义时，梅屋庄吉也多方协助中国革命党人购运军械，配合起义。1911 年 10 月，武昌起义爆发后，起义军急需军械弹药，梅屋庄吉闻讯，不顾自己已经面临财政困难、债台高筑，立即慷慨解囊，捐款 11.6 万日元，11 月 7 日再次捐款 17 万日元。两笔巨款共达 28.6 万日元，大约相当中国货币白银近 24 万海关两。另外，革命军亟须印刷军票，解决财政困难，梅屋庄吉受陈其美委托，又出资在东京新宿石田印刷所印制了面额为 5 元的军票共 250 万元，这是中国革命军印制的第一批军票。

为缓解前线缺乏医护人员的情况，梅屋庄吉还组织了一支有 6 名医师和 10 名护士的日本人医疗队，由梅屋夫人的主治医生山科多久马率领赶赴中国前线，医疗队的一切费用都由梅屋庄吉提供。梅屋还派遣了 M—百代商会的优秀摄影师荻屋坚藏赴中国拍摄辛亥革命的纪录片和照片。他曾到武汉拍下了汉口、汉阳攻防战中革命军英勇奋战的实况。

1911 年底孙中山从欧洲回国当选为中华民国临时大总统。梅屋庄吉闻讯，非常激动，立即赶往电报局致电孙中山，表示热烈祝贺。1912 年 1 月，中华民国临时政府成立后，欧美及日本政府不愿立即承认，梅屋庄吉便与日本民间志士一道，成立了“支那共和国公认期成同盟会”，该会的经费大多由梅屋庄吉提供，事务所设在日比谷。1 月 28 日梅屋庄吉以该会名义在东京筑地精养轩举办招待会，应邀到会的政界、新闻界等人士共 72 人，一致通过了劝告日本政府早日承认南京临时政府的决议。笔者访问梅屋故居时，还亲眼见到了这块“支那共和国公认期成同盟会”的会标木牌。

二 生死之交，亲密无间

1912 年 2 月 13 日，孙中山辞去临时大总统职务。1913 年 2 月 14 日，孙中山一行赴日本访问抵达东京，梅屋庄吉等日本友人前往东京车站迎接，见到孙中山下车时，他激动地说："孙中山是盟友，是生死与共的友人，是我的师友。"梅屋庄吉、宫崎滔天等真诚支持过中国革命的日本友人与孙中山一起畅谈形势，重温友情。3 月 1 日，梅屋与日华同志恳谈会的会员们一道在松本楼宴请孙中山一行。梅屋还陪孙中山一行游览浅草，并为其放映特地为中国革命拍摄的纪录片《武昌起义》。孙中山全神贯注看完后又要求再放一遍，梅屋不仅满足其要求，而且将影片的两部拷贝送给孙中山和黄兴。

1913 年 8 月，孙中山发动讨伐袁世凯独裁的"二次革命"失败后，途经台湾，再次流亡日本。8 月 18 日抵东京，住在赤坂区头山满住宅，直到 1915 年 8 月。这段时间孙中山虽受到日本秘密警察的严密监视，但与梅屋夫妇的往来十分频繁。据日本外交史料馆收藏的监视"孙文动静"的日本警察给警视厅和外务省的报告统计，这两年中，孙中山访梅屋宅 9 次，梅屋庄吉访问孙中山 18 次，梅屋夫人单独访问孙中山 11 次，此外电话联系更是不计其数。梅屋夫妇对孙中山在精神和生活上的真诚支持援助，给予流亡中的孙中山以极大的鼓励和安慰。1914 年 10 月 17 日，梅屋夫妇特地邀请孙中山出外观光散心，并去有乐町大武照相馆合影留念，这张照片至今还保存在梅屋故居。

特别值得一提的是，在此期间梅屋夫妇帮助和促成了孙中山与宋庆龄的婚姻。宋庆龄是 1913 年 9 月从美国来东京看望父母的，当时其父宋嘉树正担任孙中山的英文秘书，因患病让其女儿帮助孙中山处理英文信件。9 月 19 日，孙中山第一次携宋庆龄访问梅屋夫妇，以后又多次来往。梅屋夫妇赞赏宋庆龄的温雅聪颖，一起谈话吃饭，关系十分融洽。晚餐后还开了一场家庭音乐会，宋庆龄和梅屋的养女梅子先后弹了钢琴，梅屋夫人拉了小提琴，宋庆龄还唱了一首歌。孙中山与宋庆龄相爱后，曾受到亲友和社会的阻力，梅屋夫妇大力帮助并促成他们的婚姻。1915 年 8 月底，孙中山搬到由梅屋庄吉提供的新住宅东京本多郡千驮谷町字原宿 108 号，称为“中山寓”。梅屋夫人还陪孙中山买了一些家具和日用品布置了新居。10 月 25 日，孙中山与宋庆龄委托日本著名律师和田瑞办理了结婚登记，婚礼在和田瑞家中举行，结婚誓约共 3 份，分别由孙、宋、和田保持。也有史料说，婚礼是在梅屋家二楼举行。一些中日友人接到邀请前来祝贺，由梅屋夫妇充当证婚人，孙中山夫妇喝了梅屋夫人倒的交杯酒，友人则唱了祝福歌。据说婚礼上还由头山满做中介人，孙中山与梅屋庄吉结为义兄弟，宋庆龄与梅屋夫人结为义姐妹，喝了交杯酒，发誓为在中国实现真正的共和，为亚洲的复兴，同生死，共患难。10 月 27 日，孙中山携宋庆龄访问梅屋宅，衷心感谢梅屋夫妇的热心帮助。此后，直到 1916 年 4 月末，孙中山离日回国，孙中山夫妇与梅屋夫妇经常来往，亲密无间。孙中山回国前，1916 年 4 月 12 日，梅屋夫人到孙宅帮助宋庆龄收拾行李，并陪孙氏夫妇游览上野公园。4 月 24 日，孙中山夫妇特地邀请梅屋夫人到大武照相馆合影作临别纪念，此照片现也保存在梅屋故居。这是他们之间相处最长、私交最深的一段时间，在患难中结下深情厚谊，并留下了深刻的印象和难忘的回忆。

在孙中山流亡日本期间，梅屋庄吉积极支持援助孙中山和中华革命党的反袁活动。在自己经营困难的情况下，仍多次为反袁革命斗争捐款。还协助孙中山创办了训练中国飞行员的近江飞行学校，日本著名民间飞行家坂本寿一为教官，学员有夏金民、周应时等 47 人，并有两架飞机。航校的经费全部由梅屋提供。1916 年 2 月孙中山指示居正率中华革命军东北军在山东举行反袁起义，居正委任梅屋庄吉为“中华革命军东北军武器输入委员”，为革命军购置武器弹药。坂本寿一还率近江航校的飞机和学员到山东为革命军助威。最后由于袁世凯去世、政局变化等原因，东北军与航校不得不以解散告终。

三 心心相印，友谊长存

自从孙中山夫妇回国后，梅屋庄吉夫妇无时不在关注中国局势，思念孙中山夫妇。孙中山与宋庆龄身处险恶环境，在坚持革命斗争、探索中国前途的紧张岁月中，也没有忘记远在日本的老朋友，双方信件往来不断，互相关心，互相帮助，尽管天各一方，始终心心相印。《梅屋庄吉文书》和《孙中山全集》《宋庆龄文集》中收录了不少这样的信件。当孙中山从梅屋信中得知梅屋夫人生病将做手术的消息后，立即叮嘱宋庆龄替他回信，表达“最亲切的问候”。1917 年 9 月，孙中山在广东军政府当选大元帅，发动反对北洋军阀的护法运动，他立即把自己身穿大元帅服的照片及就职布告寄给梅屋庄吉，宋庆龄也将自己在广州的新照片寄给梅屋夫人，梅屋夫妇立即致电祝贺。1918 年 5 月，孙中山受西南各省军阀排挤，护法运动失败。6 月孙中山赴日本短期访问，6 月 12 日梅屋庄吉专程从东京赶到箱根与孙中山相见。老友重逢感到格外亲切，从中国革命形势到双方事业家庭，无所不谈。孙中山看到日本寺内内阁支持军阀、扩大侵略权益的对华政策，对日本的幻想破灭。

1920 年 10 月，孙中山返回广州。11 月 29 日，重组广东军政府。1921 年 4 月 7 日，国会非常会议选举孙中山为非常大总统，梅屋庄吉获悉很兴奋，立即致电祝贺。5 月初，孙中山就任非常大总统后，也立即电告梅屋，并寄去与宋庆龄的合影。在第二次广东军政府期间，孙中山多次批评日本政策，并要求取消“二十一条”。日本政府和舆论却大肆攻击孙中山“赤化”、反日。梅屋庄吉顶住国内舆论压力，坚定不移地支持孙中山和中国革命，并托萱野长知带他的信和赠款到广东拜访孙中山。1924 年 1 月，国民党第一次全国代表大会在广州召开，决定实行“联俄、联共、扶助农工”三大政策。这时日本报刊加紧攻击孙中山“赤化”，而梅屋庄吉则坚信“孙中山所做的都是为了中国革命”。

1924 年 11 月，孙中山夫妇在北上前夕访问日本神户。梅屋十分思念老朋友，可惜当时因正卧病在床，只得委托萱野长知带着自己的亲笔信及礼物赶到神户，面交孙中山和宋庆龄。而孙中山夫妇也反复叮嘱萱野向梅屋夫妇转达他们的问候和祝福。11 月 30 日，孙中山离开神户时特意致电梅屋“感谢逗留贵国期间的深情厚谊，为亚洲民族复兴，切望继续协助，躬祝健康为祷”。

1924 年底孙中山抱病入京，斥责段祺瑞北洋军阀政府的反动卖国，主张立即召开国民会议。积劳成疾使孙中山病情恶化，1925 年 1 月 26 日，入协和医院接受手术治疗。次日，日本报纸误传孙中山已逝世，梅屋闻讯极其悲痛，立即请萱野长知和养女梅子为代表赶往北京参加葬礼，后知孙中山未死，立即致书宋庆龄等人，希望竭尽全力救治孙病，并计划请日本治疗癌症的权威中井博士前往北京会诊。萱野长知是唯一被允许到协和医院当面探望的日本友人，孙中山在病床上还问候梅屋如何，“在神户未晤，甚感遗憾!”宋庆龄也接见了梅子，梅子说我是代父母亲来的，“请转告孙中山先生，我们全家都相信并躬祝他一定康复，希望能在孙先生康复后拜访他”。宋庆龄也详细询问梅屋庄吉的病情，并嘱梅子转告梅屋，静心养病，争取早日痊愈。远在东京的梅屋庄吉关注着孙中山的病情，当得知其病情恶化时，他心情十分沉重，因忧虑过度又身患重病，常常不思饮食，彻夜不眠。1925 年 3 月 12 日，孙中山在北京铁狮子胡同 5 号住处病逝，其遗嘱指出“革命尚未成功，同志仍须努力”。梅屋从晚报上看到孙中山去世的消息还不敢相信，后来又接到孙科拍来的丧电才确信。当天即以极其悲痛的心情分别向孙科与宋庆龄发去唁电，表示哀悼。在给孙科的唁电中说：“先生乃中国革命之大恩人，世界革命之人。今日仙去，诚为贵国乃至东洋之不幸。”在给宋庆龄的唁电中说：“吾人与孙文先生相识已久，忆及以往，感慨无量，如今只有仰天长叹。”4 月 12 日，梅屋庄吉和日本的孙中山生前好友在东京青山会馆举行了孙中山追悼会，梅屋庄吉在致悼词时，回顾了自己与孙中山结交的往事，不禁百感交集，失声痛哭。5 月 9 日，日本各界人士在东京芝山增上寺举行孙中山追悼大会，梅屋庄吉在孙中山的遗像前深深鞠躬，久久不愿离去。

孙中山逝世后，梅屋因拍摄影片《地狱街道》失败，退出电影界，一心从事日中友好事业。他为了宣传孙中山的丰功伟绩并提醒人们继承孙中山的遗志，决定出资铸造多尊孙中山的铜像，分别立于中国和日本。1928 年他聘请日本著名雕刻家牧田祥哉进行设计雕刻，并委托第一流铜像铸造业筱原睢金店铸造。梅屋原拟在东京府西多摩郡调布村竖立一尊孙中山铜像，以表达日本人民对孙中山的敬仰和日中人民的友谊，但遭到东京警视厅的禁止。1929 年 2 月，第一尊铜像铸成后，梅屋庄吉决定亲自护送到中国。2 月 28 日，梅屋夫妇及女儿乘伏贝丸由神户启程，3 月 4 日，抵上海港，受到中国军舰鸣放礼炮和南京国民政府官员与民众的列队热烈欢迎。3 月 9 日，他到北平香山碧云寺孙中山灵堂瞻仰遗容，献花圈，鞠躬默哀，并致悼词。当时南京中山陵尚未修好，梅屋遂向南京国民政府要求留居中国，暂住上海法租界金神父路 144 号。

南京中山陵修成后，总理奉安委员会决定于 1929 年 5 月底至 6 月初举行孙中山灵柩的奉安大典，并邀请了孙中山生前日本友人 80 余人来华参加奉安大典。梅屋庄吉专程赶往北平，与宋庆龄等人一起于 5 月 26 日护灵车南下。6 月 1 日，灵柩安葬仪式在紫金山中山陵举行。下午，梅屋等 30 余名日本友人进墓门公祭瞻仰孙中山遗容。

奉安大典后，总理奉安委员会决定将梅屋庄吉赠送的孙中山铜像暂立于南京军官学校。1929 年 10 月 14 日，举行了隆重的揭幕典礼，梅屋庄吉应邀出席为铜像揭幕并致辞。他说："中山先生不仅是中国之国父，实为世界之伟人，为万众所敬仰。"并表示"绝非以铜像做单纯之纪念，而在于万众一旦瞻仰，更为先生之至明至德所感化，发奋遵奉其遗训，为建设三民主义国家和完成统一和平而一致努力"。他的致辞情真意切，充分表达了他铸赠孙中山铜像的崇高目的。现在这尊铜像已移立于中山陵附近孙中山纪念馆前，供万众敬仰。梅屋来华时还携带了高 50 厘米的孙中山半身铜像 100 尊，分别赠予孙中山的亲友。1930 年 5 月，梅屋庄吉又护送另一尊孙中山铜像到广州，赠给孙中山亲自创建的黄埔军官学校。不久，黄埔军校修建了一尊高 40 米的铜像台基，孙中山铜像屹立其上，十分壮观。梅屋还参观了中山县翠亨村孙中山故居，并向黄花岗七十二烈士墓献了花圈。1931 年 1 月，梅屋夫妇再次护送 2 尊孙中山铜像到广州，分别赠给中山大学和中山县。现在一尊还屹立在中山大学校园内，另一尊在抗战时期由中山县移到澳门国父纪念馆。梅屋本来计划还要再造 3 尊孙中山铜像，分别立于北平、武昌与上海，后来因日中关系恶化加上他年迈多病，力不从心，这个计划未能实现。

梅屋庄吉在铸赠孙中山铜像的同时，还积极筹备拍摄影片《大孙文》。他与宫崎滔天之子宫崎龙介等人一道发起成立了《大孙文》拍摄协会，宗旨是通过影片让日本人民了解中国革命和孙中山的光辉事迹，加深日中两国的互相理解，促进日中友好。协会组织编写了《大孙文》电影剧本草稿，准备将影片在中、日、美、英等国拍摄，拟拍片长 7000 尺，预算耗资 15 万日元，计划 3 年完成。但不久由于“九一八事变”爆发，日本军国主义发动了侵华战争，使这个计划无法实现。此后，梅屋庄吉抱着善良的愿望，曾多次努力试图说服日本政府和军部停止侵华，不但没有效果，而且还因他热衷日中友好而被警察当局列入嫌疑对象，遭到宪兵队的传讯。1934 年 11 月 23 日，梅屋庄吉因晚期胃癌病逝，享年 65 岁。这位将一生无私奉献给孙中山领导的中国革命和中日友好事业的中国人民的真诚朋友，永远值得怀念。

梅屋庄吉去世后，梅屋夫人再度来上海居住，战后于 1946 年回国，1948 年 11 月，这位中国革命者的良朋益友逝世。1978 年 10 月，梅屋庄吉的女儿千势子和她丈夫国方春男应宋庆龄的邀请来华访问，当时已 86 岁高龄的宋庆龄亲切接见，设宴款待了他们。宋庆龄对千势子说：“您的父母亲是我非常缅怀的人。”千势子回国后还收到宋庆龄的来信说：“你们的访问引起我对往事的回忆，及对梅屋庄吉先生和夫人与孙中山先生和我之间的友情的回忆，时间和形势永不能抹掉这宝贵的友谊，什么也不能抹掉它的。”宋庆龄还应他们的要求写了“中日两国人民世世代代友好下去”的题词。千势子逝世后，她的女儿小坂主和子与女婿小坂哲耶继承前辈们未竟的事业，积极投身日中友好事业。

鹿地亘与在华日本人民反战同盟*

日本军国主义统治集团发动了长达 14 年的侵华战争，屠杀中国人民，掠夺中国财富，犯下滔天罪行。但是，我们在揭露谴责日本军国主义侵华暴行的同时，不要忘记战争期间也有一批有良知和正义感的日本人士，曾经挺身而出反对日本侵华战争。他们用各种方式支持中国人民的抗日战争，甚至冒着生命危险到前线喊话，瓦解日军士气。本文介绍的日本进步作家鹿地亘和一些在华日本人民反战同盟成员，就是这样勇敢的反法西斯战士、中国人民的真诚朋友。

一 鹿地亘来华及其与鲁迅的友谊

鹿地亘，本名濑口贡，1903 年出生于日本九州大分县三浦村。他于 1924 年考入东京大学文学部，二年级时加入东大学生进步团体新人会，并开始接触社会主义思想。1928 年东大毕业后，参加了日本无产阶级作家同盟，发表小说、剧本和评论，投身日本无产阶级文艺运动。1932 年他由作家小林多喜二介绍加入日本共产党。曾因参加左翼文化运动和反战游行而遭逮捕，先后 18 次被关进拘留所，还被判监禁 2 年。

鹿地亘出狱后，于 1936 年 1 月流亡中国。在上海，经内山完造

* 原载于《中国社会科学报》2015 年 8 月 21 日。

介绍，认识了鲁迅和胡风、夏衍、肖军等中国进步作家。在鲁迅的亲切关怀和指导下，他开始翻译鲁迅和中国青年作家的作品。鲁迅曾亲自帮他修改和校对译稿。1936 年 10 月鲁迅去世后的葬礼上，鹿地亘是 12 名抬棺人之一。他还担任了日本改造社出版的日文版《大鲁迅全集》第二卷的翻译和解题，并撰写了《鲁迅评传》，帮助日本读者全面了解鲁迅及其作品。

二 鹿地亘创建在华日本人民反战同盟

1937 年 7 月日本发动卢沟桥事变，开始全面侵华战争。鹿地亘立即投入反对日本军国主义侵华战争的斗争。由于受到上海日租界警察的追捕，他在新西兰友人艾黎的帮助下转移到香港，在报刊上发表了一系列反对日本侵华的文章。

1938 年 3 月，鹿地亘和夫人池田幸子受到中国国民政府军事委员会政治部的聘请来到武汉。当时正值国共合作共同抗日，政治部的部长是陈诚，副部长是周恩来，负责文化宣传的第三厅厅长是郭沫若。第三厅聚集了许多爱国救亡文化界人士，其中也有不少共产党员，如曾在东大留过学的冯乃超等。鹿地夫妇被聘为政治部设计委员会委员，担任对日情报和敌情研究的顾问，还曾起草日文对日宣传传单，由中国空军的飞机到日本本土上空散发。

1938 年 8 月，鹿地亘向军委会提出设立特殊收容所进行对日军战俘的感化教育工作的建议。同年 10 月，他奉命视察了设在湖南常德的第二收容所（后迁贵州镇远，又称“和平村”）。当时已收容日军战俘 80 余名。鹿地亘天天与他们谈话，做耐心细致的说服教育工作，并在桂林《救亡日报》上发表视察报告《和平村记》，引起很大反响。他向政治部提出了《关于俘虏工作的建议》，认为教育日俘的关键是使他认识到反对侵华战争，不仅是为了中国，也是为了挽救日本和自己。

1939 年 12 月 23 日，鹿地亘在广西桂林创建了“在华日本人民反战同盟西南支部”，发表了《成立宣言》。他指出：“这次中国对帝国主义侵略的坚决抗战，和我们日本人民的自由解放的目的，是完全一致的。中华民族赞成支持日本人民的解放，我们把中华民族作为日本人民的朋友，坚决援助他们的抗战。”在《宣言》上签名的有鹿地亘和西南支部第一批成员坂本秀夫等11名日本战俘。同盟还编印了机关杂志《人民之友》，呼呼“解放日本人民，反对强迫人民走向饥饿和死亡的侵略战争！”

三　前线阵地喊话与反战话剧演出

1939年12月25日，即在反战同盟西南支部成立的第三天，就派出第一支工作队，由鹿地亘亲自率领5名西南支部成员，从桂林奔赴昆仑关前线。29日下午在离日军阵地300米处，工作队用扩音器向日军广播喊话。鹿地亘首先说：“同胞诸君，日军兄弟们，这场战争是国家和民族的大不幸，我们日本人民是反对这场战争的……各位，停止战争吧，好好保护自己宝贵的生命，为了父母、兄弟、姐妹、故乡，请各位好好想想吧！”反战同盟成员也讲了自己的经历，控诉战争给日中两国人民带来的苦难。工作队受到前线中国官兵和民众的欢迎支持，喊话也打动了一些日军士兵的心灵，瓦解了日军的士气。1940年2月2日，工作队的三名队员大山邦男、鲇川诚二、松山速夫在前线山路上遭到日军飞机扫射，不幸牺牲，在桂林和重庆分别为三位烈士举行了隆重的追悼会。

在华日本人民反战同盟西南支部还排演和公演了鹿地亘创作的三幕反战话剧《三兄弟》。描写日本工人宫本一郎兄弟三人，在战争期间遭到征兵、逼债、抓捕的悲惨遭遇。话剧最后在宫本一郎高呼“反对侵略战争！”“打倒法西斯统治！”的口号声中结束。话剧先在桂林公演5天，观众达六七千人。接着又组织巡回演出团，到柳州、贵阳、重庆等地演出。重庆各界还举行了隆重欢迎大会，会上郭沫若指出反战同盟已经“成了我们同一战线的亲密战友”。

1940年3月30日，鹿地亘又组织重庆第二收容所分所（又称“博爱村”）的16名日俘成立了日本人民反战同盟重庆总部。他编辑机关刊物《为真理斗争》，还协助政治部第三厅编写《敌情研究》和对敌日语宣传品。7月20日反战同盟西南支部与重庆总部联合举行了“在华日本人民反战同盟会总部”成立大会。会议决定了同盟的纲领、章程，发表了大会宣言，选举鹿地亘为会长。11月1日，军委会政治部新建文化工作委员会，由郭沫若任主任，并兼反战同盟总顾问。反战同盟总部也组织工作队赴宜昌抗战前线，进行反战宣传，还应各战区长官邀请开办训练班，教中国官兵用日语对敌喊话。日本军部惧怕影响日军士气，咒骂鹿地亘为“卖国贼”，还悬赏缉拿。

四 争取和平民主，坚持日中友好

1941年1月6日国民党顽固派制造“皖南事变”，掀起反共逆流。鹿地亘和反战同盟也遭到顽固派的打击、破坏。8月22日政治部竟训令解散反战同盟，并把全体成员送往贵州镇远第二收容所“重新训练”。9月，在郭沫若建议下，政治部另设“鹿地研究室”，由鹿地夫妇及其助手进行敌情研究，编辑《鹿地研究室报》，分析战局形势和日军动向。鹿地亘还坚持与镇远的原反战同盟成员通信联系，指导他们的反战活动。当时，在延安和八路军、新四军抗日根据地，也纷纷成立日本战俘的反战组织。1942年8月，成立“在华日本人反战同盟华北联合会”。1944年4月发展成“日本人民解放联盟”。1941年5月在延安还成立了以日共领袖野坂参三为校长的延安日本工农学校，有300多名日军俘虏被送到这所学校。

战争后期1944年2月，鹿地亘提出了反战同盟发展为“日本民族解放同盟”的构想，以建立战后民主和平的日本为目标，强调要防止日本发动战争的势力再次抬头。在他的鼓励指导下，1945年5月，镇远“和平村”的原反战同盟成员和觉醒日俘100多人成立“日本民主革命工作队”。1945年秋，鹿地亘在重庆见到参加重庆谈判的毛泽东、周恩来。毛泽东用中共发展壮大的历史鼓励他，“人民的力量是在不断战斗中成长壮大的!”他还祝愿鹿地夫妇身体健康，回国后为中日两国人民的友好合作和日本人民的民主幸福，做出更大的贡献。

1946年3月，鹿地夫妇从重庆飞到上海，由于美国占领军总部不愿让他马上回日本，而被国民党当局拘禁了2个月，直到5月7日才回到日本福冈。1950年10月在东京成立日中友好协会，内山完造任理事长，鹿地亘为理事。鹿地亘患肺结核疗养时竟遭到美军谍报机关秘密绑架，诬称其为苏联间谍，非法监禁达一年。虽在1952年释放，仍被提到法庭公诉，经过长期法庭辩论，得到许多日本和国际友人的声援，才在1969年6月被判无罪。他曾参加过参议员和清濑市长的竞选，在日本出版了《日本士兵的反战运动》《和平村记》等20多部著作，并翻译了毛泽东、赵树理等人的作品。1982年7月29日因病去世，享年79岁。

原在华日本人民反战同盟成员长谷川敏三等170多人也于1946年6月回到日本，他们仍与鹿地亘保持联系，很多人成为各地日中友协的核心骨干。长谷川还曾任日中友协全国本部事务局长。他还多次率原反战同盟成员联谊团体“四川会”成员访华，坚持为促进日中友好事业而奋斗。

王晓秋学术著作目录

《近代中日启示录》，北京出版社 1987 年版。

《近现代中国的革命》（与谢毅合著），北京出版社 1987 年版。

《从鸦片战争到辛亥革命》（日文），日本东方书店 1991 年版。

《中日文化交流史话》，山东教育出版社 1991 年版。

《中日文化交流史话》（增订本），商务印书馆 1996 年版。

《民族英雄林则徐》，河北教育出版社 1992 年版。

《近代中日文化交流史》，中华书局 1992 年版。

《近代中日文化交流史》（新版），中华书局 2000 年版。

《东亚风云》，台湾宏观文化公司 1995 年版。

《中日文化交流史大系》（历史卷）（中方主编），浙江人民出版社 1996 年版。

《日中文化交流史丛书》（历史卷），日文版中方主编，日本大修馆 1995 年版。

《近代中日关系史研究》，中国社会科学出版社 1997 年版。

《戊戌维新与清末新政》（论文集主编），北京大学出版社 1998 年版。

《国外中国近现代史研究述评》，（主编之一）中国文史出版社 1999 年版。

《戊戌维新与近代中国的改革》（论文集主编），社会科学文献出版社 2000 年版。

《伟哉中华》（五千年历史文化图卷）（文字作者），云南教育出版社 2000 年版。

《近代中国与日本：他山之石》（韩文本），韩国高丽大学出版部 2002 年版。

《近代中国与世界：互动与比较》，紫禁城出版社 2003 年版。

《晚清中国人走向世界的一次盛举：1887 年海外游历使研究》（与杨纪国合著），辽宁师范大学出版社 2004 年版。

《近代中国与日本——互动与影响》，昆仑出版社 2005 年版。

《黄遵宪与近代中日文化交流》（论文集主编），辽宁师范大学出版社 2007 年版。

《东亚历史比较研究》，北京大学出版社 2012 年版。

《改良与革命：晚清民初史事新探》，北京大学出版社 2012 年版。

《中日文化交流两千年：回顾与展望》（论文集主编之一），社会科学文献出版社 2013 年版。

《辛亥革命与世界》（论文集主编），北京大学出版社 2013 年版。

《近代中日文化交流史人物研究》，昆仑出版社 2015 年版。

《史海遨游录》，中国文史出版社 2018 年版。

《青蓝集：王晓秋书序选》，中国文史出版社 2020 年版。

后　　记

本书乃汇萃笔者近半个世纪以来研究中日关系史和日本历史的成果精华与心得，期望对学术有所贡献，对国人有所启示。几年前脱稿后因疫情等种种原因拖延了出书。直到笔者年过八旬，回顾与总结学术生涯之际，又加以修订润色，终于得以问世。借此机会，谨向在笔者几十年治学过程中，曾经给予过帮助、支持、合作及关心、鼓励的中外学术机构、各界朋友与亲人们，致以真挚的谢意！还要特别感谢一直推动和关注本书出版的浙江工商大学江静院长和薛晓梅女士，以及为本书编辑出版付出辛勤劳动的中国社会科学出版社的编辑和校对。

王晓秋

2024 年 7 月